U0929569

《21世纪交通文化建设研究与实践》系列丛书

港口文化

朱耀斌　戴玉鑫　主　编
杨大刚　曾令伟　副主编

人民交通出版社
China Communications Press

图书在版编目（CIP）数据

港口文化 / 朱耀斌主编. -- 北京 : 人民交通出版社, 2010.8
ISBN 978-7-114-08661-8

Ⅰ. ①港… Ⅱ. ①朱… Ⅲ. ①港口—企业文化—中国 Ⅳ. ①F552.6

中国版本图书馆CIP数据核字(2010)第173684号

书　　名:《21世纪交通文化建设研究与实践》系列丛书
港口文化
著 作 者: 朱耀斌
文字编辑: 富砚博
出版发行: 人民交通出版社
地　　址:(100011)北京市朝阳区安定门外外馆斜街3号
网　　址:http://www.ccpress.com.cn
销售电话:(010)59757969、59757973
总 经 销:人民交通出版社发行部
经　　销:各地新华书店
印　　刷:北京盛通印刷股份有限公司
开　　本:787×980　1/16
印　　张:20
字　　数:354千
版　　次:2010年9月　第1版
印　　次:2010年9月　第1次印刷
书　　号:ISBN 978-7-114-08661-8
印　　数:0001-4000册
定　　价:60.00元

《港口文化》研究工作领导小组

组　　长　何建中
副 组 长　柯林春　肖宝家
成　　员　于汝民　常德传　陆海祜　孙　宏　孙新华

《港口文化》课题工作小组

组　　长　肖宝家
副 组 长　李占山　朱耀斌
成　　员　安卫兵　王淑敏　张　敏　杜　丽　卞亦眉
吕华杰　王　艳

《港口文化》编写小组

主　　编　朱耀斌　戴玉鑫
副 主 编　杨大刚　曾令伟
编写人员　殷　明　朱玉华　高　健　刘　建　唐晓婷
曹　姗　陈　莉　吴志毅

总 序

国民之魂，文以化之；国家之神，文以铸之。“加强文化建设，明显提高全民族文明素质”，是党的十七大提出的实现全面建设小康社会奋斗目标的新要求。胡锦涛总书记在党的十七大报告中明确指出：“当今时代，文化越来越成为民族凝聚力和创造力的重要源泉、越来越成为综合国力竞争的重要因素，丰富精神文化生活越来越成为我国人民的热切愿望。要坚持社会主义先进文化前进方向，兴起社会主义文化建设新高潮，激发全民族文化创造活力，提高国家文化软实力，使人民基本文化权益得到更好保障，使社会文化生活更加丰富多彩，使人民精神风貌更加昂扬向上。”这不仅深刻阐明了兴起社会主义文化建设新高潮的重大现实意义和深远历史意义，更为新时期加强文化建设指明了方向和路径。

交通文化是社会主义先进文化的重要组成部分，是交通行业的灵魂，是实现交通又好又快发展的重要精神支柱。交通运输是支撑经济良性发展、促进社会全面进步的基础性、先导性产业和服务性行业，服务是其本质属性。基于这一认识，我们提出了“交通发展要服务国民经济和社会发展全局、服务社会主义新农村建设、服务人民群众安全便捷出行”，提出了“发展现代交通业，建设一个更安全、更通畅、更便捷、更经济、更可靠、更和谐的现代公路水路交通系统”。从文化的角度看，这也正是我们基于交通运输的本质属性和交通行业的神圣使命所作出的价值选择，是交通文化的核心内涵，是引导交通事业科学发展的价值导向，也是贯彻落实党的十七大关于加强社会主义文化建设的具体体现。

交通部党组高度重视文化建设工作。2006年全国交通工作会议明确提出：“努力建设具有鲜明行业特点和时代特征的交通文化，用文化和精神的力量凝聚全行业，使交通行业更加充满活力，不断开创交通事业发展的新局面。”2006年6月26日召开的全国交通行业精神文明建设工作会议更加明确地提出：“加强交通文化建设，努力增强行业软实力”，力争文化建设在今后五年内取得明显进展。随后，部印发了《交通文化建设实施纲要》，对交通文化建设的指导思想、目标任务、工作原则和工作措施作出了具体安排和部署。这是交通部颁布的第一个有关交通文化建设的重要文件，它强调新时期交通文化建设要深入贯彻科学发展观和构建社会主义和谐社会的要求，建设具有鲜明时代特点和交通行业特色的精神文化、制度文化和物质文化；要以实践社会主义荣辱观为主线，以弘扬爱国主义为核心的民族精神和以改革创新为核心的时代精神为重点，大力加强精神文化建设；要在实践中加强探索和研究，系统总结交通文化建设的丰硕成果，确立符合先进文化前进方向和交通事业发展要求的交通行业的核心价值体系；要实施“五个一工程”，即形成一批交通文化研究成果，提炼一种交通精神，征集确定一个交通行业徽标，创作一批交通文艺作品，完善一批交通博物馆，将全行业文化建设提高到一个新水平，全面增强交通文化的吸引力和感召力，不断增强交通行业的凝聚力，提升交通行业的影响力，提高交通发展的软实力，为交通事业又好又快发展营造良好的文化环境。

为全面深入推进交通文化建设工作，2006年11月部务会议研究决定成立了交通文化建设研究工作指导委员会，按照行业文化、系统文化、专业文化、组织文化四个层次，分别成立了交通行业文化建设研究总课题组和公路文化、道路运输文化、交通规费征稽文化、港口文化、海事文化、救捞文化、船检文化、航海文化、廉政文化、公路执法文化、长江航运文化、交通公安文化、路文化、桥文化、车文化、站文化、船文化、航标文化、航道文化、交通行政机关文化、交通企业文化和交通事业单位文化等22个子课题组，由行业内有一定研究基础、有积极性、有较好的支撑条件、具有代表性的部门或单位牵头，并邀请文化学、管理学、社会学等方面的专家学者共同参与，按照力求出精品的要求，系统地开展了交通文化研究工作。经过广大研究人员一年多的辛勤劳动和艰苦努力，研究工作进展顺利，取得了一批可喜的研究成果。出版这套多卷本的《21世纪交通文化建设研究与实践》系列丛书，是交通文化建设研究成果的重要组成部分。丛书从多个层面、多个领域系统地总结了交通文化源远流长的发展历史、积淀丰厚的特色文化、形式多样的实践活动、绚丽多彩的建设成果。“系统文化”侧重于交通行业不同系统的特色文化研究，重点提炼和阐述了各系统具有系统特色的价值理念；“专业文化”侧重于不同专业领域的特色文化研究，重点收集、挖掘和整理了交通行业物质文化成果；“组织文化”侧重于交通行业不同组织的特色文化研究，重点梳理、凝炼和展示了各类交通组织的特色价值理念、行为规范和形象标识。整个研究工作坚持以社会主义核心价值体系为指导，将“铺路石”、“航标灯”等交通行业传统精神与包起帆、许振超、陈刚毅等先进典型所展现的时代精神有机结合，在建设交通行业核心价值理念体系方面做了积极探索。

交通文化建设是一项长期性、系统性、复杂性的工作，既要整体部署，又要稳步推进。近年来，尤其是实施《交通文化建设实施纲要》以来，全行业日益重视交通文化建设，注重丰富交通发展的文化内涵，取得了一些有行业特点和时代特征的文化成果，涌现了青岛港、天津港等一批优秀企业文化建设单位和青岛交运集团“情满旅途”、南京长途汽车站“爱心始发站”等一批知名服务品牌，形成了南京交通局“交通文化通论”等一批理论研究成果。《21世纪交通文化建设研究与实践》系列丛书的出版发行，对于全国交通行业深入贯彻落实党的十七大精神，兴起交通文化建设新高潮，进一步提高交通行业凝聚力和战斗力，推动交通事业又好又快发展，切实做好“三个服务”，必将起到重要的推动作用。

交通部部长 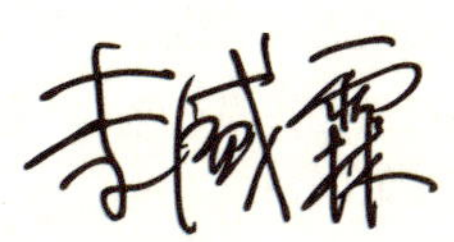

二〇〇七年十二月十三日

导 论

交通为人员流动和物资流通提供基础条件，为人和物的空间位移提供运输服务，是支撑经济良性发展、促进社会全面进步的基础性产业和服务性行业。交通是一个古老而年轻的行业，自农业社会到工业社会以至信息社会，交通就一直伴随着人类文明的发展而演进，并构成人类文明的重要组成部分。中国是一个具有悠久历史的文明古国，在延绵数千年的文明进程中，曾造就了其他文明古国概莫能及的相对发达的交通体系；新中国成立后，中国交通事业进入一个崭新的发展阶段，经过近60年的建设尤其改革开放近30年的建设，交通发展在数量规模、质量水平和结构层次等方面都发生了翻天覆地的变化，取得了举世瞩目的成就，已跻身世界交通大国之列，正朝着世界交通强国迈进。中国交通发展的历史伟绩和现代成就为中华文明和世界文明做出了重大贡献，与此同时，在这个历经风雨的漫长岁月中，勤劳智慧的中华民族创造了与历史俱进、与时代同步的丰富多样、绚丽多彩的交通文化，为中华文化和世界文化的不断发展增添了更加丰富的内涵和更为亮丽的色彩。

一、交通文化的概念

理解交通文化的概念需先考查文化的概念。关于“文化”一词，长期以来，国内外一直没有形成统一的定义。但是，人们对文化内涵的解释还是存在共识，一般认为：文化是人类在社会历史发展过程中不断创造的各种精神财富、制度体系和物质财富的总和，其核心内容是人类创造各种精神财富、制度体系和物质财富所秉持的或反映出的价值理念。这是人们对社会主文化内涵所作的解释。基于这一认识，人们于是对隶属于社会主文化的各种亚文化的概念也做出了界定，如组织文化、系统文化和行业文化等。

交通文化也是隶属于社会主文化的一种亚文化，交通文化建设的理论渊源是文化人类学。对于交通文化的概念，可以根据社会主文化概念的核心内容和基本要素作出界定：交通文化是交通行业在长期的交通建设、运输和管理实践中逐步形成并不断发展的为广大交通员工所普遍认同并付诸实践的具有鲜明行业特点和时代特征的价值理念，是交通行业各种精神文化、制度文化和物质文化的总和，是交通发展的重要成果，是交通文明的重要结晶。其中，精神文化是交通行业的核心文化，是交通行业纲领性的核心思想，是指导交通发展的核心价值；制度文化是交通行业的浅层文化，是交通行业制定并执行办事规程、道德规范和行为准则所秉承的价值理念；物质文化是交通行业的表层文化，是交通行业生产物质实体、展现外在形象所秉承的价值理念。对于这一概念，可从以下角度进一步理解其内涵：

交通文化的核心内容是价值理念。价值理念属于意识形态或思想认识范畴，体现为交通行业对交通发展所秉持的态度、所采取的方式和所表现的行为，为交通发展所倡导的精神、所制定的规范和所树立的形象，这些态度、方式和行为都自觉或不自觉地反映了交通行业所秉承的价值理念，从而形成了交通文化。

交通文化的本质要求是强调实践。交通文化是交通行业普遍认同并付诸实践的价值理念，其突出强调价值理念的实践性，强调所倡导的价值理念要得到普遍认同和真正落实，要使之内化于心、固化于制、外化于形，从而在交通建设、运输和管理实践中发挥出实际的作用，为交通发展提供精神动力、制度保障和物质基础。

交通文化的层次定位是行业文化。从价值理念的从属主体来看，有国家的、民族的、组织的和个人的价值理念等，交通文化则属于整个交通行业的价值理念。因此，交通文化是对整个交通行业各部门、各单位价值理念的提炼与整合，代表了交通行业从业人员的主流思想，代表了整个行业广泛认同和普遍接受的价值理念。

交通文化的鲜明个性是交通特色。交通文化是交通行业的特色文化。各个行业的特色文化在其形成和发展过程中，虽然受到整个国家、民族的价值理念的影响，但各个行业生产特征、服务要求和管理模式存在很大差异，其价值取向也必然存在较大差异。交通作为经济社会发展的基础性产业和服务性行业，其所秉承的价值理念自然也有别于其他行业，从而有其自身鲜明的个性特色。

二、交通文化的特点

不同行业有其各自的结构形态和嬗变沿革，以及不同的静态表征和动态特征，因而体现出与之相对应的文化体系特点。从这方面考察，交通文化具有多样性、层次性、传承性、时代性等突出特点。

交通文化的多样性。交通行业由多个系统、多种专业、多种组织构成。从职能范围看，交通行业主要有公路建设与管理、道路运输、规费征稽、港口、航运、海事、救捞、船检、公安等系统；从专业性质看，交通行业主要有公路、桥梁、车辆、站场、船舶、航标、航道等专业领域；从组织性质看，交通行业主要有行政机关、执法单位、交通企业和事业单位等组织。不同的系统、专业、组织都有其自身的生产特征、服务要求和管理模式，因而具有不尽相同的价值理念，从而形成了文化的多样性。交通文化的多样性，要求交通文化建设要充分考虑不同文化价值理念的个性与共性，整个行业的文化建设在价值理念的提炼和价值体系的整合上要兼收并蓄、博采众长，从而形成能为整个行业广泛认同并普遍接受的价值理念。

交通文化的层次性。按照交通行业的职能、专业和组织等分类，可将交通文化细分为交通系统文化、交通专业文化和交通组织文化，各组成部分按照某种秩序有机结合，呈现出一定的层次性。其中，行业文化是一个面，系统文化是一条线，组织文化是一个点，专业文化则可看作对系统文化的细分，因为公路、桥梁、车辆、站场、船舶、航标和航道等是隶属于各交通系统的物质实体。整个交通文化体系因此呈现出一种“点-线-面”式的层次特征。各层次文化所秉承的价值理念具有内在的联系，一般来说，上层文化价值理念是对下层文化价值理念的归纳，上层文化更为抽象，下层文化更为具体。交通文化的层次性，要求提炼、整合交通行业的价值理念要自下而上、由点到面，逐层归纳，从而形成具有深厚基础的价值理念。

交通文化的传承性。交通文化形成于交通发展的实践，并随着交通的发展而发展。交通发展过程就是交通文化形成的过程，交通发展的历史沿革就是交通文化的传承沿革。交通发展在不同时期面临着不同的发展任务和发展条件，因而有着不同的价值理念和文化内涵。传承是发展的基础。交通文化的传承性，要求用历史唯物主义和辩证唯物主义的观点和方法去认识交通文化，从源远流长、积淀丰厚的发展历史中发掘、提炼交通文化的价值理念元素，充分吸收传统文化的合理成分，进而将交通行业优良的传统文化发扬光大。

交通文化的时代性。中国乃至世界交通发展都已进入新的阶段，快速推进中的中国交通现代化要求坚持科学的价值理念，发展先进的交通文化，以此促进交通事业又好又快发展。因此，建设交通文化，必须坚持先进文化前进方向，在传承交通传统文化的基础上，充分融入现代意识，不断丰富和发展其科学内涵，确立具有时代特征的价值理念，发展具有现代意识的物质文化、制度文化和精神文化体系。

三、交通文化的功能

交通文化的作用集中体现在“内聚人心、外塑形象”两个方面，具有凝聚、导向、激励、约束、外塑和辐射等基本功能。认识这些基本功能，是认识交通文化的建设目的与建设意义的基础。

交通文化的凝聚功能。交通文化所倡导的价值理念一旦为整体行业认同并接受，就成了千百万从业人员共同的理想与追求，进而以其强大的粘合力，从各个方面将整个行业及其成员聚合起来，形成巨大的向心力和凝聚力，形成强烈的集体意识与团队精神，为实现共同的理想与追求而齐心协力、共同奋斗。

交通文化的导向功能。交通文化所倡导的价值理念是整个行业的共同理想和共同追求的集中反映，代表了千百万交通人的主流思想和主流意识。这种共同的理想和追求，通过教育和灌输，会引导行业的个体与群体在思想、观念上做出调整，使其与整个行业所确立的价值取向保持一致，从而起到一种导向作用。

交通文化的激励功能。交通文化建设的核心要旨是以人为本、以文化人，强调确立共同的理想、营造和谐的氛围。这些都有利于增强各部门、各单位干部职工的使命感和责任感，激发干部职工的积极性和创造性，使广大干部职工乐于参与交通建设，乐于发挥聪明才智，为实现共同理想、实现自身价值而做出努力。

交通文化的约束功能。交通文化一旦形成，就建立了自身系统的价值理念，就为行业整体及其成员明确了价值取向，同时也确立了道德规范和行为准则，从而对行业整体及其成员起到一种约束作用。但是，这种约束具有自觉性，是一种软约束，这种软约束产生于整个行业的文化氛围，使各个成员产生共鸣，继而达到自我控制。

交通文化的外塑功能。交通行业特色文化所倡导并实践的价值理念是交通行业的旗帜，旗帜就是形象，这种形象包括理念形象、行为形象和视觉形象。这些形象是社会公众了解和评价交通行业的标志和表征。因此，交通文化具有外塑形象的重要功能。

交通文化的辐射功能。交通文化的辐射功能主要体现在所倡导并实践的价值理念通过外化而为广大社会公众所了解、所感受，会影响整个社会价值理念的形成与发展，从而使交通文化成为社会主文化的生长点和贡献源，为社会主义文化大发展、大繁荣做出贡献。

四、交通文化的载体

凡文化均有其价值理念的承载体或附着体。人类通过劳动创造文化。人类的劳动作用于自然形成物质文化，作用于社会形成制度文化，作用于人类自身形成精神文化。交通文化的载体主要包括主体载体、组织载体、制度载体和物质载体等。从根本上说，建设交通文化就是建设和优化这些载体。

主体载体。交通行业从业人员是交通行业的主体，自然也是交通文化的主体。交通行业从业人员既是交通行业价值理念的倡导者和实践者，也是交通行业价值理念的承载者和传播者。交通文化说到底是交通人的文化，是交通人的思想意识和价值取向。建设交通文化，要注重人的决定性因素，突出人的主体性地位，一是注重发掘广大从业人员的价值理念元素，确立具有深厚群众基础的价值理念体系；二是注重依靠广大从业人员建设交通文化，践行价值理念；三是注重通过文化建设来提升广大从业人员的综合素养，运用文化的力量来增强从业人员的凝聚力和向心力，激发交通从业人员的积极性和创造性。

组织载体。交通行业的行政机关、事业单位和交通企业等各种组织，既是交通行业的基本单元，也是交通文化建设的基本单元。这些组织作为交通文化的载体，与文化的内在联系主要体现在以下几个方面：一是组织内涵反映组织文化的性质。组织内部共同的目标追求、一致的价值取向、和谐的分工合作都是文化使然，其既是文化作用的结果，也是文化自身的表征。二是组织结构体现组织文化的个性。组织结构决定了组织内部的职责关系，其选择和形成受到组织文化的影响，并反作用于组织文化，从而使得不同的组织结构体现出不同的文化个性。三是组织功能体现组织文化的要求。组织的功能主要体现在整合人力资源、规范人的行为、满足人的需要，从而履行组织使命，实现组织目标，这些功能和作用与组织文化的功能和作用是一致的，正好体现了组织文化建设的目的和要求。建设交通文化，要求将组织建设作为重点内容，着力提升组织管理理念，改进组织管理方式，按照科学管理、规范管理的要求，优化组织的内部结构与协作关系。

制度载体。制度是要求组织成员共同遵守的办事规程、道德规范和行为准则。组织制度和组织文化之间关系十分密切。一方面，组织文化是组织制度制定与执行的重要决定因素，影响着组织制度的形成及其功效的发挥。组织制度是组织文化的产物，组织制度所具有的规范约束和激励作用等本身就体现了组织文化建设的直接目的和内在要求。这样，组织制度就成为了组织文化的重要载体，组织制定并执行各种办事规程、道德规范和行为准则都反映了组织文化所倡导的价值理念。另一方面，组织制度对组织文化的形成和发展也具有重要影响，有什么样的组织制度也必然会使组织成员表现出相应的处事态度和行为方式，从而营造相应的组织氛围、孕育相应的组织文化。建设交通文化，要求将制度建设作为重点内容，按照以人为本、科学管理的要求，以实现员工价值、规范员工行为为价值取向，着力健全组织内部的管理制度，推进制度创新与制度变革。

物质载体。物质载体是反映交通文化特色内容的重要载体和交通文化先进程度的重要标志。交通文化的物质载体主要包括以下几类：一是交通行业的生产资料，包括基础设施、运输装备及其支持保障系统，如公路、桥梁、车站、港口、航道、航标、车辆和船舶，办公场所、生产车间和服务场所等，这是交通生产力的物质基础，其外形特征、结构特点、技术价值、美学价值、历史价值、民族特色、地域特征、人文内涵及其社会经济意义等，是交通文明的重要标志，也是交通文化的重要特色所在。二是交通行业的形象标识，如各系统、部门和组织的徽标、着装和歌曲等，这也是交通文化的可感知性象征物，充分体现了交通文化的个性和风格。三是交通行业各种组织保障员工基本权益、提升员工综合素养的各种实体手段，如保健、卫生和安全等设施，技术培训、职业教育和文化教育等文化设施，这些也都充分体现了交通文化的个性和风格。建设交通文化，要求将物质载体建设作为重点内容，既要着力保证物质实体的经济社会意义，也要着意丰富物质实体的技术价值、美学价值、历史价值、民族特色、地域特征和人文内涵，着力提升交通行业的外在形象。

五、交通行业的价值体系

交通文化建设坚持社会主义先进文化前进方向，用马克思主义中国化最新成果武装和教育广大干部职工，用中国特色社会主义共同理想凝聚力量，用以爱国主义为核心的民族精神和以改革创新为核心的时代精神鼓舞斗志，用社会主义荣辱观引领风尚。经过长期的探索与实践，交通行业逐步形成了具有鲜明行业特色和时代特征的交通精神文化、制度文化和物质文化，形成了实践证明对于引导交通事业快速发展、科学发展、和谐发展具有重要指导作用的价值体系。

（一）行业使命：发展现代交通，做好“三个服务”

发展现代交通，促进民富国强，是国家和人民赋予交通行业的神圣使命。交通是支撑经济良性发展、促进社会全面进步的基础性产业和服务性行业，是促进经济增长、优化产业布局、改善人民生活、保障国家安全、维护社会稳定的基础条件和重要依托。交通发展的主要任务是发展现代交通业、实现交通现代化，根本目的是促进人民富裕、实现国家强盛。在目前及今后相当长时期内，交通行业围绕履行这一使命，必须把握世界交通发展的总体趋势和我国交通发展的阶段特征，着力调整交通结构、转变发展方式、推进自主创新、完善行业管理，加快推进交通由传统产业向现代服务业转型，努力提高做好“三个服务”（服务国民经济和社会发展全局，服务社会主义新农村建设，服务人民群众安全便捷出行）的能力和水平。

（二）共同愿景：建设一个更安全、更通畅、更便捷、更经济、更可靠、更和谐的现代化公路水路交通运输系统，实现人便于行、货畅其流，让人们享受高品质

的运输服务，让经济社会发展更加充满活力，让交通与自然、交通与社会更加和谐。

交通行业致力于建设一个更安全、更通畅、更便捷、更经济、更可靠、更和谐的现代化公路水路交通运输系统，体现了交通行业基于自身使命而对未来交通发展愿望与发展前景的美好憧憬，对未来交通发展目标与发展效果的理想追求，是交通行业重要的价值取向。为实现这一愿景，一代代交通人前赴后继，作出了艰苦卓绝的不懈努力，取得了举世瞩目的巨大成就，交通事业各个方面不断地实现了历史性突破和跨越式发展。目前，公路主骨架、水运主通道、港站主枢纽和支持保障系统建设全面推进，高速公路、特大桥梁、长大隧道和专业码头建设快速发展，万车竞发、百舸争流的繁荣景象已经初步形成，货畅其流、人便于行的良好效果已经日益显现，现代化公路水路交通运输系统已经初具规模，更加宏伟的发展目标正在又好又快地大力推进之中，交通发展的美好愿景必将成为现实。

（三）交通精神：艰苦奋斗、勇于创新，不畏风险、默默奉献

交通精神是民族精神和时代精神在交通实践中的生动体现，是对交通行业先进典型精神内核的高度概括，是交通行业广大从业人员共同创造的精神财富，是交通行业履行自身使命、实现共同愿景的强大动力，代表了交通行业广大从业人员的思想意志和精神风貌。交通精神的核心要素是“艰苦奋斗、勇于创新，不畏风险、默默奉献”。

艰苦奋斗是交通行业的优良传统。立足我国建设任务繁重、经济基础薄弱的基本国情，交通行业各条战线广大员工，本着高度的使命感和责任感，始终保持勤俭节约、艰苦朴素、拼搏进取、努力奋斗的优良传统，大力推进我国的现代化交通建设，确保交通发展的质量、效益和效率，创造了无数可圈可点的光辉业绩，涌现了以“一代人要有一代人的作为、一代人要有一代人的贡献、一代人要有一代人的牺牲”的“青岛港精神”，“胸怀祖国、热爱边疆的爱国精神，刻苦钻研、勤奋好学的进取精神，不懈探索、敢于突破的创新精神，恪尽职守、忘我工作的敬业精神，淡泊名利、清正廉洁的自律精神，生命不息、奋斗不止的拼搏精神”这一“刚毅精神”，以及“勇闯新路、改革进取的精神，干字当头、艰苦奋斗的精神，遵纪守法、诚实劳动的精神，领导干部以身作则、吃苦在前、享受在后的精神”这一“华铜海精神”等为代表的彰显艰苦奋斗精神的先进典型。

勇于创新是交通行业的时代追求。锐意进取、勇于创新，是交通行业在长期的改革与发展实践中不断适应新的形势变化和发展要求，有效解决突出矛盾和问题，不断取得重大进展与突破的成功经验。长期以来，交通行业抓住机遇、与时俱进，

注重理念创新、科技创新、体制机制创新和政策创新，为实现交通事业又好又快发展提供不竭动力，涌现了以“报效祖国，服务人民的主人翁精神，立足本职、追求卓越的敬业精神，求真务实、勇攀高峰的科学精神，锲而不舍、勇于拼搏的进取精神，团结协作、淡泊名利的团队精神”这一“起帆精神”，“爱岗敬业、无私奉献的主人翁精神，艰苦奋斗、努力开拓的拼搏精神，与时俱进、争创一流的创新精神，团结协作、互相关爱的团队精神”这一“振超精神”，“恪尽职守、忘我工作的敬业精神，立足岗位、刻苦自励的拼搏精神，敢为人先、勇攀高峰的创新精神，凝心聚力、团结协作的团队精神”这一“孔祥瑞精神”，以及“凝心聚力的和谐意识，拼搏奉献的创业精神，敢为人先的创新精神，追求卓越的创优精神”这一“润阳大桥精神”等为代表的凸显勇于创新精神的先进典型。

不畏风险是交通行业的突出意志。交通建设逢山开路、遇水架桥，车辆行驶于陡峭险峻的群山之间，船舶航行于风急浪高的水面之上，无不存在一定风险，正所谓“行船走马三分险”。长期以来，中国航海者面对风浪惊涛的海洋环境和突如其来的各种困难，总是勇往直前、镇静应对、精诚协作，圆满完成国家和人民交付的各项运输任务，彰显了“乘风破浪、不畏艰险、同舟共济”的“航海精神”。尤其，在发生海上安全事故的情形下，我国海上搜救队伍更是凭藉精湛的技能和过人的胆略，不顾个人安危，及时赶赴现场，全力施行搜救，确保人民生命与财产安全，凸显了“把生的希望送给别人、把死的危险留给自己”的“救捞精神”，是交通行业坚强意志力和大无畏精神的突出体现。

默默奉献是交通行业的真情付出。我国公路水路交通建设、运输和管理大多是在气候恶劣、地形复杂、人烟稀少的特殊条件下展开的，广大交通建设、运输和管理人员，无数的铺路工、养路工和航标工，寒来暑往、经年累月，不顾风吹雨打、不计名利得失，在平凡的岗位上、在艰苦的条件下，恪尽职守、真诚奉献，用宝贵的青春和人生，铺就了无数大道、送去了万家温暖、确保了万家平安，留下了无数可歌可泣的感人事迹，涌现了以“为人民服务到白头”的“小扁担精神”，“爱岗敬业、默默奉献”的“铺路石精神”，“燃烧自己、照亮别人、奉献社会”的“航标灯精神”，“尚法弘德，为民负责，执法为民，服务社会”的“海事精神”，以及“尽职在岗、奉献在船”的“孙彪精神”等为代表的凸显默默奉献精神的先进典型。

（四）职业道德：爱岗敬业、诚实守信、服务群众、奉献社会

交通行业开展职业道德建设，坚持用社会主义荣辱观引领风尚，按照《公民道德建设实施纲要》的要求，大力倡导并努力践行以“爱岗敬业、诚实守信、服务群

众、奉献社会”为主要内容的职业道德，为交通事业又好又快发展提供有力的制度保障。

爱岗敬业是职业道德的基础。爱岗敬业要求从业人员干一行、爱一行、精一行。交通行业为全社会提供交通基础设施和客货运输服务，交通工程建设关乎百年发展大计，客货运输服务涉及广大公众利益，从业人员首先要热爱本职工作、履行岗位职责，要结合岗位需要、立足岗位工作，加强业务学习、注重实践锻炼，不断提高个人综合素质，在工作中恪尽职守、精益求精，为保证工程建设和运输服务质量作出自己应有的贡献。

诚实守信是职业道德的精髓。诚实守信要求从业人员做到诚实、诚恳，讲信义、守信用。交通行业倡导并实践诚实守信的职业道德，要着眼于切实解决交通、运输和管理中群众反映强烈、社会危害严重的突出问题，健全诚信机制，开展诚信教育，强化诚信意识，进一步推进“共铸诚信交通”实践活动，做负责任的行业、负责任的部门、负责任的岗位，努力提高整个行业的公信力和信誉度。

服务群众是职业道德的更高要求。交通行业本身是服务性行业，服务是交通的本质属性，做好服务是交通发展的突出主题。交通行业各部门、各单位广大员工要着力增强服务意识，努力提高做好服务的能力和水平。要继续开展文明行业、文明单位、示范窗口建设活动，大力推行热情服务、周到服务、规范服务，为人民群众提供更加安全、便捷、高效的优质服务。

奉献社会是职业道德的最高境界。交通作为经济社会发展的基础性产业和服务性行业，与社会生产和社会生活的各个方面息息相关，广大从业人员要将奉献社会作为职业道德建设的出发点和归宿，立足各自的本职工作，以宽广的胸襟和坦荡的胸怀，以自己的才华和汗水真情地反哺于人民、回馈于社会，在奉献中实现自我、发展自我。

六、交通文化建设的现实意义

大力推进交通文化建设，是交通行业深入贯彻落实科学发展观，促进交通事业全面发展的重要方面。党的十七大报告指出：深入贯彻落实科学发展观，要按照中国特色社会主义事业总体布局，全面推进经济建设、政治建设、文化建设、社会建设，促进现代化建设各个环节、各个方面相协调；推动社会主义文化大发展大繁荣，要坚持社会主义先进文化前进方向，兴起社会主义文化建设新高潮，提高国家文化软实力。大力推进交通文化建设，就是要确立符合先进文化前进方向和交通事业发展要求，具有鲜明行业特点和时代特征的价值体系，并付诸交通发展实践，提升交通文化软实力，为实现交通又好又快发展提供精神动力、制度保障和物质基础。

建设交通文化有利于确立共同理想，树立共同目标，进一步增强发展现代交通的使命感和责任感。理想就是信念，理想就是旗帜。交通文化建设大力倡导并努力践行建设一个更安全、更通畅、更便捷、更经济、更可靠、更和谐的现代化公路水路交通运输系统，致力促进人民富裕、实现国家强盛，这些核心价值一旦为交通行业各部门、各单位干部职工所接受，就成了广大交通员工共同的理想和信念，成了统一干部职工思想认识的旗帜和标杆，进而增强广大交通员工的使命感和责任感，引领广大交通员工为发展现代交通、促进民富国强而自强不息、奋斗不止。

建设交通文化有利于继承优良传统，弘扬时代精神，进一步提高做好“三个服务”的能力和水平。交通精神是交通行业的灵魂。交通文化建设大力倡导并努力践行以“艰苦奋斗、默默奉献、不畏风险、勇于创新”为核心要素的交通精神，是交通行业继承优良传统、体现时代要求，努力做好“三个服务”的精神追求和强大动力。建设交通文化，弘扬交通精神，就是要宣传先进典型，弘扬浩然正气，以此激发广大交通员工的积极性和创造性，使之成为不断提高做好“三个服务”的能力和水平的强大动力。

建设交通文化有利于凝聚行业力量，提升行业形象，进一步增强构建和谐交通的凝聚力和影响力。交通文化建设按照以人为本的核心要旨，在精神文化、制度文化和物质文化等各个层面，大力倡导并努力践行交通发展的事业追求和社会责任，努力实现好、维护好、发展好用户利益、公众利益、员工利益。这些价值取向，既是一种宣示，更是一种承诺，其所体现的人本主义和人文关怀，有利于改善交通行业的内在氛围、提升交通行业的外在形象，改善行业内外的关系，提高交通行业的凝聚力和影响力，从而提升交通发展的软实力，促进交通事业又好又快发展。

（执笔人：王先进　刘为民　顾枫　李春　樊东方　毕仁忠　邱曼丽　刘利　张榕榕）

前 言

人因水而生，港依水而兴。

从河姆渡古迹走到海上丝绸之路，我们从这片海洋文化的发源地走出时越古今的骄傲和包罗万象的胸襟。

从“海禁政策”的愚昧到“闭关锁国”的麻木，我们的港口见证了郑和下西洋的绚丽篇章，又在屈辱和血泪中走向衰落。

从“洋务运动”号角的吹响到轮船招商局的成立，我们的港口建设如梦初醒后渐渐迈开步伐。

从新中国成立到改革开放，我们带着革故鼎新的信心重新推开海岸线的大门。

现在的我们，以港口为起点，在中国绵长的海岸线上起跑，一条条蔚蓝的跑道上将再次续写中国曾经辉煌的航运历史。

港口，作为多种交通方式的交汇点，承载着国家之间、城市之间在经济、文化、贸易上交流的使命，而港口文化则是港口崛起的道路上极为重要的精神力量。

民族文化是民族的根，港口文化是港口的魂。港口文化既蕴含港口人的优良传统和作风，又展现与时俱进的时代精神和风貌。当“和谐”已经成为全体人民共同的理想信念和奋斗目标时，构建和谐港口当之无愧地成了港口人的首要任务。故此，我国港口文化建设，以吐故纳新构建港口文化的体系，以诚信共赢铸就港口文化的灵魂，以顽强拼搏追赶强国的步伐，以踏实严谨管理港口的运作，以服务社会传递港口的精神，以激情卓越点燃员工的潜力。

待到我们优秀的港口文化传承到海岸线上各个门户的时候，我们就有希望配合硬件设施建设好每一个港口；待到我们井然有序的港口把守好每一个对外的大门的时候，我们就有动力带动每一个港口城市的兴盛；待到我们繁华的港口城市笑迎八方来客的时候，我们就有信心重拾曾经的航运辉煌。

中国，不再是闭门沉睡的雄狮；中国，将继续在绵长的海岸线上缔造一个又一个不朽奇迹；中国，将成为从自己的港口向世界腾飞的东方巨龙！

目　录

第一章　源远流长的古代港口文化

中华民族是世界上最早利用海洋资源、航海交通的民族之一。我们的祖先创造了中华民族悠久的海洋文化，孕育了光辉灿烂的东方蓝色文明。

古代中国辉煌灿烂的海洋文化极大地推动了古代中国港口的形成和发展。从新石器时代合浦沿海一带的原始港口，到夏、商、周时代的碣石、黄、腄、琅琊、番禺港，及至春秋时代的海战海港，更至于承载了海上丝绸之路的唐宋番禺（广州）、明州（宁波）、泉州、扬州四大港口，古代港口绚烂多彩的文化渊源，象征着东方文明古国的繁荣与富庶，标志着古代中国海上交通贸易的极度繁盛，也见证着东西方文明和平对话与和融共生的深厚历史积淀。

一、蓝色文明在闪耀——中国海洋文化的起源

“长河日出，红霞万道映云天；碧海潮涌，东风百舸劈浪行。”中国是一个具有漫长海岸线和辽阔海域的国家，早在新石器时代就有乘舟弄潮的先民。独木舟的出现，是中国水运历史揭开序幕的标志。历史考证表明，中国是世界海洋文化的发源地之一。中国的海洋文化至少可以追溯到7000年以前的河姆渡文化。

（一）碧海潮涌——中国是世界海洋文化的发源地之一

中华民族栖息生存的领域有着漫长的海岸线，在数千年的历史发展进程中，中华民族不仅创造了灿烂的大陆文化，也创造了辉煌的海洋文化。

早在7000多年前，中国人就走向海洋。从公元前3世纪起至公元15世纪，中国古代的航海业和航海技术一直处于世界领先水平。中国的四大发明之一——指南针是中国对世界航海做出的重大贡献。隋唐五代时期，中国的造船技术、地图绘制技术和指南针就在航海中广泛应用，著名的“海上丝绸之路”遍及东南亚、南亚、阿拉伯湾与波斯湾沿岸，甚至伸展至红海与东非海岸，形成了直接沟通亚非两大洲的长达万余海里的远洋航线。唐代中后期还专设了

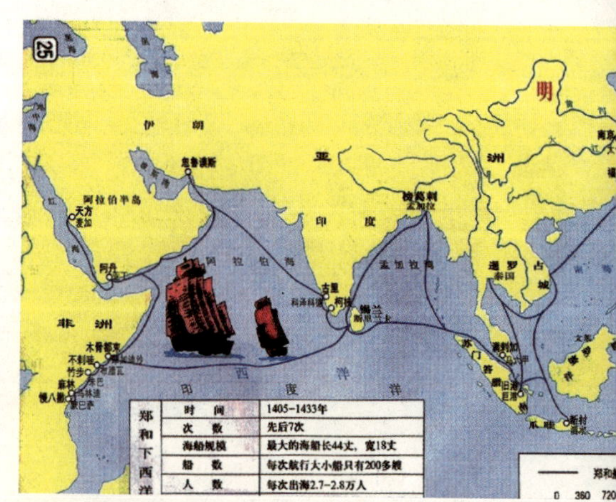

郑和下西洋航海路线图

管理海外航运贸易的机构，胶州、广州等地成为名噪中外的贸易港口。16世纪，中国航海能力达到顶峰，郑和下西洋就是发生在这一时期的历史壮举。

中国有18 000公里的海岸线和14 000多公里的岛岸线，早在18 000多年前的旧石器时代，我国沿海的劳动人民就开始与海洋打交道，过着拾贝抓鱼的渔猎生活；7000多年前的新石器时代，我国沿海的劳动人民就发明了风帆、舵、桨，开始驾舟出海；夏商周时就有祭海活动；春秋战国时北方的齐鲁文化和燕昭文化、南方的吴越文化就蕴涵了发达的海洋文化，海洋开发已上升为国家意识，韩非子有“历心于山海而国家富”的名言；而到秦汉后，中国古代的航海技术已经可以使先民远涉重洋。

古代的航海活动

然而，自称对中国的文明有深入研究的德国大哲学家黑格尔却对中国的海洋文明下了一个错误的判断，他在《历史哲学》一书中提出中国“并没有分享海洋所赋予的文明”，海洋“没有影响于他们的文化”。当黑格尔提出海洋文化概念的时候，在他看来，海洋文化是使西欧各国区别于东方诸国的文化特征。这一结论是建立在他对人类发展史——尤其是东方历史知识贫乏的基础上的。由于黑格尔在学术上的崇高地位，200多年来，这一判断一直影响着国际文化学和文化史学界，使灿烂的东方海洋文化，被锁在历史的深宫里不为人知。

可以说，中华民族是世界上最早开发利用海洋的民族之一。构成中国文化主源的仰韶、九夷和百越文化无不具有海洋文化的性质。特别是九夷文化的遗存发掘证明中国沿海在一万多年前就有捕鱼活动，7000多年前已制造木舟，从事经济、文化传播。其后形成的“历心于山海而国家富”、“四海会同”、“环九州为四海”等都是对海洋的朴素认识。

1. 上古的水上运载工具

上古的水上运载工具，是随着先民们劳动生息的需要而出现的，又随着生产实践和生产力的变化，由低级的浮具，逐步发展成为筏和舟。

《事物纪原》上的“燧人氏以匏济水，伏羲氏始乘桴”这句话，确切地反映出从葫芦浮具向造筏泼水的发展顺序和过程。《诗经·卫风》上说“匏有若叶，济有深涉。深则厉，浅则揭”，是指明抱着葫芦渡水时，胸部以下的大半

筏

独木舟

古船

身仍在水里，可见这时的葫芦还不能算作是水上运载工具。只有创造了筏以后，人类才走进了有能力建造水上运载工具的新时代。

筏是在舟船出现以前人类最早发明的一种水上运载工具。它是由简单的浮具演变而来的。一根树干就可作为一件浮具，但树干体圆在水中易于翻滚，为求其平稳，人们便将若干根树干或大竹编扎在一起，由此而演变成了筏。经近代学者考证，筏是新石器时期的百越人发明的，以后随着百越人在海上的漂航活动，将筏子流传到印支半岛，南洋群岛和拉丁美洲的秘鲁沿海各地。

筏的出现早于舟。《事物纪原》上说“变乘桴以造舟楫，则是未有舟前，但乘桴以济矣”恰恰也证明了这一点。筏与其后的独木舟成为我国古代造船技术中两大船型系统的始源。

1973～1977年，在浙江余姚河姆渡发现了一处新石器的遗址，遗存物中有6支用整块木板制成的木桨，在附近还搜集到一具夹炭黑陶质的独木舟模型。这两件文物，均属于河姆渡第四文化层的遗存，经测定是7000年前的遗物。与古籍上所记的黄帝时代几近同时，若与《易经》上黄帝“刳木为舟，剡木为楫，以济不通，致远以利天下”的记载互相印证，可以断定独木舟出现的下限时间，约在距今的七八千年以前，另外，从六支木桨均是用整块木板制成一事来看，证明远在7000多年以前，我国沿海先民已会剖制木板，具备了向木板船演变的条件。

河姆渡遗址出土的木桨

2. 上古先民的海上活动

居住在中国东部沿海的先民，古时概称为东夷，因其族系繁多，又统称其为九夷。东夷与东海本是同义，足见中国东部沿海的东夷人，便是习于海上活动的人。他们所创造的龙山文化和百越文化，随着他们在海上的活动，便传播到南北沿海及海外各地。

居住在中国东部沿海的先民所创造的龙山和百越两种文化，与中原的仰韶文化，被称为哺育中华民族文化的三个摇篮。

龙山文化，是1928年在山东章丘县龙山镇发现的新石器文化遗存，按考古界惯例定名为龙山文化，它是史前期东部沿海地区自成体系的一种文化，主要分布在山东省的汉、泗、沂、淄、潍等水的流域和沿海各地。山东半岛的优越海洋环境成为史前山东沿海的东夷各部族赖以生存的基础环境，为素以善于捕鱼狩猎的东夷人开发原始海洋经济提供了独特的自然条件。东夷人的原始的捕鱼活动（包括采集各种贝蛤类软体海洋动物）从旧石器时代就开始了。

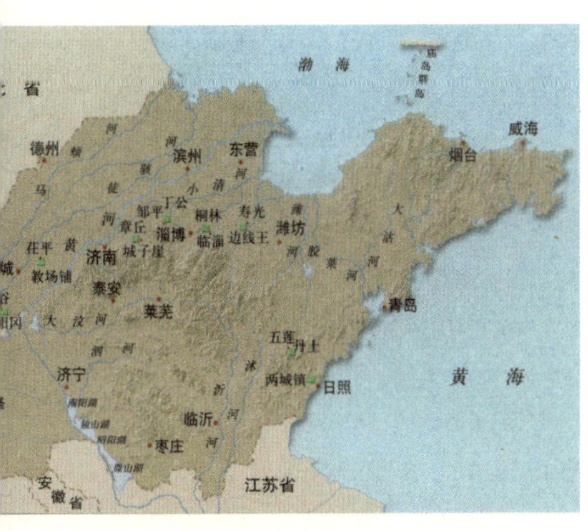

龙山文化分布及其与海洋的联系

百越文化，是泛指上古时期我国东南沿海及岭南地区越族各系先民所创造的文化。百越人主要分布在今江苏、浙江、福建、台湾、广东各省，自古以来便“水行而山处，以舟为车，以楫为马，往若飘风，去则难从”，是一个濒海而居且长于在海上活动的民族。他们创造的百越文化的特型器物是印纹陶器和有段石锛。

龙山文化的典型器物偏刃石锛和百越文化的有段石锛，同为加工独木舟的专用工具。随着龙山人早期的海上活动，将龙山文化的器物和民俗，从山东半岛漂过黄海和渤海，传播到辽东半岛各地。随着百越人的海上活动，百越文化有渡海向南北传播的现象。今天的舟山群岛、台湾岛都能找到百越人当年的生活足迹。

3. 龙山人和百越人向海外活动的路线及其漂航工具

上古先民在海上的活动，主要是随着洋流漂航。他们并不知道所乘洋流的起始和去向，也没有预定的目的和航线。但今天发现他们遗留下文物的地方，恰好是在某些洋流所经过的沿途各地，由此可以得知他们当时随流漂航的行踪。

从在海外发现的龙山文化遗址分布状况来看，他们是从山东渡过渤海，沿着黄海北岸到达朝鲜半岛南端，然后借左旋环流漂航到日本北部的出云地区，再穿过津轻海峡，趁北太平洋暖流向东漂航。这条海流在北纬40°，长年西风、东流、顺风顺水，流速每日为20～25海里，一直可以漂航到北美洲西岸。近代考古界在朝鲜、日本、阿拉斯加、太平洋东岸发现的龙山有孔石刀、石斧和陶器，便分布在左旋环流和北太平洋暖流所流经地区的附近，证明龙山人的海上漂航，便是趁着这两条海流东去的。

百越人在东南沿海是趁着另外两条海流向东漂航过太平洋的。第一条是北太平洋海流，它位于北纬30°以北的西风带，长年向东流，流速是12海里。假若以北纬30°作为东西基线的话，正是从钱塘江口附近的河姆渡，中途通过夏威夷群岛北端，而后直达拉丁美洲墨西哥北部的瓜达卢佩岛附近。近代在夏威夷岛上出土了石锛和大汶口人的遗骨，从而证明了百越人和龙山人趁这条海流向东漂航的事实。

百越人向东漂航的第二条海流，叫做赤道逆流。它处于北纬3～10°之间，长年向东流。它在东经180°处，与南赤道洋流相遇后，分作两股。一股继续东流；另一股南下，形成东澳大利亚洋流，又转向东流，成为新西兰洋流，再合于南太平洋的西风漂流，一直向东，流到南美的秘鲁。近代出土大量有段石锛的菲律宾棉兰老岛、北婆罗洲北部、苏拉威西岛、玻利尼西亚各岛的地理位置，正好都处在这条赤道逆流向东流的必经之路上。证明百越人在中国东南沿海分作两支，一支从福建、浙江跨海漂航到台湾，然后再到菲律宾。另一支从广东、香港直接漂航到菲律宾，两支相遇后，就近漂航到婆罗洲北部和苏拉威西岛，从此趁着这条东去的赤道逆流，逐岛向东漂航而去。经过数百、数千年的岁月，逐段向东延伸，终于到达玻利尼西亚各岛，甚至远达拉丁美洲西岸。

发现龙山和百越文化遗址的太平洋诸岛，都分布在北太平洋暖流和赤道逆流的流经区域之内，并且这一地区所用的澳大语系的语言和遗留的民俗等，又与5000年前中国东南沿海民族有着密切的渊源关系。这些事实大体可以把上古先民在太平洋上长途漂航的航迹描绘出来了。

一定的水上运载工具，是决定龙山人和百越人在海上活动的主要物质条件，这是远海漂航中至关重要的条件，特别是中国首创的竹筏，体轻、抗折，它随着百越人的海上活动，最远传到了拉丁美洲的秘鲁沿海各地。

4. 中国是世界海洋文化的发源地之一

海洋文化的成熟表现是远航能力，在中国文化界有“殷人远航美洲之说”，但缺少证据使之尚处于假说时代而不能成为信史。有可靠文献记载的最早远航是勾践从长江口越海航行至山东半岛，在琅琊一带建立与中原诸国交往的据点。从战国的史料中得知，越族人对琅琊的控制至少从春秋延续到战国中期，在这一时代，他们不断地从长江口航行到山东半岛，虽说这一航程大都是沿岸航行，但其漫长的海道已使这一航行成为古代人类最伟大的航海成就之一，中国人的航海术应形成于这一时期。由此可知，中国人的航海文化最早萌芽于古越族人中。

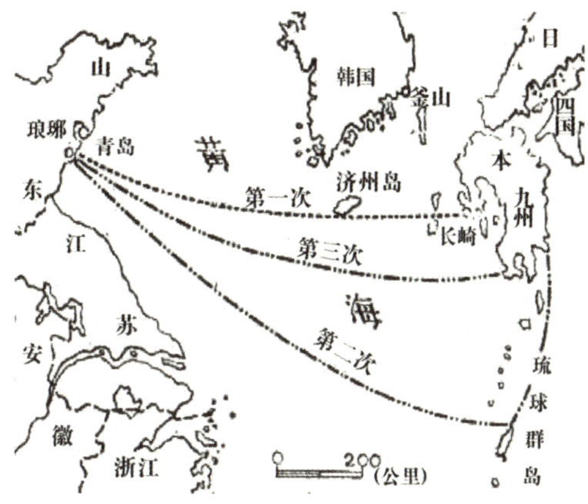

徐福三次往返日本航线图

战国之后，又一次引人注目的航行是秦始皇为实现他“示强威，服海内”理想和长生不老的愿望，派遣徐福船队东渡日本，这是中国人第一次开始远洋航行的壮举，也使中国与日本、朝鲜的商业往来和海上交通有了初步发展。能够东渡日本，归因于秦人对海上驶风技术的掌握。徐福率领的船队非常庞大，《史记》记载，徐福渡海是从山东胶南县的琅琊湾港启航扬帆，当时随行的船只有七八十艘之多，人员除三千童男女之外，还有水手、随从、百工、善射者及组织指挥者等，计有五六千之众。徐福的船队历经千难万险登上日本的海岸，把秦代先进的农耕、蚕桑和医药技术带到了日本，使日本的农业、养殖业、纺织业、医药业都得到了进步，徐福东渡是人类航海史上的伟大壮举。从徐福的姓氏来看，他应为东方夷人的后裔，夷人分布于山东半岛与江苏北部沿海，他们无疑是与越族并列的中国海洋文化的主要创造者之一。

自古以来，水行山处是越族人的生活方式。在福建、江西的武夷山一带，发现多处商周时代的船棺，以船棺为最后归属之处，充分说明了他们的文化特征。越地纳入汉政权后，有一支越人下海活动，形成后日的疍家。疍人以船为家，航海为生，他们一生住在船上，漂行于中国南方沿海各地，陆上人因为这一点而瞧不起他们，实际上从航海业而言，这是一个伟大的成就。因为中国的

武夷山出土的船棺

南方沿海位于太平洋的边缘，冬季每天都有强烈的东北风，夏季常有台风，航行十分危险。为了抵御海浪，疍家人所造的船，船身狭长，上阔下尖，冲波劈浪，无所畏惧。所以，疍家人是中国古代最伟大的航海家。换一句话说：是他们维系了中国的海洋文化，并使之走向成熟。中国人日后赖以航行印度洋的大船，多为上阔下尖、体型狭长，明显是受到了疍家了鸟船的影响。

由于文献记载的缺乏，人们了解的古越人的航海事业，仅为冰山的一角。在唐以前，中国的文化重心一直在北方区域，这一带恰是中国海洋文化的盲点。冰冻、沙岸、缺乏建材，都是北方海岸难以发展海洋文化的因素。所以，夷人的航海在后代没有明显的成就。当时南方的航海事业如何呢？没有较详细的记载。但从吴国探航夷州、澶州的史迹等故事，可知当时中国人的航海术是很高的。东晋时期以疍家人为主的孙恩、卢循的海上起义，在东南沿海坚持多年，在进入内河后，又造出巨大的战舰，这充分展示了南方人的航海能力与船舶建造能力。

迨至唐宋时代，中国的文化、经济重心向南方转移。南方是中国的木材产地，而中国的木制品技术，一直是领先于世界的。于是，中国将制造大型宫殿的技术转移到造船业之上，加上中世纪世界最发达的中国钢铁铸造术，使唐宋以后中国的造船业达到了一个无人企及的高度。如唐宋中国南方土著的船只，尚有以藤条连接船板者，但在汉族发达的制木技术影响下，榫接技术与铁钉使用技术，都应用到船舶制造上，于是，船舶的牢靠程度大大提高了；再如，南方诸地很流行用草作船板之间填缝的习惯，这类船只很容易漏水，在引进汉族的制木技术后，便发明了用石灰、油漆、麻丝混合填料填缝的技术，其牢固程度甚至可比木材原质，从而彻底解决了木船的漏水问题，使木船可以放心地进入远海。以上种种技术累积起来，便使中国船只的制造远胜他国。许多记载表明：唐宋以来航行于东亚与西亚之间的船只，以中国的大型木船最好，不论哪一国的商人，都以乘坐中国帆船为最佳选择。由于当时中国的富强，这类大船很快在民间普及，长数十米，宽十余米，载重数百吨的庞然巨舰，成为沿海人家常备的商船。

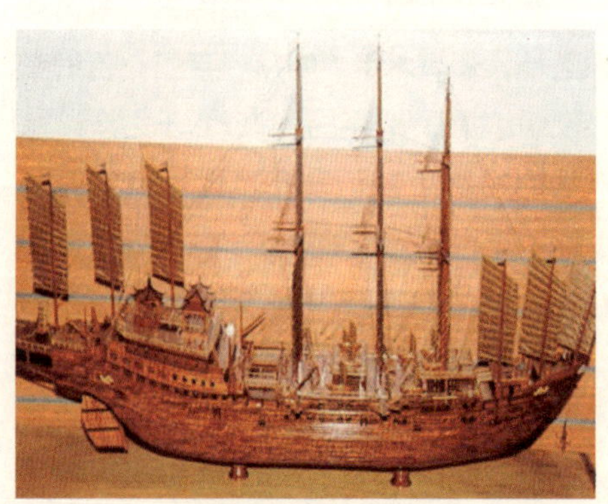

沙船，唐宋时期最主要的船之一

中国航海术的另一重要贡献是发明了指南针，使人们在渺茫无际的大海上可以知道航行的方向，从而使脱离海岸的航行成为可能。比如，从日本、琉球航行到中国，只要向西航行就一定可以达到目的地，而从中国航行到日本，便要以指南针为导向。由于这一缘故，最早的中日航线是走韩国与日本之间的北道，因为这里的海峡狭窄，可以海岛为航向定位的标志，而日后中日间的航行便是走南线，横穿辽阔的东海，没有指南针是无法找到这条更为经济的航线的。

宋代指南针（泉州民间收藏）

5. 古代中国海洋文化的特征

第一，古代中国的海洋文化还停留在粗浅的层面上。无论是文献记载、神话传说，还是考古发掘的遗迹与遗物，都展示了原始社会末期人们对海洋的认知程度，它开始呈现出海洋文明的曙光，在农业文明占主体的同时看到了其中的海洋文化因子。即：海洋意识和海神崇拜都是朦胧的、模糊的，海洋资源的获取都是有限地被动接受型而非积极开拓型的，航海交通仅限于近海水域，这些都体现出原始的文化特征。此外，“中原为主、四海为辅”的自我心理，过分侈谈虚幻的、神秘的海，对海外世界仅停留在臆测和幻想的层面，丝毫没有导致用于海洋探求的现实行动，也是其局限性所在。这种幻想虽然丰富了中国的哲学，但是也留下了缺憾，即对现实的海很少给予积极的关注，采取熟视无睹的态度，从而忽略了对现实之海的远航、开拓以及科学研究，在客观上限制了中国古代海洋文化的发展，并且产生了深远的影响。

第二，古代中国的海洋行为从散见的渔民活动逐步纳入到国家管理的范畴。一方面，从原始人在海边不经常地拾取贝壳与海鱼，到夏商时期规定沿海地区向中原王朝贡献海产品，到西周春秋时期形成较为系统的海洋资源（鱼、盐、海珍品）征收法令（见《周礼》、《逸周书》等），均体现出这样一个特征：人们对海洋资源的需求不断扩大，并正在逐步纳入国家管理的范畴，这在某种程度上推动了人们对海洋认识的不断深入，反映着人们海洋意识的不断加强。

第三，古代中国的海洋文化蕴含海洋崇拜的特征。据王嘉《拾遗记》：“羽渊（神话中鲧死后入羽渊而化为龙）与河海通源也。海民于羽山之中，修立鲧庙，四时以致祭祀”，又据《史记·秦始皇本纪》，秦始皇于三十七年出游时“上会稽，祭大禹，望于南海”，人们修鲧庙、祭大禹，均含有祭祀海神之意。由于鲧与大禹治水有功，于是人们就把他们和有关神灵合在一起进行祭祀，这一点符合中国古人“法施于民则祀之”、“以死勤事则祀之”（《礼记·祭统》）的传统心理，因此修鲧庙、祭大禹就表现出了祭祀海神的特征，以及后来在东南沿海地区祭祀妈祖的盛行，都在一定程度上说明了古代中国海洋文化祭祀海神（由人而为神）的特征。

第四，古代中国的海洋文化对古代东南亚国家与东亚国家产生巨大的影响。中国的航海技术也影响了日本与东南亚国家。日本虽然是一个岛屿国家，但长期以来，对中国航行是其远航的唯一内容。约在日本的战国时期（相当于明代中后期），日本人才开始进入东南亚海域，但许多事例表明：当时的日本船只，多雇佣闽南人为舵手，所以，他们的航海实为中国海洋文化的延伸。东南亚诸国的海洋文化受中国影响也许更深，他们的大帆船制造与航海，历来是由中国商人控制的。所以，严格地说，中国的古代海洋文化并不局限于中国本土，而是包括东亚与东南亚诸国。

第五，陆地文化的发展决定了海洋文化的层次。人类是陆栖动物，所以人类的主要活动只能在陆上。自古以来，人类的文化成就也主要体现在陆上。中国的海洋文化之所以能领先世界七八百年，是因为中世纪的中国科技文明程度高于其他国家；而中国古代工匠文明的局限性，使他们无法将中国海洋文化推上更高的层次。再如西方的海洋文化之所以成为近代以来人类海洋文明的制高点，也是因为它有发达的工业文明作为基础。所以，从本质来说，是陆地文化决定了海洋文化的层次。

海洋在现代世界对人类的发展越来越具有重要意义，这一论点的基础建立在海洋是陆地文明发展的重要条件之一，而不是说人类的海洋文明将取代陆地文明，只要人类还是陆栖动物，这就是不可能的。今天的海洋不再是限制人类往来的天堑，而是人类文明相互沟通的主要渠道，因此，走向海洋就是走向世界。只有汲取世界文化的优秀因素，一个民族才可能真正的现代化，这是当代中国人向往海洋的基本原因所在。

综观中国海洋文化的底色，从根本上说，它仍然是一种农业文化，其基本的特征是“以海为田”、“兴渔盐之利”，把海洋看成是陆地农田的延伸或补充，忽略了海洋本身所具有的最为重要的开放性。因此，中国古代沿海经济活动是紧紧围绕陆地经济活动进行的，仅作为陆地活动的补充和延伸，这严重制约了中国古代海洋文化的进一步发展，直至新中国成立后的一段时期内，海洋经济和海洋文化仍然没有得到足够的重视。

中国海洋文化是在农耕文化的大背景下发展出来的文化类型，其衍生、发展深受农耕文化的影响。虽然我们不认同西方国家属于“蓝色文明”、中国属于“黄色文明”的简单划分，但是，应当承认，在中国的历史发展中，农耕文化占主体地位，海洋文化处于相对次要的地位是不争的事实。从地域上看，中国海洋文化主要是指东南沿海一带别具特色的文化，同时也包括香港、澳门和台湾地区以及海外众多华人区的文化，而在中华民族发展的历程中，这些地区均未成为中国政治、文化的中心，如“粤”通“越”就是一个例证。从社会主导文化形态来看，内陆文化是主导，并且对海洋文化产生了深刻的影响，从而使得中国海洋文化呈现出典型的农业性特征，主要表现为保护内陆农业经济，修筑滨海长城——海塘，发展海洋和垦殖，均以“田”立意——盐田、潮田、沙田、蛙田、蛇田等，实际上是将海洋作为一种农业资源的补充。因此，从中华民族文化发展史来看，海洋文化主要是海洋农业文化。

（二）古港沧桑——古代港口的兴起和演变

随着航海活动的不断深入，现代意义上的码头和港口以及枢纽港开始慢慢出现在中国的海洋文化当中。人们以码头为集散中心，进行着或多或少的经常性的货物输出输入、商品交换等活动，逐渐形成了在人类航运史上发挥重要作用的港口。

1. 原始港口的出现

古代港口的形成是一个渐变的过程，一般都经历了自然状态、半自然半社会人文状态、社会人文状态三个阶段。在自然状态下，港口只具备了其形成所必需的先决条件——自然港湾或自然航道。这个时期，还没有港口的概念，它只是一个非常简单的、为了栓系独木舟的简单靠船场。在半自然半社会人文状态下，港口又开始具备了其形成所必需的另外两项重要条件——航运和贸易活动，只是这种活动最初是偶然的，或少量的，或间断性的。一旦发展成为经常性的、具有一定数量以及在一定时期内有相对固定的几种货物输出或输入，港口也就正式形成并成为社会人文状态下的港口。在上述三个阶段中，半自然半社会人文状态也就是港口的萌芽阶段。

早在新石器时代，越人就在今天广西的合浦境内依山傍海，从事渔农业生产和狩猎活动。《越绝书》谓越人“水行而山处，以舟为车，以楫为马，行若飘行，去则难从”，这是越人航海活动的生动写照。周成王十年（公元前1031年），今越南中部的“越裳国”

向周朝“进贡”，在当时的航海条件下，由“越裳国”抵中原，合浦沿海是必经的水道。可见在周代以前，合浦沿海一带已有海外贸易，原始港口已在这里出现。

2. 夏、商、周三代的海港

在海上交通出现的初期阶段，沿海的港口不过仅是几处乡镇村落，由于这些地方具有出海方便的地理条件，又与内陆附属之区有着交通联系。在商品交换的需求下，它便成为吞吐集散之地。随着航海活动的日趋频繁，由一个村落逐渐发展成一个港市。航海事业能促进一个港市成长，港市又成为航海事业发展的依托基地。两者之间存在着互相促进的关系。

夏、商、周三代的港口，不过是从村落向港市演化的开端。自然不能与后代的港口同日而语，但随着时间的推移，生产条件和航海技术不断发展，这一时期出现的港口也在不断演变之中，有的向附近的地方转移，有的逐渐成为历史遗迹，有的延至今世仍为我国重要港口。

(1) 碣石

碣石港，是渤海湾北岸的古港。它与南岸的黄、腄两港隔海相望，自夏、商、周三代以来，便一直是横渡渤海航线的北端港口。

碣石港是以碣石山而得名，当在碣石山附近的海滨。碣石山位于今河北省昌黎县城北，抚宁县西南，卢龙县东南的三县交叉点上，这一带在夏、商、周时属于孤竹诸侯国的地面，抚宁古称骊城，即三代时的孤竹城。其东便是夏代初年相土“海外有截”隅夷所在地的辽宁北镇，所以碣石港古称为辽西之地。《汉书 · 武帝纪》注中即说：“碣石在辽西絫县，今罢入临渝（今山海关临渝县）”。《水经注》提到：碣石在濡水（滦河）口，其所处的地理位置，实为通向辽东的水陆要道隘口。后世，随着自然条件的影响和航海船舶的发展，港口逐渐东移，遂被秦皇岛所替代。

燕国时期的碣石

(2) 黄、腄

黄和腄位于山东半岛东北部沿海，是渤海南岸的两个古港。《史记》集解上说：在东莱有黄、腄二地，即夏商时期的莱子国。腄即今之牟平，位于烟台港东侧近旁。黄即今之黄县，体于蓬莱港西侧近边。这两港与渤海北岸的碣石港，辽宁南端的旅顺港一水相隔，是船舶横渡往来极为便捷之地。尤其黄港，即渤海名城登州港的前址。由此出海，沿庙岛、长岛、大、小钦岛、砣矶岛、南北隍城岛逐岛航行，便抵辽东半岛南端，这是古代逐岛航行横渡渤海最安全的航线。黄、腄两港是经此通向辽东、朝鲜，远至日本的起点港。但后世随着时代的发展和船舶等条件的演变，腄港被烟台港所代替，黄港则转移到了龙口。

（3）琅琊

琅琊港，因地近琅琊山而得名。周贞定王元年（公元前468年），越王勾践曾迁都于此。遂“霸于关东，从琅琊起观台，周七里，以望东海。”《水经注·潍水》也说：“琅琊，山名，越王勾践之故国。”据此史实来看，琅琊成港的时间，最迟不晚于春秋时期。琅琊城即旧诸城的故地，在今诸城的东南160里，属今胶南县。即在今之夏河城以北的海湾边上。

西周以后，大批海上方士在齐国的出现，与琅琊有着相当的渊源关系。说明自春秋以来，琅琊港已是一处渔盐业兴隆、人文荟萃的地方，并且还是当时中国沿海南北航路的中枢港口，是中国较早的商港。

（4）番禺

番禺即今之广州，是商周时期发展起来的南海古港。在今之广州以南，是海蚀海积地形，广布着蠔壳层，证明古时候这里是一个海湾，这个海湾一直到汉晋时仍复存在。可以说番禺原是一处滨海港市，与现在广州的地理状况大不一样。

番禺是越族一支的扬越人创建起来的滨海港口。番禺居珠江口，自商周便为港市，战国时已有远洋联系，为去越南的中点站。据《汉书·地理志》，23个都市中番禺为最后一个，是西南物资的出海口和日后海上丝绸之路的起点。由于岭南的百越人长于航海，而且番禺占有岭南百川入海交汇口，对外又有与南洋名地跨海可通的地理优势，它成港后2000多年来，几经兴亡变迁，一直到今天仍是我国对外航海往来的主要港口之一，也是至今硕果仅存的古港。

自从夏朝建立了我国历史上第一个奴隶制国家以后，我国社会进入文明时代，与以前的氏族社会相比，是一个划时代的进步。在社会生产中出现了商品和交换，出现交换的媒介——货币。随着商品交换流通的扩大，航海事业便应运而生。在夏商周三代漫长的岁月里，根据不同年代的造船技术、航海经验、港口兴建三个条件发展的不同程度，航海事业循着由低级到高级的规律，相应的发展起来。可以说，夏商两代是我国航海事业初创的前期，到了西周和春秋战国时期，我国的航海事业已达到初创期的成熟阶段。不过那时候的航海事业还受着封建领主割据的地域性限制，还未能成为全国一致性的同步活动，所以在航线开辟的远近，港口兴建的早晚等方面南北沿海各地的进展并不平衡。但在物质基础上，作为航海事业构成的港、航、船三大基本要素俱已齐备。在地域观念上春秋战国时期，阴阳家大九州学说兴起，突破了儒家“禹之序九州”的成说，提出中国之外还有如似中国同大的九州。“有裨海环之，人民禽兽莫能相通”，将全世界划分为九大州，每大州中又各分为九小州，中国仅是九小州中的一州。“以为儒者所谓中国者，于天下乃八十一分居其一分耳”。这种学说，《史记》说：它“闳大不经”。但在这种“闳大不经”的学说中，闪烁着一种强烈的向海外发展的精神，激励着人们向海外探索的热望。它预示着一个新的时代即将到来。这种大九州的观念和港、航、船的物质基础结合起来，为相继而来的秦汉航海事业发展准备了前提条件。

番禺天后宫广场

3. 春秋战国时代的海港

被称为“兵戈乱浮云”的春秋战国时代，是奴隶社会向封建社会转变的时代，也是我国在民族融合的新基础上，社会经济和文化走向大发展的时代，各国的兼并和争霸促成了各个地区的统一。在重商政策下，内河运输开始萌芽。海运也开始发展，形成山东一江浙航线，但以军运海战为主。

沿海交通的发展，出现了中国早期的海港。春秋战国时，浙江有句章（今宁波）、会稽；山东有琅琊（今胶南县夏河城南）、芝罘、黄港；河北有碣石；南端广东有番禺。

（1）琅琊港

春秋战国时期，战乱不已，由于航运和造船事业的发展，水战频仍。发生在琅琊港附近的齐吴黄海海战，是我国文字记载最早的海战，它是舰船集散、港口军事调度、海军实战能力的第一次检验，也充分显示了琅琊港的价值，确定了其军事地位。越灭吴后决定徙都于此，并且将越的水军也迁至此港。据说，“使楼船卒两千八百人，伐松柏以为桴”，还从越之固城发“死士八千人，戈船三百艘”。越王也为琅琊山风景所迷，更为一望无际的海洋、海市的神境所吸引，决定在琅琊山上“起观台，台周七里，以望东海”，由此，琅琊台才正式载于史册。至此，琅琊港在军事上屯集舰船重兵，控制南北海道，封锁齐国海军南下之路。经济上，作为越国北方的大港，南北货物在这里汇集，北方的货物，包括战争掠得的物资由此南运；而首都所需，如粮食、布帛、工艺品等则从南方运来。“沿于江海，达于淮泗”，正是此时山东、江浙一带海运港航活动的写照。

琅琊港经过战国时期的持续发展，到秦汉时期登上了顶峰。秦统一全国后，秦始皇三巡琅琊。遣徐福入海求仙，大规模开发此港。汉武帝也曾4次巡琅琊。秦皇汉武时代，琅琊港名重一时。自汉武帝之后，由于政治、经济中心的转移，以及自然地理条件的限制，琅琊港似乎从“地球上消失”了，在史籍中提到的极少。琅琊港失掉了一国门户港的地位，失掉了控南北海道的军港地位，失掉了祭祠圣地的地位。一直到了唐朝才又在文人墨客的笔下读到颂扬琅琊的诗句。在琅琊港衰落的过程中，海港重心逐渐北移，胶州湾西北岸的密州板桥港日益兴盛。

秦始皇三登琅琊台

（2）徐闻、合浦港

春秋战国时期的徐闻（位于广东湛江）位于中国大陆最南端，距海南最近，因此成为当时海上丝路始发港之一；合浦（位于广西北海）也是我国大陆最靠近东南亚的较大的港口之一，南濒北部湾，西与越南接壤。

在两广与东南亚地区贸易的古代港口中，徐闻、合浦是最早的港口之一，它们与越南相连，与东南亚诸国水路最近，亦最早见载于我国史书中。《汉书》已有汉朝政府派遣官使在此出洋的记载。一般来说，古代的官营对外贸易是在民间贸易的基础上发展起来的，只有民间对外贸易在长期的航海中形成了港口，官府才会派遣官使从这些港口启航出海贸易。由此推断，合浦、徐闻港的形成应在汉代之前。春秋战国时期，两广以及转运到楚国等地的犀象、珠玑等物品，不少是由这两个港口输入的。这时期应是徐闻、合浦港发展的早期阶段，及至汉代发展到最高峰。

合浦港口不仅是商港，而且以盛产珍珠驰名天下。合浦珍珠产于玳瑁池、珠母池、青婴、杨梅、乎江、断望、白龙7个天然珠池，其中前4个珠池均在今北海港区域内。当时，不少中原人抵此经商，亦有一部分商人从事海外贸易。新中国成立后，合浦县城附近清理了40余座（处）汉墓，出土了陶器、玛瑙、琥珀、水晶、玉块和黄金首饰等

1000多件。琥珀、玛瑙的产地主要在波罗的海沿岸国家，有的汉墓出土的金饼，刻有“太史”字，说明当时已有商贾携带黄金出海作为支付手段，这些都是合浦经东南亚与古罗马进行贸易来往的重要物证。

但当时的徐闻不是作为一个主要进出口的口岸，而只是一个囤积进出货物和补充给养的中转港。由于当时的海船续航能力还比较差，从广州开出后，沿岸航行多日后才到琼州海峡，就在徐闻补充淡水给养和部分货物。再到合浦港，然后经交趾、日南，开始沿岸远航斯里兰卡。这条航线就是徐闻、合浦南海道，因此合浦成为远洋航线上的主要港口。

新中国成立后，两广考古队从合浦县廉城一带的数十座汉墓中，发掘到大批琥珀、玛瑙、紫晶、玻璃等文物。从这些舶来品数量及合浦人口多于广州的情况来看，说明合浦港的繁荣程度高于广州港。而合浦港的形成，除其上述的地理条件外，主要还是被当时的航海技术尚不能离岸远航所决定的。

在之后的秦、两汉、三国至五代时期，合浦港虽仍然是我国重要的对外贸易港口。但随着造船、航海技术的发展和新航线的开辟，中外商舶慢慢地多从广州、泉州、扬州等港口启航及靠岸，徐闻、合浦港的对外贸易上的重要位置就逐渐被广州等港所代替。

4. 两汉六朝时期沿海港口的兴起

两汉及六朝时期，除春秋战国时形成的港口外，还在南北沿海，出现了一些新兴起的口岸。

（1）日南

日南郡是汉武帝设南海九郡中最边远、最南的一郡。《汉书·地理志》颜注说，日南郡得名的由来，是因它在“日之南，所谓开北户以向日者”。日南郡即今之越南的广治省地区，地理位置约在北纬16°40′左右。古时在日南郡治西卷县曾“建八尺之表，日影度南八寸”。北回归线在北纬23°26′，在夏至时，太阳正午中天时确在日南之北。《后汉书·南蛮传》记，汉元始二年“日南之南黄支国来献犀牛。黄支国为今日印度的康契普拉姆地区，它的地理位置约在北纬13°，比日南郡的纬度要南移3°40′。汉代所说黄支国在日南之南确是有据之谈。在汉船航程中起首一句便说“自日南障塞”出发。因为汉代把日南列为汉朝廷国土的边境——郡，因此称为障塞。汉船从番禺、徐闻、合浦出发，一直到离开日南便算出国远航了。

（2）马石津与三山浦

马石津即今旅顺，三山浦即大连，这两港均在辽东半岛南端，汉代属沓氏县（今大连市金县），后改称东沓，港口称沓渚、沓津。

马石津在马石山以东，故称马石津。马石山古称将军山，即今之旅顺老铁山。据金毓黻先生考证，“马石津即马石山之津口，今称旅顺口，愚谓马、乌二字形似，马石山应作乌石山，今老铁山，其色焦黄，因以得名”。但马石津之称久已约定俗成，史籍相沿未改。东晋咸和九年（334年），晋朝廷派侍御史王齐，谒者徐孟到辽东，册封慕容皝为镇东大将军、平州刺史、辽东公。船自建康出发，出大江至于海，至登州大洋；东北行，过大谢岛。龟歆岛、鸟湖岛、北渡乌湖海，“船下马石津”，可见在晋朝时，这里已是南北通航的重要港口。唐代称此港为都里镇，辽、金、元时改称狮子口。明洪武四年派马云、叶旺率兵渡海收复辽东，“自狮子口登陆，驻兵金州”，更名为旅顺口，沿称至今。

此港地处渤海与黄海的分界线上，正与山东登州隔海相对，是联系、捍卫中原和东北的军商要港。自开港以来，历经各代，松延两千余年而不衰。

三山浦港在汉沓氏县（今金县）的海滨。东汉末年，山东登州与辽东海路畅通，一时避黄巾战乱流徙到辽东的人很多。当时知名之士如邴原，管宁、王烈、刘政、太史慈等，都曾流寓到辽东。《魏志·邴原传》注引《邴原别传》，说他到辽东后“止于三山”、“一年中往归原居者数百家，游学之士，教授之声不绝”。孔融托船家捎寄给邴原的信中说：“顷知来至，近在三山……奉问榜人舟楫之劳，祸福动静告慰。”可见当时三山浦与山东之间的航海往来十分频繁，已是一处人文荟萃的港口。三山浦是以大连湾口处的三山岛而得名。是自汉代以来，从山东通航东北，朝鲜和日本的必经港口。

5. 长江内河沿岸早期的港埠发展

至战国时，长江干支流沿岸虽然还没有形成较大港口，但由于城市经济的新兴与贩运贸易的兴起，长江上下及各主要支流沿岸有些城邑因有水道经水门进入城内，已经成为舟船集泊的要津，其中船舶往来频繁、泊舟密集的有江州（今重庆市）、郢都纪南城（今湖北江陵）、寿春（今安徽寿县）、广陵（今江苏扬州市）和姑苏（今江苏苏州市）等地。

楚郢都纪南城，故址在今江陵县境内。自楚文王在此建都以来，先后又经过楚平王和楚悼王两次大规模的建设。其都城规模已与中原几个大国的都城不相上下，是长江流域中较大的繁华都城。城内集中了楚国手工业的精华。它列肆纵横，店铺林立，街上车水马龙，行人熙来攘往。《太平御览》引桓谭的《新论》说：“楚之郢都，车毂击，民肩靡，市路相排突，号为朝衣鲜而暮衣弊。”这样的繁荣景象，中原各国都城少见。纪南城址近似方形，东西长4.5公里，南北宽3.5公里，面积16平方公里。城垣周长15公里多，比春秋时

水门

江州蓬睡图

期“方九里”的定制要大得多。在已勘探出古城的7座城门中，有南北水门两座，每座水门都有3个宽度相等的门道，江汉运河古河道经水门流过城中。此外东垣也似有1座水门，大约在今天的会龙桥处，也是古河道的出口。郢都建有这么多的水门孔道，说明了它的水运交通已相当发达。不仅城外河岸可以停泊众多的船只，而且运载货物的舟船可经水门驶入市内。它对水运的利用达到了相当高的程度，充分地发挥了临江依河的水运优势。

上游的江州，是巴国的根据地之一。秦并巴蜀以后，张仪即开始建设江州。据《舆地纪胜》所记，古江州城“东接州城，西接县城，云张仪所筑”。古江州即今重庆市中区一带，因三面环水似洲而得名。这样的地理形势，是很理想的泊舟处所。所以张仪在这里筑城，建设军舟停泊基地，作为顺流攻楚的大本营。如此江州在战国时已是舟船集泊的要地。

寿春是战国晚期楚的国都，亦称郢。公元前241年考烈王“与诸侯共伐秦，不利而去，楚东徙都寿春，命曰郢”。寿春地临淮水，经颍水通鸿沟与中原的魏都大梁相往来。纵约时期，寿春不仅是纵约国的活动中心，而且也是长江通向淮河的水运枢纽，为舟船汇集的要津，是这一时期楚国的主要物资集散地之一。

这时期的扬州，因楚怀王在此建筑了广陵城又有邗沟流经城边，加之鄂君启的经商船队常过往其间，航运事业比之夫差筑邗城时又前进了一步。当时的吴（今江苏苏州），原来有“城厚而崇，池广以深，水陆入门，舟车并便”的良好交通条件。后来一度遭到吴、越战争的破坏，又由于苏州地势低洼，太湖来水常涝苏州，昔日水路四通八达的吴地水运中心，大为萧条。公元前248年，时值战国晚期，楚考烈王将原封于今淮北地区的春申君黄歇改封于吴。于是黄歇“城吴故墟”，修建苏州故城。他兴工大修水利，关闭原来的胥门，解除了太湖来水之患。又在城内开挖支流，与原城中干渠相沟通，完善了城内的河网，取得了泄洪、通舟两利的效果。黄歇还整治了苏州、无锡之间的运道，使苏州复为吴越之间舟船集泊的重要城邑。

随着通商与航运的发展，两汉时期长江沿岸相继出现了一些较为繁华的城邑，如江陵、寿春、彭城、江东、宛等地，被《史记》称之为“都会”。这些城邑的前身都是水陆交通的中心或河流的渡口处。它们凭借着较好的水上运输条件，较迅速地发展与繁荣起来，形成商埠。其中江陵、巴郡郡治（今重庆市）、成都等地都已成为当时的重要港津。

水运交通发达的江陵，是汉代长江上较大的繁华港口。这里“水流北顺，外带江、汉”。汉代江陵的主要港区在城南的市阳里，此外一个新的港区，即今天的沙市也已有很好的泊船条件。史籍称当时的沙市为“津乡”，“当荆州要会”、“是荆扬之咽喉”。江陵凤凰山西汉墓葬中出土的木牍、竹简，载录了当时江陵的港津中货物转运与舟船建造的盛况。

岷江岸边的成都，也是汉代长江水系中繁华的港埠之一。蜀郡是两汉时期长江流域最富的地区。成都地处西蜀中心，城市经济发展领先于其他各地。当

江陵古城

时成都已有市民7万多户，在全国仅次于长安。至东汉建初中廉范任太守时，“成都民物丰盛”，“邑宇逼侧”，市内已很拥挤。成都水渠交错，航运便利。汉时它与长安、洛阳、邯郸、临淄、宛等都会并列，设有“五均司市师”，管理城内贸易、物价、交通、税收与贷款等经济活动。

重庆，是秦汉两代巴郡治所。巴郡辖地广阔，汉时其地“南北四千里，东西五千里”。物产丰富，盛产：“桑、蚕、麻、鱼、盐、铜、铁、丹漆、茶、蜜、灵龟、巨犀”等。这些特产“足相供给，两近京师”。长江和嘉陵江“分川并注，合于江州”。这样的地理形势很自然地使当时的重庆成为川东南的水上交通要冲，是巴郡物资的主要集散地。一部分少数民族在嘉陵江两岸“多居水左右”。江中还有船户“结舫水居

五百余家”。东汉初年，公孙述占据四川时，江州曾是他集结舟舰的要津。《后汉书》记东汉建武十二年（36年），岑彭攻破江州打败公孙述后，治蜀时，“江州城固而粮多”。这是说明两汉时代的江州已发展成为一个舟船鳞集的重要港津。

此外位于汉水上游的淯水（今白河）东岸的南阳郡治宛，“西通武关、郧关，东南受汉、江、准，亦都会也”。还有担负着巢肥水系南北皮革、鱼类、木器等商品物资集散的九江郡治寿春，也都是当时流域中舟船集泊量较大的港津。

西汉时代，朝廷在长江干支流沿岸设置了一批县级行政机构。据《汉书·地理志》载，西汉时在南郡置夷陵县（今湖北宜昌市前身），在豫章郡置柴桑县（今江西九江市前身），在丹阳郡置芜湖县（今安徽芜湖市）等。东汉时将钱塘县由灵隐山下迁到钱塘江岸今杭州市内。这些滨临长江干支流的县城，为后来成为长江干支流上的著名港埠奠立了雏形。

汉初，刘邦在长江下游沿岸各地设置了一支楼船水军，因此，流域中除兴起了上述一批商业港埠外，还出现了多处军事港口，即楼船基地。

浔阳，汉属庐江郡（在今湖北黄梅县西南），位于古彭蠡泽岸边。西汉时期，古彭蠡泽水尚未与长江完全分离。汉武帝正是从浔阳古彭蠡泽登舟起航浮江巡游的。他所调集的楼船，原来绝大多数都泊在浔阳基地，当时那里是长江沿岸最大的军港之一。

豫章，即今江西南昌市，汉初刘邦设置的豫章郡治所在地。它是赣粤水陆运道的中心。豫章周围有修水、蜀水、南水、彭水、盱水和余水等众多支流注入赣江，汉时不仅是北通长江、南达番禺的通商要埠，而且还是西汉王朝的重要军港。

庐江，汉庐江郡治，在今安徽庐江县南。汉时郡中设有“楼船官”，是西汉的楼船建造中心。朝廷在这里专设楼船制造管理机构，充分表明了它的战略地位。郡内除浔阳楼船基地外，还有楼船建造与水军基地合二而一的枞阳军港。

会稽，即今苏州，汉时设会稽郡府于此。这里经济富裕，航运发达。但在西汉时代，会稽的重要交通地位，主要在军事方面，即所谓的“戈船掩乎江湖”。会稽地与闽越接壤，西汉前期，闽越（政治中心在今福建省福州市）多次侵扰周围郡国，妄图分裂扩张割据。汉建元三年（公元前138年），攻东瓯（政治中心在今浙江永嘉县）并袭入浔阳烧毁朝廷楼船。为了防范闽越北犯，汉武帝任命朱臣为会稽太守。平南超叛乱后，会稽等地后来迅速地发展成了商船集散的重要港津。

（三）航顺港兴——影响中国古代港口兴衰的主要因素

港口的形成和演变，受着多方面因素的制约。政治、经济因素能影响一个港口的兴衰，而造船和航海技术的发展水平，对一个港口同样也会产生作用。

1. 社会经济对古代港口的影响

航海事业与港口之间有密切的关系，港口的形成和发展，受着航海事业兴衰的影响。两者的兴衰又都受着当时社会经济诸多条件的制约。

从春秋战国时代开始至唐宋时期，有很多与中国保持有航海贸易关系的国家，在西方有新兴的阿拉伯帝国，在东方有日益昌盛的高丽和日本。在这个时期航海贸易的对流商品中，增添了许多新品种，中国除了传统的丝织品以外，又增加了驰名世界的瓷器和茶叶，另外还有若干种日用生活器皿。进口商品中，除了珍宝奇货以外，还增加了多种香药。这些新增的商品，进出口量都很大，推动着航海贸易蓬勃地发展起来。由于商品的产地不同，为适应货物集散的需要，除原有的老港口更加兴盛以外，又有一些本来默默无闻的海边小镇崛起于后，成了航海贸易新的港口。

在古代的帆船航海时期，我国去东西方的海船，在横渡黄海或穿过马六甲海峡以前，一方面为保证航行安全，尽量缩短航程就近投港；另一方面为方便集散货物时在航行沿途装卸，所以港口开放形成的顺序，是从中国沿海的南北两端向中部延伸。后来随着航海技术的提高和国内政治局势的变迁，港口逐步从北向南推移，终于形成广州、泉州、明州、扬州四大港并存的格局。

2. 政治、军事形势变化，对古代港口的盛衰的影响

登州港，即今天的蓬莱，在春秋战国时期之后，登州古港一直是历代王朝开展海内外经济文化交流的便捷通道。齐桓公在此大兴鱼盐贸易，秦皇汉武在此寻仙求药，汉代东方海上丝绸之路在此发轫，日本遣唐使在此整备转航。作为中国古代南北海运交通的重要枢纽，登州古港曾与扬州、泉州、明州并称为中国古代“四大通商口岸”，享誉海内外。港盛城兴，登州古港的繁盛直接拉动了蓬莱的兴起，登州蓬莱被长期作为州、府所在地，成为胶东半岛政治、经济、军事、文化中心，时间长达千年之久。

北宋中期，登州古港的军事建设得到了不断加强。宋庆历二年（1042年），登州军民实施了大规模的港口改建工程，在登州古港入海口处筑沙堤以护战船，在港口东西两侧建寨城以安军营，建成了一个在古代难得的海防军事要塞，名曰“刀鱼寨”。以此为标志，登州蓬莱变成了北方最著名的海防要塞，登州古港的港口性质也发生了历史

登州古港

性的转变，自然港变成了人工港，繁华的商贸港口变成了威严的军事重地。

唐末五代时，中原动乱，南方一些地区割据自立。有一些港口遇受战乱损失惨重，如誉称四大港口之一的扬州已成废墟，广州也已萧条。但在吴越王钱镠统治的两浙境内，几十年保持着安定局面，并且重视航海贸易，广招中外海商，继续与日本、高丽和阿拉伯地区维持着海上来往关系。因此明州还保持着一定的活动能力，为其后的中国航海事业大发展提供了条件。

在宋代以后，由于北方民族南进，致使北方港口日衰，东南沿海港口兴起。北宋对外航线分做东海和南海两条航路，南海航路的主港是广州，东海航路的主港便是明州（今宁波），南宋的东海主港航路就变成了泉州。

当时的政治、军事形势，是福建泉州港迅速兴起的主要因素。宋朝廷南迁到杭州以后，泉州港立即上升到京师外港的地位。在宋廷南迁杭州以后，明州比泉州易受金兵南侵的威胁，不宜大规模开展航海贸易，因此泉州既有充分开发的余地，又便于将进口舶货转运到京城。从现代可以见到的遗址来说，宋代为了利于泉州港海船进出口货物的转运，陆上交通也很发达，在泉州地区兴建了大量的桥梁，总计有石桥215座，其中最长者长达2070米。这些桥梁的兴建，给水陆转运提供了极大的方便。绍兴元年（1131年），又在晋江宝盖山顶建一应石塔，名“关锁塔”，以作为泉州港外导航标志，使船舶远在十几海里以外便可望标投港。绍定和嘉熙年间（1208～1233年），又在泉州城内修建东西两座石塔，一名仁寿塔，高44.06米；一名镇国塔，高48.24米，作为船进泉州港的导航标志。这些文物遗址，证明宋代对发展泉州港是十分重视的。

泉州城双塔　　仁寿塔、镇国塔

3. 航海技术对古代港口的影响

中国古代航海史的辉煌依赖于中国古代航海科学技术的进步。中国航海历史悠久。夏、商、周和春秋战国时期，随着木帆船的产生，出现了较大规模的海上运输与海上战争。到秦汉时代，随着海船逐步大型化以及掌握了驶风技术，出现了秦代徐福船队东渡日本和西汉海船远航印度洋的壮举。在三国、两晋、南北朝时期，东吴船队巡航台湾和南洋，法显从印度航海归国，中国船队远航到了波斯湾。从隋唐五代到宋元时期，中国航海业全面繁荣、海上丝绸之路远届红海与东非之滨。由于当时积极的航海贸易政策和以罗盘导航为标志的航海技术取得重大突破，中国领先西方进入“定量航海”时期。中国舟帆所及，几达西太平洋与北印度洋全部海岸，与亚非120多个国家和地区建立了航海贸易关系，著名的刺桐港（今福建泉州）成为当时世界上最大的国际港口。到明代永乐至宣德年间，中国航海家郑和率领远洋船队，先后7次下西洋，遍访亚非各国，其船队规模之大、船舶之巨、航路之广、航技之高，在当时无与伦比。郑和当时谏言：“欲国家富强，不可置海洋于不顾。财富取之海，危险亦来自海上。”这一至理名言、真知灼见至今仍有十分重要的价值。据航海史学者研究表明，郑和船队中的大型海船叫“宝船”，其“大者长四十四丈四尺（约151.8米），阔一十八丈（约61.6米）”；有九桅，张十二帆；其“篷、帆、锚、舵、非二三百人莫能举动”。而哥伦布船队中最大的帆船长仅五丈七尺，仅及宝船的八分之一，足见中国明代造船业的强盛。

郑和“宝船”复原图

如广州港，广州是先秦时期形成的对外港口，西汉初年开始向海外发展时，由于受当时船舶规模和航海技术所限，从广州出发后，还无力渡过海南岛东北角的木兰头急流和东南侧的七洲洋。这一带久有“上怕七洲，下怕昆仑”的传说，航海者视为畏途，因此主要是沿岸航行。

自三国以来，一方面由于政治、经济中心南移，从广州顺北江或沿海北上，距中心地区较近，交通方便，因之广州的港市地位自然日渐上升。另一方面，东吴时已能建造万斛大船，同时也掌握了掉樯驶风航行技术。这便可以从广州为起点，开辟离岸跨海的远洋新航线。这条新航线从广州出发，不再沿岸穿过琼州海峡，而是经海南岛以东和西沙群岛海域，直航东南亚各地。这条航线已被六朝文献和当代考古发掘所证实。到了东晋时，由于航海技术的提高，离岸航行改变了航线的走向，致使合浦港日益衰弱下去，广州港便又代之而兴起，海上远航船舶日渐向广州停泊，“商船远届，委输南州，故交，广富贵，牣积王府”。从东汉末年，至迟在三国时期，南方最大的海港，又转移到广州了。然而，随着中国晚期封建主义逐渐保守与僵化，清王朝对外闭关锁国，对内实行海禁，严重阻碍了中国航海业的进一步发展和航海科学技术的不断进步，中国航海业进入由盛转衰的时期，中国古代港口也在相当长的一段时间里一蹶不振。

二、海上贸易在延伸——海上丝路彰显古代港口文化

苍穹影里三洲路，涨海声中万国商。海上丝绸之路及承载丝绸之路的港口创造了一种文化的奇迹，它是一种经济文化互动、数教多宗并存、海内域外共荣的见证，是一种能够赏识和认可异域文明价值、接受和吸纳多元文化信仰、维护和发展不同种族利益的视野和胸襟，是一种时越古今而不泯灭的普世价值。

（一）千帆竞发——千年海上丝路的开辟

历史上的“海上丝绸之路”，是指古代中国与世界其他国家和地区之间的海上贸易交通路线，东至日本、朝鲜半岛，西经东南亚、印度洋地区，最远到达西亚和东北非。其中宁波、扬州、泉州、广州是“海上丝绸之路”的四大港口。据史料考证，“海上丝绸之路”开辟于战国时期的齐国，发展于秦汉，盛行于唐宋，繁荣于明清，见证了古老中华与世界其他民族的友好往来和经济文化交流以及融合的历史。

1. 先秦南越国时期：为海上丝绸之路的形成奠定了基础

早在距今6000年左右，岭南先民已经利用独木舟在近海活动。距今5000～3000年期间，东江北岸近百公里的惠阳平原，已经形成以陶瓷为纽带的贸易交往圈，并通过水路将其影响扩大到沿海和海外岛屿。

通过对海船和出土陶器以及有肩有段石器、铜鼓和铜钺的分布区域的研究得知，先秦时期的岭南先民已经穿梭于南中国海乃至南太平洋沿岸及其岛屿，其文化间接影响到印度洋沿岸及其岛屿。

根据出土遗物以及结合古文献的研究表明，南越国已能制造25～30吨的木楼船，并与海外有了相当的交往。

南越国的输出品主要是：漆器、丝织品、陶器和青铜器。输入品主要是：珠玑、犀（牛）、玳瑁、果、布之凑。主要的贸易港口有番禺（今广州）和徐

闻（今徐闻）。

2. 西汉中晚期和东汉：海上丝绸之路的形成和发展

《汉书·地理志》记载“自日南障塞、徐闻、合浦船行……有译长，属黄门，与应募者俱入海市明珠、璧琉璃、奇石异物，赍黄金杂缯而往。……”说明“海上丝绸之路”兴起于汉武帝灭南越国之后。东汉（特别是后期）航船已使用风帆；大秦（罗马帝国）已第一次由海路到达广州进行贸易；中国带有官方性质的商人也到达了罗马。这标志着横贯亚、非、欧三大洲的、真正意义的海上丝绸之路的形成。

由于两汉版图扩张到今东南亚的部分地区，政府加强了海上丝绸之路沿海港市的管理，例如在今徐闻“置左右候官，在县南七里，积货物于此，备其所求与交易有利”。当时也出现了一些比较重要的商业城市，例如番禺、徐闻、合浦（今合浦附近）、龙编（今越南河内）、广信（今梧州）、布山（今贵港）和桂林（今桂林）等。

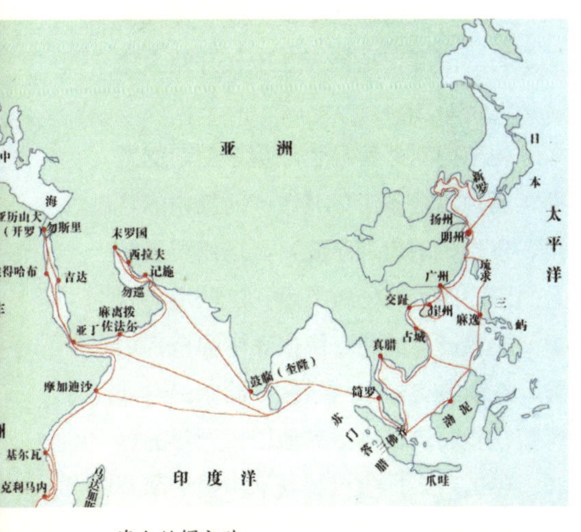

海上丝绸之路

3. 魏晋南北朝时期的海上丝绸之路

孙吴政权黄武五年（226年）置广州（郡治今广州市），加强了南方海上贸易。有史料可稽，东晋时期广州成为海上丝绸之路的起点。

对外贸易涉及达15个国家和地区，不仅包括东南亚诸国，而且西到印度和欧洲的大秦。经营方式一是中国政府派使团出访，二是外国政府遣使来中国朝贡。广州海上丝绸之贸易的发展，致使对外贸易收入成为南朝各政权的财政依赖。

由于海上通道在隋唐时运送的主要大宗货物是丝绸，所以大家都把这条连接东西方的海道叫做“海上丝绸之路”。到了宋元时期，瓷器的出口渐渐成为主要货物，因此，人们也把它叫做“海上陶瓷之路”。同时，由于输入的商品历来主要是香料，因此人们也把它称作“海上香料之路”。

隋唐以前，海上丝绸之路只是陆上丝绸之路的一种补充形式。隋唐，由于西域战火不断，陆上丝绸之路被战争所阻断，代之而兴的便是海上丝绸之路。唐宋，造船、航海技术的发展，通往东南亚、马六甲海峡、印度洋、红海，及至非洲大陆航路的纷纷开通与延伸，海上丝绸之路终于替代了陆上丝绸之路，成为我国对外交往的主要通道。明初郑和下西洋时，海上丝绸之路发展到巅峰。郑和之后的明清两代，由于实施海禁政策，海上丝绸之路开始衰败、消亡。

海上丝绸之路的开辟，标志着古代中国的航海事业进入了一个开拓的阶段，这是在航海业发达、丝绸货源充盈、远方人们迫切需要这三个条件的基础上实现的。历史证明，国家强盛就会导致对外开放。船舶扬帆，即其标志。这也是中国海上丝绸之路发生、发展与兴盛的共同规律，但最终则体现在造船与航海技术的水平上，否则，就不可能成功。

（二）万国梯航——璀璨的港口文化

港市的兴起与繁荣，是同商路的开通、交通的便捷联系在一起的。我国古代的对外海上交通，大致分东向、南向两途。中国与西方的水陆交通，出现很早。大致以唐中叶为界，在此之前，以陆上交通为主，此后则转以海上交通为主。如前所述，海上丝绸之路是古代中国海外贸易的连接延伸，中国著名的陶瓷、茶叶、丝绸和铁器，经由这条海上交通路线销往各国，西方的香药也通过这条路线输入中国。海上丝绸之路开辟了三大航线：东洋航线由中国沿海港口至朝鲜、日本；南洋航线由中国沿海港口至东南亚诸国；西洋航线由中国沿海港口至南亚、阿拉伯和东非沿海诸国。

汉代海外交通空前发展，几乎航遍亚洲邻国，航路的发展促进了港口的兴盛和繁荣，历史上形成了一系列重要的外贸港口，广州、泉州、福州、明州（宁波）、杭州、扬州、登州等都是其中的代表。

宋朝的经济较为发达，宋朝10万户以上的城市由唐代的10余个增加到40个，汴京和临安是继长安、洛阳和南京之后成为世界上第4、第5个超过百万人口的城市。宋朝还是当时世界上发明创造最多的国家之一。中国历史上的重要发明一半以上都出现在宋朝，那时中国四大发明的三项发明在宋代得到大规模实际的运用，像火药、指南针、印刷术、纸币、垂线纺织、瓷器工艺的重要改革等。宋朝的航海、造船、医药、工艺、农技等技术都达到了古代前所未有的高度，指南针在宋代开始大量装备远洋船舶。

两宋的对外贸易也达到了空前的繁荣，涌现出很多港口城市，而其中的广州、泉州、明州（宁波）、扬州更是被誉为宋朝四大对外贸易港，这些港口就像一颗颗璀璨的明珠镶嵌在中国东部沿海。据西方史学家的研究，两宋的对外年贸易量超过世界上其他国家同年的总和，中国商人几乎控制着从中国沿海到非洲东海岸、红海沿岸的主要港口。

用已故著名学者邓广铭教授的话来说，“宋代是我国封建社会发展的最高阶段，其物质文明和精神文明所达到的高度，在中国整个封建社会历史时期之内，可以说是空前绝后的。”

1．丝绸之路的始发港——徐闻、合浦港

徐闻（位于广东湛江）位于中国大陆最南端，距海南最近，因此成为当时海上丝路始发港之一；合浦（位于广西北海）也是我国大陆最靠近东南亚的较大的港口之一，南濒北部湾，西与越南接壤，特殊的地理位置也使其成为海上“丝绸之路”的重要港口。古代合浦港与徐闻等港口对外贸易十分发达，很多舶来的东西从这些港口进入我国，在当地发现的古人的随葬品中，出土了为数不少的海外产品，反映了当时的合浦、徐闻作为一座港市在西汉已经具有相当大的规模。

《汉书·地理志》两次谈到汉代海上丝路航船启航情况，此书记载“自合浦徐闻南入海，得大州，东西南北方千里”，这个“大州”就是海南岛。同书又载“自日南障塞、徐闻、合浦船行可五月，有都元国；又船行可四月，有邑卢没国；又船行可二十余日，有谌离国；步行可十余日，有夫甘都卢国；自夫甘都卢国船行可二月余，有黄支国……黄支之南，有已程不国，汉之译使自此还矣。”这是有关中国汉代海上丝路的最早最具体最详细的记载，这两段史料充分表明，合浦与徐闻是汉代海上丝路始发港的历史地位。它详实地记载了当时海船从中国港口出发，历经数国到达南亚地区进行海上贸易的情形，这也是被学术界认定是“海上丝绸之路”正式形成的标志。

“海上丝绸之路”的始发港　徐闻古港（今湛江港）

合浦港是天然良港，也是交通枢纽，位于南流江、北流江、西江的出海口，秦朝凿灵渠和鬼门关后，合浦与长江、中原联成水上网络。往西北溯西江而上达云、贵、川；往北溯桂江而上至湘乃达中原；往东到东南沿海各港口；往南至东南亚等世界各地。合浦河流众多，纵横交错，大小河流93条，总长558多公里，其中较大河流7条，大的河口5条。合浦港位于北部湾西海岸，地处南亚热带，“是典型的季风型海洋性气候”，夏无酷暑，冬无严寒，热量充足，雨量充沛，加上方圆达70多万亩、土地肥沃的南流江沿岸大平原（列广西第二大平原），良好的生态环境为出口的桑、麻、珍珠生产提供了独特的自然地理条件。

徐闻位于雷州半岛的南端，与海南岛隔海相望。徐闻港就是在汉武帝开辟海上“丝绸之路”中崛起的。港口扼琼州海峡的咽喉，南出琼崖，东通闽浙，西经钦廉，北达内陆，航海南下，可到越南、退罗、南洋群岛、印度及东非各国。它是当时我国商船南航的启运港，也是古大秦罗马、天竺印度、波斯伊朗等国的船舶到中国的目的港。从徐闻上船，远航东南亚和南亚各国，与当地交好并进行贸易，换回明珠、宝石及异域各种产品回国，那时从国外引进的粮食、蔬菜、水果、药材、花卉就有多个品种。这里不仅囤积着大量货物，而且有许多中外船舶停靠在此，补充淡水和食物。因此，徐闻港在汉朝时期是我国南部的货物中转港和集散地，是海上“丝绸之路”的始发港。

2. 几经沉浮的外贸大港——广州港

广州，自春秋历经秦汉，早已成了我国较大的港口。三国两晋南北朝至隋这400多年间，是海上丝绸之路的拓展时期。此时，广州至大秦（古罗马帝国）的海上丝绸之路已经形成。那时，从那婆提（今爪哇）至广州，定期航船的航班期是50天。同时，远航亚非欧国家的这条航路越走越远。中国商船从广州起航，远航南海、太平洋、印度

海上丝绸路上的广州港

洋、波斯湾，把丝织品、陶瓷、茶叶输往国外，又将金、银、琉璃、象牙、沉香等输入中国。当时通过广州来华经商的国家和地区大为增加，有15个之多。尤其隋朝建立之后，隋炀帝十分重视对外贸易，开辟海上丝绸之路的新航线：从广州出发，沿安南（今越南）海岸航行，通过真腊海岸，最后到达马来半岛北部东岸。

一直到唐代，广州仍是一个“多蕃汉大商”，“有蛮舶之利”而“通舶出香药”的重要港口。唐开元二年（714年），在广州设立了市舶司，加强对广州港的管理。唐代中期以后，一方面由于国内政治局面动荡不稳，另一方面由于港口官吏贪污勒索的骚扰,对航海事业及广州港市的盛衰影响极大。一直到唐代末期，经过一段恢复后，又达到一代大港的规模。

北宋在平定了盘踞在岭南的南汉政权以后，非常重视广州对东南亚及阿拉伯的通海贸易的门户作用，立即下令在

广州重建市舶司，令知州兼任市舶使。当时两浙与福建还未统一，广州是北宋对西方进行航海贸易的唯一港口。广州港的进口货物，要经北江走韶关、江口到南雄，再陆行通过大庾岭运至南安军，复由水路运到汴京（开封）。显见北宋对开展航海贸易所望甚切，而对广州港的建设十分重视。经过北宋朝廷对市舶官吏的一番整顿以后，广州又恢复到各方货物源源而来的盛况。

熙宁七年（1074年），王安石变法，在市舶司外又另设“市易务”，由于机构重叠，干扰了市舶司的事权，“入市舶司拘拦蕃商物”，扰得“海商不至”，使“广州市舶亏岁课二十万缗”。待排除了这种分权的冗杂机构以后，到熙宁九年，广州港的进出口重现繁荣景象。

总体来看，在唐宋时期，广州成为中国第一大港，是世界著名的东方港市。由广州经南海、印度洋，到达波斯湾各国的航线，是当时世界上最长的远洋航线。元代时，广州的中国第一大港的位置被泉州替代。

3. 东海航路的主港——明州（宁波）港

明州，即今之浙江省宁波市。宁波平原地势平坦，外对舟山群岛，内则河网密布，溯余姚江而上，经曹娥江，过钱塘江与运河相连，宁波可作为运河的南端，北连长江、淮河、汴河，东通海外，是海外交通与内河航运的衔接枢纽。它背倚浙西、浙北及江淮流域广阔的经济腹地，有发展航海贸易的有利条件。

明州港是唐代中后期东渡日本航路最接近的港口。唐设明州府治于三江口以后，明州成了浙东的政治、经济中心，由是“海外杂国贾舶交至”。明州港的兴起除有其经济原因以外，还与当时航海技术发展有很大关系。航海技术水平提高和新航线的开辟，推动着对日本和高丽的航海贸易日益向明州转移，也使之逐渐代替了北方各港，一跃成为我国航渡日本和高丽的主要港口。

唐末五代时，中原动乱，南方一些地区割据自立。有一些港口遭受战乱损失惨重，如誉称四大港口之一的扬州已成废墟，广州也已萧条。但在吴越王钱镠统治的两浙境内，几十年保持着安定局面，并且重视航海贸易，广招中外海商，继续与日本、高丽和阿拉伯地区维持着海上来往关系。因此明州还保持着一定的活动能力，为其后的中国航海事业大发展提供了条件。

宋代对外航线分做东海和南海两条航路，南海航路的主港是广州，东海航路的主港便是明州。熙宁七年（1074年），根据高丽使臣金良鉴的建议，为了避免辽东金人的骚扰，凡往来于高丽的海船，不再走登州渤海航路，改由明州港进出。明州便成了东海航路上日本和高丽的唯一进出港，明州由此发展起来。到元丰年间，商旅客户占到明州港总人口的一半，亦可见当时明州商业交易的繁荣。所以《乾道四明志》括要的评议道：所谓“明之为州，实越之东郊，观舆地图则僻于一隅，虽非都会，乃海道辐辏之地，故南则闽广，东则倭人，北则高句丽，商舶往来，物货丰衍”。明州港成为宋代浙东的要港。

江厦，是明州最大的一处海船停泊码头，约在今日宁波市南起灵桥门，北至二江口的沿江一带。另外在江左街一带，还有甬东司码头和真武宫码头。宋代远航东海及南海的海船，舳舻相接，帆樯林立，泊集在这几处码头上。市舶司在今之东门口姚家巷至车轿街，市舶库在今之东渡路，波斯馆在车轿街南巷，高丽馆即今之宝奎巷的宝奎精舍。可见宋代明州港市从码头、舶司、仓库、驿馆布置得井然有序。

唐宋时期的明州盛产名茶和名瓷，

“海上丝绸之路”的重要文化遗存——宁波天封塔

开辟了从明州通向海外的“陶瓷之路”，北达高丽（朝鲜），东至日本。南经广州，通向两条路线，一是向东南，通向菲律宾、马来西亚诸国；另一是向西南，沿海岸至越南达泰国、缅甸，经孟加拉湾，到印度、巴基斯坦，以至直抵波斯湾和地中海沿岸伊朗、埃及等。

4. 明州港的外围口岸——杭州、温州港

杭州和温州两港是明州港的主要外围口岸。杭州港设在钱塘江边，在北宋时即是东南的名城。欧阳修在《居士集》上著文说：杭州“其俗习工巧，邑屋华丽，盖十余万家……而闽商海贾，风帆浪舶出入于江涛浩渺、烟云杳霭之间，可谓盛矣”。淳化四年（993年）两浙市舶司即从明州移到此地。南宋渡江后在杭州建立行都，升称为临安府，成了东南的政治、文化中心，因此中外商贾云集。“自大街及诸坊巷，大小铺席，连门俱是”。绍兴二年（1132年），市舶司移至华亭，杭州降格为市舶务，设在城东南保安门外诸家桥之南，后移至城北梅家桥，凡经营舶货的富商巨贾多聚集于市舶务附近的白洋湖（今杭州体育馆一带）水边，“起造塌房数十所，为房数千间”，租给都城店铺或客商存放货物之用。

温州市舶务，约建于绍兴元年（1131年）前后。北宋后期，温州的造船业已经十分发达，又有丰富的出口商品。瓯江上游的龙泉县，是驰名中外的龙泉青瓷器的产地，生产的瓷器，顺瓯江运达温州出口，或由海上运到明州后行销海外。温州所产的漆器、纸张、皮革等也素负盛名，“其货纤靡，其人多贾”，是与明州港关系十分密切的对日本、高丽航海贸易的辅助港口。

5. 中外文明的集散地——泉州港

泉州位于福建省的东南海滨，扼晋江的入海口，既有江岸，又有海湾，利于泊靠。在唐代时与广州、明州、扬州并称为四大港口。至宋代开始大发展起来。宋太祖太平兴国初年，刚从地方割据势力陈洪手中恢复了泉州以后，即下诏规定：“诸蕃国香药、宝货至广州、交趾、泉州、两浙，非出官库者，不得私自市易”。从此泉州港的地位日益重要，它不仅能远通西洋，而且“多有海舶入高丽，往来买卖”，为一畅通东西的港口。

宋代的“福建一路多以海商为业”，从事于航海贸易的人甚多。按当时福建市舶司设在泉州，是由于它在这一时期已发展成为一个“有善舶之饶，杂货山积”的繁华港口。意大利著名旅行家马可波罗在《马可波罗游记》中是这样记载泉州的：“在这个商埠，商品宝石，珍珠的贸易之盛，的确是可惊的。泉州比埃及的亚历山大更加繁荣”。600多年前，明朝郑和7次率领两万多人的船队就是从泉州出发，到达西亚、东非地区，开创了人类航海史上空前的壮举。

泉州港起于唐代，盛于宋代。泉州所以在宋代能够崛起的原因，除其所处的地理位置、人文条件以外，还与宋金战争所引起的政治、经济形势变化有密切的关系。在宋金战争中，金人南下，宋朝廷退守江南偏安于杭州。这时的泉州一度成为宋朝王室避难苟安的后方基地。当绍兴四年（1134年）九月，金兀术率军大举南下兵逼临安的时候，宋高宗下令，“命六宫自温州泛海往泉州”退避，退居泉州的皇族约有2300余人。就此在泉州设置了“南外宗正司”，这是宋朝皇家设在泉州的留守机关。在当时宋王朝为广开财源积极开展航海贸易的前提下，这种体现皇权机构的设置给泉州港的发展提供了有利的客观条件。

在宋元时代，因为对外交通贸易的空前繁荣，到泉州来经商、传教、创业、致仕及至长期定居的外国人，数以万计，诺大的泉州城，到处可以看到外国人盖的宅第、开的店铺、建的教堂、庙宇，就连城外一带，也随处可以见到他们的墓葬群，丛集密布，比比皆是。因此，把当时的泉州看作蕃汉杂处的“国际城市”，是不会过分的。

这些居住在泉州的外国人，与泉州人民友好相处，互相扶持，兴办各种事业。还有的外国人与泉州人通婚，生男育女，成了民族融合的先驱。泉州民间素有“半南番”一语，就是专指这些中外混血儿的。外国人还在泉州东门和南门一带，建立公墓，“以掩胡贾之遗骸”，并得以长期保存，虽改朝换代，亦不毁弃，成了后代研究泉州历史的重要实物资料。

在这个时期，伊斯兰教、印度教、古基督教、摩尼教、犹太教、佛教等世界多种宗教在泉州广泛传播，使泉州成为多元文化和谐共处、互促共荣之地。世界上几大宗教并存在此，没有硝烟，只有和平，世上罕见。如此众多的宗教文化汇聚在一个城市，甚至是同一条街道上，这不能不说是一个奇观——只有泉州这样的城市才会出现的奇观，此地因而被称为“世界宗教博物馆”。深厚悠久的历史渊源、濒海开放的地理优势，以及泉州历代先民以开阔的襟怀善于兼容博采各种优秀文化精华等诸多因素，构建了泉州独具特色的地域文化——博采众长，兼容并蓄。

泉州港

6. 沧海桑田的典范——扬州港

扬州在唐代是一处繁盛的海港，但没有能够长期维持下来，自唐代末年急转直下，无论是城市本身还是航海贸易，均陡然衰落，一直到宋代始终未能恢复。

唐代中叶，航海贸易日益发达，外国海商纷至沓来，其中尤以大食、波斯商人及日本、高丽的留学僧俗人士居多。因此东海、黄海沿岸的港市相继兴起，扬州便是在这种历史背景下，由沿江城镇上升为海港的。唐代有许多外国海商侨居在扬州，新罗、日本的留学生和求法和尚，也多从扬州进出，鉴真和尚东渡日本，也是从扬州出发的。扬州在唐代所以能成为一个重要航海港口，除大唐帝国繁富昌盛这个基本条件以外，关键还在于它本身具有作为一个海港的若干条件。

濒江临海扼南北大运河咽喉的扬州，因地处通江达海的水网中心，在唐皇朝的近300年中，以物产丰饶、百货云集、人文荟萃而闻名于世，故有“富甲天下”之称。虽携“十万贯”前往货贸，犹置一粟之于沧海。唐代徐凝为之惊叹道：“天下三分明月夜，两分无赖是扬州。”

隋唐时期，海岸线还没有推进到现

在的位置上，约在泰兴以东的一线。扬州在长江入海口内侧，紧临江边“东至海陵（泰州）界九十八里，又自海陵东至海一百七里”，地处我国东部沿海的中点。自隋开通南北大运河以后，扬州正在长江与大运河的交汇点上，上游有安徽、江西、湖广、四川广大腹地，下游可直接通向海外，具备运河漕运、江运和海运之利，是四方物资交流的中心。当时长江入海口的上海、太仓还未形成港口，这一客观情况便决定着长江入海口的大港座落在扬州。

扬州本身有雄厚的物质基础和广阔的腹地，这是它所以能够发展成为海港的另一个重要因素。唐朝廷对来扬州和闽、广的海船所采取的支持、鼓励的政策也是扬州港形成和发展的不可忽视的因素。

唐代，波斯商人直接来到扬州经商。他们称扬州为“扬都”，在那里建有“波斯邸”，设有“波斯店”，经营珍宝，其贸易额“动辄百万”。唐人将波斯贾视为富商，有的人家生子竟然起名叫“波斯”。大食商人流寓在扬州的人数也很多。《旧唐书·邓景山传》说“刘展作乱”，“大掠居人资产”，在扬州“商胡大食、波斯等商旅死者数千人”。大食回教传教士终老于扬州者，其墓犹存。回教创始人穆罕默德曾有名言：“求学问尤当去中国。”中国的纸和造纸术经由大食传往西方，被称为“中国雪”的芒硝随同炼丹术一起传往大食。大食的外科医术也传入中国。我国的切脉术更影响着阿拉伯医学。景教、祆教、摩尼教、回教在这时期先后传入中国。在中国同大食、波斯的经济、文化交流中，扬州居有非常重要的地位。

后来由于战争对扬州的破坏、航道变迁以及长江下游港口的兴起，当长江入海口东移，扬州失去作为海港的条件。到了宋代，长江下游的青龙镇、华亭、太仓、上海相继兴起，扬州港逐渐衰落了下来。

扬州古运河新貌

7. 对日、韩文化影响最大的港口——登州港

登州所辖范围，即先秦时期的黄、腄两地。唐武德四年（621年），登州治所设在文登县，下辖文登和观阳两县，始有登州之名。神龙三年（707年），治所迁到蓬莱，其港口遂称登州港。它濒临渤海，与辽东半岛隔海相望；东南临黄海，岸湾曲折，是唐代内

对辽东地区，外对高丽和日本的主要港口。据近代在敦煌发现的唐代手写本《水部式》所记，登州港还是渤海海上漕运的基地港，唐宋时期都以此地作为军商重港。由于登州港地处山东半岛东端沿海，距离中原较远，所以在中唐以后中原战乱相继的年月里，它受的骚扰比较轻，社会经济仍能得以持续发展。到了宋代初年，登州全境“户口蕃庶，田野日辟”，港口四周地区的资源得到大量的开发。

登州港历经兴盛、衰落，但作为我国东方海上丝绸之路的起点和我国古代对外交流的重要“窗口”，有过“丝竹笙歌，商贾云集”，“帆樯林立，笙歌达旦”，“日出千杆旗，日落万盏灯”的鼎盛，为我国与日本、韩国以及其他国家的对外交往起到了不可估量的作用；作为军事港口，为征服外族侵略和防御倭寇入侵起到了屏障作用。目前，依旧遗存有蓬莱水城，它是迄今我国现存最早、保存最为完好的古代水军基地。登州港由形成、兴盛至衰落的整个过程，在我国港史和航海史上留下了灿烂的一页，它在东方海上丝绸之路上的地位和作用是不可磨灭的。这种中、日、朝三国互通有无、共同提高以及相互交流的影响，不仅改善、丰富了各自人民的生活，而且促进了各方科学技术的进步，促进了人类历史和文明的发展，这种友谊源远流长至今。登州港在其辉煌的隋唐时期，繁荣了古老的海上丝绸之路，对人类文明，友好往来和经济发展起到了巨大的推进作用；在由贸易港转向军事防御港口时，又为打击倭寇，保卫沿海居民的生命安全，做出了突出的贡献；在其失去海港作用的近现代，历经修缮保护，依旧完整地保存了水城的旧貌，为后人了解先人与自然、与敌对势力斗争的历史，提供了宝贵的历史见证资料。

（三）古港雄风——元明时期的港口文化

1. 元代与明初的港口及其市舶制度

元代时，波斯湾沿岸及西亚的大部分地区，多已成了蒙古人的宗藩国，与元朝有陆上交通，也有海上通道。后因战乱，双方多取海路往来，在此形势下，忽必烈对发展航海事业十分关注。忽必烈在诏书中同时指令招寻熟悉市舶管理的人，向他们征询有关开展航海贸易的事，只要与国有利即行奏报。所以当元朝灭了南宋以后，立即着手开展航海贸易。至元十四年（1277年）先在泉州、庆元（宁波）、上海设立市舶司。后来又在广州、温州、杭州三处增设了市舶司。至元三十年（1293年）裁撤杭州市舶司和温州市舶司将其一同并入庆元。大德元年（1297年）又将上海市舶司也并入庆元。最后只在庆元、泉州、广州三个港口设市舶司。此时的广州港已退居第二，而福建的泉州后来居上，成为在元代始终盛况不衰的港口。

2. 元代的国际海运大港泉州和广州

自南宋以来，泉州港逐年发展，到宋、元之交，已与广州不相上下，海舶进出多由此港。如吴自牧的《梦粱录》所记，当时"若欲船泛外国买卖，则是泉州便可出洋"。由宋入元以后，元世祖忽必烈派人到泉州招降蒲寿庚归元。蒲寿庚为阿拉伯海商，南末末年曾主管泉州市舶司。元朝招降蒲寿庚的目的即在于他"素主贸易"而能"镇抚濒海诸郡"。至元十三年（1276年）秋，元军的管军万户董文炳亲解自己所佩带的宪符"佩寿庚"，"重其事权"，以利蒲寿庚捍"御海寇"，招"诱诸蛮"。

泉州，又名刺铜城，马可·波罗从福州陆行到达泉州，据其所见，认为此城为世界最大良港之一。继马可·波罗以后，又有摩洛哥旅行家伊本·拔图塔来过中国。在他的游记上对泉州记述道："我们渡海到达的第一座城市是刺桐城……刺桐港为世界最大海港之一，可谓世界极大的海港，我在港中见有大船约有百艘，至若小舶多的无数"。从以上两位外国旅行家的记述中可以看出，元代的泉州港盛况空前。

广州，是南宋灭亡前的最后一个据点。在战火中，广州港市的居民"或授锋镐，或被驱掠，或死于寇盗，或转迁他所，不可胜计"，船舟毁于兵火者甚多。这对广州港的发展影响极大。入元以后，当泉州繁盛之时，广州港方开始恢复。到至治二年至泰定五年间（1322～1328年），欧洲人鄂多立克从海道来华抵达广州时，据其见闻记载：当时的广州港要比威尼斯大三倍，停泊着"有数量极其庞大的船舶，以致有人视为不足信。确实整个意大利都没有这一城市的船只多"。这段时间，广州港市繁荣"视昔有加"。广州港虽然得以振兴，不过其交往范围已比从前缩小了。基本上都是邻近各国之间的来往。元人周致中所著的《异域志》上，特地记载了当时与广州的来往密切的三条航线：一是广州至占城，"顺风八日可到"；二是广州至三佛东"自广州发舶，取正南，半月可到"；三是广州至莆家龙（爪哇北岸），"顺风一月可到"。从这段记载中可以看到，广州成了专对南洋的航海贸易港。

3. 元代海漕基地太仓刘家港及近浙江省各港

太仓刘家港，是元代大规模海上漕运的起航港。在今江苏省昆山县东北36里处。属于昆山县辖地。其境原频浏河入海口，浏河即古之娄江，河门"潮汐汹涌，可容万角之舟"。至元十九年（1282年），朱清、张瑄奉诏举办海漕，以这里为基地建仓储运粮米，从事经常性南粮北调的大规模海上运输，因而此地被命名太仓。太仓刘家港的崛起，与当时江浙三角洲地区的河道变迁有关，原来入海的主干河流吴淞江，在唐代时江阔二十里，宋时犹阔九里。所以其下游的青龙镇，在宋代尚是一处航海贸易港，船舶辐辏，商贾云集，曾盛极一时。其后吴淞江日渐淤浅，元初时，淤沙几乎与两岸相平，中流航道仅宽二三十步，深则不及二三尺。至此青龙镇已不能称其为一个港口了。此时的浏河（娄江）源起于太湖，经苏州宝带桥与运河相汇，再历娄门东流，过昆山至太仓刘家港入海。当吴淞江下段淤塞后，原中、上下游下泻之水也并入浏河。浏河便成了这一地区唯一泄水入海的河流。元朝廷在选择港址时，主要考虑到此地内联东南产粮区，外接出海口，是较为理想的海漕始发港。以后，又加朱清、张瑄凭势经营航海贸易，时发“巨舰大船帆交番夷”，“不数年间凑集成市，番汉间处、闽广混居”，成了一处内交沿海远通海外的新兴港市。

太仓刘家港　郑和下西洋起锚地

太仓刘家港成为海湾起运港以后，江南各地的运粮漕船从四面八方驶进刘家港，在此倒载装入海船北运大都（北京），一时刘家港成了江南最大的粮米集散地，元朝廷在此设置了海道运粮万户府，专司海漕运输，又在太仓南码头建造了宏大的海运仓，储存漕运粮米，时称“天厂第一仓”。元贞元年（1295年），又将昆山县升格为州，并将州之治所迁至太仓，国内海商的“商船旅泊，货盈市集，民物繁伙，如通都大邑，其傍海居民，半皆航海，往来水陆之冲，出被入此”，“而海外诸番，因得此交通市易，是以四关居民闾阎相接，粮艘海舶，蛮商夷贾，辐辏而云集，当时谓之六国码头”。至正二年（1342年），在太仓武陵桥始设提举市舶司，确定了太仓刘家港的内外航海贸易要港的地位。到了元末，张士诚曾盘据于此，为防御方国珍从海上来攻，曾堵塞了一些港汊河道，“市民无贩海之资”，港口一度衰弱下来。

元代在浙江省浙东道辖区内，除太仓刘家港外，还在庆元、上海、澉浦设港。庆元（宁波）即宋代的明州港，其航海贸易状况与南宋时大致相同，虽然元朝廷几次停废过庆元的市舶司，但不久又行恢复，说明庆元在元代航海贸易中仍占有重要位置。元代泉州市舶司抽解的物品，其中“贵细之物”要全部“起解赴京”，其余货物则准其就地变卖。为起解贵细物品进京，便“于泉州为头起立水旱站赤（释站），接连铅山州纳口下船，由大江至真州，过谁溯里河直大都交卸”，另一路则“自泉州至杭州立海站十五……专运番夷贡物及商贩奇货”，经庆元到杭州，沿运河运至大都。因此庆元成为元代水站赤的中转港，而且一部分海商也由水站转运进港交易，元政府在庆元专设了市舶库，“遇有舶商到港，官为抽分，其物皆贮此”。据《至正四明志》所载，当时由庆元进口的舶货约有220多种，比南宋《宝庆四明志》中所记的160种还多了60种，可见元代庆元港的航海贸易活动，比南宋时已有所发展。

庆元附近的温州港，元代曾一度在这里设置了市舶司，修建了海船码头，建筑了净光塔，夜则“灯塔荧煌”作为导航标志。元贞二年（1297年）周达观出使真腊（柬埔寨）便是从温州港出发的。至元二十年（1293年），温州港又并入庆元市舶司统一管理。

钱塘江口的澉浦，在北宋末年时仅是一处盐场，即鲍郎盐场。宋朝廷派一名“骑都尉监澉浦镇税兼鲍郎盐场”，南宋时发展成为杭州的外港。到元代“居民渐集，海商往来，遂成聚落”，成了一处远涉诸番、近通福广的要冲港口。至元十四年（1277年）在澉浦正式设置市舶司，大德元年（1297年）并入庆元市舶司辖管。

澉浦以北还有上海港，上海在宋代以前称华亭海，至宋代改称上海，属于秀州华亭县的一个镇。因“蕃商辐辏”，曾设市舶榷货场，至元二十九年（1262年），元朝政府以其地“民物繁庶”，把原上海镇的范围扩大，“立县于镇，隶松江府”，始称上海县并于至元十四年（1277年）正式开港设市舶司。上海始代替了华亭的位置，成为浙东道的重要航海贸易港。

4. 元代海漕终点天津港

唐代时，天津属于河北道幽州辖管，为北方的边防重地，驻有重兵，粮饷要靠江南漕运供应。北宋时期，塘沽尚未成陆，海河入海口在军粮城和泥沽之间。在海河与北运河、永定河、大清河交汇的三岔口处是直沽寨，明建文元年（1400年）十一月，燕王朱棣起兵夺权，经直沽奔袭沧州成功，回师时将直沽改名天津，并置天津左工，始有天津城名。元朝至元八年（1271年）定都北京。为转运江南粮米，举办海运，至元十九年（1282年），命朱清、张瑄在上海造平底海船60艘，试从太仓刘家港海运粮米46000石，入海河抵达

天津设卫筑城600年纪念邮资主图：《天津漕运图》

直沽杨村码头。试航成功后，海上漕运大兴。在至元二年（1309年），元朝在直沽设了镇守海口屯储亲军指挥司，集船民8000户，海船900艘，以30艘为一纲，组织大规模的海漕运输。直沽港日益繁久原有码头不敷需要，便日渐向海河下游深水区发展了10余里，称为大直沽码头。廷祐元年（1314年）六月的夏运海漕船，从太仓刘家港发出1653艘，从浙东庆元港发出147艘，连同本港船舶，一时云集于直沽港的海船竞在2600余艘之多。海船到达直沽以后，要驳载到内河船上转运到北京。当时盘驳时间限定很短，如春季海漕，通常是在四月份到直沽，必须在一个月内交卸完毕，五月份南返，六月份复运夏粮北来。如延祐七年（1120年），夏远漕粮189万石，到直沽后不出月余，全部交卸。为适应大批海运粮米要在短时间内完成驳卸和转运疏散的任务，直沽相应的建立许多粮仓，在直沽港建有17座仓，其附近的河西务建有14座仓，军粮城建仓多座，储量可达漕粮总储量的2／5。直沽在元代大举海运漕粮的活动中，是海河漕运的转运港。近年来考古界在河西务粮仓遗址中发现了大量的元代龙泉、磁州、景德镇等窑的瓷器。可见随海上漕运的发展，直沽不仅是一个漕粮的转运港和储备仓，而且也是一处兼任航海贸易的多方面发展的港口了。这为以后明、清两朝和近代天津港的兴起，提供了条件。

（四）光耀古今——海上丝绸之路对中国古代港口的影响

从秦汉海上丝绸之路开辟到郑和率船队七下西洋，标志着海上丝绸之路已发展到极盛时期。这时丝绸贸易已经和政治、军事、外交、经济以及和各国的友好往来、文化交流交织在一起，其规模之大，范围之广和影响之深都是空前的。

1. 海上丝绸之路促进了东西方文化交流

（1）海上丝路传播了中国的丝绸、种桑养蚕和织造丝绸的技术，以及中国最早发明的瓷器，改善和美化了各国人民的生活。在古代世界历史中，只有中国是最早开始种桑、养蚕、生产丝织品的国家。近年中国各地的考古发现表明，自商、周至战国时期，丝绸的生产技术已经发展到相当高的水平。中国的丝织品迄今仍是中国奉献给世界人民的最重要产品之一。

（2）海上丝绸之路把中国古代的发明创造，如指南针、火药、造纸和活字印刷术、瓷器、医学、中草药等传布到世界各地。同时也把外国的特产如：珍珠、宝石、象牙、犀角、香料；矿产如：金、银、铜；动植物和经济作物等新品种传入中国。这种发明创造和生产技术的互相交流，促进了人类历史的前进和社会生产力的发展。

（3）唐、宋、元各代，特别是从明代开始，中国海商和破产的农民，为了往海外谋生，通过这条海上丝绸之路流亡到世界各地定居，并婚娶繁衍。这是造成今天海外华侨人数众多的原因之一。他们对发展当地的工农业生产、繁荣商业和城市建设都做出过很大贡献。

2. 海上丝绸之路促进了中国古代港口的发展和壮大

由于海外贸易的不断增加，当时的中国沿海的很多港口成为中国同西方进行经济贸易的中转枢纽港，如扬州、泉州、明州（宁波）、广州等四大港口。在发挥自身商贸中转任务的同时，也极大地促进了当地经济的繁荣，成为了古代版的以港兴市的范本。如广州市，《史记》早有记载，汉代番禺（即广州）已是中国一大都会，又是海外奇珍异宝集散地；在唐代为东方第一大港，中国专门管理对外贸易的市舶史也在广州首先建立；同时，世界三大宗教佛教、伊斯兰教、基督教传入中国都是最早在广州登陆。

宁波市，早在７０００年前河姆渡文化时期就从事我国最早的水上活动，唐代中期就与日本、高丽等通航作经贸文化交流。自唐代以来的大量日本使节和学问僧均经宁波出入中国。迄今日本古都奈良市的正仓院藏有从明州港（今宁波）海路运去的丝绸织物、青瓷等文物。如今宁波市有各种建于晋、唐、宋、清时期的寺庙、使馆、码头遗址。

泉州港开放历史虽然不如广州、宁波早，但早在元代就拥有显赫的地位，迄今仍保存有一条完整的宋代沉船，还有海外交通史博物馆，供阿拉伯海商活动的清真寺等，在国际上有很高的知名度。

第二章　忍辱负重的近代港口文化

“海上丝绸之路”经过了宋元的极盛时期，从明朝开始逐渐走向衰落。一个重要的原因就是当朝统治者长期实行的“闭关锁国”政策。明朝朱元璋在洪武初年实施“海禁政策”是明闭关锁国政策的开始，此后中间虽有反复，但是其明朝后代子孙都严格恪守执行。清朝更是继承和发展了这一政策，明清的这一海禁政策，使得原本在世界上领先的中国航海事业一落千丈，对外贸易大幅萎缩，导致中国港口的发展受到了严重的阻碍。

1840年，英国发动了侵略中国的鸦片战争，清政府被迫签订了《南京条约》。从此，中国开始沦为半殖民地半封建社会，中国历史也以鸦片战争为标志进入近代史，这是中华民族一段屈辱的历史，也是中华民族不屈不挠抗争的历史。一代又一代的中国人在探索寻求富民强国之路，中国港口的一批批港口人也不断地前赴后继、矢志不渝地为着自己的命运而拼搏。

鸦片战争后，列强用炮舰强行打开中国国门，一系列不平等条约的签订，使中国沿海海关和港口完全被外国人所控制，内河航行权丧失殆尽。港口长期受制于外来势力，成为帝国主义侵略掠夺我国资源财富的桥头堡，造成了近代中国百年的贫穷和落后，加重了人民的负担，严重地破坏了中国的主权独立和领土完整。一系列条约港口和自开港口先后落入敌手，成为中国近代港口发展的历史悲剧，屈辱中求发展的中国近代港口，始终没能再现古港的雄风。

一、无可奈何花落去——禁海锁国的明末清初港口文化

滚滚波涛，无奈大江东去。从明朝的“海禁”开始，到清朝“闭关锁国”的庸政，中国港口的发展进入全面衰退时期，昔日帆樯鳞集的场景一去不复返。

（一）千年之痛——明清两代的“海禁”和“闭关锁国”

中国的禁海政策，发展于明朝，在清朝达到顶峰，但却自古有之。元朝虽然采取积极开展航海贸易的方针，但在立朝90几年的短暂时间里，也曾发布4次“禁商下海”的禁令。但从总体上来看，积极开展航海贸易是元朝廷的基本方针。

明朝的“海禁”主要在明朝初年和明朝中后期。明初是因为明太祖期望海禁政策对海防的巩固能起到决定性作用，而明朝中后期“海禁”主要是因为倭寇横行。但无论出于什么目的，海禁政策对当时中国的对外贸易和港口发展起到了无法想象的遏制作用，中断了我们中国同世界其他国家的贸易和文化交流。

清朝出于防汉制夷的政治考虑，同时为了打击反清复明势力，配套施行了空前绝后的闭关锁国政策。清朝海禁的后果是在以海禁、文字狱等一系列配套策略的配合实施下，极大地影响了中国文化的发展道路，废弃了明末以来形成的传统主动海防观念，扼杀了中国的海洋贸易、国内工商业的发展。

清政府实行闭关政策，构筑了隔绝中外的一道堤墙，对中国社会的前进起了阻碍作用。由于对出海贸易横加限制，严重影响了经济的发展。同时，也使中国人民与世界潮流隔绝，不明世界大势，而清统治者更是闭目塞听，其结果正如魏源所说："以通事二百年之国，竟莫知其方位，莫悉其离合。"

18世纪广州十三行的繁荣景象

正是由于明清两代的海禁锁国政策，中国的海上贸易受到抑制，著名的"海上丝绸之路"已经由盛转衰,到了清代更处于停滞和没落状态,到中国进入近代后则完全终结。中国航海和中国港口由此从强盛转为衰弱，中国也在一步步地与世界潮流脱轨。

（二）步履维艰——夹缝中求生存的清代沿海航运与港口

清朝自1644年立国，到1912年灭亡。除从顺治十二年（1655年）至康熙二十三年（1684年）之间，曾实行过一段时间的海禁和迁海以外，其余200多年间，断断续续也是实行开海或部分开海政策的，因而在船舶建造、船队规模、运载能力、航行技术等方面，都有一定的发展和进步，不过在衰老的封建制度束缚下，中国航海事业与当时世界航海事业发展的规模和水平相比，距离越来越大。在资本主义殖民侵略的外来冲激下，中国航海事业的停滞不前已成为必然趋势。

清朝立国初年，为了防范郑成功的抗清活动，曾实行过严厉的迁海政策，康熙二十二年（1683年）统一了台湾，二十三年（1684年）即下令全国停止海禁。

康熙帝开海，是与当时的经济稳定发展趋势相适应的。从这一年开海以来，一直到道光二十年（1840年）鸦片战争发生之前的156年时间内，对航海事业的限制是越来越宽，中间虽发生过一些波折，不过为时都不甚长。此间的沿海港口得到一定的发展。除广州、宁波等这些传统的港市得以继续兴盛外，还兴起了一些新的港口。

1.上海港

上海地处江海交汇口，又是南北沿海的中分点，有全国最富裕的江南作腹地，内延有密布的江河水网，由而成为全国沿海海运的中心。它兴起虽然比较晚，而在清代它发展得最快，规模最大。康熙时期，上海还只是苏州的外港，不过雍正以后上海渐渐在港口当中有名起来，到乾隆、嘉庆年间，上海成为全国最大的港口。

1876年版画——忙碌的上海港口

2. 天津港

天津是华北的主要大港。地处海河各支流的汇合处。俗称九河下梢，腹地辽阔，且南北运河通航北京与江南各地，东通渤海沿岸，远航江、浙、闽、广诸省，号称北京门户。清初海禁时，因它远离东南，几乎不受影响，仍然保持着“商舶往来，樯帆相望”的盛况，康熙二十二年（1684年）全面开放海禁以后，“人开海道，始有商贾经过登州海面直趋天津、奉天（辽宁），万商辐辏之盛，亘古未有”，因此不久天津便升为府治，当时江、浙、闽、广的海商络绎而来，福建的北艚船在春夏之交扬帆北航，经过成山角便进入渤海，若风信顺利径直达天津。否则即在芝罘或庙岛“奇舵停泊”。待顺风后再驶天津；当时从福建厦门到天津，在风信正常的条件下十多天即至；与上海之间一年内则可达四五个往返。这与元代时期的上海和天津间一年最多航运两次相比，航行技术较之前大有提高。

3. 牛庄港

康熙三十二年（1694年），“盛京（沈阳）谷不登，民艰于食”，清朝廷决定发山东沿海诸州常平仓的米粮赈济辽东。粮船由山东登州（蓬莱）起航，到金州旅顺口以后，转西，沿辽东半岛西岸，经艾子口、盖州、梁房口、进三叉河，到牛庄码头抛泊。若从此溯河而上，可直达沈阳。这条航线早在元、明时期已经通航，因为这次需要启运的赈粮较多。到三十三年（1695年），康熙帝到天津亲自勘查另辟海道，经查询后，确认“自大沽达三杈，较便于登州。三杈又称三叉河，即指辽河河口内的港口牛庄。天津与牛庄间的这条航线，全程三昼夜便可到达，比登州线便捷。此线开辟以后，河北、山东两地的赈粮，便可分途同达牛庄。灾情过后，东北地区农业生产上升，而此后天津却人口抛增，“买米糊口之人实倍繁于他省”，这条航线又成了辽东长期供应天津城市食粮的一条专用线了。到了乾嘉时期，牛庄专向天津运粮的海船有500余艘。每年运粮约有一二百万石，辽东逐渐成为天津的重要粮食基地。由于河道的变化和船舶吨位的增加，港口逐渐下移到辽河口，最后牛庄便被营口港所代替。

4. 山东各港

山东濒临渤海、黄海，其登州、莱州、青州、沂州等府所属州县滨海，皆可由海道抵江南各港交易。此地所有的船，一般称作山东船。

清代山东的港口多在登州府辖境之内。其濒海各县“民多逐利于四方，或远适京师，或险涉重洋，奉天、吉林、绝塞万里，皆有登人。富者或为当商，或挟重资南抵江苏、北赴辽沈，舟航之利，捷于他郡”。本府的黄县“地不产棉，丰年之谷不足一年食。海船木棉来自江南，稻菽来自辽东。民所仰给”。此县是仰赖航海为生的，它“地距辽东数千里，风帆便利，数日可至。倏往倏来。如履平地，常获厚利。大贾则自造舟贩物，获利尤厚。于是人相艳视，趋驾日众”。福山县的烟台海口，“旧为商船往来避风樵汲之所，自道光末，舟楫渐盛”，是较晚形成的一处港口。荣城县的石岛海口，“南北商船出入成山头，必泊于此，口内可容五六艘（船），市廛茂密”。其外还有胶州，“商大者装运”这是宋代密州板娇镇古港的遗址，清末以后东移为青岛港。在清代，山东各港从海上输入的有纸张、瓷器、布匹、棉花；输出品有豆、枣、腌猪等，贸易量赶不上营口或天津。总之，山东各港的规模都不太大。

5. 宁波港

宁波是浙江省的一处古港，清代定为对外开放的4个通商正门之一。本港的特型船是疍船，又名三不像，通称为宁船。这种船有400余艘，北航天津、营口，一年可往返三次。每年从山东、辽东开来的海船约有600余艘；从福建，台湾开来的有500余艘；来自广东的20余艘；来自新加坡的10余艘；还有上海和浙江本省各地开来的船，加在一起约有1000数百艘海船。另外还有4000多艘内河船。这些船合在一起，每年的货运量在20万吨左右。

宁波的外港还有乍浦、温州、台州几处沿海港口，其中乍浦港位于杭州湾口，内通杭、嘉、湖地区，“水陆辐辏，百货交集”，也是浙江对南北航运的一处重要港口。

6. 厦门港

清康熙开放海禁后，厦门是发展最盛的港口之一。它是“据泉、漳之交、扼台、澎之要，为全闽之门户，番舶之所往来，海运之所出入”的南北洋航路的孔道，又是福建渡台的要地。清政府将此地列为四大对外通商正口之一。厦门港与南北沿海各港之间的来往，共有三条航线：

一是对渡台湾的航线。经常航行在这条线上的海船，当地通称作横洋船。“横洋船者、自厦门对渡台湾鹿门，涉黑水洋（台湾海峡）、黑水南北流，甚险。船则东西横渡。船身梁头二丈以上，往来贸易，配运台谷，以充内地兵格”。横洋船的工料坚实，船身宽广，大者可载六七千石，小者可载二三千石。航运盛期，这条航线上往来的大小横洋船有1000多艘。

二是北方航线。这条航线是从厦门出发，在这条航线上航行的主要船舶是“贩艚船”，它担负着福建对北方贸易的主要航运任务，因其北到温州、宁波、上海、天津、锦州贸易，所以又称作北艚船。当时“由福建厦门开船，顺风十余日至天津，上而关东、下而胶州、上海、乍浦、宁波，皆闽、广商船贸易之地，来往以为常。另外约有400艘100至300吨不等的海船，也装载着各种谷物从北方开到厦门。

三是南方航线。在这条航线上航行的是南艚“贩货至漳州、南澳、广东各处贸易”。南线的贸易虽略逊于北线，但南方线的航运是在继续发展之中，一直到鸦片战争前夕，每天仍有一二十艘300～500吨的海船进港，装运大米和糖。此外也有不少从马六甲开来的海船，装有很值钱的货物。在未经鸦片战争破坏、摧残以前，厦门港是福建最繁盛的港口。

福建全省原有18个税口，19个汛口，都拥有大量的海舱但只能集中到厦门挂验，才准出海越省航行或赴台湾，对各地的航业发展束缚甚大。到乾隆四十九年（1784年）始破旧规，开辟了泉州与台湾漳化县鹿仔港的对渡航线，乾隆五十三年（1788年），再开闽江口五虎门与台湾淡水八里盆的对渡航线。此后不仅厦门可与台渡三口通航，就是泉州、惠安，南安及闽县等处的商船，均可互通和往来于台湾、澎湖之间。到了道光四年（1842年），相应地在台湾也开辟了彰化的海丰港（又称五条港），噶吗兰的乌石措。合前共有5个港口，加强了台湾与大陆之间的联系。自从各港船舶不再在厦门挂验以后，漳州、泉州、福州、兴化等地数以百计的商船，便直接航行于广州、海南岛、上海、宁波、天津以及南洋群岛各处，福建各地的航业普遍地兴盛起来。

7. 广州港

广州港是清代著名的对外口岸，它的沿海航运在雍正、乾隆年间已遍及南北各省、春夏之交。广州船约15日便可到达山东登、莱、关东和天津各港。秋冬以后，广州船3日便可到达高、雷、琼、崖各州。广州虽为当时全国对外的进出口贸易中心，但因清政府规定丝、茶等出口商品不准由沿海水运，只准由内陆和内河运输到广州，因此广州的沿海航业，反而不如上海、厦门兴盛。在鸦片战争前，广州也有百余艘船，每年北运上海和天津的货物约值800万元，然后再从上海、辽东运回北方货物，获利甚厚。不过这些沿海航运活动，被港口对外进出口贸易的名声所掩盖，记载不多。

综上所述，在鸦片战争以前，北起辽东、南至海南岛，当时中国各省的海船，皆以本省港口为基地，舳舻相接，帆樯交错，南来北往，形成一条相当繁忙的沿海运输线。中国的沿海港口虽有发展，但仍不可与海上丝绸之路盛行时的港口规模相比。

二、沉舟侧畔千帆过——屈辱中求发展的近代中国港口文化

鸦片战争后，列强用炮舰强行打开中国国门，一系列不平等条约的签订，使沿海海关和港口完全被外国人所控制，内河航行权丧失殆尽。一部近代中国的港口史，是一部屈辱的血泪史，也是一部感人肺腑的抗争史。

鸦片战争后，列强用炮舰强行打开中国国门，一系列不平等条约的签订，使沿海海关和港口完全被外国人所控制，内河航行权丧失殆尽。港口长期受制于外来势力，港口不再是我们国家自己的航运工具，而是成为了帝国主义侵略掠夺我国资源财富的桥头堡。新中国成立前，中国港口几乎处于瘫痪状态，全国（除台湾省）仅有万吨级泊位60个，码头岸线总长仅2万多米，年总吞吐量只有500多万吨，多数港口处于原始状态，装卸靠人抬肩扛，生产效率十分低下。港口无文化而言，工人无人权而言。

19世纪初，世界资本主义正处于上升时期。英国等老牌资本主义国家以炮舰为前驱，以商船做工具，在世界范围内狂热地寻找市场，扩大殖民地。幅员辽阔、物产丰饶的中国成为他们进行海盗式殖民掠夺的重要目标。当时，广州是中国唯一对外开放口岸，经广州海关登记的外国商船逐年增加。但英国商人很快感到贸易形势对他们相当不利，他们没有什么东西来换取中国的货物，仅靠从印度运来数额有限的白银、棉花，难以抵消从中国大量购买茶叶、生丝所需的货款，英国的对华贸易出现了巨额逆差。于是英国开始大规模向中国倾销鸦片。1840年第一次鸦片战争之后，帝国主义列强长期垄断了我国的海上运输。

在西方列强的武力胁迫下，清政府不得不结束长期以来的广州一口通商的局面，开始开放沿海主要港口，这一开放进程持续了几十年，使沿海海关和港口完全被外国人所控制，内河航行权丧

失殆尽。此外，各地为了发展贸易的需要，也自行开放了一些港口。这样，在我国沿海、沿江（长江）和沿边（边疆地带），便形成一批对外开放的商埠。到20世纪20年代，在当地设立海关并在中国海关总税务司署的海关贸易报告年报上辟有分关报告的开放商埠，已达到四十余个。港口开放大多是在外力的强迫下实现的，是中国丧权辱国的一个体现，然而它客观上促使着中国各区域的现代化和经济外向化。无论是沿海沿江还是沿边的开放商埠，在各区域的经济发展中都占有一定的地位，然而比较重要的仍是分布在沿海沿江的港口。自北向南，主要有东北的安东（今丹东）、大连、牛庄（今海城市西部），华北的天津、烟台、青岛，华中的上海、宁波、温州，华南的福州、厦门、汕头、广州、梧州，台湾的淡水、打狗（今高雄），以及当时英国统治下的香港和葡萄牙统治下的澳门。位于长江上游的重庆、万县，中游的汉口、九江，下游的芜湖、南京、镇江等港，也是重要的开放港口。沿海港口是我国和国外以及我国沿海各地区之间发展交通与贸易联系的主要枢纽。一方面，各港口城市通过密切的海上联系，形成繁荣的埠际贸易，我国的南北区域以及沿海与内地的物资交流更加频繁。另一方面，我国的出口物资通过这些港口输往世界各国，各国的进口物资通过这些港口输入中国。

（一）航权旁落——沿海港口的开放

中国近代沿海港口，除古代对海外交通起过作用的广州、泉州、明州、密州等古港外，最早大都是渔港和埠际贸易港。港湾处于自然港状态。进入19世纪后，随着西方殖民主义者的军事入侵和商品输出的扩大，19世纪40年代，清朝政府与西方列强签订了一系列不平等条约，才被迫开放沿海口岸。先是1842年《南京条约》开放广州、厦门、福州、宁波、上海等5个通商口岸，准许英国人携带眷属自由居住、派驻领事等官，并可自由进行贸易，1843年至1844年，这5个通商口岸依次开埠。第二次鸦片战争之后，1858年中国与英、法、美、俄分别订立了《天津条约》，续开牛庄（营口）、登州（烟台）、台湾（台南）、潮州（汕头）、琼州（海口）等5口。两年后，中国又与英、法、俄、分别签订《北京条约》，开放天津、淡水（基隆）为通商口岸。在不足20年之内，中国与外国每缔结一次条约，必增辟若干埠，至1860年为止，陆续被迫开放沿海港口计有12处之多。1876年中英《烟台条约》又规定开放温州、北海两港口。

根据不平等条约开放的条约口岸港口，都是沿海主要港口，在近代航海史上占有重要地位。

1895年中日甲午之战，中国战败，签订了中日《马关条约》。这是继《南京条约》之后又一个划时代的不平等条约，标志着帝国主义对中国侵略进入了一个新的时期。根据这个条约，中国向日本除了支付大量赔款外，还割让了辽东半岛（包括鸭绿江口至凤凰城、海城、营口以南及旅顺、大连在内）及台湾、澎湖列岛。

以后由于俄、德、法三国干涉，迫使日本归还辽东半岛。俄、德、法以迫日还辽有功，俄国首先攫取东北三省筑路权。继而德国以山东教案为借口，于1897年11月14日强占胶州湾。俄国于1898年3月27日强占旅顺、大连。1898年7月1日英国强行租借威海卫，9月又强迫租借九龙。1899年11月16日法国强租广州湾。沿海的港湾几乎全为列强所占，中国面临瓜分的危险。

从19世纪40年代到20世纪初年，中国沿海被迫对外开放的港口已有29个。列强以这些港口为依托，扩张它的军事势力和经济实力，并向内地渗透，不断扩张其势力范围。在直接投资航业的同时，对港口工程（开辟港区疏浚航道）、码头库场、船坞、修造船业以及通向港口的铁路支线进行投资。目的在于增加港口的通过能力，以利于倾销商品掠夺我国的丰富资源。沙俄、日本经营旅顺、大连，德国经营青岛，英国经营香港、九龙，都有几十年的历史。从这些港口可以看出他们是怎样把一个处于自然状态的港口逐步建设成为现代化的港口和城市，又怎样从这些港口掠夺我国的资源。所以近百年来沿海港口的发展和变化，正反映了我国逐步沦为半封建半殖民地的整个历程。

进入20世纪后，随着中国商品生产的发展，民族资本主义的出现，对外贸易的增长，中国也自行开放了一些港口。一是秦皇岛港，这是一个以输出开平矿务局煤炭为主的自行开放的港口。八国联军侵华后，英国垄断资本骗占了矿务局，秦皇岛港也随着矿权的丧失而转移到英国人手中。二是连云港，这是一个不对外开放的港口，但在筑港后，一直遭到英、日等国的觊觎。

这些条约港口和自开港口的被迫开放，更多的是为西方帝国主义的侵略和扩张提供了条件。

港口管理本属一国的主权范围。但是半殖民地的中国是由海关管理的，而海关大权则掌握在外国人之手，因此港区的划定和港章的颁布完全是为外国航运贸易服务。有的港口还专门划定“洋船停泊界”，中国民船不许在洋界内停留；否则，就会遭到驱逐和迫害。

港口章程也多为殖民者利益服务，侵略者制订的港章，对外国船给予种种特权，为经济和军事侵略提供种种方便。对中国船则多方限制，苛刻对待。如：向外国军舰提供专用泊位；制订和修改港口章程，不但要得到外国领事的批准，而且要取得外国商人的同意。上海港还专门设立港口警察，维护帝国主义对上海港的殖民统治，保护外国航运贸易，镇压中国海员工人的反抗斗争。

自开港口的仓库码头，也是按照外商倾销掠夺的利益和航运的方便，各择有利地段强占建筑的。上海最早的外商码头都建筑在租界内，沿黄浦江的一条狭长地带上。在天津，英、法、美三国租界选择在沿海河紫竹林一带，而码头仓库正是建筑在这段海河沿岸，当时称之为租界码头。

其他条约口岸港口也总是把租界和码头密切结合一起，借租界的势力保护码头，进而发展其航运贸易业。外商凭借其特权．在陆上圈占深水岸线，建筑码头仓库；在水上则侵占水域，无限制地向水域伸展。至于围垫滩地建造码头，更是比比皆是。沿海港口的外商码头规模大、设备全、资金厚、加上享有不平等条约各种特权，使他们处于全面垄断地位。

在帝国主义和封建主义的把持下，港口码头装卸实行封建把持制度，装卸条件十分恶劣，操作全靠人力，工伤事故不断发生，工人生活受到资本家、买办和包工头的残酷剥削。

抗战胜利后，被租借和被占领的港口，除香港、澳门外，中国都收回了主权，条约港口的外国租界也交还了中国。但是，在半封建半殖民地的旧中国，在国民党政府完全依赖帝国主义的条件下，港口主权仍受到帝国主义势力的操纵。没有一个独立、自主的中国，沿海港口的自主发展是不可能的，就更谈不上发展所谓的港口文化的建设。

建国初期的上海港

但在某种意义上讲，沿海港口的被迫开放打破了中国原先自我封闭的社会环境，扩大了中国和世界各国的国际交往，港口逐渐成为人们了解与接触西方先进事物的窗口。因此，港口的开放，对于引进国外先进的科学技术，推动社会进步，促进民族资本企业的发展（包括中国新式航业的发生和发展）是有一定积极意义的。

（二）千疮百痍——条约港口的发展

中国近代沿海开放港口，由于交通地理位置和经济腹地的深广各有不同，因此开放后的发展也是不平衡的。

自19世纪50年代起，全国港口的对外贸易中心地位逐渐北移，由广州转向上海，广州港则成为华南的地区性港口。上海港地处中国海岸线中心，扼长江入海的咽喉。长江流域物产丰富，腹地深广，开港后，帝国主义在上海的航运贸易势力迅速扩张。上海港成为帝国主义对中国进行商品倾销、掠夺资源出口最大的港口。天津地处渤海之滨，自古即是中国主要港口，1860年被迫开埠后，帝国主义势力纷纷入侵，在开埠后的29年内，洋货进口在全国主要口岸由第三位上升到第二位，成为国内仅次于上海的第二大洋货进口港。

其他各港开放后虽有不同程度的发展，但其速度及规模不及上述三港，有的发展迟缓，甚至停滞不前。

1. 广州港

广州港地处珠江水系东、西、北三江汇合点。珠江是我国优良航道之一，河川径流量特别丰盈，仅次于长江，居我国第二位。珠江口外岛屿众多，水道纵横，航线交织，有虎门、横门、磨刀门、崖门等水道出海，为祖国的南大门。

广州港腹地广大，历代极为繁荣，在对外贸易上占有重要地位。清康熙二十四年（1685年）解海禁，设粤海关于广州，广州开放为对外贸易港口。清乾隆年间取消漳州、宁波、云台山三个对外贸易口岸，独留广州一口对外，使广州成为中国政府指定的唯一对外通商口岸。中国领海最早出现的轮船“福土号”，1830年到达珠江口内的伶仃岛；1835年英国渣甸号轮船由亚伯丁抵达广州港。广州轮船运输，始于第一次鸦片战争之后。1845年大英轮船公司每月有快班船从英国到达香港，然后转入广州。

鸟瞰今日广州港

甲午战争前，列强在广州的航运势力英国居首位，美国次之，法、德、日所占比例较小。战后日本航业涌入广州，与英国航运势力展开了激烈的争夺。首先是日本大阪、日清在广州地区的航运势力均有增强，其他国家的商船战后到达广州的也有增加。

1925年6月19日省港大罢工对英帝国主义是一次极其沉重的打击。罢工期间，整个香港被封锁，7月1日宣布禁止谷类和其他食物由广州出口。为配合封锁香港、澳门及广州沙面，广州港海外交通贸易暂告中断。以后由于实行“单独对英”政策，其他各国航商纷纷前来广州贸易，使广州港的贸易航运一时甚为繁荣，黄埔与广州之间，平均每日有30艘船往来。1924～1927年罢工期间，广州港从外国人手中收回了港口检疫权，建立了第一个由中国人自行管理的海港检疫所，并正式取得国际承认。

1927～1930年间，广东为陈济棠所割据，推行了一些比较符合广东经济发展规律的政策，注意发展地方经济。1932年收回了粤海关理船厅，11月成立广东全省港务管理局，将原来由理船厅执掌的船舶丈量、检验、发照、建筑码头驳岸、稽查出入船只、考验船员证书、勘量轮船吨位、检查浮标、指示航路、选用领港、防疫、守望台、水巡等项事务，全部收归港务局管理，成为最早由中国人自行设置的港口行政管理机构。但关系到一个国家的行政自主权的对航道的管理及船舶指泊，仍掌握在帝国主义手里。这也是半殖民地半封建的地位所决定的。

1937年全国对日抗战，日本于1939年10月占领广州港，首先对广州实行贸易统制，独揽广州港进出口贸易，限制英轮“佛山”轮及葡轮“升昌”轮载运货物，仅准载运旅客及广东省会欧美人士之家用物品，后又规定可以装货，但在起卸货物时，只准由“广州起卸货物及堆栈联合会”承办，把原先由英国人所控制的码头装卸经营管理权，亦攫取到手，后来又夺取了粤海关。

抗日战争胜利后，美国取代日本控制了广州港，他们凭借《中美友好通商航海条约》扩张航运业，除将香港业务扩大外，并在广州、梧州设立办事处，几乎包揽了广州至本省内河及全国沿海主要航线。这时英国也与美国展开激烈竞争，1946年2月英海军将广州三角洲内之水雷扫除，英国船只随即恢复航行，其他各国也接踵而来。抗战胜利之初，沿海及内河航运也发展较快，但到1946年春季复趋萎缩。美国过剩商品大量涌入广州港。1949年10月解放前夕，美蒋通过广州港劫夺战略物资出口，使1949年广州港出超达14284250美元。

2. 上海港

上海港踞东海之滨，扼万里长江之口，坐落在中国海岸线的中心。上海港以黄浦江下游为其港区，黄浦江江面宽阔，航道较深，流速甚缓，潮差不大，常年不冻，四季都可通航，河底泥土细软，便于船只抛锚停泊，两岸地势平坦，适合码头仓库建筑，河流远离海口，虽遇台风，船舶安全无虞。

上海港黄浦江沿岸码头

由于优越的地理位置，广大的经济腹地和太湖流域水网地带以及和大运河的连接，鸦片战争前，上海港航运贸易已很发达，建立了5条主要航线通往国内外各地，其中北洋航线，包括到牛庄（今营口）、天津、芝罘（今烟台）3条线。南洋航线，航行上海和浙江、福建、台湾、广东之间。

《南京条约》规定上海为通商五口之一。1843年11月17日，上海被迫对外开放。首任英国领事巴富尔擅自划定上海港区范围，“决定西以宝山为限，西南以河之左岸为界，迄于吴淞”。又擅自规定外国船停泊界限，“船舶停泊港内者，其位置务须尽量靠近河之左岸，其地区在上海城迄下流的四分之三海里之间”。以后巴富尔又宣布，凡港内船只需要移泊者，必须取得英国军舰的允许，未经英舰批准，一律不许移动，等等。

英国侵略者一开始就干涉港口管理，侵犯我国主权。上海开埠不久，便设立道路码头委员会。这是租界内设立的第一个行政机构。后来发展成为总揽租界内一切权力的“工部局”。最早建造的是帆船码头，而且多在今上海北京路外滩到延安路外滩一带。轮船兴起之后，洋商纷纷建造适合停靠轮船的码头，在陆上主要向虹口和法租界外滩南北两翼延伸，在水上，无限制地向水域扩展；至于围填滩地建造码头，更是多得不可胜数。

不过上海港通商开港后很快就发展成为国内外的航运中心，开通了3条主要的国际航线及一批国内航线。

1941年12月太平洋战争爆发，上海的英美轮船统统被日本接管，交“东亚海运会社”使用。从此以后，上海港被日本独占，但由于日本侵略战争不断失败，进出上海港的船舶逐步减少。

抗战胜利后，由于救济物资和剩余物资的拥入，上海港的航运贸易一度畸形发展，但这种情况只是昙花一现，转瞬即逝。1949年5月，上海解放。

3. 宁波港

宁波港位于全国海岸线的中段，地处甬江出海口。经济腹地除宁波市和鄞县、慈溪、余姚、奉化、宁海、象山等县外，还包括浙东沿海和杭甬运河沿线地区。

清康熙二十四年（1685年）设浙海关于宁波。1698年又在定海设分

今日宁波北仑港

关。乾隆二十二年（1757年），清政府关闭闽、浙、江三口、只留粤一口开放。其后七八十年间，英方多次要求宁波通商，均遭清政府拒绝。19世纪30年代前后，英商贩运鸦片来华，飞剪船和鸦片趸船经常出现于甬江口外，鸦片战争中，宁波、镇海、定海曾被英军占领。《南京条约》规定宁波为五口通商之一。1844年1月1日，宁波港被迫对外开放。

宁波开埠后，英国首先在江北租赁民房设立领事署。1850年，又强行圈划土地，作为外国人居留地，实际上就是“租界”。后来这里逐步变成西方列强控制宁波的基地。宁波港在一系列不平等条约下逐步沦为半殖民地港口。

宁波开埠后，其对外贸易曾经发生过几次变化。

首先，由于宁波靠近上海，而上海开埠后不断发展，所有往来内地的货物，都以出入上海为便利。19世纪50年代起，宁波逐步成为上海的转口港，不仅失去了江西、安徽、江苏和江淮流域乃至浙西北的大宗转口货源，而且本来由海上运到宁波的货物，也改运到上海。

其次，1877年温州和芜湖开放和1896年杭州开放。前者使宁波港的转口贸易受到很大影响，后者几乎卡断了通往内地的贸易渠道。温州、芜湖和杭州的开埠，都程度不同地使出入宁波港的货物大量分流。这对宁波港也产生了严重影响。

上海沦陷之初，宁波成为上海物资运往内地的主要通道，从而出现了短期的繁荣局面。当时沪甬线上仍有大量华商和外商船只往来航行。日军侵占宁波后，已无中国以及外国船只的进出。日本军方控制的东亚海运株式会社虽然恢复了沪甬线，但主要是运输武器弹药等军用物资，一般旅客搭乘轮船十分困堆。1945年初，美军在长江口敷设水雷，美机轰炸船只，沪甬线就全部停驶。

抗战胜利后，各条航线先后恢复，1945年5月，国民党军队逃离宁波时，把10多艘大小客轮、趸船码头和几十艘帆船劫往舟山。到宁波解放时，留在甬江的只有1艘破旧的“浙尔”轮（约400吨）和行驶镇海、余姚的小轮4艘。码头除1座可用外，其余均破烂不堪，无法使用。

4. 厦门港

厦门港位于福建省南部沿海金门湾内，外围有金门、小金门、大担、二担、日屿、青屿等岛屿环绕掩护。北面以大陆为依托。东南面向台湾海峡，西面是闽南最大河流九龙江，江口不淤不积，大部分可以通航。港湾介于厦门半岛与鼓浪屿之间。港宽、水涌、浪小、不淤，主航道水深在12米以上，是我国少有的天然深水良港，是闽南、粤北、赣北、浙西物资转运地，也是厦门、泉州地区海外华侨的出入口岸。

厦门港海天集装箱码头

鸦片战争前，厦门港的帆船运输十分发达。北向往宁波、上海、天津直至东北；南向往广东沿海各口；东向渡往台湾；这三条航线，一年之中船舶可往返数次。鸦片战争中，厦门两次遭到英军侵犯。1842年《南京条约》被辟为五口通商口岸之一。1843年11月2日正式开埠。

战后，英国等西方列强入侵，不但夺取了远洋航线业务，还直接揽载沿海贸易运输。厦门帆船业受到排挤、打击而日趋衰败。

厦门老港区海后滩（即现在的鹭江道）港道宽深、隔海峡和鼓浪屿相对峙，其间便为船舶出入港主航道之一的内航道，是货物起卸、旅客上下的必经之地。咸丰元年（1851年）年底，英国驻厦门领事苏理文照会厦门海防同知，要求租借海后滩岛美路头等处的海滩空地。清朝政府官员昏庸无知，是年12月竟将港口重地海后滩租借给英国，每年交纳象征性的租库银1两。为了扩大地盘，英国殖民者还非法填筑海滩，扩大地面。直至1930年，中国才将海后滩收归国有。

1949年10月17日，厦门解放。

5. 福州港

福州港是福建省沿海重要商港之一，处在闽江入海的咽喉位置。闽江口最高潮差可达6米，所以福州港属感潮区河口港。港区分为内港和外港两部分。内港也称台江，地势平坦，江道窄狭，吃水较浅。外港也称马江，两岸峰峦连绵，山丘逼近，吃水较深。

福州港

鸦片战争后福州被列为通商五口之一，1844年7月3日被迫对外开埠。

福州港对外开放时间虽然很早，但码头建设却很落后。大船来港，都要停在罗星塔附近的江面，全靠小船过驳，再运往与闽江相通的内河码头。

抗日战争期间，福州对外贸易急剧下降，海运中断。1941年和1943年两次沦陷，受到日军的野蛮掠夺。被炸、被劫、被毁轮船102艘，达1.5万吨。

抗日战争胜利后，船商集资经营机帆船运输。到1948年，全港机帆船数达40多艘，其中部分公司组织海运联营，航行于上海、福州之间。1949年8月17日福州解放。

6. 汕头港

汕头港位于我国广东省的东北部。东北距厦门131海里，西南离黄埔280海里，港区处在赣江、榕江和练江的汇合入海处。内港是河口港，外港是海湾港。港湾三面环陆一面连海，港池宽敞。港内散布着大小岛屿9座。其中妈屿是第一大岛，面积13.2公顷，和南面的11.1公顷的鹿屿踞港口出入之要冲，是汕头港的门户。

汕头港是汕头、梅县和福建一带华侨、港澳同胞进出之口岸。远在18世纪的清代乾隆、嘉庆年间，汕头已为商船集散和货物交流之地。第二次鸦片战争后，按中英《天津条约》辟潮州为通商口岸。1861年确定以潮州府澄海县的汕头镇为对外贸易口岸，正式开埠。

汕头古港

抗日战争胜利后，商人用机帆船往返于汕头、香港、台湾一线。香港昌兴、太古、怡和3公司组成远东联航局，派轮来往于汕头。新中国成立前夕，国民党军队撤出汕头时，将港内机动船只全部劫走。港内栈桥、趸船和码头大部分遭到破坏，整个港口处于奄奄一息状态。

1949年10月24日汕头解放。

7. 烟台港

烟台港位于山东半岛北侧、黄海的芝罘湾内。三面环山，一面临海。芝罘岛环抱于西北，崆峒岛拱卫于港外。港阔水深、常年不冻，是一天然良港。

烟台港

19世纪20年代起，漕船顺带“二成”免税商货，进入港内交易，吸引了很多商人。而山东、山西、河北和辽宁的大豆和豆饼也经这里出口。虽然当时烟台还只是山东登州府福山县的一个乡镇，但已成为我国南北海运的集散地了。

第二次鸦片战争期间，侵略军北上侵犯天津、北京途中，于1860年6月8日占领烟台。同年10月，清政府被迫签订的《北京条约》、《天津条约》生效，天津、牛庄和登州三口同时开放，登州口岸就设在烟台。其后清政府设置北方三口通商大臣，管理对外贸易和外交事务，东海关在烟台成立。1862年1月26日烟台正式对外开放。

营口港

烟台开埠后，先后开辟的航线有：上海、烟台、天津航线；上海、烟台、朝鲜航线，日本、烟台、天津航线等。进入20世纪之后，由于胶济铁路全线通电，青岛港正式开埠，大连宣布为自由港，以及政局动乱，战事频仍，烟台港口运输生产呈不景气状态。从轮船进出口来看，20世纪前40年中,除少数年份船舶进出较多外，大多数年份进出船舶都比较少。

1945年8月，人民解放军从日寇铁蹄下解放烟台。民主政府为恢复和管理港口，曾设立“港口工程所”，将全部护岸及东防波堤修葺完毕。1947年国民党军队进入烟台，烟台港又遭到破坏，生产与管理处于瘫痪状态。

1948年10月，烟台第二次解放。民主政府重建东海关，设立港务处，接管“海坝工程会”的全部资产和业务，对疮夷满目的港口进行了整修和恢复。

8. 营口港

营口位于辽宁省西南辽河下游入海处。在大连港未开辟前是辽河流域第一大港。1858年订立的《天津条约》，开放牛庄为通商口岸。1861年英领事到牛庄查勘辽河下游，发现海口淤浅，船只出入不便，就改营口为通商口岸，并设置领事馆。开港之初，英轮最多。其后德、挪、瑞典、荷、美、俄及日本等国相继到来,商务发达，形成一个繁盛的港口。但因条约文字不便更改，国际间仍称作牛庄，到民国后才正名为营口。

营口当辽河尾闾，辽河口偏向东南，港外有拦门沙一道，进口上驶20余公里，河右岸就是营口商埠，一年大约有1/3时间有流水和结冰不能航行。清朝末年有两条铁路与营口连接起来；一条是营榆路，从山海关经沟帮子向南到营口，全长167公里；一条是南满铁路的支线，由大石桥西行到营口，从此水陆交通更加发达，营口成为19世纪我国东北的第一良港。

1933年7月，伪航政局强迫中国籍船加入伪满国籍，不加入者不准入港。营口招商局在“九·一八”事变前即撤退，太古、怡和在“九·一八”事变后，亦即停办。1937年“七·七”事变后，航运业更加衰落，北方、直东、政记等公司相继撤销，仅有肇兴、大通、海昌、毓大、义昌、永源6家勉强维持营业。1943年日帝将营口各公司的轮船17艘（2.2万余吨）全部没收，设立满洲海运株式会社，征调轮船支援太平洋战争，后全部葬送在太平洋中。

抗日战争胜利后，美蒋武力接收东北，在苏军局部撤退后，营口于1945年10月被中国人民解放军接收，后又暂行撤出，被国民党军队占领。1948年2月又为解放军解放，11月1日解放军再次撤出。港口码头由于年久失修，大都不堪使用。仅有满铁码头4处，共长2000余米可停靠船舶910余艘。国民党在东北失败后，大部分军队从营口撤出，同年11月10日营口重新为解放军解放。

9. 温州港

温州港位于浙江省东南沿海，瓯江下游南岸。北距上海港320海里、宁波港219海里；南距福州港192海里、台湾基隆港206海里；朝鲜、日本、菲律宾、印尼等国都在700海里辐射范围之内。港内潮差平均4.5米，潮流较急，是一强潮河口港。

1876年《中英烟台条约》辟温州为通商口岸。1877年4月1日正式对外开放。外国侵略者在强迫清政府开放港口、打开我国门户的同时，逐步夺取了我海关的行政管理权。温州开埠后，建港工作进展迟缓。

1937年抗日战争爆发后，温州的一些中国航商为了保障航行安全，陆续改变所属轮船的国籍，悬挂外国旗职，雇用外籍人当船长，继续航行于温州和沿海各港之间。其他港口船舶也采用改挂外旗办法航行于温州和各港之间。因此在抗日战争初期，行驶温州港的外籍轮船共达80余艘，分属8个国家和40多家洋行和轮船公司。

1939年，局势发生变化。日本海军一面通知各国政府将对温州采取军事行动，一面进行海上封锁。1941年12月太平洋战争爆发，经历了繁荣、衰落萧条的温州港至此全部陷于停顿状态。

1945年抗战胜利，这年9月上海温州航线恢复。1946年温沪之间开辟定班航线。1947年招商局将102号趸船在朔门建造码头，这年温州港的国内沿海航运得到发展，与国外仍无往来。1946年在海关注册的船务行共73家，以后不断歇业，1947年减为65家，1948年再减为51家，到1949年只剩28家了。1949年5月7日，温州解放。

10. 天津港

天津港地处华北平原的东部，北倚

天津港

燕山，东临渤海，“当黄河之要冲，为畿辅之门户”。历史上一直是河海漕运的枢纽。海河上游5大支流（南运河、于牙河、大清河、北运河、蓟运河）在天津市汇合于海河，并横贯市区流向东南经塘沽入海。

中英、中法《北京条约》，扩大了英国和法国的侵华权益。清政府在侵略者的逼迫下，“允以天津群城作为通商之埠”，凡英、法商民均可居住和贸易。天津港于1860年被迫开放为通商口岸。

《马关条约》签订后，日本在天津开辟租界。1898年8月29日，日本驻天津领事与天津海关道签订“天津日本租界条款”，具体制订专管租界和预备租界的范围。《辛丑条约》签订后，天津租界有了更大的扩展。

第一次世界大战后，海上交通和商业限制解除，欧洲人卷土重来，战前天津港由英、法、俄、德、日、美、奥、意、比9国控制的局面，战后演变而为日、英、美竞争的形势。德国也于1921年重返天津，力图恢复其战前的地位。

1937年“七·七”事变后，天津港的对外贸易和航运，很快被日军所控制。太平洋战争后，1943年日本就独占了天津港的对外贸易和航运。

中国航业除招商局船舶在战争之初即停航外，其他华商航业也受到严格限制。太平洋战争爆发，日军为进一步支持其不义的战争，制定了“华北海运对策纲要”，提出充分利用中国船舶，以小型轮船机帆船航行于华北沿岸，将大型船舶转到对日运输的航线输送军事工业原料。1942年将航行华北的各轮船公司组成“华北轮船联营社”，从事近海及中国沿海的航运。

天津中外航商遂在塘沽占地建筑码头。法、俄、英、日、奥各国均在塘沽构筑码头，今天的塘沽1～8号码头即为当时英、意、奥等国所建筑，“日本大院”即为日本码头；太古、怡和、招商局及开平矿务局均在塘沽设置码头。从此塘沽逐步形成天津港自紫竹林向深水河段演变的第三个重要港区。

日本为全面掌控天津港，1938年8月封锁英法租界，进行特三区码头建设，并在塘沽扩建码头；原塘沽招商码头被塘沽运输公司接管，又建筑了停船泊位两个码头，岸线长220米，可供2000吨级船舶4艘停靠。另外还新建了新河码头。

抗日战争胜利后，国民党政府继续修筑新港工程，于1946年7月复工兴建。到1948年底，新港工程已全部停工。

日本投降后，美军协助国民党政府接管天津港的码头、仓库及船舶。天津港对外贸易基本上被美国所控制。胜利初期，中国进出口贸易虽有增长，但未达到战前水平。

11. 北海港

北海港是广西壮族自治区沿海主要商港，位于北部湾北岸的廉州湾，合浦县南流江入海口的南例，港内水深浪静，海运可达国内外各港口。

合浦港，是中国历史上一个有名的海港。由于泥沙冲积，不断演进，港口位置向南延伸，形成现在的北海港。1876年的《烟台条约》，规定廉州为通商口岸。合浦为廉州府治，新设北海镇，就指定为对外贸易的港口，在1877年4月1日开埠通商。

北海港

北海港港界，自鸟石港以北起，沿雷州半岛经安铺折而西，经北海、廉州而至钦州。内港有天然的外沙做防浪堤，风小浪平。开埠以前，西洋船舶已往来海口（海南岛首府，时称琼州）与北海之间，并在北海、水东诸港从事沿海贸易。

抗日战争以前，航行于广州、香港、海口、北海这一定期航线上的，只有大丰公司的水利轮和德忌利土公司的2艘轮船；其他太古公司6艘船（有二船从上海开航），招商局4艘船，华侨船务公司2艘船；法国邮船公司和源昌利公司各1艘船，航行于香港、海口、海防之间，都是以北海为中间站。日商大阪会社的两轮，航行台湾至海防间，“九一八”后停航。1937年进出北海港的轮船曾达462艘，共550万吨其中行驶外洋263艘，行驶国内沿海199艘，吨位大致各半。

抗日战争开始，日舰封锁我国沿海，截留来港的外轮，拘留我沿海航行的帆船。由北海通往内地的运输，大多用人力肩挑或以小船转驳。1937年全年进出口轮船共373711吨。1939年7月起，太古公司的轮船改由香港开行，经广州湾（今湛江）、海口到北海，回程由北海起航，也经海口、广州湾（今湛江）而抵香港，由北海运往上海的货物，在香港转船。渣华公司的轮船从上海经香港直达海防，回程有时也到北海装载客货。

抗日战争胜利后，广州北海间轮船吨位不足。北海至雷州半岛、海南岛等附近地区的海上交通，全靠帆船维持。1949年12月4日，北海解放。

（三）殊途同归——租占港口的殖民地化

19世纪末20世纪初，帝国主义在世界范围内争夺殖民地的活动日趋激烈，对中国广大的商品销售市场及投资场所垂涎欲滴。甲午战争后，俄、德、法三国借口压迫日本退回辽东半岛“有功”先是1898年俄国租占旅顺为军港，大连为商港，租期25年；1897年，德国派军舰强占胶州湾，翌年租占青岛，建筑军港及商港，租期99年；1898年法国强占广州湾为军港，租期也是99年。接着，英国强租威海卫为军港，与旅顺、大连对抗，又强租九龙半岛，与法租广州湾对抗，租期99年。帝国主义在短短几年中，在中国划分势力范围，妄图瓜分中国。被租占的地区和开辟的港口，事实上已变成各该国独占的殖民地，对港口的管理，进行殖民统治。中国在这些地区和港口已完全丧失了主权。

1. 青岛港

青岛港位于山东半岛东南部，处黄海之滨，在胶州湾出口处。东部以崂山山脉作依托，南和西南部有小珠山为屏障，西北部和大沽河下游平原连接，只有东南部有一口与黄海相通，形成一个半封闭的自然港湾。港区分为内港和外港两部分。东自太平角起引一直线，西南越海至象嘴，即淮子口，又由团岛向

青岛港

南引一直线至脚子石嘴，在这三角形内属外港。外港以西由孤山角，即湖岛子，向西南引一直线至黄山嘴，即黄山的东角，又折而东南至显浪嘴，在这人字形内属内港。

青岛港地理位置优越，气候宜人，基本不冻不淤，自然条件独厚。它所在的胶州湾，航道深度在10至40米之间，可以保证大型船舶航行、锚泊和停靠。

19世纪末叶，西方列强和新起的日本，加紧抢占中国沿海港口，分割势力范围，胶州湾是它们窥探和占有的目标之一。清政府认识到青岛的重要性，1891年派登州总兵到青岛驻防，准备建立军港。次年在青岛港建成栈桥1座（俗称海军栈桥），成为青岛港最早的

码头之一。由于清政府腐败，海军经费被挪用于建造颐和园，建港工程不能继续下去。而蓄谋已久的德帝国主义，于1897年借口巨野教案，强占青岛，次年3月6日强迫清政府签订《胶澳租借条约》，强租青岛99年。

德国是欧洲后起的帝国主义国家，急欲把青岛变成它侵略中国和远东地区的军事、经济基地。占领之初，就宣布青岛为自由港，立即动手建设港口，既是商港，又是军港。德国政府拨出巨款并鼓励国内资本家投资，经过建设，青岛港便以远东第一流港口的姿态出现。此外，灯标、雾警笛等港航设备都较完备，尤其是电话配线箱，可供船舶靠岸时和陆地通话。这些在当时远东各海港，处于先进的行列。

青岛港建成后，由于有胶济铁路的连接，交通方便，与山东、江苏、河北、河南等省腹地，密切相连。山东内地货物吞吐以走青岛为捷径，进出口贸易猛增。

德国强占胶州湾后，日本不甘落后，急于试图取代德国。1914年，第一次世界大战爆发，日本对德宣战，旋即占领青岛，青岛沦为日本帝国主义的殖民地，历时8年。

在日本第一次占领期间，由于中国人民的反抗运动和帝国主义之间的矛盾对日本的压力，日本帝国主义深感在青岛的地位并不巩固，因而对港口的建设未作长远考虑。但是为了掠夺物资出口，在港口建设中，以小港建设为主。

根据“九国公约”，1922年日本不得不将青岛交还中国，由北洋政府接收。但是日本仍控制胶济铁路及青岛和沿线工矿经济命脉。青岛仍处在半殖民地的屈辱地位上。

“七·七事变”后，日本侵略者宣布封锁青岛海门。1938年1月16日日军侵入青岛。这是日本帝国主义继1914年之后，第二次侵占和统治青岛港。日本帝国主义第二次侵占青岛后，控制了海关、航运及腹地铁路，把青岛作为其掠夺的基地，并垄断了青岛沿海航运。企图长期占领青岛港作为其侵略基地，除疯狂掠夺资源外，日本帝国主义主要是以青岛港进行军事转运，因此在扩大港口通过能力方面大举建设。

抗日战争胜利后，先后开辟了青岛至天津、连云港、上海、营口、秦皇岛各线，以及至镇江、江阴、芜湖、广州、汕头、基隆、汉口、温州等地的航线，还开辟了远洋航线。截至1946年10月，除招商局外，共成立航业公司11家，代理行8家，拥有轮船96艘，从而奠定了青岛的航运基础。

1898年8月，中德签订《胶澳租界条约》，开放青岛为自由港，至1949年，在这51年时间内，港口主权数易其手。德、日帝国主义先后共侵占了33年，港口沦为这两个国家的殖民地。在中国政府管理下共18年，其中北洋政府统治了7年，国民党政府统治了11年，名义上收回了港口主权，但实际上均在日、美帝国主义控制之下，港口仍处在半殖民地的地位上。

2. 大连港

大连港位于辽东半岛最南端，东濒黄海，西临渤海，与山东半岛隔海相望。东西长8海里，南北略等。周围约24海里，南北西三面连山起伏，东为鲇鱼尾，西为大鹏嘴，两相对峙。口外数小岛南北并列，北为北三山，中为中三山，南为南三山，中南两岛相距甚近，也叫两三山岛，两三山与大鹏嘴之间为南水道，口门南向。两三山与北三山之间为中水道，北三山与鲇鱼尾之间为北水道，两口都是东向。大连港港阔水深，终年不冻不淤，春夏以南风及东南风为主，秋冬两季以西北风为主，夏末因低气压影响，有强烈东南风。

空中大连港

1858年第二次鸦片战争期间，英国侵略者派遣舰船侵入大连沿海口岸。沿大连口岸进行测量、绘制海图。1860年发行的《英国海图》有关大连湾内海水域、航道、出入标志等，即系英人约翰瓦尔德根据英国商船“沙普林”号船长翰杜探测的资料，参照明万历年间进入中国传教的柴伊斯牧师绘制的古地图复制的。1879年10月，清政府认识到旅大地区的战略地位，命直隶总督兼北洋大臣李鸿章调派北洋水师驻泊大连湾沿海口岸，于1888年至1893年（光绪十四年至十九年）在黄金山、老龙头和尚岛建立海军要塞，并勘测口岸水文、地质、准备在大连北面的柳树屯设栈桥，建码头，开辟商港，但未成功。

1894年中日战争，清军战败次年订立《马关条约》，除赔款开放口岸外，还割让台湾、澎湖列岛和辽东半岛。1895年4月7日《马关条约》签字后6天，沙俄联合法德出面干涉，要日本退出辽东半岛。日本向清政府索取白银3000万两为代价，交还了辽东半岛。而俄国以“强迫日本退回辽东半岛”有功，多方索取报酬。1896年取得中国东三省铁路的筑路权，1897年12月15派舰占领了旅顺口和大连湾，1898年3月27日强迫清政府签订《旅顺大连湾租地条约》，为期25年，把旅顺作为军港，在大连兴建商港，将大连改名为达里尼，并宣布为自由港。

1905年日俄战争结束，签订朴茨

茅斯条约，俄国非法将旅大租借地转让给日本，从此旅大军港、商港统归日本占领，并将达里尼改名大连。一切港权、产权、经营权统归日本南满洲铁道株式会社（简称满铁）管辖。1907年4月1日起，港务机关改称埠头事务所（九·一八事变后改称埠头局）。“满铁”为了全面实施其“大陆政策”，加速军事入侵，进行经济掠夺和商品倾销，从1906～1945年日本统治的40年中，港区基本上在俄国时期的基础上继续扩建。日本并以大连为中心经营营口、安东（今丹东）两港作为大连港的辅助港，即所谓“三港三体系”中的“南满三港”。到1945年，港内敷设铁路287公里。大连港成为东北第一大港，居全国第二位。

大连港虽然处于辽宁省的极南端，但腹地甚广，远达辽宁、吉林、黑龙江三省，铁路交通有南满铁路干线及支线安东、沈海、吉海铁路和北宁铁路的关外段，在这个广大的范围内，农田开垦最多，农产品富饶，高梁、大豆是其主要特产，矿产有抚顺、本溪的煤，鞍山的铁，均经由大连输出。

日本从1907年经营大连港后，为加速和扩大掠夺东北地区大豆、煤炭以及输入它的剩余商品，保障“满铁”独占港湾的利益，加强了船舶管理，制订了一系列统管国内外到港船舶的法令。第一次世界大战爆发后，到港船舶有所减少，大战结束，又逢世界海运受经济危机影响，业务不振。

1945年8月8日苏联对日宣战。苏军出兵东北，8月22日苏军进驻旅大，23日接管港口，大连港仍作为自由港开放。但国民党政府由于接管旅大的要求被苏方拒绝，1947年8月19日对旅大市陆地从石河驿，海面从黄海、渤海湾进行封锁。因此，苏联代管期间，虽恢复了港口运输，但船只进出极少，货运量到1949年才达到100万吨，出口多于进口。

苏联代管期间，建立大连港务管理局，设港长、业务副港长、行政副港长，下设10个部、处，实行一长制，港长管理全局。1949年5月起管理局举办干部业务学习斑，苏籍港长亲自讲课，增长中国干部管理港务的业务能力。各部处和基层业务单位，也分别开办培训班，为中国港务职工培养了一批骨干力量。

1951年2月1日，中国从苏联手中接管了大连港。

3. 湛江港

湛江港是中国华南沿海重要商港，旧称广州湾，是一个海湾港口。港口面临南海，港湾曲折，水域宽阔，周围有硇洲、东海、南三等岛屿环绕拱卫，除台风季节外，港内水域基本平静，回淤较少，终年不冻，交通方便。

1895年，法国以“强迫日本将辽

湛江港

东半岛交还中国有功”为由，要挟清政府签订《中法界约商约》，掠夺我国云南边境上一部分领土，在云南、广西攫取特权，使我国西南各省沦为法国势力范围。

接着又于1899年11月，胁迫中国政府签订了不平等的《中法互订广州湾租借条约》，为期99年，将广州湾地区租与法国。其范围包括赤坎、西营、东营等地以及孟岛、调顺岛、东头山岛。特呈岛、东海岛、硇洲岛等岛屿。法国租借者划西营（即今湛江市霞山区一带）为港埠，采取一系列措施发展港口。

抗日战争期间，南京、上海、广州、香港相继沦陷，湛江成为我国南方唯一与外联系的港口。由于直达广西柳州的公路已经开通，因而商贾云集，沿海各地货物都在这里转运。

1941年7月，日本与法国贝当投降政府驻越南总督签订了《广州湾共同防卸条约》。日军派出海军商务委员团常驻广州湾，监督港口，禁止中国进口军用物资。1943年2月，又武装占领广州湾，成立所谓“广州湾自治区”，进一步加强对港口的控制。广州湾成为日本侵略者转运兵员和作战物资的重要港口。

建国初期的湛江港

1945年8月18日中法两国签订《中法交收广州湾租借地专约》，中国收回广州湾，并正式改名为湛江市。当时，旧湛江市虽已开发半个世纪，但仅是个海轮锚泊作业的自然港口。国民党政府接收后，确定湛江为广东省直辖市并决定先在湛江建港，并指定“湘桂黔铁路来湛段粤境工程处”负责筑港、筑路工程。1946年5月28日，国民党行政院派出工程计划团，陪同美国顾问工程师团乘船抵达湛江视察港湾海岸，确定商港和军港的建港计划。

1949年12月19日，湛江解放。

（四）厄运在劫——自开港口的演变

1. 秦皇岛港

秦皇岛港位于我国渤海海域北岸的中端，河北省东北部。北部山地，大部分属燕山山脉南部沿海地带，与辽东半岛、胶东半岛隔海相望。海岸由东北向西南曲折延伸，横亘在辽东湾与渤海湾之间。秦皇岛港处于水陆交通的枢纽地位。秦皇岛港海面潮差不大，水深4～10米，冬季受暖流影响，水温一般高于周围海域2℃，海水含盐度在33%，海面一般不结冰是渤海北岸的不冻港口。

第二次鸦片战争后，继牛庄（营口）、天津、烟台等港被迫开辟为通商口岸以后，英、法、俄等外国侵略势力同时加紧对秦皇岛沿海地带进行窥测和袭扰。为了抵制外国侵略者的要求，清朝政府遂于19世纪末自行开放秦皇岛为通商口岸。

秦皇岛

1895年，清廷决定建设秦皇岛港，开始勘察海岸，选定港址。经过一番设计建设，秦皇岛港湾内简易码头的架设和秦、烟试航及靠泊成功，使这个商船渔舟聚泊的自然港口，因轮船往来靠泊后而繁荣起来。

秦皇岛港是清朝政府自行开辟、主动宣布的通商口岸，不仅维护了国家主权，而且为中国近代主要港口的开辟和发展提供了先例。但是，在旧中国半殖民地半封建的条件下，外有帝国主义的压力，内有封建王朝的昏聩无能，秦皇岛自开口岸仅仅两年，就被英帝国主义所侵夺骗占，这不能不是中国近代港口的历史悲剧。随着权益的丧失，秦皇岛这个“自开通商口岸”，终于成了帝国主义尤其是英国及后来日本的“殖民地”，成为他们扩大对华侵略的军事运输基地和进行经济掠夺的重要港口。

太平洋战争爆发后，日本对开滦煤矿及港口实行军事管理，秦皇岛港已成为日本侵略者的重要军事运输基地和经济掠夺的输出港口。由于日本海上运力不足，港口对外贸易一落千丈。

抗日战争胜利后，全国人民切盼被英国垄断资本家骗占多年的开滦煤矿和秦皇岛港能收归国有。但是国民党政府置民族利益于不顾，1945年11月19日在从日本接收开滦矿务总局和港口的第二天，又举行“发还仪式”，将开滦发还给原英国垄断资本家，使港口权益重新落入英帝国主义手中。不仅如此，国民党政府还将秦皇岛港提供给美国海军陆战队作为供给基地，以军舰载运国民党军队在秦皇岛登陆转往东北。秦皇岛成为美蒋进攻东北解放区的军事转运基地，港口的控制权完全掌握在美蒋军事当局手中。在国民党统治期间，港口码头建设没有改进，基本上维持战前水平。1948年11月28日，秦皇岛解放。

2. 连云港

连云港位于我国东海海州湾西南岸，江苏省东北部，陇海铁路的终点，前有东西连岛（长约6公里，平均宽2.2公里），后以云台山为依托，海峡宽2.5公里，港区就建在云台山下的老窑，是一个山岛环抱的优良港湾。

连云港原是陇海铁路的附属港口。修筑港口的计划，因第一次世界大战的爆发和中国内战的蔓延而被搁置下来。1920年北洋政府决定以离西连岛6.5公里处的墟沟为港址，开辟海州商埠，终因财力不足而毫无成绩。陇海路局只得临时将铁路延长到大埔，建筑临时码头，作为过渡措施。到1936年5月完成二号码头建设，连云港港口才初步形成。

21世纪的连云港港区

连云港是“国有铁路港口”，是不对外开放的港口，其管理权归陇海路局，它没有设置独立的港务处，而只是设立一个规格较低的驻港办事处以管理全港。1933年11月20日起，铁路局和招商局实行水陆联运，开创了中国铁路与轮船联营的新记录。

沦陷后，连云港置于日本陆海军军事管制之下，不久移交华北交通株式会社管理，设连云港码头事务所。1942年6月改设连云港港湾局。日军一开始就着手修通陇海东段，接着疏浚港区，修复第一码头，改筑第二码头，设置贮煤场。

同时，日军一占领新浦，就恢复大埔港作为民间贸易港的作用，用驳船通过盐河、冰河将东海、赣榆、灌云、沭阳等县农副产品集运至大埔，再由海路输出。而输入则以青岛的百货、杂品为主。抗战胜利后，1945年11月成立了连云港港湾办事处，一年后扩编为陇海铁路局港务处。1947年7月在一、二号码头之间造了一个浮码头。这时的连云港被国民党军作为军事基地使用。中国人民解放军早在1946年1月占领了白塔埠以西的铁路线，切断了陇海东段铁路，连云港只能从事海上南北转运业务。由于大埔、堆沟、墟沟等各外围口岸自行封锁，1948年港口已处于停顿状态。1948年11月7日，连云港解放。

三、柳暗花明又一村——轮船招商局的建立与发展

历经了1840年的枪炮齐鸣，天朝大国之想须臾间烟消云散，中国的有识之士猛然警醒。痛定思痛之下，一系列的自强运动就此展开。从“洋务运动”开始，中国航运人走上了自强的道路。随着轮船招商局在上海永安街的正式成立，中国航运人波澜壮阔的自强史就此拉开了帷幕。

（一）牛犊初生——中国第一家民族航运企业诞生

在经过数十年的艰苦探索，遭受无数挫折与失败，历经数次风雨波澜之后，中国航运业终于在19世纪70年代初找到了中国新式轮运业发展壮大的新途径——成立轮船招商局，中国航运业重生的曙光渐渐点亮。

创办新式轮运业是中国亘古未有的新鲜事，它完全突破了旧式轮运的规则与障碍，是中国新式航运一片崭新的天地。1872年夏，李鸿章正式委派朱其昂同津海关道丁寿昌商谈轮局筹建事宜，并特别邀请怡和买办唐廷枢参加。经过“反复议论”，朱其昂在8月初拟出了《轮船招商节略并各项条程》(即招商局章程)，共20条。招商局的正式章程为它的开业与营运勾画了一幅轮廓清晰的蓝图。

当年轮船招商局成立时的盛况(油画)——赵大陆作

同时为了尽快开业，正式投入营运，招商局开始向外商购买轮船。11月以50397两白银购进载重1万石的大英轮船公司“伊敦”号(Aden)轮船。随后又以10万两白银购进“代勃来开”号，改名“永清”号。又由德商经手，购进“利运”轮。接着，又由悖信洋行经手，以7.4万两白银从苏格兰购进载重1.7万石的“其波利克有利”号轮船，改名“福星”。同时，从浙江省调拨“伏波”号轮船1艘，以备次年承运春漕之用。这些引进的船只构成了中

国航运业史上第一支船队。

1872年12月26日，同治皇帝正式批准了李鸿章的奏议，正式成立轮船招商局。1873年元月17日(同治十一年十二十九日)正式开局，局址设在洋泾浜南永安街。开业的这一天车马盈门，热闹非凡。就这样，一个后来在中国港航史、中国近现代经济史和社会发展史上发挥了重要作用的航运企业在上海正式宣告诞生。

招商局的设立，对于中国港航业而言，其意义远不止设立了一个企业这样简单，其筹划与设立实为中国民族港航企业经营模式的第一次试验，招商局经营的成败也将直接影响中国日后民族企业发展的成败。她从上海起步直至全国，以其在航运业中积累起来的资金、人才、管理经验等，或直接创办、或参与投资、或派员管理，带动了一批新兴民族工商企业的兴起，包括保险业、银行业，修船、纺织、货运代理、造船、电信、煤炭、钢铁等诸多民族工商企业。招商局不遗余力的推动中国近代民族工业的发展，为中国民族工商业的发展做出了重要的贡献，同时这些新兴民族工商业的发展也为招商局航运的发展提供了重要的支持。

招商局的设立过程，也可以折射出其后中国民族港航企业设立的过程，作为第一个试验场，招商局模式所累积的经验与教训，均已成为中国港航业发展重要借鉴与参考模式。中国现代港航业的真正建立，起自招商局的建立，在以后中国的每一个历史转折阶段，都会发现招商局的身影，招商局在中国港航业历史进程中始终扮演着重要的角色，招商局的历史使命就此确立。

（二）励精图治——招商局为中国近代港航业奠基

1. 招商局为中国近代港口码头仓储业奠基

港口是水运生产中的重要环节，是水上运输活动的起点和终点。码头、仓储行业作为一国港航业综合实力的重要组成部分，其地位十分重要。早在元、明时期，码头仓库已在上海港出现。可是在招商局成立之前，中国配合旧式航运所存在的自有码头、仓库，其技术水平与管理模式均无法适应当时中国民族港航业的发展要求，而现代码头、仓储业务的开展也随着外资航运的入侵而为外资所控制。以中国当时最为发达的港

招商局金利源码头

口上海为例，几乎无法找到中国民族资本在新式码头、仓储行业中的身影。

招商局一成立就开始了港口建设，在各分局所辖的港区陆续添设了码头、仓库(栈房)。这些设施对于装卸和保管货物，接待和输送旅客以及保证船舶物资供应等，都是必不可少的。其中在上海，招商局先后在南栈(金利源码头)建有仓库7座，可容货物2万吨；中栈建有仓库6座，可容货物1.3万吨；北栈建有仓库30座，可容货物2.8万吨；杨家渡码头建有平屋仓库13座，可容货物1.8万吨；华栈建有仓库16座，可容货物2.5万吨。

招商局最初购置栈房主要作为储运漕米之用。1872年年底，招商局在上海浦东烂泥渡以北陆家嘴以南购进原广丰洋行栈房1所，计五大间，可储漕米6万余石，栈房外有空地20亩，可屯煤30余万石，共计用银2.35万两。在天津紫竹林租定栈房5处，可储米4．8万石，同时购进小王庄杨姓园地1处。次年招商局在汉口添设码头，用银3.05万两，还租用位于上海虹口的耶松码头栈房，“以供运漕之用”，该处后称为招商局北栈。

1874年，招商局购买耶松码头栈房，用银7万两，在天津添造栈房3所，汉口添1所，九江添1所，镇江添趸船1艘，宁波添造码头，并向广源洋行购买洋楼1所，铁栈房1所。招商局的港口吞吐能力有了较大加强，上海虹口、浦东两栈可储漕米40余万石，天津新旧两栈可储的漕米不少于30万石，汉口栈房可存货物3000吨，九江栈房可存2000吨，宁波栈房可存1000多吨。

1875年秋，招商局因转口货物日益增多，所有栈房趸船都不够用，于是在英国购买“司托吾丁”号趸船，以加强九江港的转运能力。同年冬天，又在虹口添造栈房7所，并购买与栈房相连地11亩多，盖造煤栈3所及住房18间。

1876～1877年，招商局因购买外资产业，码头栈房迅速扩充，上海、汉口、九江、天津、烟台等埠的码头栈房面貌大为改观。1877年7月招商局在越南设立了码头。在芜湖购入张顺兴等人的基地，建货栈3座，次年又添置鸡窝街等处6块基地，并设置趸船。

1878～1880年期间，招商局增添码头栈房甚少。1881年，将“孟买”轮改为芜湖趸船。1882年，在上海南北两栈添地造栈，在香港干诺道新建局房一所，在芜湖添置铁趸船，在温州购进4亩3分多地基。1883年，在天津买进朱氏码头栈房，在上海将老宁波码头卖给怡和洋行，并不惜巨资购买了旗昌洋行在南栈的出租地，该处位置颇为优越，招商局准备将该地升科，填筑码头，翻造栈房，“以泊天津、长讲、宁波诸船”。1884年，招商局除在上海金利源、汉口、芜湖、宁波、温州、福州等埠扩建码头栈房及住房外，又在海防、顺安两埠新置码头栈房。

1887年，清政府决定由招商局设立和管理中国的第一家关栈。关栈是官方核准设立的海关保税仓栈，为西方各国商埠所普遍采用。凡未纳税的外贸进口货物，均可存入关栈的保税仓库并享受缓缴关税的优待，关栈有些类似于现在很多国家和地区设立的保税仓。招商局中栈、北栈的12间库房被正式核准改为关栈，并于1888年1月1日对外开放，主要存放百货。同年七月，招商局集资创办上海浦东货栈公司，正式设立了火油关栈，专门存放进口煤油。当时，公平路码头、外虹桥码头等都有海关指定设立的关栈，仓库也因此得以修整和增建。

中国最初的现代码头、仓储行业布局基本由招商局完成，并开始发挥其重要作用。

2. 招商局对中国港航企业管理制度的贡献

1872年成立的轮船招商局，是近代中国第一家采用西方股份制企业组织形式成立的新式民用企业，也是采用“官督商办”经营模式兴办的第一家股份制企业。招商局的成立，开启了近代中国通过向民间发行股票（当时也称“股份票”）筹集资金进而兴办股份制企业的大门。以后，在招商局所累积的

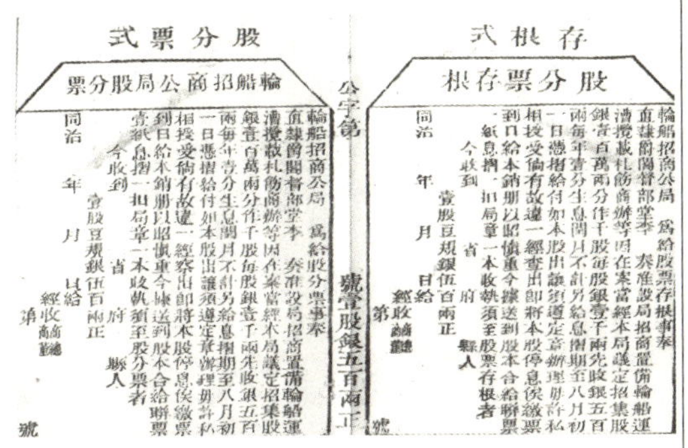
存根式

股分票存根

輪船招商公局 為給股票存根事奉
直隸爵閣督部堂李 奏准設局招商置備輪船運
漕攬載札飭商辦等因在案當經本局議定招集股
銀壹百萬兩分作千股每股銀壹千兩先收銀五百
兩每年壹分生息閏月不計另給息摺期至八月初
一日憑摺給付如本股出讓須遵定章辦理毋許私
相授受倘有故違一經查出即將本股停息俟繳票
到日給本銷冊以昭慎重今據送到股本合給聯票
一紙息摺一扣局章一本收執須至股票存根者
今收到 省 府 縣人
壹股豆規銀伍百兩正
同治 年 月 日給
經收 商總
第 號

公字第 號壹股銀五百兩正

股分票式

輪船招商公局股分票

輪船招商公局 為給股分票事奉
直隸爵閣督部堂李 奏准設局招商置備輪船運
漕攬載札飭商辦等因在案當經本局議定招集股
銀壹百萬兩分作千股每股銀壹千兩先收銀五百
兩每年壹分生息閏月不計另給息摺期至八月初
一日憑摺給付如本股出讓須遵定章辦理毋許私
相授受倘有故違一經查出即將本股停息俟繳票
到日給本銷冊以昭慎重今據送到股本合給聯票
壹紙息摺一扣局章一本收執須至股分票者
今收到 省 府 縣人
壹股豆規銀伍百兩正
同治 年 月 日給
經收 商總
第 號

招商局“股份票”影印件

经验基础上，这种性质的企业的数量很快从一家增加到几十家，形成了中国近代第一批股份制企业群体。

近代中国第一家股份制企业轮船招商局首先诞生于航运领域，并以官督商办的形式出现，并非偶然，而有着历史的必然性。

两次鸦片战争以后，外国轮船在中国水域迅猛扩张，掠取了高额利润以及对中国经济和社会造成强大冲击的事实，引起了中国社会各阶层的强烈反响。面对新式轮船运输具有的安全、迅速、价格相对低廉和利润优厚的特点，以及本国木船运输业遭到严重摧残，直接对京师漕粮运输构成威胁的严重局面，加上晚清统治阶层中有识之士求强求富与洋商争利的动机等，都预示着航运领域中必然首先酝酿着突破和改变。

兴办新式企业的困难不仅在于晚清政府中的权力相当部分掌握在顽固派手中，而且社会上也存在广泛的根深蒂固的传统偏见。如果没有清政府的批准和

支持，这个新式企业不可能出现。

在当时的中国，新式企业的出现和发展，除了要得到清政府官方的同意和支持外，还必须得到当时社会中商人尤其是具有洋务经验、熟悉新式企业经营管理方式而且广有资财的买办商人的支持。这是因为西方新式股份制企业不论对于清政府中的洋务派还是顽固派，都是陌生的东西，兴办近代股份制企业所需要的技术知识、组织管理能力和商业联系、信用体系等条件，都不是短期内可以一蹴而就的。这需要那些熟悉外国语言文字、熟悉生意、殷实能干的商人尤其是买办商人的参加。经过两次鸦片战争和太平天国的长期战争之后，清政府国库空虚，已经很难筹集经办新式民用企业的巨额资金，这就需要招揽社会上的私人资金，由此奠定了通过向社会招集商股资金兴办股份制企业的基础，这也是近代中国第一家股份制企业名称中出现“招商局”三字的由来。

轮船招商局的创办章程中表明：“轮船之有商局，有外国之有公司也，原系仿照西商贸易章程，集股办理。”在实际的创办过程中无论在集资、组织经营管理、盈利以及分配等方式上它都已经具备了近代资本主义股份制公司的基本特征。在集资方式上，招商局采用入股形式，即把资本分为若干份股份面向社会招股集资；在经营管理上，招商局实现了所有权和经营权的分离，其章程规定局务的具体管理和实施者是商总和商董阶层；在赢利分配方面，实行按股付息分红，股票持有者凭证取息。从轮船招商局的集股章程可以看出，它和原始的合伙经营有本质的区别。其股票是唯一的取息凭证，具有一定程度的不可抽回性，可以自由转让。招商局在组织上也比较规范，由股东们选出的经营管理机构——董事会。

但股份制在当时的中国还是一个新生事物，不能不受近代社会环境的制约，轮船招商局作为第一股份制企业，又带上了许多“中国式特色”：在管理体制上实行了“官督商办”，由“官总其大纲”。这是近代中国早期公司制度的主要模式，也是近代中国公司发展的最初模式。

招商局股份制的建立具有极其深远的历史价值。首先，轮船招商局作为中国近代一个模仿西方资本主义股份公司而建立的大型股份制企业，是我国近代史上其他企业所无法比拟的，可以说，它是中国近代经济发展的一个缩影，其企业制度的运作、演化的轨迹都反映了近代中国向西方学习在经济体制层面上艰难曲折的探索，同时也标志着中国股份制的诞生。

其次，公司制度的发展加快了资本所有和管理职能的分离，改变了社会上人们的思维方式，促进了法律法规的完善，推动了现代社会政治经济制度的形成，从根本上确立了现代产权制度在经济生活中的决定作用。

最后，随着时间的推移，人们接受了招商局股份制这种资本主义的生产方式，并享受着这种生产方式所带来的成果。所以说招商局股份制的建立代表着中国民族资本向着先进的生产关系迈进了一步。

（三）光明大道——建国初期的招商局

海运是招商局的支柱业务，招商局不仅在上海设立总部，还在北至葫芦岛，南至海口的其他沿海城市设立分支机构，这些沿海机构在解放后移交了大量的人员和资产。新中国成立后，招商局根据交通部的部署，通过自身解体，为新中国的海运事业奠定了基础。

1950年1月19日至2月27日，中央人民政府交通部召开首届全国航务公路会议。会议明确提出中国交通建设主要是学习苏联的经验，并指出：不论在航务、公路，对接收的机构、人员，以及遗留下来的旧制度、旧作风，必须加以整顿改造，对旧的经验做法，必须以新的观点加以批评地接受。这次会议明确了当时的方针政策，确定了全国统一的各级航务机构、领导关系、职责分工及主要的工作制度。1951年1月25日交通部正式行文决定：“自1951年2月1日起，招商局总公司改称中国人民轮船总公司（后又称为中国人民轮船公司），并决定与本部（交通部）航务总局合并办公；原各地招商局各分支机构并于同日一律改称中国人民轮船总公司某某分公司（或办事处）”。中国轮船总公司的机构设置如下：

上海招商局第一码头

以原招商局总公司留沪部分机构及人员为基础，成立中国人民轮船总公司上海区公司，领导海州、宁波、温州、福州、厦门等分公司或办事处。

以原招商局汉口分公司为基础，成立中国人民轮船总公司长江区公司，与

招商局青岛分局旧址

长江航务管理局合并办公，领导镇江、南京、芜湖、安庆、九江、长沙、沙市、宜昌、万县、重庆等分公司或办事处。

以原招商局广州分公司为基础，成立中国人民轮船总公司华南区公司，领导汕头、湛江、榆林、海口等分公司或办事处，香港分公司直属总公司领导。

通过成立中国人民轮船总公司，招商局原有的总分支机构结束分散经营的方式，统一并入区域航业机构。

在香港招商局起义船舶归来和流散海外的私营轮船纷纷回归，以及沿海大部分岛屿迅速解放、打破了敌人的封锁的有利形势下，中央人民政府交通部于1951年3月20日至4月14日在北京召开第二届全国航务会议。会议主要讨论了关于全国航务组织机构改革、海运及港务管理区域划分及统一调拨船舶、分区经营管理、发展方向以及如何学习苏联航运管理经验等项根本问题。这次会议决定建立统一的航务机构，按照港航统一管理的原则，对中央交通部所属港航企业的机构作了一次较大的调整，使这些机构更加适应运输业的发展需要。1951年7月，中央人民政府交通部根据全国第二届航务会议的决定，并奉政务院第86次政务会议决议，撤销中国人民轮船总公司，在交通部内部成立海运管理总局、河运管理总局，交通部水运管理体制实行专业分工，海运与河运分开，并按区域管理的方式，参照沿海海区的划分，在大连、上海、广州分设北洋、华东、华南三个区海运管理局，直属海运总局领导。

至此，招商局的人员和资产基本上逐渐流向机构所在地的港航单位，为全国水运体系的建立提供了强大的物质力量，其流向情况主要体现在以下几方面：

（1）支援新中国港航单位的建立。如：①招商局总公司将起义归来的“海辽”轮拨给新成立的大连轮船公司。②天津分公司将塘沽新河一座船坞拨给新河船厂，将天津市河东杨庄子一座船坞拨给内河修船厂。③招商局安庆办事处为了支持长江区航务局南京分局安庆办事处尽早投入正常工作，为他们提供办公地点，并让出1号码头泵船一部分房间为该处人员住宿。12月初，又将朱家坡6号码头房屋拨给该处，解决了办公室和职工宿舍问题。④招商局汉口分公司将四关殿码头万安巷营业站拨给湖北省内河航务局，将民生路2号

2层半楼房、十号栈后宿舍、新建第三宿舍共三栋及地产基地3块共计27.082亩拨给长江区航务局。⑤芜湖分公司将“飞礼”轮及船工11人拨给芜湖皖南轮船公司（1950年1月成立）。⑥1950年3月1日，南京分公司将秘书、人事、财务等散布们并入南京市行政局。

（2）支援国防建设。如：①汉口分公司拨给第四野战军后勤部轮船3艘、驳船1艘。②招商局总公司、广州分公司分别将起义归来的“中102”、“中106”登陆艇交给人民海军使用。③上海招商局总公司将第六码头交由海军接管，汉口分公司将军一码头拨给第四野战军后勤部。

（3）执行航务政策，剥离小船。1950年3月27日，新中国政务院发布《关于1950年航务工作的决定》。根据这一决定，招商局总公司改组为国营轮船总公司，其掌管的500吨以下的小船交地方航运企业管理。如：①根据交通部1950年4月21日交航（50）字第200号文，招商局天津分公司将内河部分之轮驳、木船、人员、材料等项全部移交华北内河航运管理局营运。②汉口分公司拨给湖北省航政局轮船4艘，拨给粤汉铁路局驳船1艘，拨给湖南省内河航务局轮驳共8艘。

（4）配合国家的港口建设，内地招商局各机构剥离码头、仓库和堆栈以及管理人员给所在地港口单位。1950年7月26日，中央人民政府政务院财经委员会发布《关于统一航务港务管理的指示》，要求：①各港迅速成立港务局，作为统一港务管理的机构。②在国内重要港口，如天津、广州、上海、青岛、大连等市设立了区港务局，在其他港口，视需要设港务分局或办事处，受上述区港务局的领导。该指示对同一码头管理问题有具体规定：①遵照政务院财经委员会指示，凡港埠码头区内的码头仓库，在解放前属于国民党政府交通部或所属机关使用，或为当地人民所经管、地方公营事业使用的码头（属于海军、铁路车站使用者除外），统一由港务局收回管理和调度。②各区港务局成立后，遵照指示与各有关公营单位进行协商接管港内码头、仓库业务。招商局内地各机构积极响应这一指示，将有关资产和人员剥离给有关单位。如：①招商局根据交通部1950年9月9日交航（50）字第1101号文，将招商局轮船股份有限公司天津分公司管辖的天津及塘沽全部码头、仓库和栈埠业务在10月1日起一并移交给天津港务局接管。②汉口分公司将共用一码头拨给湖北省航政局，后又将招商局第1号、第2号、第3号、第4号、第5号、第6号、第7号、第8号、第10号码头及招商局江岸码头拨给长江区航务局，将四关殿码头拨给湖北省内河航务局。将周家巷一层三号栈、洪益巷一层八号栈、张美之巷一层九号栈、张美之巷二层十号栈、张美之巷一层十一号栈、洪益巷煤栈等货栈及栈侧棚屋3处拨给长江区航务局。汉口分公司还在1950年9月将四关殿营业站员工11人和万安巷营业站员工8人移交给湖北省内河航运管理局。③上海招商局总公司除将第六码头交由海军接管外，其余八座码头在1961年底移交给上海区港务管理局统一管理经营，其中杨家渡码头（第五码头）归属第一装卸作业区，后归东昌装卸公司；华栈（第四码头）归属第二作业区，1957年后归属第八作业区，后归新华港务公司；北栈（第一码头）归属第三作业区，并改名为公平路码头，后归属第五装卸作业区，后归高阳港务公司；中栈（第二码头）归属第五装卸作业区，改名为外虹桥码头；南栈（第三码头）归属第四装卸作业区，改名为十六铺码头，后归客运服务总公司；原新汇山码头（第七码头）归属第二装卸作业区，1957年后归属第八装卸作业区；张家浜码头（第八码头）和老白渡码头（第九码头）均数第一装卸作业区，1957年后归属第七装卸作业区。

（5）沿长江的招商局机构与长江航务管理局合并，其资产和人员流向长江港航单位。1951年2月1日，招商局汉口分公司改为中国人民轮船总公司长江区公司，与长江航务管理局合署办公。长江全线的航政管理和航运经营合二为一沿长江各主要港口设立港务局，逐步制定了统一的航务、港务管理的各项规章制度，接管了招商局机构在长江各港区的码头、仓库和设备。9月12日，为了统一港政和航政，交通部提出“长江区有关航务、港务方面的工作，除海军级铁路车辆之码头仓库外，应统一由长江航务管理局及其所属之分局办事处分别管理”的意见。根据这一意见，招商局沿长江的分支机构（重庆、万县、宜昌、沙市、汉口、长沙、九江、安庆、芜湖、南京、镇江等分公司）的人员、资产除长沙分公司并入湖南省航运局外，其余都并入长江航运局和分支机构所在地的港务局。招商局汉口分公司修理厂的资产和人员流向武汉青山船厂。

（6）沿海的招商局机构资产和人员基本流向：

① 上海总公司的人员和资产流向上海海运管理局、上海港务管理局、长江区航务管理局上海分局以及上海船舶修造厂。

② 秦皇岛分公司的人员和资产流向秦皇岛港务局。

③ 天津分公司的人员和资产流向天津港务局，招商局天津大沽修理厂的资产、人员分别流向天津大沽船厂。

④ 青岛分公司的人员和资产流向青岛海运局。

⑤ 海州分公司的人员和资产流向

连云港港务局。华东区海运管理局的海州办事处（原海州分公司）在12月与连云港港务分局，管理干部、船员及其他勤杂人员共117人一并纳入港务分局人员编制。

⑥ 宁波分公司的人员和资产流向宁波港务局。

⑦ 温州分公司的人员和资产流向温州港务局。

⑧ 福州分公司的人员和资产流向福州港务局。

⑨ 厦门分公司的人员和资产流向厦门港务局。

⑩ 汕头分公司的人员和资产流向汕头港务局。

⑪ 广州分公司的资产除两座码头（大涌口和长堤）、大涌口仓库交给了广州港务局，香港起义归来的“中106”登陆艇交给人民海军外，其他资产（包括在香港起义后北归的12艘海轮）和人员流向广州海运局。

⑫ 海口分公司的人员和资产流向海口港务局。

由于招商局在建国初期的一系列的努力，使得新中国的港航业迅速恢复元气，初步形成了一个从南到北、从沿海到内河的航运企业朝气蓬勃的局面，为今后的新中国的港航事业奠定了坚实的基础，为中国日后的国有大型航运企业和民营航运企业的发展提供了很好的平台。可以说，新中国港航业的构建始于招商局，招商局在新中国谱写了最为壮丽的篇章，影响中国的最为重大的经济体制变革从招商局开始是有着其深刻的历史必然性的，招商局与中国港航业历史的紧密联系从此将更加深远。

第三章　改革开放奏响港口建设新篇章

“苏醒的雄狮”——中国，是世人对新中国成立的赞誉，伴随着喘息与躁动，曾经在历史中沉睡的中国再次展示她威严的面容与气概；伴随着改革开放的脚步，经历过初期的阵痛，中国瑕不掩瑜般地在世界上散发出迷人的光彩，让世界为之动容；伴随着高速增长的商贸往来需求，让拥有浓厚“土地情结”的古老民族再次将目光投向蓝色大海，以中国绵长的海岸线为起跑线，以港口为起点，在一条条蔚蓝色的跑道上再次续写曾经辉煌的水运历史。

港口，自古承载着国与国、城与城、人与人在经济、文化、商贸交流的使命，至今，随着海上运输的发展和第四代港口概念的提出，港口作为多种交通运输方式的交汇点以及现代物流链的枢纽，更发挥了辐射国际和国内两大市场、促进全球范围内货物流动的重要作用；至此，港口不仅是海上交通贸易极度繁盛的见证者，而且成为了我国经济迅猛发展、全球经济文化高度融合的标志。新中国成立，尤其是改革开放30年，经济和对外贸易需求每一次增长都推动着港口在基础设施、生产能力、港口布局、结构功能、服务理念和水平上的迅速成长，最终成就了一个东方的奇迹。

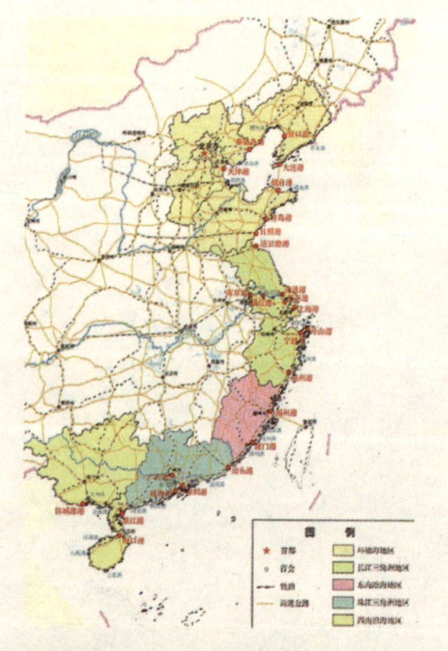

全国沿海港口（分区域）布局图

我国港口吞吐量已连续五年蝉联世界第一；截至2008年年底，全国港口数量达413个，其中，年吞吐量在1000万吨以上的沿海港口36个，200万吨以上的内河港口87个；全国港口拥有生产用码头泊位31050个，其中万吨级及以上泊位1416个；全国沿海港口拥有生产用码头泊位5119个，其中万吨级及以上泊位1157个；内河港口拥有生产用码头泊位25931个，其中万吨级及以上泊位259个；2008年全国港口货物吞吐量总计达70.22亿吨，其中有17个港口率先进入亿吨大港行列；2008年全国港口集装箱吞吐量达1.28亿TEU（20英尺标准集装箱）。

一、自力更生——励精图治突破帝国封锁

忽如一夜春风来，新中国的成立给中华民族带来了新的希望，但港口却是

满目疮痍，百废待兴；西方势力对港口的禁运封锁，处处阻挠着新中国水运业的发展；百废待兴迎惊涛骇浪，祖国的内忧外患呼唤着新中国人民在逆境中以无比的自信与豪情自力更生，突破西方帝国对我国港口的封锁。

（一）建国初期面临严峻形势

纵观历史，始于秦汉的“海上丝绸之路”兴盛于郑和船队七下西洋的元明时期，在明朝的“闭关锁国”和清朝的海禁政策中日渐衰落；中国港口的发展无不伴随着帝国王朝的更迭而跌宕起伏，犹如每个王朝般经历兴起、发展、成熟、持续、没落的过程。

清王朝尚未覆灭，历史给港口带来的坎坷磨难还在继续，1840年鸦片战争开启我国的近代史的同时，西方列强的坚船利炮也洞开了我国60多个水上口岸，北起鸭绿江口，南到北仑河口，东自上海，西抵重庆，这些港口无一例外地成为西方列强掠夺中国财富的“血盆大口”，失去港口主权和领土主权的中国，犹如缚手缚脚般任人欺凌。

新中国的成立给中华民族带了新生的希望，而以美国为首的西方国家出于对社会主义国家的惧怕和敌视，对苏联及其他社会主义国家采取了“封锁”、“禁运”的一系列政策，步步紧逼，企图阻挠社会主义国家的经济建设，以达到扼杀社会主义制度的目的：新中国成立后，美国政府对中国采取政治上不承认，经济上封锁的政策，朝鲜战争爆发后，美国对新中国的“封锁”、“禁运”步步升级。1950年6月29日，美国颁布了《1950年输出统制法令》，规定煤油、橡胶、铜、铅等11种货品除非有特别输出许可证，不得输往中国大陆和澳门；7月20日，美国商务部宣布废除美国货物运往中国的出口许可证，持有人须一律缴还重新审查；8月，美国颁布了《1950年特种货物禁止输出令》，特种货物包括金属母机、非铁金属、化学药品、化学用器材、运输器材、电讯器材、航海设备16种；11月，美国商务部将对中国管制的战略物质由600余种增加到2100余种；12月2日，美国公布了“有关管制战略物资输出”的加强命令，所有输往中国、香港和澳门的物质，不论是否是战略物质一律纳入管制。8日，又公布了《港口管制法令》，不但禁止美国籍船只开往中国，而且凡是经过美国辖区口岸转口的外国商船，必须把运载的战略物资向港口管制机构申请批准，否则即予扣留；1951年5月，美国操纵联合国通过对中国“禁运”案。1952年9月，巴黎统筹委员会增设“中国委员会”，作为执行对中国禁运的专门机构。

以美国为首的西方集团对新中国实施的“封锁”和“禁运”政策，给恢复中的新中国经济造成严重的困难。首先，使中国与一些国家的贸易中断或大幅削减。中国历史上与欧洲各国及周边国家有着长久的贸易关系。由于西方的“禁运”，这种传统的贸易关系被大大地缩小了。中英贸易在数量上减少90%以上，中法减少了95%，中德贸易完全中断。中日贸易也处于几乎完全停顿状态。中国与东南亚各国贸易战后得到了较快恢复，但受西方的“封锁”、“禁运”政策的影响，中国与东南亚各国贸易遇到了许多困难。其次，造成中国市场物价波动。一方面，“禁运”使进口原料器材价格上涨。据统计：1950年底到1951年7月，上海市场上进口原料器材上涨了1～4倍。另一方面，“禁运”使部分过去出口西方的土产品滞销。再次，给中国国家财产造成重大损失。由于财产冻结，中国在美、日的2700万美元的公私定货被扣留禁运，中国国家银行在美国的500万美元未到期汇票被冻结。中国在欧洲经日本、菲律宾运回的定货在美控海岸被扣。最后，新中国的港口发展之路受到了严重的阻碍。帝国主义支持和配合国民党集团利用海空优势对上海、青岛、天津等沿海港口和岛屿进行封锁，阻挠所有国家的商船进入新中国的港口。在美国的拉拢和压服下，到1953年3月，参加对中国禁运的国家共有45个。

经济的封锁、货物的禁运无疑给新中国的经济发展带来了沉重的打击，对新中国成立初期的处于瘫痪状态的港口无疑是雪上加霜，如何突破帝国主义的封锁禁运，促进对外贸易的正常化和国家经济的发展成为了这一历史时期的主题。

（二）励精图治突破帝国封锁

面对西方国家的封锁禁运，中国政府并未恐惧和退缩，而是以不屈不挠的姿态领导中国人民进行针锋相对、灵活机智的抗争，并迅速制定了反封锁、反禁运的指导思想：清理外资，尽可能扩大内销，争取在国内自给自足的基础上，按照平等互利的原则，坚持与不同社会制度国家发展贸易往来，扩大与苏联和东欧等国的经济合作与贸易，打破封锁禁运的限制，促进对外贸易的正常化和国家经济的发展。

1．严整金融，清理帝国主义在华的经济势力

解放前夕，外国企业纷纷撤走在中国大陆的资金和机构。到1950年底，全国还有外资企业135家，连同分支机构共200多个单位。“禁运”前，中国政府对守法的外资企业是尊重其财产所有权和经营自主权的，并与之订立了各种贸易、加工合同。但这种良好的关系因我国遭帝国主义的封锁禁运而改变。

1950年12月4日，我国政府决定停止对美国、日本、加拿大等国的结汇输出：对资本主义国家的贸易改用“先进

后出”为主的易货贸易方式。28日，我国政务院针对美国16日宣布的《外人资本管理条例》，颁布了《关于管制美国财产冻结美国存款的命令》，决定清查和管制中华人民共和国境内的一切美国公私财产，冻结一切美国公私存款。

1951年5月，为了反对美国操纵的第五届联大通过对中国的禁运案，我国将处理外资工作改管制为征用。7月18日，我国宣布征用已被管制的美孚、德士古、中美三家美资石油公司除其总公司和分支机构之办公处以外的全部财产，并征购其所存油料。1950年8月，上海市军管会也征用了追随美国政府向我禁运的英国英联船厂及马勤机器造船厂的全部财产。以上这些措施是由于我国的经济利益受到严重损害时被迫采取的对应策略，表明了我国坚决斗争的立场，也为我国反封锁禁运斗争开了好头。

2. 自力更生、扩大内销、缓解供需

新中国成立后，恢复和发展经济的一切物资都处于急需或待创阶段。而当时资本主义国家对我国实行的全面封锁禁运，就更使我国必需的工业原材料、设备因进口困难而处于紧缺状态。为改变这种状况，我国加快了须从外国尤其是从禁运国进口的物资器材的研制，并在全社会掀起了增产节约运动，采用新技术，提高原有设备的利用率。此外，国家还颁布条文，鼓励科研人员、工人进行发明创造。

我国在反封锁禁运斗争中，本着“发展生产，保证供给”的原则，加强了对重要物资的管理和调剂工作。对石油、钢材、橡胶等实行重点掌握，由中央统一收购、调拨。通过大规模的南北东西物质调运及各大行政区、各区县级物资交流会，解决了许多厂家的生产原料来源问题。

西方国家对我国封锁禁运后，我国数量很大的农副土特产和一些城市工业品出口外销受阻。为减少这些产品的积压，我国通过召开土产品会议和物资交流大会，加强城乡交流，尽可能开辟土产品的国内市场，把对外贸易滞销的那部分土产品在国内市场销售掉。对个别因外销困难而滞销的土产，可酌情考虑停产或减产。同时，国家还充分发挥国营商业和小商小贩的积极性，进行城乡间的各种物资交流活动，开辟外销产品的国内市场。这些措施有力地回击了西方国家对我国出口产品的遏制。

3. 采取灵活多样的贸易方式，增加购销

为打破封锁禁运的限制，我国及时调整了对外贸易方向。积极发展同苏联东欧等国的贸易，并在此基础上，大力发展同亚非国家的贸易关系，千方百计开展与资本主义国家的贸易，增加购销。

首先，把对外贸易的重点转向苏联

及东欧人民民主国家。1951年1月召开的全国贸易会议明确提出，要积极扩大对苏联及新民主主义国家的贸易。“一方面，主动地、有步骤地改组国内出口物资的生产，以求逐渐适应苏联及新民主主义国家的需要”；“另一方面积极地向他们提出今后数年内我们在工业器材与工业原料方面的要求……逐渐弥补在美国封锁下我们进口物资不能满足国内工业需要的困难”。1950年至1955年苏联向中国提供11笔贷款，用以购买抗美援朝的军事物资和建设器材。1954年10月，苏联政府同意帮助我国新建和改建156项重点工程。20世纪50年代，中国从苏联和东欧人民民主国家进口了大量西方国家对我国“禁运”的大型机械、各种钢材等经济建设所急需的物资，这些对我国奠定现代大工业的初步基础起了决定性的作用。

西方的封锁禁运政策破坏了国际贸易的正常秩序，损害了许多国家的经济利益，特别是加剧了美国与一些原料产地国家的矛盾，这些国家同中国进行正常贸易的要求日趋强烈，这就为我国打开资本主义世界的“封锁”缺口提供了有利条件。1952年10月，锡兰(今斯里兰卡)首先在东南亚地区突破“禁运”，同中国签订了贸易协定，12月两国又签订关于橡胶和大米的5年贸易协定。这些协定的签订，是我国反封锁禁运斗争的一大胜利，在国际上特别是在亚非国家中产生了巨大影响。后来，印度、巴基斯坦、缅甸等国主动与我国发展贸易关系。新中国的外贸有了进一步的拓宽。

其次，调整与资本主义国家进行贸易的制度和方式，千方百计与其进行贸易。1950年12月8日，政务院颁发《对外贸易管理暂行条例》规定：“凡遵守我国法令，在我国经营进出口之外商，均得在当地政府外事处登记……凡货物进出口需依结汇方式经营。”从1951年初起，我国将出口物资分为甲、乙、丙三类，用国外短缺的乙类战略物资，采用“先进后出”的易货方式，换回我国急需的汽油、药品等重要物资。另外，国家本着“公私兼顾”的原则，鼓励、协助私商做进口生意，利用民间的多种渠道，与西方国家建立贸易关系。同时加强对外汇、侨汇的管理，抢购物资，采用零星分散的进口方法，从其他非“美援”国家或地区获得所需物资。由于采取了这些措施，中国冲破了美国的封锁禁运，争取了钢板、机器等大量急需物资的进口。

在美国为首的西方对华封锁禁运的阵营中，随着各国经济的发展和实力的增长，其内部之间的矛盾日益尖锐。对于这些矛盾，一方面我国政府坚持“中华人民共和国可在平等互利的基础上与各国政府和人民恢复和发展商品贸易关系”的原则，另一方面在贸易上我国则充分加以利用并不放过任何一个机会同“禁运”的资本主义国家做生意。这不仅反击了当时美国对我国的“禁运”，也减轻了“禁运”国际化后我国可能遭受的损失。1952年4月，在莫斯科举行的国际经济会议期间，经过多方的努力，中国代表团同英国、法国、意大利等国的工商企业家签订了总金额达2.2亿多美元的贸易协议，并邀请日本参众议员帆足计、宫腰喜助来华访问，签订了中日民间贸易协定。1954年6月的日内瓦会议期间，由于周恩来大量卓有成效的工作，西欧各国要求扩大东西贸易和解除对中国的封锁禁运政策的呼声高涨，促成了双方贸易订约的高潮。1952年5月至6月，英国等参加巴黎统筹委员会的大部分工业国陆续表态，放宽对我国的贸易限制。

由于西欧各国和日本相继通过“例外条款”与我国进行贸易，到1957年11月，巴黎统筹委员会内的“中国委员会”名存实亡，美国极力推行的封锁禁运政策已完全陷入困境。1958年9月，美国国务院杜勒斯宣布，美国在“战略物资”方面的“货单”对华可放宽一些，这样，对中国的全面“禁运”已经破产。20世纪60年代后，我国同西方资本主义国家的经济合作与贸易有了广泛的发展，1971年我国恢复了在联合国的合法地位，许多国家与我国建交，相互间展开了频繁的经贸往来。1972年中美建交，中美经济贸易逐步得到恢复和正常发展。至此，中国反封锁禁运的斗争取得了完全胜利。

（三）自力更生大力发展港口

新中国成立前，中国港口几乎处于瘫痪状态，全国（除台湾省）仅有万吨级泊位60个，码头岸线总长仅2万多米，年总吞吐量只有500多万吨，多数港口处于原始状态，装卸就是靠人抬肩扛。而此时，建国之初，帝国主义国家又对我国实施海上封锁和禁运，新中国的对外贸易受到很大的限制，而且经济建设时又以内地为主，海运事业发展缓慢。这个时期，我国港口的作业对象主要是一般的杂货物，功能战略是面向恢复经济，功能单一，只起到货物装卸储

20世纪50年代辽宁省黑龙江港口

存运输功能，普遍的港区就是码头装卸区。港口生产采用封闭式组织管理，对国家经济的恢复和发展起到一定作用，但并没有发挥出港口本应该起到的带动城市经济发展的作用。港口的恢复生产、起步建设是当时港口建设的主题。

1. 恢复生产阶段

从建国初期的20世纪50年代到70年代初，我国在进行反封锁禁运斗争的同时，中国港口人也自力更生，做出了许多积极有效的努力。

这一时期的港口的发展主要是以技术改造、恢复利用为主，如1951年的大连港老港区，在我国政府正式从代管的苏联红军手中收回后，进行了大规模改造和扩建，于1958年完成大连港黑嘴子二码头修复工程，首次增加了泊位通过能力；1966年，大连港在经国务院批准正式对外开港后六年实现了19个主要货种成组运输，可谓传统运输形式和装卸工艺之大变革，大大了提高装卸效率和货运质量，缩短了车船在港时间，直接减轻了码头工人的劳动强度。

技术的改造和恢复利用使港口的硬件设施有了较大改善，然而港口的发展绝对离不开人的因素，解放后当家作主的码头工人怀着对祖国、对港口的热爱之情，以码头主人翁的姿态，自力更生为中国港口的发展做出了不懈的努力，20世纪50年代营口港工人在港口停运4年期间，为减轻国家负担，积极开展生产自救；1957年恢复生产之后，在每年的辽河冰冻期，装卸工人就自发远离家乡到兄弟港口支援生产；文革初期，港口生产处于低谷，码头便建起了铸钢炉，工人们以厂养港，使得百年老港得以生息。1949年至1972年，全国主要港口从建国初期的161个增加到617个，其中沿海港口深水泊位数增加到92个；全国港口货物吞吐量从1949年的1100万吨迅猛增长到1972年的1.5亿吨，其中沿海港口货物吞吐量达到1亿吨，沿海港口货物中的外贸货物吞吐量达到2547万吨。

这一阶段国家除了在关注港口装卸条件、码头工人劳动环境之外，另一个成就就是建立了“集中统一、分级管理、政企合一”的水运管理体制，全国港口生产资料所有制完成了改造，由国家为主导有计划、有重点地建设和管理港口。港口管理体制一旦确立，与之对应的港口法律法规也相继出台。港口是一个劳动密集、资本密集和人员密集的场所，涉及城市、土地、水域、海洋利用、环境安全等多个方面，拥有众多的临港工业和服务企业，各种关系错综复杂；政府如何管理好港口，相关企业如何组织港口的生产经营，都必须有法律来进行规范。1954年，针对沿海主要大港的管理现状，国家出台了《中华人民共和国海港管理暂行条例》，这是在计划经济条件下调整沿海港口中相互关系的法规，在当时一定程度上解决了部门的隶属关系。

技术的改造和恢复利用使港口满足了建国初期国内货物的装卸和运输，但也仅仅止于此，在计划经济体制下，这一时期未曾涉猎全国港口的枢纽港规划布局，这一时期的上海港承担着港口体系的主枢纽角色。新中国成立以后，上海港口积极恢复和发展，1950年，设立港务局，拥有码头岸线合长8390米，泊位69个(含万吨级泊位12个)。1952年，货物吞吐量回升至559.5万吨，为历史最高年(1931年)的44.24%，港口设施潜力大，发展前景宏伟。1953年，上海规划提出充分利用港口已有设施和保留深水岸线，建设港口码头，实行专业分区，添置装卸机械设备，以提高吞吐能力。规划浦西岸线9900米，张华浜一带为远洋水陆联运码头区；秦皇岛路至沙泾港一带为沿海客、货码头区；人民路至董家渡一带为长江及内河客、货码头区；日晖港至龙华港为海船、江船、驳船水陆联运区。浦东庆宁寺至居家桥，东胜利镇至其昌栈，东昌路至老白渡及塘桥至周家渡岸线合长11400米，划为远洋、沿海货轮驳船码头区。这一系列的码头建设，成就了上海港1959高达全国33.8%的运量，成为当时中国的贸易门户，在港口体系内“一枝独秀”。

这一时期的港口发展与之后的港口大发展相比，可以说并未能处于优先地位，是国民经济中十分薄弱的环节，在综合的交通运输体系中，主要依靠铁路和公路，海运事业发展缓慢，港口建设主要依赖于旧港口的改造，仅新建了张家港港、湛江港和防城港，其中湛江港是新中国成立后第一个自行设计建造的现代化海港，张家港港则以其优越的地理优势在1968年建于福姜沙水道南岸的张家港上游，成为了上海港的战备港和分流港；这一时期港口发展虽然艰难，然而翻身做主的码头工人爱国热情却十分高涨，影响并形成了当时的港口文化——爱国爱港、自力更生、甘于奉献，这个精神不断传承丰富着当代港口文化的内涵。

2. 起步建设阶段

20世纪70年代初到70年代末这一时期，国际环境的变化、国家关系变化使中国对外贸易重新获得恢复和发展，对外关系的发展无疑带动了对外贸易的迅速扩大，贸易量的激增大大凸显了沿海港口货物通过能力严重不足，港口的船舶压港、压货、压车情况日趋严重，港口的基础设施的建设和生产能力的提高迫在眉睫。

雄关漫道真如铁，而今迈步从头越，在这样的形势下，周恩来总理于1973年2月27日在全国计划会议上发出了“三年改变港口面貌”的号召，并于翌日指示成立了国务院港口建设领导小组，由粟裕担任组长，向周恩来汇报工作，谷牧担任副组长，国务院港口建设领导小组于3月召开了港口建设会议，3月9日邀请参加全国计划会议的8个沿海省、直辖市、自治区的负责同志开会，建议有关省市区由领导同志挂帅，成立港口建设指挥部或领导小组。6月6日至7月30日粟裕率港口建设领导小组办公室和交通部工作人员到沿海各港调查研究并提出了《关于加强港口航道建设和疏运问题的建议》呈报周总理，报告中从战略角度提出要增建深水泊位300个；国务院港口建设领导小组为研究码头建设规划，又再一次从南到北，跑遍了沿海主要港口：湛江、黄埔、镇海、上海、江阴、连云港、烟台、大连、天津，而后展开了轰轰烈烈的三年大建港。

在三年大建港时期，各地港口所获成绩斐然，到1978年底，全国主要港口泊位数增加到735个，其中沿海港口深水泊位达到133个。6年间全国新增港口吞吐能力1亿多吨，全国港口货物吞吐量达到2.8亿吨，其中沿海港口货物吞吐量1.9亿吨，外贸货物吞吐量0.595亿吨。

海港（革命现代京剧）

港口的发展在这一时期不仅因为国家有发展港口满足对外贸易的诉求，还充分体现了地方经济对于港口建设的期盼与热情，大连港在1973年5月即成立建港办公室，组织大规模的港口基本建设和技术改造，当年货物吞吐量首次突破2000万吨，达2154万吨；烟台港在“大建港”时期积极争取了国家建港计划及投资，投资额是建国23年（1949年至1972年）投资总额的5.7倍，由此带来了建国以来烟台港生产发展最快的时期，烟台港抓抢机遇，在此时期充分发挥了自力更生、艰苦创业的港口人精神，相继建设三个深水泊位和三个中级泊位，对老码头三个中级泊位进行了技术改造。大建港后（1979年），港口通过能力增长了3.1倍，装卸机械台数增长了2.3倍，职工人数增长了1.2倍。1972年完成货物吞吐量141万吨，列沿海港口第11位。大建港后的1981年，完成货物吞吐量540万吨，列沿海港口第8位；旅客吞吐量保持在120万人次，列沿海港口第4位；此情此景，不仅仅发生在上述两个港口，地处国家东南的厦门港在解放之初，由于海峡两岸对峙的特殊政治原因，厦门地处海防前线，潜伏特务的破坏，金门的炮击，台湾飞机的轰炸给厦门的经济回复和发展带来了重重困难。1973年，厦门港响应“三年改变港口面貌”的号召，翌年，克服“海防前线不宜搞重点建设”的影响，国家计委把东渡一期工程列入国家“五五”计划建设项目，厦门抓住机遇，加快东渡港区的建设，昭示着沉寂多年的厦门港启锚远航；于此同时在恢复生产阶段建成的湛江港也迎来了港口的第一次大发展，建成了全国首座5万吨级油码头、2个万吨级铁矿石专用码头及配套设施，6万吨级船舶从此可以满载乘潮进出港；1979年，湛江港货物吞吐量首次突破1000万吨，实际完成1062万吨，进入全国沿海八大港口行列。

厦门港东渡集装箱码头——全国最早开展内贸集装箱运码头

这一时期许多港口抓住机遇进入了大发展时期，然而受区域政策影响，港口布局却是演化进程中的小插曲，这一时期的港口较少，形成以长江为主，以环渤海为辅的港口体系；长江流域的上中下游分别以重庆、武汉和南京为中心构成港口体系，环渤海地区以大连为中心形成港群；上海仍然是国内港口体系的主枢纽，这一时期各港发展波动较大，广州的全国比重“先升后降”，20世纪50年代末居全国第二；1950年大连和青岛占全国比重较高，与上海差距较小；随后，大连跃居全国第二，与上海、南京形成“一主两副”的枢纽格局。汉口港运量不断增长，20世纪50年代居全国第二；南方港口则未形成组合，仅广州、湛江、八所和茂名等港，规模有限。

从物流体系的角度来看这一时期的港口建设是不足为道的，再从一个现代化港口的标准来看这一时期的港口成果

20世纪70年代初广西防城港

是任重而道远的，然而却不能否认恢复生产时期港口装卸设备的更新换代为港口作业效率的提升提供了先决条件，而码头泊位的增加更为港口吞吐量的增长奠定了基础；起步建设阶段中周恩来总理发出“三年改变港口面貌”的号召将使中国港口业迅速带入了起步期，从那年起到改革开放前夕，中国港口业开始了第一次港口建设高潮，自此以后，港口建设被列入国家经济建设重点项目。

二、高歌猛进——我国港口建设结硕果

1978年，党的十一届三中全会吹响了共和国改革开放的号角，三十年春华秋实，犹如征帆万里，中国港口的发展和着改革开放的节奏，和着中国经济社会发展跳动的脉搏不断壮大。

（一）激情岁月抒壮志豪情

问苍茫，几处起沉疴，从头越。新中国成立之初，出于政治安全等各种原因形成的闭关锁国政策，使中国在经济发展处于停滞落后的状态，又遭受到文化大革命的十年浩劫，泱泱华夏大国物质水平极度匮乏；在这个重要的时刻，一位质朴睿智、沉着冷静的伟人站了出来，他就是改革开放的总工程师——邓小平，他用他的信念与智慧彻底粉碎了禁锢人民思想的桎梏，他用他的果断与坚定铸就了中国从沿海到内地的全面对外开放的新格局。

1979年7月，党中央、国务院做出决定，对广东、福建两省的对外经济活动实行特殊政策和优惠措施，并决定在深圳、珠海、汕头、厦门设置经济特区，作为吸收外资、学习国外先进技术和经营管理方法的窗口。

1984年2月，邓小平在视察广东、福建后，肯定于1980年建立深圳、珠海、汕头、厦门4个经济特区的政策是正确的，并建议增加对外开放城市。1984年4月6日，中央书记处和国务院于北京召开了沿海部分城市座谈会，建议进一步开放14个沿海港口城市，座谈会着重讨论如何放开步伐，更好地引进外资和先进技术以及有关政策。中共中央、国务院根据邓小平的意见召开沿海部分城市座谈会，并于5月4日发出《沿海部分城市座谈会纪要》的通知，

中央书记处和国务院召开的沿海部分城市座谈会建议
进一步开放十四个沿海港口

◀ 汕头与深圳、珠海、厦门作为济特区，发展稳定。因为汕头港，多个国家和地区的80多个港口有贸吞吐量为360万吨。

▶ 1984年4月7日《人民日报》关于开放14个沿海港口城市的报道。

确定进一步开放14个沿海港口城市：大连、秦皇岛、天津、烟台、青岛、连云港、南通、上海、宁波、温州、福州、广州、湛江、北海。1985年，又将珠江三角洲、长江三角洲、闽南厦漳泉三角地区的51个市县开辟为沿海经济开放区，随后又扩展到辽东半岛、山东半岛及其他沿海地区的一些市县，最后形成了中国全方位、多层次的开放格局。

改革开放造就的“全方位、大开放”的对外开放格局犹如燎原的星星之火迅速燃起了中华儿女重逐海运强国的梦想与激情；借助改革开放的东风，中国悠久的航运历史、优越的海岸线资源，徒然上升的贸易需求，再一次使中华民族踏上了海运大国的复兴征途，开始了港口人建设港口的激情岁月，迎来了从20世纪80年代初到80年代末我国沿海、内河港口的全面建设阶段。

在“六五”和“七五”计划经济发展的大背景下，港口建设进入了第二次的建设热潮，这一时期交通主管部门首次明确了全国枢纽港布局，以前所未有的力度加速了沿海港口的建设步伐，并以全局的眼光将视野投放到了长江内河港口的建设，这一时期港口通过能力、泊位数量都得到了快速的发展。“六五”期间我国港口被列为国民经济建设的战略重点，期间，沿海港口共完成投资107亿元，开工建设深水泊位132个，建成投产54个，新增吞吐能力接近1亿吨。经过5年建设，我国拥有万吨级泊位的港口由1980年的11个增加到1985年的15个，沿海主要港口生产用泊位增加到373个，其中万吨级泊位173个，1985年沿海主要港口完成吞吐量3.1亿吨，其中外贸货物1.3亿吨；“七五”期间沿海港口共完成建设投资143亿元，新（扩）改建泊位223个，其中深水泊位91个，新增吞吐能力1.2亿吨，比建国后30年建成的总和还多。建成了煤炭泊位18个、集装箱码头3个，以及矿石、化肥等具有当时世界水平的大型泊位。拥有深水泊位的港口增加到了20多个，年吞吐量超过1000万吨的港口有9个。沿海主要港口吞吐量达到4.8亿吨，外贸货物1.7亿吨。至1990年底，沿海主要港口生产性泊位达到967个，其中万吨级以上泊位达到284个。

在这一时期大批量新建的码头中，最引人注目的莫过于集装箱码头的出现，然而它的出现却非偶然，当世界第一艘集装箱船于1957年出现在美国时，其高速的装卸效率得到了航运界的无比青睐，20世纪60年代便有700～1000TEU的集装箱船横穿太平洋与大西洋，这一时期的集装箱船被称为第一代集装箱船，发展到20世纪70年代，第二代集装箱船的载箱量便迅速增长到了1800～2000TEU。改革开放后使得港口领导者们看到了广袤海洋上来

天津港第一座专业集装箱码头

往的集装箱船，开始意识到集装箱码头的重要性，快速引进了国外先进的经验，相继建成了专业化集装箱码头。各港口对于集装箱码头建设的热情无疑是最为高涨的。1978年8月，交通部首次做出了聘用丹麦专家帮助天津港进行集装箱码头建设的决定，到1979年10月，交通部天津港务管理局集装箱码头便首次安装上海港机厂制造的集装箱装卸桥，1981年1月1日 中国第一个专用集装箱码头正式建成投产(集装箱公司成立)，码头长398米，可停靠1300箱级集装箱船一艘，集装箱堆场13万平方米，年设计吞吐能力10万国际标准箱，揭开了我国专业化集装箱港口的序幕；与沿海港口兴建集装箱码头相比，内河港口亦不甘人后，1983年张家港成为我国第一个从事国际集装箱装卸业务的内河港口。自此以后，我国港口集装箱运输业务的发展迈上了康庄大道。

得益于中国全方位、多层次的开放格局，这一时期的港口在对外开放中开始承担起了港口的另一个责任：以港兴市。我国沿海、内河港口自改革开放后进入全面建设、系统发展阶段，港口货物吞吐量高速增长，受此推动，以高新技术产业、先进制造业为基础，以现代服务业为支撑的新型产业体系在我国不少沿海城市形成，深圳港与深圳市共同创造的“深圳速度”就是其中典型。1978年中央批准招商局在蛇口开发工业区，开始了港口建设，1980年在此地建成了第一个5000吨级海轮泊位。当年3月，经济特区正式成立，开始了大规模港口建设高潮。在扩建蛇口、赤湾港区的同时，相继开发了妈湾、东角头、沙鱼涌、盐田等港区。在港口建设的同时，由开发建设港口而发展起来的新兴城市也不断涌现，“港口城”的经验在深圳被不断验证，“以港兴市”的经验成为我国经济发展新途径。

这一时期的中国以计划经济为主，市场调节为辅。中国在找寻经济改革的方向和目标，港口的管理体制也在不断变更，港口管理体制实行过渡性改革，改革的主要目的是调动地方政府和企业发展和建设港口的积极性，解决我国港口能力严重不足的问题。在“简政放权、放宽搞活”的指导思想下，通过扩大地方政府管理权，将部分人财物管理权下放给地方人民政府，对于原中央直属管理的港口，除秦皇岛港外，都实行以“地方为主、中央为辅”的双重领导管理体制。天津港在1984年经中共中央、国务院批准成为了首批体制改革试点，实行天津市和交通部双重领导；以天津市领导为主，港口管理逐步政企分开，基层单位独立经营；在财政方面，实行“以收抵支，以港养港”的政策，扩大天津港经营自主权。此时环渤海湾的另一个大港大连港在1982年开始实行政企分开，将原大连港务管理局改制为大连港口管理局、大连港装卸联合公司，1984年大连港管理体制实现重大转变，全面实行经理负责制，各作业区易名港务公司，实行内部独立核算。至1986年，大连港下放地方，实行中央和地方双重领导以地方为主的管理体制。港口经营权的下放激发了各港口做大做强港口的热情，许多港口在这一时期完成了经营体制的建设，为港口的下一个系统发展阶段奠定了良好的基础。

（二）春华秋实显盎然生机

自十一届三中全会做出改革开放重大决策后，中国经济快速发展，综合国力、人民生活水平快速提升；但改革之路却并非一帆风顺。国际上东欧剧变、苏联解体，世界共产主义运动处于低潮，国内的改革开放也进入一个徘徊期。关键时刻(1992年1月18日至2月21日)，邓小平先后赴武昌、深圳、珠海和上海视察，沿途发表了重要谈话。谈话的中心是：坚定不移地贯彻执行党的“一个中心、两个基本点”的基本路线，坚持走有中国特色的社会主义道路，抓住当前有利时机，加快改革开放的步伐，集中精力把经济建设搞上去。邓小平强调，改革开放的胆子要大一些，敢于试验，看准了的，就大胆地试，大胆地闯。改革开放迈不开步子，不敢闯，说到底就是怕资本主义的东西多了，走了资本主义道路。要害是姓“资”还是姓“社”的问题。判断的标准，应该主要看是否有利于发展社会主义社会的生产力，是否有利于增强社会主义国家的综合国力，是否有利于提高人民的生活水平。邓小平明确提出，计划多一点还是市场多一点，不是社会主义与资本主义的本质区别。计划经济不等于社会主义，资本主义也有计划；市场经济不等于资本主义，社会主义也有市场，计划和市场都是经济手段。邓小平的南方谈话澄清了重大的理论问题，其讲话精神也被即将召开的中共十四大所接受，并由此创立了社会主义市场经济的理论。从此，中国明确为社会主义市场经济趋向的体制改革，并由此进入快速发展时期。

港口是改革开放的前沿阵地，改革前进的每一个步伐都淋漓尽致地体现在港口，从20世纪90年代初到90年代末这一时期，港口毫无例外地跟随改革的步伐，迎来了全方位的成长期。谋篇布局，文之起始，从20世纪90年代初到90年代末，交通主管部门制定了以建设公路主骨架、水运主通道、港站主枢纽和支持保障系统为主要内容的“三主一支持”交通基础设施长远发展规划，港口开始了注重深水化、专业化的建设过程。此阶段，专业化的集装箱码头也逐渐发展起来，内河集装箱港口取得突破性进展。到2000年，全国共有港口1400多个，生产用码头泊位3.3万个，其中万吨级及以上泊位784个，全国港口货物吞吐量达到22亿吨，完成集装箱吞吐量2348万TEU，其中沿海港口货物吞吐量12.9亿吨、外贸货物吞吐量5.23亿吨。

经过“八五”和“九五”计划，重点建设了我国海上主通道的枢纽港及煤炭、集装箱、客货滚装等三大运输系统的码头设施，基本形成了以大连、秦皇岛、天津、青岛、上海、深圳等20个主枢纽港为骨干，以地区性重要港口为补充，中小港口适当发展的分层次的系统布局框架。国际航运中心建设的出现充分而有力地说明了这一点，从20世纪90年代中期至今，中国在国际航运中心建设方面的成就举世瞩目，形成了南、中、北三大国际航运中心的基本架构，其中有两个出现在90年代，一是南部的香港国际航运中心，在1997年香港回归后，国家提出要维护和确保香港国际航运中心的地位，其基本架构是以香港为中心，以深圳、广州和珠三角港口群为支撑；另一个不得不提的则是中部的上海国际航运中心，一直以来，上海致力于打造国际经济、金融、贸易、航运等“四大中心”，其发端可溯至1996年1月，当时国务院在上海召开江苏、浙江、上海两省一市及国家有关部委负责人会议，正式对外宣布，要建设以上海为中心、以江浙为两翼的上海国际航运中心。肩负着国家战略重任的上海，跳出长江口，敢为天下先，反复

20世纪90年代广州黄埔集装箱码头

20世纪90年代天津港集装箱码头（来源：新华网）

选址论证，最终于1995年拉开了洋山建港的研究序幕，也开启了上海国际航运中心建设的步伐。其基本构架是以上海为中心，以江浙为两翼。随后组建了上海组合港管理委员会，协调和整合长江三角洲的港口资源和经营管理。

港口的发展是无法与经济的开放发展脱离开的，在各层次中心港口快速发展得同时，与港口、航运相配套的各种设施、集疏运系统、修造船工业、航务工程、通信导航、船舶检验、救助打捞系统基本齐备，我国港口在各种规模港口、多种码头设施、支持保障系统以及配套设施等多个方面得到了全面、系统的发展。在这一过程中，港口充分发挥了其作为改革开放门户的强大“乘数效应”——投资的增加将会引起更大的乃至数倍的GDP的增加，由港口运输业及依托港口发展起来的相关产业有机组合而成的一种区域经济则被称作港口经济，具有极强的综合性和关联性。港口的发展需要仓储、运输、物流、加工、贸易、金融、保险、代理、信息、口岸相关服务的支持，会极大带动这些产业的发展。例如，一只标准集装箱重箱的港口包干费，即港口企业直接收益部分，约为800～1200元，而由此带来拖轮、引航、口岸以及港口配套服务，包括修箱、堆存、船舶代理、航运、金融结算、拖车运输等，其经济收益则是港口直接收益的6倍，也就是4800～7200元。据统计，港口生产经营与其他相关产业及间接诱发的经济贡献为1:5，提供就业比值为1:9。如德国汉堡港每10万吨吞吐量（件杂货）所创造的就业岗位为428.8个，天津港每万吨吞吐量创造GDP的贡献约为120万元，对地区就业的贡献为26人，宁波港每增加1元产值，就能为宁波市带来89.6元的社会效益。

港口体系的开放性在这一时期港口的发展过程中占据了历史主导地位，这与港口的门户特征和水运远距离行业属性相关，港口体系的开放程度，往往与繁盛程度和发展规模存在一定吻合；港口开放阶段，多为港口逐渐繁荣时期，伴随21世纪进一步开放的浪潮，港口业必将再次腾飞。

（三）万葩斗艳促港口繁荣

拨正船头三十年，劈波斩浪著新篇，三十年跨越，三十年辉煌，一条条国内、国际航线以中国为原点散射到世界各个角落，一艘艘中国巨轮遨游在四大洋，货物通达五洲；20世纪50年代初水运基础设施数量少、等级低、布局偏已成历史，三十年春华秋实，我国已经成为了世界港口大国、航运大国、集装箱运输大国，水路运输从零起步，承担了我国90%以上的外贸货物运输量，港口成为了我国沟通国内外的重要桥梁和融入经济全球化的窗口。

“锦绣河山垂史册，辉煌禹甸看今朝”，中国港口以非凡的发展速度、辉煌的成就获得世人瞩目，其沸腾热烈的作业场景已成为我国展现现代化成就的经典画面；三十年奋斗史，港口建设取得了辉煌的成就，积累下了宝贵的经验，站在新的历史起点上，经验的传承与创新必将为港口再展宏图、不懈追逐的梦想铺就一条坚实的腾飞之路，迎来港口能力和水平的全面提升。

21世纪初港口管理体制的进一步完善是一个良好的开端，2001年11月国家《关于深化中央直属和双重领导港口管理体制改革的意见》以及2002年1月交通部《关于贯彻实施港口管理体制深化改革工作意见和建议的函》指导新一轮港口体制改革，尤其是2004年1月《中华人民共和国港口法》的实施，为深化港口体制改革提供了法律保障。目前，我国港口基本建立了一城一港的港口行政管理体制，并进行了港口理货、引航体制的配套改革。港口体制改革对进一步调动地方政府和企业发展港口的积极性，以及加强港口行政管理、维护市场秩序、优化投资结构等发挥了积极的作用。

体制的完善和国内外经济的快速增长，为港口行业快速发展创造了有利条件，港口基础设施规模持续扩大。我国港口加快了专业化、大型化、现代化深水泊位的建设，加速了老港区的功能调整和技术改造，“十五”期间，共计完成港口建设投资1246亿元，是“九五”期间的3倍，新建生产性泊位超过650个，其中深水泊位250个，新增通过能力8亿吨。在2007年国务院批准的《全国沿海港口布局规划》、《全国内河航道与港口布局规划》、《国家水上交通安全监管和救助系统布局规划》，以及长江三角洲、珠江三角洲、渤海湾三大区域沿海港口建设规划的指导下，一批大型原油、铁矿石、煤炭、集装箱等专业化码头和深水航道工程相继建成并投入使用，各层次的港口和码头都得到了前所未有的资金投入和建设。基本建立了包括主要港口、地区性重要港口和其他一般港口三个层次的港口体系，在长江三角洲、珠江三角洲、环渤海湾、东南沿海、西南沿海五大区域形成了规模庞大并相对集中的港口群。在长江、珠江、黑龙江、淮河水系和京杭运河形了绵延的沿岸港口带。以集装箱、煤炭、矿石、油品、粮食五大货种和客运为重点，构架了水路客货港口运输装卸系统。内河主要港口面貌也有较大改观。三峡库区码头淹没复建工程全部完成，在长江、西江干线和长三角、珠三角地区建成了一批集装箱、大宗散货和汽车滚装等专业化泊位，港口机械化和专业化水平不断提高。据现有可查阅数据，1978年至2007年我国主要港口生产用码头泊位数如下表所示。

我国主要港口生产用码头泊位数（来源：统计局网站）

年份	港口泊位数	其中：万吨级以上	沿海港口泊位数	其中：万吨级以上	内河港口泊位数	其中：万吨级以上
1978	735	133	311	133	424	0
1980	792	142	330	139	462	3
1985	844	189	373	173	471	16
1990	4657	312	967	284	3690	28
1995	6187	438	1263	394	4924	44
2000	7639	581	1455	526	6184	55
2005	9943	955	3110	769	6833	186
2006	10171	1108	3291	883	6880	225
2007	11404	1217	3453	967	7951	250

港口基础设施规模的持续扩大以及装卸设施、支持系统的配套，港口运输生产能力得以大幅提高：2008年港口货物吞吐量达70.22亿吨，16个港口吞吐量超过1亿吨，上海港、宁波—舟山港、广州港、天津港进入世界港口吞吐量的前十位，上海港成为世界第一大港。2007年我国港口集装箱吞吐量突破1亿TEU，达到1.127亿TEU，2008年全国港口集装箱吞吐量比上年增长12.1%，达1.28亿TEU。相比而言，1978年我国港口货物吞吐量只有2.8亿吨，港口集装箱运输刚刚出现，1981年的港口集装箱吞吐量才10.3万TEU。

这一时期我国港口发展不仅追求泊位数量的增加，而更注重大型化、专业化泊位建设，注重拓展港口现代物流功能，全面提升港口服务水平。随着第四代港口概念的提出，我国沿海大部港口已逐步向世界接轨，逐步从第一代港口传统的客货运输中转换装场所功能向第三代港口的辐射港城、带动临港产业群聚效应发展，甚至向第四代港口的现代物流链的枢纽转变。港口产业的发展与其他产业的关联性越来越高，港口发展对港口所在城市和地区的经济贡献越来越大。“以港兴市、以市促港”成为港口城市的发展战略，利用港口区位优势，在港口周边地区发展临港工业和现代物流，是港口地区发展经济的重要方式。依托港口建设保税港区、物流园区、保税区、高新技术产业区、经济开发区成为港口和区域新的经济增长点。如在宁波—舟山港域，已基本形成了一条绵延20多公里的沿海临港工业带，临港工业在全市工业中占有1/3的比重，并已从传统的劳动密集型工业率先走向资金和技术密集型工业，形成了以

我国主要港口吞吐量构成表

年份	货物吞吐量（万吨）			外贸吞吐量（万吨）			集装箱（万TEU）		
	合计	内河	沿海	合计	内河	沿海	合计	内河	沿海
1978	28006	8172	19834	5911		5911			
1980	30686	8955	21732	7522		7522			
1985	42595	11441	31154	13736	591	13145	50.3	2.9	47.4
1990	71610	23289	48321	17588	936	16652	142.7	11.5	131.2
1995	111565	31399	80166	32920	1934	30986	609	57.5	551.5
2000	220688	91480	129208	58101	5592	52509	2348	302	2046
2005	485400	184500	300900	136700	11400	125300	7564	562	7002
2006	557000	201000	353000	161400	13900	147500	9361	782	8579
2007	641000			183753	9336	174417	10730	391	10339

沪东集装箱码头浦东物流公司正在进行仓库内作业

石化、钢铁、机械设备、造纸、汽配及修造船、能源六大行业为主的临港工业体系。随着我国重化工业的发展，围绕港口建立和发展临港工业的力度还在不断加大。我国港口功能从传统的装卸、转运业务基础上向包装、加工、仓储、配送、提供信息服务等高附加值综合物流功能延伸，对我国产业布局和产业结构调整、发展外向型经济产生了积极的作用。

港口法律法规体系日益健全是这一时期港口建设不能忽略的一点，1954年出台的《中华人民共和国海港管理暂行条例》在当时一定程度上解决了部门的隶属关系，然而伴随着港口管理体制的改革，和1988年此条例的失效，国家迫切需要一部全国性的港口管理法律。2003年6月28日，《港口法》在全国人大常委会审议通过，经国家主席胡锦涛签署颁发，于2004年1月1日正式实施，对港口的规划、岸线利用、公共设施的建设与保护、市场公平竞争行为的规范和港口安全生产等做出了明确的规定，而包括外资在内的私人投资介入港口投资经营也被用法律的形式明确了下来，最终填补了近15年港口行业的法律空白，《港口收费规则》、《港口经营管理规定》、《港口设施保安规则》、《港口建设管理规定》等的先后出台，标志着以《港口法》为核心、其他法规和部门规章为组成的港口法律法规体系的逐步完善，使港口管理进入法制化轨道，为港口体制的深化改革、新管理机构和新机制的创建、港口经营和建设市场的规范等提供了法律依据和保障。

在全球化的过程中，21世纪中国港口业的发展无疑对世界经济的发展发挥着重要作用，中国目前是世界上货物和集装箱吞吐量最多的国家，港口业以其潜在的巨大市场吸引着国内外各种资本逐鹿中原，中国港口管理体制的不断改革和引资政策的逐渐放宽加速了这一过程，一些实力雄厚的世界级码头运营商，如和记黄埔(HPH)、新加坡国际港务集团(PSA)、迪拜港口世界(DPWorld)、AP. 穆勒码头公司等纷纷进驻我国各大港口，并与国内码头运营商展开竞争，在沿海和内河港口的建设中码头运营商发挥着举足轻重的作用。

在我国投资的外来码头运营商主要是世界排名前10位的国际巨头，而国内跨区域的运营商主要为中远太平洋、中海码头发展和招商局国际3家。按照各码头运营商在中国的运营能力，统计如下：按照码头运营商自身特点，大致可以分为以下几类：第一类为具有专业港口经营背景，由公营港口当局转化而来并依托自己的母港不断向外拓展，如新加坡国际港务集团(PSA)、迪拜港口世界(DPW)、上海国际港务集团(SIPG)等；第二类为私营的码头装卸企业发展而来，包括和记黄埔港口(HPH)、现代货箱等；第三类为具有航运公司背景，结合航运公司业务拓展其港口覆盖范围，如AP．穆勒码头、中远太平洋、中海码头发展、达飞码头等；第四类为地方性的码头运营商，其码头经营范围主要局限于本地范围内，如我国主要的港口企业青岛港集团、广州港集团、厦门港务等。

跨区域的码头运营商在我国乃至世界港口码头都占有非常大的份额，2007年世界排名前五位的全球码头运营商(包括和黄、新加坡港务、AP．穆勒码头、DPWorld、中远太平洋)拥有全球约60%的集装箱处理能力，而这一比例在2005年还不到55%；招商局国际作为国内码头运营商的领头羊，其占股码头2007年吞吐量达到4712万TEU，全部来自我国内陆和香港地区，包括天津、青岛、上海、宁波、漳州、深圳、湛江等沿海主要港口；除此以外，其他各码头运营商在我国港口码头投资运作中都占有相应份额。

这些经营背景各异的码头运营商的投资目的也自然不同，然而在获得港口

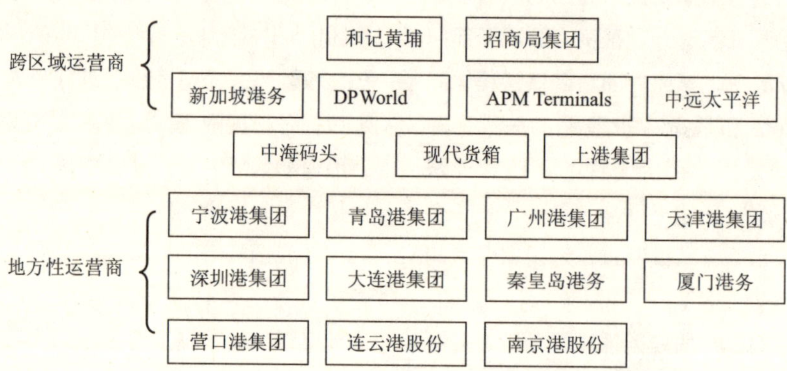

稳定的投资收益这一点上却是相同的，集装箱港口市场有着稳定的投资收益，从国际经验来看，集装箱码头内部收益率一般在10%以上，并且具有收益稳定的特点。进驻我国的一些大型码头运营商都会选择最具有发展和盈利潜力的码头进行投资，通过技术和管理方面的优势，在企业的投资发展中获得收益。以和记黄埔为例，2007年其世界港口相关业务收益达到378.9亿港元，而集装箱吞吐量增长近12%，达到6630万TEU，平摊到每个集装箱货柜的收益就达500多港元。

一部分运营商如AP穆勒—马士基、中远、中海、达飞等这些以航运公司为背景的码头运营商，除了为获得预期收益外，更多的是为了保障其航运发展需求；它们通常趋向于在自己主要航

线挂靠的港口投资建设码头，通过主要航线与码头的连结构成一个系统的运输网络。这样一方面可以保障船舶到港可以优先、快速地完成装卸，另一方面码头也会给船公司更为优惠的内部价格。同时，航运企业为码头带来的巨大箱源也为码头运营提供了业务上的保障。

港口业与国民经济存在较高的相关性，产业结构、对外贸易政策、区域经济等发生变化都会对港口业务产生较大的影响，严重影响码头投资者的收益。因此和记黄埔(HPH)、迪拜港口世界(DPWorld)等国际性的码头运营商为了稳定收入、分散风险，通常在不同区域进行投资，规避区域经济变动、产业结构变化对该地区港口业务的影响；在不同国家进行投资，规避国家经济、产业结构、对外贸易政策等变动对港口的影响。完善港口网络布局则是跨区域码头运营商的另一个投资目的，为了保障企业战略发展需要，通过在与其有稳定业务来往的喂给港和支线港投资建设码头，形成一个整体的网路布局结构，从而为港口支线运输货源提供重要保障。如地处我国长江口的上港集团(SIPG)，自2001年开始即通过资本输出的形式，占有长江沿线重要港口的运营权，目前已完成对武汉港务集团和九江港务集团的控股，并占有重庆、长沙、南京、江阴等重要港口集装箱码头的权益。通过与这些港口开展广泛业务合作，逐步将上海港腹地范围延伸到内陆地区，完成港口的战略布局。其港口码头投资建设情况，如下表所示：

上港集团沿江投资港口码头统计（数据来源：上港集团年报）

公司名称	注册资本	上港集团直接/间接占股	
武汉港务集团	9.4亿元	上港集团	55%
武汉港集装箱有限公司	约1亿元	上港集团	43.5%
长沙集星集装箱码头	1.75亿元	上港集团	45.7%
南京港龙潭集装箱有限公司	4.74亿元	上港集团	25%
九江港务	—	上港集团	约92%
江阴苏南国际集装箱码头	约1亿元	上港集团	45%

不同的投资目的也使各大码头运营商体现出了不同的投资特点，就投资布局而言，码头运营商目前在我国港口投资仍主要以集装箱码头为主，从国际市场来看，集装箱码头市场仍属于获利较丰厚的市场，而大宗散货、油品等码头对运价承受能力较低，且关系到港口与国家能源安全问题，不易完全放开。从投资区域上看，各码头运营商(上港集团和地方性码头运营商除外)投资的

码头主要分布在我国沿海地区，并且90%集中在前10大集装箱港口内，内河和中小型港口则较少涉及。相比较而言，沿海五大港口群中，长三角、珠三角投资较为密集，北方和其他区域无论从港口投资规模和吞吐能力上都稍逊一筹。以招商局国际为例，其投资码头主要分布在天津、青岛、上海、漳州、宁波、深圳、湛江等沿海港口；而和记黄埔(HPH)所投资码头全部分布在长江以南，包括上海、宁波、厦门、深圳、汕头以及华南等地港口。

在股权结构上，码头运营商在我国港口投资主要采取股份制合作形式，通过当地港口企业或外来投资人联合经营码头，并占有一定股份。通过对主要码头运营商的比较我们不难发现，不同码头运营商对股权占有结构有着不同的特点。以和记黄埔(HPH)和招商局国际为代表的码头运营商趋向于占较大股份，有的甚至绝对控股，以便于获得对码头更大的控制权；而对于PSA、中远太平洋、中海码头发展等则更加趋向于灵活性，所占码头比例存在较大浮动。下表对和记黄埔(HPH)和中远太平洋码头投资股权结构进行了对比：

和记黄埔和中远太平洋投资码头所占股权对比（资料来源：公司年报和网站）

和记黄埔(HPH)		中远太平洋	
码头项目	占股	码头项目	占股
上海集装箱码头	37%	大连港集装箱股份	8.13%
上海浦东国际集装箱码头	30%	大连港湾集装箱码头	20%
上海明东集装箱码头	50%	天津五洲国际集装箱码头	14%
宁波北仑国际集装箱码头	49%	青岛远港国际集装箱码头	50%
厦门国际货柜码头	49%	上海浦东国际集装箱码头	30%
厦门海沧国际货柜码头	49%	上海祥东国际集装箱码头	10%
盐田国际集装箱码头(一、二期)、盐田国际集装箱码头三期	48% 42.74%	盐田国际集装箱码头(一、二期)、盐田国际集装箱码头三期	5% 4.45%
盐田西港码头	42.74%	宁波远东码头	20%
汕头国际集装箱码头	70%	南京港龙潭集装箱	20%
香港国际货柜码头	66.5%	广州南沙海港集装箱码头	39%
华南沿海——九州、南海、江门、珠海国际货柜码头	50%	厦门远海集装箱码头	70%

当前在我国投资的码头运营商大多采取的是合资新建码头方式，这种方式在当前我国港口大力发展时期运用非常广泛，但有些码头运营商则通过兼并收购、港口股份制改造或上市的机会入股投资港口码头。以DPWorld为代表的码头运营商主要趋向于码头资本化的运作，在世界范围内收购和占有码头股权。早在2005年，DPWorld即成功收购美国环球货柜(CSX)，2006年又收购了当时世界排名第三的码头运营商——英国铁行港口(P&O)，从而跻身世界前三大码头运营商，并间接拥有铁行港口在我国港口码头的权益，包括青岛港前湾集装箱码头(OQCT)29%的股份等。DPWorld这种码头收购方式，对于新进入市场的码头运营商而言能够很快获得市场份额，并省去码头前期建设的繁琐工程；从港口实际运作上来讲，这类码头运营商更加趋向于资本化运作，在获得港口股权后并不直接参与港口经营，而是雇佣原有港口运营团队经营，以从中获得相应的资本投资收益。

相对于DPWorld而言，招商局国际则更加具有自己的特色，在我国港口股份制重组和上市中承担着重要角色，主要以现金出资的方式进行投资直接占有港口集团股份，从而间接拥有港口所有码头的权益。早在2006年招商局国际即以现金出资占有上港集团26．5%股权，成为其第二大股东；2007年9月中旬，又与湛江市国资委签订合资协议对湛江港集团进行整体改制，出资16.2亿，占股达45%；2008年又参与宁波港股份有限公司的重组等，主要情况如下表所示：

招商局国际占有主要港口企业股份情况

港口企业	注册资本	占股	备注
上港集团	–	26.5%	上港集团第二大股东
湛江港(集团)	36亿元	45%	湛江港集团第二大股东
宁波港股份有限公司	–	–	宁波港股份第二大股东

招商局国际这种投资方式与其独特的身份是分不开的，招商局国际是驻港大型国有企业招商局集团的控股公司，同时又以外资身份进行港口行业投资，在国有港口企业改制和码头投资中发挥着非常重要的作用。通过以上分析，我们也不难发现，虽然港口法已经明确规定鼓励各种资本投资港口码头业，“外商投资产业指导目录”也取消了外资比例不得超过49%的规定，但从我国港口实际投资情况来看，外来码头运营商完全控股方式较少，而独资更没有出现，这与我国整个港口环境和地方政策有较大关系。随着我国港口行业的进一

步开放，码头运营商控股比例将有进一步增大的趋势。

综合要闻 A5

招商局撑起深圳港半壁江山

招商局创办蛇口工业区系列报道③

国内港口在区域、国内甚至是全球竞争日益加剧的背景下，积极利用外资发展港口基础设施，拓展港口功能，加速体制改革，并最终实现港口市场竞争力的快速提升，以走在改革开放最前沿的珠江三角洲港口为例，深圳港盐田国际集装箱码头其1～4期已建成的12个集装箱专用泊位中，1期码头香港和记黄埔持股73%，盐田港集团持股27%，2～4期码头香港和记黄埔持股65%，盐田港集团持股35%；蛇口集装箱码头1～3期已建成的7个集装箱专用泊位香港招商局国际持股70%，香港九龙仓旗下的现代货箱持股30%；赤湾集装箱码头已建成的9个集装箱专用泊位赤湾港航持股55%，香港嘉里集团持股25%，香港招商局国际和香港九龙仓旗下的现代货箱共同持股20%；大铲湾集装箱码头：一期5个集装箱专用泊位香港九龙仓旗下的现代货箱持股65%，大铲湾港口投资持股35%。此外，从事内贸集装箱业务的码头中，招商港务码头由香港招商局国际持股100%，海星港口码头由香港招商局国际持股67%，中外运持股33%。与在改革开放中成长起来的深圳港相对比的另一个华南港口是广州，历史悠久的广州港在新建南沙港区时也采取了投资主体多元化策略，一期已建成的4个集装箱专用泊位广州港集团持股51%、中海持股40%、广州南沙资产持股9%；南沙港区2期已建成的6个集装箱专用泊广州港集团持股41%，中远持股39%，丹麦马士基持股20%。

长江三角洲的两大枢纽港快速的发展也离不开投资资本的多元化，宁波港极具典型性，对投资资本的有效利用使宁波港在短时期内崛起，对上海港形成了一定的竞争性，宁波港北仑港区4期2个专用集装箱泊位——宁波港集团持股50%、瑞士地中海航运50%；北仑港区5期4个专用集装箱泊位——宁波港集团持股50%、中远持股20%、东方海外持股20%、国投交通持股10%。在2005年开港的上海洋山港区也体现了投资主体的多元化，一期5个集装箱专用泊位，上海国际港务持股49%，上海港集装箱持股51%，而在上海国际港务中，香港招商局国际持股30%；洋山港区二期4个集装箱专用泊位丹麦马士基持股32%，中国香港和记黄埔持股32%，上海国际港务持股16%，中远持股10%，中海持股10%。此外，上海港集装箱码头和外高桥集装箱码头均有境外码头专业营运商和国际航运公司参股50%或不等的股比。

资本的快速聚集对于港口这样资本密集型的产业来说是至关重要的，尤其在区域竞争日益激烈的环境下，环渤海的几大枢纽港在利用投资资金快速发展方面也不甘人后，如青岛港4期集装箱码头青岛港务集团持股31%，马士基持股29%，中远持股20%，铁行渣华（现马士基）持股20%。再如天津港东突堤集装箱码头——天津港务集团持股40%，中远持股14%、中海持股14%、香港招商局国际持股14%、美国环球货柜持股18%。

码头经营商、投资日的及投资方式的多元化是在港口建设经营中内资外资并举、国有民营并存，从而优化港口资本结构、带动港口企业改制的一种发展模式。上述投资资本多元化的港口企业正是在这种模式下使企业在观念、管理、机制上直接收益。

无论是内资还是外资，码头经营商作为投资人以营利为直接目的，他们作为股东参与到港口经营中，有利于港口实行市场化经营，因为国家可以减少对一港口经营性、竞争性设施的投资，集中资金进行港口基础性设施的建设强调政企分开，企业独立经营只是意味着港口企业的所有权和经营权相分离，而国家对港口的所有权的控制力并未减弱，国家还可通过各种经济杠杆对港口企业进行宏观调控。实行政企分开和市场化经营是可以增强港口企业的活力和竞争力，促使其在市场经济条件下健康发展，更好地发挥港口的经济和社会效益。

市场化竞争的一个重要基础是港口在经营过程中拥有现代企业管理制度，而投资主体的多元化加速了这一进程。以前我国港口实行政企合一的港口管理体制，由中央与地方共同管理，地方管理为主。在这种双重领导体制下，中央和上级管理部门对港口投资关心不够，而地方政府和企业的积极性也难以充分发挥。普遍的弊端是港口投资主体不清，投资资金短缺，融资渠道单一。港口多元化经营，引进民营及社会资本，有利于港口进行管理体制改革，逐步建立起“产权清晰、权责明确、政企分开、管理科学”的现代企业制度，理顺投资关系，使港口投融资合理健康发展。

在企业文化中，人是最重要的因素，投资主体的多元化有利于提升港口企业凝聚力，促进港口发展。多种经营资本的介入使得原来的港口员工也拥有了参与企业管理和经营的渠道。通过对二级市场的投资，使得员工在相当程度上与自身所在的港口企业之间形成了一荣俱荣、一损俱损之关系。这会在相当程度上提高员工参与工作的积极性。另外，在日常的工作中，由于二级市场对于相应投资对象的敏感性，使得企业需要有更高和更先进的管理理念、文化建设理念，从而能够适应投资者的高要求，适应市场的快速发展和变化。因此，员工，尤其是那些对自身所在的港口企业有投资的员工，更会在工作中投注以更大注意力，从而又在相当程度上提高了企业运作和经营的安全性——而众所周知的，一个安全健康发展的企业，才是真正的好企业，无论是港口企业还是其他领域的企业。

仅仅关注企业文化在这种模式下受益程度的眼光是狭隘的，在大力倡导以港兴城的战略下，港口所在城市打造港口文化品牌也是直接受益于投资主体的多元化。通过经营资本的多元化改造，使得各个港口企业所在的城市在股权转换的过程中获得了来自更多渠道的资金和技术力量的支撑。这在相当程度上，都促进了各地区港口文化的融合。对于正在世界航运界蓬勃发展的中国各港口城市来说，打造自身的港口文化品牌在这一发展的过程中是至关重要的。荷兰的阿姆斯特丹、英国的利物浦、美国的纽约—新泽西港，都是在通过打造自身港口品牌的理念之下逐渐发展起来的，并依托自身的经济发展和建设，从而奠定世界大港的地位。

宁波北仑港

事实上，在中国的各个港口之中，已有不少已经建设了相当知名的港口品牌，而这其中就少不了已经拥有多种资本经营模式的、全新的港口企业的影响。如宁波北仑港，作为经济繁荣、社会进步的临港新城区，率先发展的北仑，不仅在经济上取得了显著成就，成为宁波市最具增长潜力的经济强区和利用外资的龙头，成为浙江省对外开放的窗口，而且在文化上也取得了显著的进步，初步形成了以“创新、争先、包容、守信”为主要内容的、具有港口特色、具有活力的区域文化。

投资主体的多元化对于港口企业和港口城市的益处是显而易见的，但是港口业不是独立存在的，它是供应链中不可或缺且极为重要的一个环节。我国加入WTO后，随着贸易和货运量的增大，港口功能从传统的装卸货物向综合物流中心发展。作为一个发展中国家，我国港口建设和物流业的发展相对落后，物流中心的建设需要大量的资金和技术，港口经营资本的多元化，逐步放宽港口投资政策，鼓励外商直接投资于港口建设，尤其是港口基础设施的建设，在物流中心的建设方面，如大规模的配送中心和保税仓库等的建设，也应优先考虑与外商合资建立物流联盟，可以在获得资金的同时，学习国外的先进物流管理经验。允许私有资本参与投资不仅减轻了政府财政投资压力，而且改善了港口企业经济效益，提高服务质量和工作效率。

三、碧海潮涌——各地港口文化显特色

中华民族是一个拥有五千多年悠久历史的民族，它创造了人类发展史上灿烂的中华文明，形成了具有强大生命力的传统文化，中华民族的每一块陆域和海域都从中撷取取之不尽的文化资源；作为海洋文化与陆域文化结合的沿海港口城市，融合着含蓄与开放的共性，而相异的土地河流与海岸带资源在历史的长河中则沉淀出了每一个港口城市独有的灵魂——港口文化。

“大风起兮云飞扬”，一座座在世界竞争中走向现代化的港口城市在崛起，一条豪迈的沿海风景线在世人瞩目中愈加璀璨，在中国港口悠久历史文化的润泽中孕育出了崭新的港口文化，它们敞开胸怀，表达着东方文明的自信与豪迈，表达着东方文明对西方文明的热忱与期待，由此，异国的文化与本土城市民俗民风在这里互动交融、汇集，呈现出各港口城市风格各异的文化风貌。犹如文化是人类社会的灵魂，港口文化已然成为中国港口业的灵魂，为国家所重视，在2006年的交通工作会议上，交通部党组就将文化建设定位为“十一五”期间精神文明建设的一项重要工作，随后下发了《交通行业文化建设实施纲要》，各港口以此为契机，紧扣时代脉搏，梳理历史文脉，诠释了各地域港口文化的全新内涵。

（一）中原文化孕育自强不息的环渤海港口文化

1. 自强不息的环渤海港口文化

中原文化的基本精神或中原人民的精神支柱，基本上可以用《周易大传》中的两句话作概括：“天行健，君子以自强不息”；“地势坤，君子以厚德载物”。“健”即刚健，也就是运行不止，坚强不屈之意。“自强不息”包含有积极主动，努力向前，勉励作为，坚忍不拔，绝不懈怠之意。它表现了中原人民奋斗拼搏的精神，表现出一种强健的生命力。这种“刚健有为”、“自强不息”的精神正是中原人民几千年延续发展的精神支柱，也是中原文化自我更新的内在思想源泉。而环渤海港口群正是成长在中原文化中，汲取中原文化的力量在其不同发展时期表现刚健勤劳，

自强不息的生命力。

京津冀山前平原地区面向东部退海而成，最初的人类聚居在西部山前地带，冀东大地土地富饶，历史上战乱较少，生活相对稳定，由此形成内倾或内在超越的文化个性。此种文化个性形成的经济选择，却往往趋于内向型产业结构，强调自给自足，不重外联，满足于资源性产业的发展和初级的、低加工层次的产量增长。在改革开放初期，京津冀地区沿袭着内向型、计划型的经济发展模式尤为明显；与此同时，“大北京经济圈”的资源集聚效应亦使得京津冀沿海地区边缘化，港口基础设施极为薄弱，产业外向度不高。

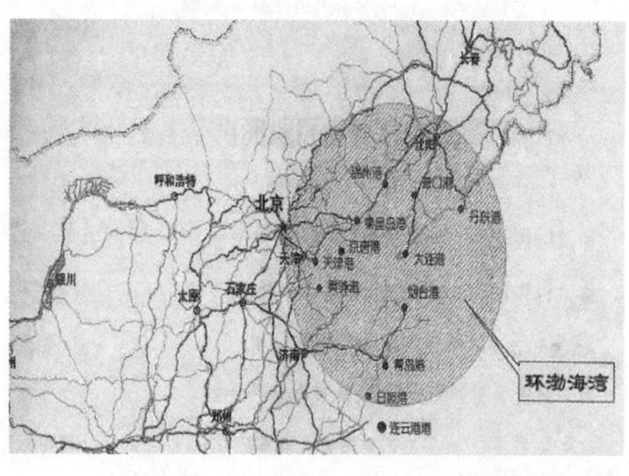

京津冀港口布局图

伴随着环渤海经济圈发展战略的逐步实施，具有的独特要素禀赋和区域经济特征的港口作为海陆货物运输的结合点，赫然显现出其优化配置资源、调整产业结构的强大力量，京津冀沿海深水港口的共同开放以及临海产业带的建设成为了京津冀一体化建设的启动点和区域经济社会发展的主要驱动力，由此京津冀各港口迅速进入了各自前所未有的扩张时代。

浸润在刚健有为、自强不息的悠久中原文化中的京津冀港口，利用其优越的地理位置和自然条件，抓住政策与市场的机遇，以其生生不息的开拓进取精神在港口建设过程中不断注重多功能发展、综合性开发、全方位服务、集约化经营，建设国际大港；置身于激烈市场竞争中的京津冀港口以强烈的时代感、紧迫感和使命感参与并赢得市场竞争，在激烈的竞争中培育了优秀的增强企业核心竞争力的企业文化，完成了港口粗犷的码头文化逐渐向现代企业文化的嬗变进程。

企业文化的特色部分源于地域文化，天津港港口文化的成功塑造完美诠释了天津港刚健有为、自强不息的地域文化特质，从1952年天津港重新开港开始，天津港便成为一片拓开沉泥淤滩、撩动渤海之滨崛起强音的创业热土，一个书写百余年沧桑、传承中华传统文化的国际水陆枢纽。天津港的企业文化源于地域文化，“地当九河津要，路通七省舟车”。天津港于1860年辟为对外开放口岸，至今延续了近150年。在漫长的历史长河中，海洋、海河、船舶、码头孕育了天津港的企业文化，加之中外文化在港口不断交流融合，使天津港企业文化从历史上就带有地域性、包容性和开放性的显著特征；1952～1978年，创业期文化初步形成，在百废待兴的一片盐碱荒滩上建起的最大人工港体现出了天津港人胸怀宽广、忠厚坦诚、吃苦耐劳、团结奋进的优良传统，创业期“手钩、垫肩、破棉袄”的“三宝”文化初步形成。1978～2001年，成长期文化日渐丰厚。自1984年天津港实行“双重领导、地方为主”、“以收抵支、以港养港”政策，至1988年,港口吞吐量突破2000万吨，跨入国内沿海港口前列，2001年港口吞吐量一举突破亿吨,成为中国北方第一个亿吨大港，无不体现了天津港敢为人先、争创一流、勇攀高峰的观念；历史回望，薪火传承， 2002年下半年，天津港把“抓港口规划建设、抓体制机制建设、抓企业文化建设”作为加快港口发展的战略之举,拉开了全面系统开展企业文化建设的序幕，形成了以“建设一个兴旺和谐的大家庭、一支训练有素的军队、一所培养人才的学校”为三足，以“发展港口、成就个人”为两耳的鼎文化体系，并随着天津港博览馆2008年10月17日的正式开馆进入一个崭新的阶段，成为支撑天津港发展的文化根基。

天津港博物馆

京津冀的另一个能源大港秦皇岛港亦不例外，早在1898年秦皇岛就被清政府辟为商埠，以运输外运开滦煤为主。现在，有京哈铁路和铁岭一秦皇岛—北京输油管通过；大同至秦皇岛运煤专用电气化铁路的配套工程——秦皇岛港煤码头三期工程的建成，已使秦皇岛港成为世界最大能源输出港，也是我国以煤炭、石油输出为主的综合性港口，是我国“北煤南运”大通道的主枢纽港，担负着我国南方“八省一市”的煤炭供应，占全国沿海下水煤炭总量的50%。随着国民经济持续快速发展，煤电油运形势一度趋于紧张，秦皇岛港把抢运电煤工作作为一项重要的政治任务，要求全港职工牢固树立大局意识、责任意识，以“个人干一流工作、港口创一流品牌、服务造一流环境”为目标，加强生产组织协调，努力压缩辅助作业时间，开通“准班轮”运输，确保车、船、货有效有序衔接。特别是每年暑期，南方电厂进入“迎峰度夏”关键时期，秦皇岛港制定“迎峰度夏”应急预案，全港职工战高温、斗酷暑，保持旺盛斗志，打好电煤抢运攻坚战，保证了煤炭运输大动脉的畅通，用实际行动肩负起促进国民经济发展的重任。

辽东半岛位于环渤海区域的东北，在建国之初用智慧与奉献呈现出钢铁、化工、重型机械、飞机、造船、汽车、军工、粮食生产等领域的一片欣欣向荣，赫然成为共和国“工业重镇”和全国最大商品粮基地，而当改革的号角吹响，东北却受累于根深蒂固的计划经济体制所带来的连锁反应，在市场经济改革大潮中逐步落伍；在其他各城市受惠于改革春风之时，东北却不得不面临经济大幅下滑的失意与痛苦。

在中国南方借助外资急涌而入和体制改革优势率先发展起来后，东西部、南北区域的协调发展战略目光使资源丰

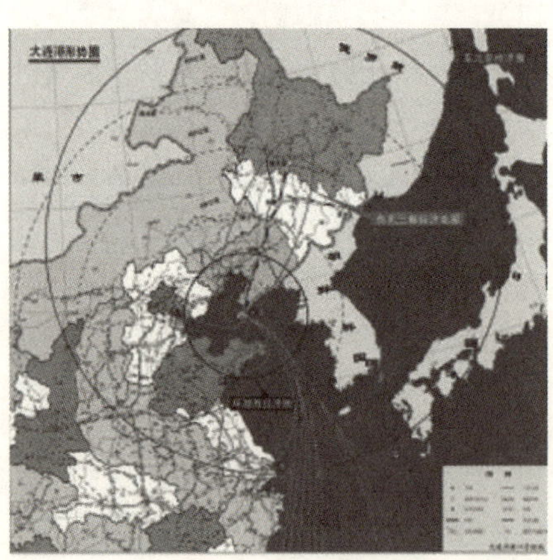

辽东半岛港口布局图

厚的东北终于迎来再次发展的机遇，伴随东北老工业基地的政策落实，东北再次爆发出自强不息的奋进力量挣脱体制性束缚，破茧成蝶，其雄厚的重工业基础势必将推动东北成为具有国际竞争力的装备制造业基地等国家四大基地和一个保障区，以其独特优势和竞争力成为中国经济“新的增长极”，绘就全面振兴的蓝图。

辽东半岛港口成长在这样曲折的历史中，自强不息的地域文化引领着他们不断蹒跚前行，有这样一个港口，它是一个具有140多年历史的老港，是东北最早开埠的口岸，却是一个年轻的口岸，它用了10年时间跨入中国亿吨大港，这就是营口港，一个以“自加压力，勇于吃苦，不畏风险，敢为人先”为企业精神的港口。近10年来政府支持与资本市场的运作，使营口港有了重要的快速发展条件，他们同时意识到营口港口的品牌与文化才让营口港的发展更具质量，更有生命力；营口港在发展中，将品牌意识细化到每个领域，形成了主体明确的9个品牌，每个品牌都代表着一个业务链条和空间。这些品牌分别是：货源品牌、服务品牌、效率品牌、物流品牌、效益品牌、合作品牌、安全品牌、绿色品牌以及文化品牌。他们将品牌战略分解到每个生产环节和经营环节，再形成一种合力，形成了营口港自己所独有的文化：新时期“店小二”式服务精神，在广大员工中形成共识，人人争当“店小二”，都在以自己

高效优质的工作打造港口的服务品牌，涌现出一大批“店小二”式的先进典型，诠释着营口港真诚为客户着想、视客户为上帝、为衣食父母的理念。

刚健勤劳的地域文化、经济的腾飞和纵深的制造业腹地时刻催生着港口业的迅猛发展，东北地区在环渤海地带的葫芦岛港、锦州港、营口港、大连港、丹东港港口陆续成长，其中大连港作为东北地区最大的港口，拥有世界级的深水专业化港口设施和遍布世界的海上航运网络。港口的迅猛扩张在满足东北地区扩大改革开放、发展外向型经济需要的同时，借助港口经济的强大辐射力和带动作用，对整个东北地区内陆经济的发展提供了强有力的支撑，逐渐形成了沿海与腹地互动的对外开放新格局。环渤海的另一个区域山东半岛经济开发较早，地域文化积淀深厚、异彩纷呈。在公元前8世纪的春秋时代渔盐业已逐步发展；战国时代，冶铁业和丝麻纺织已有较高水平，至汉代成为著名的东方谷仓；唐代时，登州、莱州便是对外交往的重要港口；明清时期，胶州更成为中国北方最大的贸易口岸，由此，港口文化便成为山东半岛地域文化独特建构的主要文化形态之一。山东半岛三面临水而有别于一般沿海地域，同时又以它的一面接连内陆具有经济腹地而有别于岛屿，因此它既以陆地为依托，得益于内陆经济腹地资源，又依托漫长的海岸极其充分地利用着广泛的海洋资源，而作为陆域与海域资源融合的港口正是依托其优良的地理和区位优势，在改革开放的历史进程中不断缔造辉煌。

山东半岛港口布局图

山东的港口发展优势得天独厚，山东北濒渤海，东临黄海，居东北亚海上交通之要冲；绵延3100多公里的大陆海岸线占全国的1/6，其中2/3岸线属基岩湾海岸，岬湾相间，拥有丰富的港口资源和良好的建港条件；30年磨一剑，剑已成，锋正芒，30年自强不息、锐意进取锻造了卓越的港口群。至今，山东沿海密布着 26个港口，其中18个对外开放，并与世界70多个国家、300多个港口通航，逐渐形成了以青岛港为龙头，烟台港、日照港为两翼的山东半岛港口群体。

除了优良的地理资源外，山东半岛

港口群的发展离不开这一区域刚健勤劳，自强不息的文化浸润，也是在港口的发展历程中，它们陆续提炼出了它们的个性的港口文化，如烟台港提出了“建设生态型、可持续发展的现代文明和谐港口”的远期目标和“由亿吨大港向一流强港转变、由又快又好向既好又快转变”的阶段性目标，致力于创建“学习型组织”，以“秉诚兴港、求是立业”为核心价值，立足于港口，通过创树服务品牌，重塑港口形象，为旅客货主提供更优质的服务环境，提升港口竞争力，为烟台城市经济的发展作出了贡献。

山东半岛的另一个港口日照港则以“阳光文化”而闻名，日照港人艰苦创业、励志践行，在夹缝中求生存、谋发展，使日照港从小到大，从弱到强，不断发展壮大。在企业艰难的改革创业过程中正确处理企业、社会和员工之间的关系，树立高度的责任感和使命感，坚持求真务实、知行合一，谋则到位，行则有为，把企业价值观贯穿到日常工作中，转化为员工的自觉行动；他们拼搏奉献、激情超越，热爱港口事业才能攻坚克难，树立远大事业目标，用日照港人的真情和阳光般的服务铸就“阳光港口，装卸真诚”的服务品牌。

2. 崇尚和为贵的环渤海港口文化

“和”文化，是中国文化和哲学的核心，“和”文化最早也应溯源于活动在中原的黄帝时代。《庄子•天运》记载：“北门成问于黄帝曰：帝张咸池之乐于洞庭之野，吾始闻之惧，复闻之怠，卒闻之而惑，荡荡默默，乃不自得。帝曰：汝殆其然哉！吾奏之以人，徵之以天，行之以礼义，建之以大清。夫至乐者，先应之以人事，顺之以天理，行之以五德，应之以自然。然后调理四时，太和万物。四时迭起，万物循生。一盛一衰，文武伦经。一清一浊，阴阳调和，流光其声。”庄子这段话是记述北门成向黄帝请教关于音乐对人心影响问题的，重在说明音乐要“达于情而遂于命”，以人事应天事，应之以自然，使阴阳调和，四时调顺，盛衰依时，太和万物。从黄帝到尧、舜，乃至夏商周三代，可以说我们的先人从生活实践中认识到人与天要保持和谐的关系。

中原文化重“和”，讲究兼容并包。《中庸》云：“和者，天下之达道也。”《国语•郑语》记载西周末年史伯的话说：“夫和实生物，同则不继，以它平它谓之和，故能丰长而物归之。”“以它平它谓之和”，意谓在某一事物中，存在着众多的对立面。将这些对立的关系作调整，而得其平衡，叫做和，这样就能产生新事物，所以说“和实生物”。“同则不继”，即把相同的事物混合起来，是不能产生新生事物的。

自秦汉以来，中原文化就显现兼容

众善、合而成体、崇尚和为贵的特性，它通过陆路交通向东向西广泛传播，不仅影响了朝鲜、日本的古代文明，而且开辟了延续千年的丝绸之路；班超出使西域，玄奘西天取经，鉴真东渡扶桑等历史记载，都书写了中原文明传播的壮丽画卷；环渤海港口文化则吸纳了中原文化中开放包容的精华，使各港口在建设过程中逐步实现物质文化、制度文化和思想观念的全面融合，以海纳百川的胸怀和气概在博弈中走向融合，在发展中突破诸侯经济。

长期受惠于计划经济的环渤海区域自然资源优越，在长达5800公里海岸线上60多个港口星罗棋布，沿线20个港口遥相呼应，坐拥8个亿吨级大港——营口港、大连港、天津港、青岛港、秦皇岛港、日照港、烟台港，以及大连大窑湾保税港区、天津东疆保税港区；在各港口发展风生水起之时，区域合作正崭露头角，烟台市政府陆续将烟台地方港、蓬莱新港和龙口港资产划转给烟台港集团公司，青岛港与威海港、日照港也实现了合资合作，以重点发展青岛港集装箱业务，在辽宁省政府的协调下，锦州港和大连港签署《战略合作框架协议》，双方预计将在资本市场、港口物流和锦州港西部海域开发建设等领域展开全面合作，天津港周边港口资源整合蓄势待发；诚纳四海，港容天下，环渤海港口群以其蕴藏的巨大潜力在全国和区域经济中发挥着聚集、辐射、扩散、服务和带动的作用，环渤海港口文化以其独特的魅力丰富着区域文化形态，丰富着环渤海区港口兼容众善、崇尚和为贵的文化特质。

中原文化认为由于农业繁荣时邦固国宁的根本，与重农观念相对应，民本思想与德治主义也是中原文化的一个重要特质，大连港集团的企业核心价值观恰恰体现了这以特质。大连港走过了110年的历史，有着厚重的文化积淀，几代码头工人通过拼搏奉献所创造的老码头精神是港口宝贵的精神财富。这种精神通过几代员工的不断丰富和发展，奠定了大连港企业文化的基础，也铸就了专有的企业气质。正是有了这种精神，大连港仅用了5年的时间，便实现了吞吐量从一亿吨到两亿吨的跨越；2003年大连港集团成立，以老码头精神为代表的核心价值观也得到了丰富和发展，被赋予新的内涵，集团在创立之初就提出了以“以人为本 以德兴港”的企业核心价值观，以建设东北亚领先的现代化国际港口集团为愿景，肩负起以港兴市、港城共荣，在东北亚航运中心建设中发挥旗舰和核心作用的神圣使命，为大连实现科学发展的新跨越作出自己的贡献。

在环渤海区域崇尚以德兴港的港口还有拥有117年历史的青岛港，青岛港积极树立“诚纳四海”的服务品牌，体现出青岛港以德兴港、诚信为本的价值观、服务观和发展观。对内，通过以人为本，培育“德为重、信得过、靠得住、能干事”的忠诚员工团队；对外，通过诚挚服务和亲情融汇，不断提高顾客对港口的忠诚度，最终实现港口和服务伙伴“双赢”的经营理念与发展目标。青岛港在“诚纳四海”理念的引导下，把服务社会、服务顾客作为自身的使命，相继创出“振超效率”、“孙波效率”、“集装箱保班10小时完船”和外轮理货“零时间签证”等超值服务承诺和品牌，并实施了标识服务、星级评定、挂牌上岗等一系列保证措施。利用港口的优势组织多家小型钢厂拼装大型矿石船；与铁路联手，开通青岛至内陆主要城市的集装箱“五定”班列；在全国港口中率先开通了内陆货物海关直通式运输，把港口“搬”到了内陆腹地，架起了内陆地区通往国际市场的桥梁。

青岛港的“和”还体现在变竞争为竞合，在区域竞争不断加强的大环境下2006年与威海港合资成立了青威集装箱码头公司，两年箱量翻了一番多；2007年与日照港合资成立了日青集装箱码头公司，当年完成吞吐量43万TEU，同比增长73%；与中石化、日本三菱集团和瑞典ABB公司合资合作，分别经营油码头、建设散装水泥分拨基地、建立ABB低压产品青岛物流中心。

（二）吴越文化孕育海纳百川的长江三角洲港口文化

长江三角洲区域位于长江三角洲太湖流域和杭州湾两岸，地势平坦，多河流湖泊，经济发达，商业繁华，自先秦时期便属于吴越文化区，吴越文化以春秋时吴越两国的兴起为标志，至今已有三千多年的悠久历史。吴越“同俗共气”、“同俗拜土”，培育了以河姆渡文化和良渚文化为代表的发达原始文化，后历经政治上、军事上以及民族的迁移变化，吴越文化不断演化，有人称之为江南文化，到了近代进一步演化为“上海文化”，也称之为“海派文化”。

在改革开放时期，植根于吴越文化传统的海派文化的文化基因再一次发生了累积和裂变，长三角区域在吴越文化的浸染下成为一片充满生机的热土；地处临海经济带和长江经济带交汇处的长三角港口群尽显海派文化博大胸襟的特质，跃居五大港口群之首，成为参与全球经济合作和竞争的重要战略资源，在

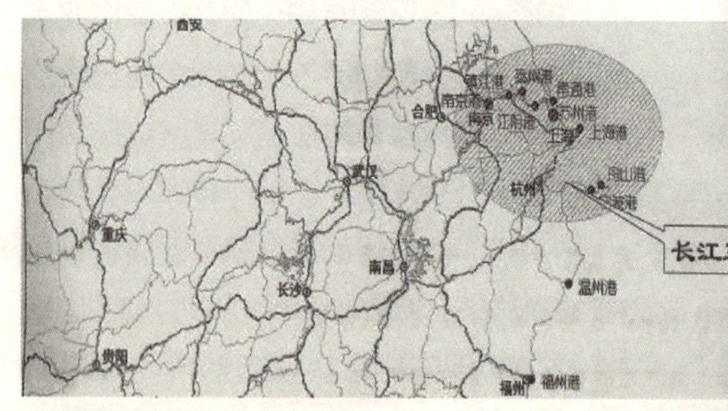

长三角港口分布

区域经济和社会发展中发挥着日益重要的作用，已成为推动全国“经济列车”前进的重要引擎。

1. 源远流长的长江三角洲港口文化

当古老的南京已经是中国最繁华的城市时，上海和宁波的大部分还被淹没在汹涌的波涛之中，山川的灵气和大海的胸怀，在历史的进程中孕育了长三角这片土地灿烂的港口历史和文化。

上海于公元991年（宋淳化二年）因松江上游不断淤浅，海岸线东移，大船出入不便，外来船舶只得停泊在松江的一条支流“上海浦”（其位置在今外滩以东至十六铺附近的黄浦江中）上，并在上海浦西岸设置市镇，定名为上海镇，公元1260～1274年（南宋景定、咸淳年间），上海镇便已是一个重要的商港，19世纪30年代更一度被誉为远东航运中心。

宁波位于我国东海之滨，大陆海岸线中段，长江三角洲南翼，是具有7000年历史的“河姆渡文化”的发祥地，自唐宋以来，一直是我国重要的对外贸易口岸。

南京简称宁，是一座有着悠久历史的文化古城，地处长江下游的宁镇丘陵地区，东临长江三角洲，西靠皖南丘陵，南连太湖水网，北接江淮平原；“黄金水道”长江穿越境域，距入海口380公里；苏州市位于长江三角洲中部、江苏省南部，东临上海，南接浙

货船行驶在南京长江大桥下

江，西傍无锡，北依长江，境内河流纵横，湖泊众多，京杭运河贯通南北，望虞河、娄江、太浦河等连接东西，太湖、阳澄湖、昆承湖、淀山湖镶嵌其间；扬州，地处长江中下游平原东端，江苏省中部，东近黄海，与南通、盐城市交界；西通南京，与六合、天长县接壤；南临长江，与镇江、无锡市隔江相望；北接淮水，与淮阴市毗邻，中有京杭大运河纵贯南北，隋代开通大运河后，扬州成为中国东南地区政治、经济、文化活动的中心和国际交往、对外贸易的重要港埠，唐代扬州长，富甲天下，“四方豪商巨贾侨寄居者，不下数十万”，唐以后，曾几度兴衰，清代再度出现“广陵繁华今倍昔”的兴旺景象；南通位于江苏省东部，长江入海口北岸，东濒黄海，面向上海与苏州、无锡、常州，背依广袤的苏北平原、素有“江海门户”之称。

2. 海纳百川的长江三角洲港口文化

不论研究吴越文化，还是海派文

化，都必须将其置于长三角文明的大背景中。惟此方能历史地发展地把握其主体文脉与核心精神。长三角文化与吴越文化、海派文化相承相继、一路走来，充分展现了归并和重塑传统优势的强大整合力。在当今新形势下，要使之得到应有的张扬和推进，再造长三角区域文化新的辉煌，对其深刻内涵与精神特质的充分把握就显得格外重要。“海纳百川、兼容并蓄”是吴越文化的主要特征，一方水土涵养一方人文，溯（长）江、环（太）湖、濒海的“山水形胜”，造就了吴越文化缔造者的文化习性与人文精神，注定了这一方文化与生俱来的开放胸怀。

长三角地区拥有8个沿海主要港口、26个内河规模以上港口，是我国港口密度最大的地区之一，溯本求源，长江三角港口群的迅速崛起，深厚的港口文化积淀是重要原因之一，海派文化以其博大的胸襟、更为自觉的主动性，不断实现对自身的超越，在长三角港口发展过程中充分展现其文化的引领、统摄与辐射功能。如上海港，在承接百年上海港博大的文化和厚重的历史过程中，积极弘扬上海港人胸有大志、报效祖国的爱国传统；任劳任怨、勤奋工作的敬业风格；多装快卸、服务社会的奉献精神；海纳百川、追求卓越的崇高品质，在承优中不断创新，在承接历史中不断超越自我，追求卓越。上海港不仅

服务于上海，上海港以建设上海国际航运中心为神圣的使命。以高度的历史责任感和使命感，坚持科学发展观，积极实施国家战略，主动为长三角、长江流域和全国经济社会发展服务，无不体现出上海港海纳百川的胸怀。

海纳百川，博采众长，港口文化助推着长三角港口群内各港口之间以及支线港和枢纽港之间的关系由竞争走向“竞合”，由“零和”博弈走向“正和”博弈，通过支线港对枢纽港的支持来提高枢纽港的竞争力，以最终实现对区域内港口的总体布局及市场结构进行合理化规划来避免“大而全、小而全”等资源重复浪费的局面，加强各港在具体分工上的协作，细分货运市场，完善运输功能，减少区域内各港口间的激烈竞争而引发的“内耗”，促进物流在区域内全面畅通，壮大合作各方港口的实力，提升整体力量，维护共同利益，达到“双赢”、“共赢”的效果。

3. 经世致用的长江三角洲港口文化

吴越文化的创生和传承，既是优越地理环境的造化，更是经济社会发展的

结晶。吴越人民世代相袭的聪明才智，非但赋予锦绣江南特有的柔和、秀美，而且熔铸出由这些精雅文化形式所体现的审美取向和价值认同。重视教化、尊重人才，蔚然成风。聪明睿智之外，善于创造、勇于创新是吴越文化、海派文化共同的秉性，也是这一区域文化充满生机与活力的内生动力。吴越的聪明睿智与超越自我的特性最终体现在吴越文化经世致用、务真求实的商品经济中，吴越之地商品经济率先起步，市民阶层形成较早，实业传统、工商精神、务实个性和平民风格等，都是吴越文化包括海派文化中不可或缺的内容，毫无疑义，大力弘扬崇真向善、淳朴平实、诚信守份的精神，正是目前思想文化建设和核心价值体系建设面临的重任。长三角文化的繁荣发展，长江三角洲港口群的发展离不开求实、务实风格的延续。

港口与腹地经济的发展存在互动关系：港口需依托腹地经济发展，并反作用于腹地经济。连云港港与苏北腹地经济的一体化与互动也正是体现了其求真务实的文化特质，连云港港地处中国沿海中部的海州湾西南岸、江苏省的东北端，为横贯中国东西的铁路大动脉——陇海、兰新铁路的东部终点港，有新亚欧大陆桥东桥头堡和新丝绸之路东端起点之美誉。连云港港以“强港富民，服务社会”为使命，国家、省、市从战略层面把连云港港的建设和发展摆上了重要的议事日程，使连云港港意识到港口在港兴市，苏北振兴，区域经济协调发展上的重任，需要做大做强，进一步发挥龙头作用，增强辐射力、带动力。

同样追求求真务实的还是宁波-舟山港，在两港一体化运作前，舟山港由于缺少资金，港口资源难以得到充分开发，而宁波港虽有资金，但苦于深水岸线资源趋于饱和。在这一背景下，宁波一舟山港于2006年1月1日起正式启用，并逐渐实现两港的优势互补和文化互补，2009年货物吞吐量达到5.7亿吨，跃居全世界各个海港之首，这以体现了其“强港报国 服务社会”的企业宗旨，宁波港不仅是宁波、浙江、长三角的港口，而且还是中国、世界的港口，随着经济全球化和市场一体化趋势的增强，港口市场化运作水平将更高。致力于从能力规模、服务功能、管理体制和运作模式等全方位赶超世界先进水平，加快港口体制转型、港口基数、管理水平生机和资源的优化配

合并后的宁波-舟山港卫星图

置，宁波港人将把宁波港建成国际一流深水枢纽港和集装箱远洋干线港视为己任。

（三）八闽文化孕育开拓和合的东南沿海港口文化

福建地处东南沿海，隋唐五代前人口稀少，文化较为落后，五代后福建则以经济繁荣、文化发达闻名于东南，并在其文化发展中著有辉煌的篇章，在中华民族文化发展史上扮演过重要角色；至唐代，伴随着中国经济中心的南移，文化中心也随之南移，朱熹曾说：“天旋地转，闽浙反居天下之中”，地处福建政治文化中心的福州港在唐代开始兴起；两宋时期福建出现了空前繁荣的“八闽文化”，在各个领域都有文化巨匠出现，兴起于唐代的泉州港在此时期臻于繁荣，福建成了当时中国对外文化交流的重要窗口，外来文化特别是宗教文化由此传入福建，与港口文化相互交融，在当时高度的文化水平中显示出了其独有的特征，至今泉州仍保留有伊斯兰教的清净寺、印度教寺院遗迹等；至清代，东南沿海厦门港开始兴盛，其发达的商贸往来进一步丰富着东南沿海港口文化的内涵；纵观历史，福建在历史上是在不同时期都以港口为窗口通过海洋接纳外来文化，并在闽北、闽中以及闽东南沿海地带积淀出了开拓和合的港口文化。

1. 开拓和合的港口文化

（1）闽南沿海地区开拓求新的港口文化

福建沿海地区由于人多地少，唐高宗朝即有南安人到海外谋生，沿海地区因海外贸易与华侨往来，受外来文化影响较大，古越文化、古代中原汉族文化、外来文化在此均有较多的积淀；远洋航运与贸易经商的高风险造就了闽南人富有冒险精神与重商意识；中原汉族的光宗耀祖意识与商人心态的交互作用则从另一方面造就了闽南人阔气与豪爽的性格。

浸润在闽南沿海极具冒险精神的厦门港、泉州港，以其面临大海的自然特征将闽南地区文化完整地融合至港口文化，显现出开拓求新的文化特征。如厦门港由于海峡两岸的特殊政治原因，发展历程并非一帆风顺，伴随着两岸关系的逐渐缓和，厦门港抓强机遇，以“立足港口综合物流服务，实现企业价值最大化”为宗旨，主营以港口为依托的综合物流业务以及件散杂货、内贸集装箱的装卸、堆存、仓储和助轮船靠离泊等业务，努力把厦门港建成东南沿海主枢纽港和区域性航运中心。厦门港的创新

厦门港东渡码头石材堆场

还在于其是全国石材进出口集散地和物流配送中心，依托福建石雕文化打造中国石材贸易基地，“世界石材在中国，中国石材在福建，福建石材看厦门。”近年来，随着我国加强环境保护，开山采石受到较为严格的限制，制作石材的石头方料主要从南非、印度、巴西、欧美等国进口。这些石头到厦门港后，就地进行交易，然后通过水铁联运或汽车运往全国各地，而配送重点是闽南地区的近千家石材加工厂商。这些石材厂将石头加工成石板材、石雕等产品再通过厦门港出口东南亚各国和日本等国。

厦门及周边地区（如泉州的惠安、南安）是我国最大的石材贸易和生产基地之一，目前，厦门地区有专业石材进出口企业1000多家，周边6000多家石材加工贸易企业常年直接从厦门进口、采购、出口石材，常年在厦门港进出口的世界各地优质石材达1000多种，几乎囊括了世界上盛产石材地区的所有品种。目前，我国已成为世界第二大石材产品出口国，其中全国80%的石材从厦门港进出口并进行交易，成为国内首屈一指的石材强港，近年来每年石头、石材吞吐量都以30%的速度递增，在2008年3月6日举行的第八届中国（厦门）国际石材展开幕式上，厦门市贸易发展局局长熊衍良说，2007年厦门口岸石材进出口量达1030万吨，金额达27亿美元，占全国比重超过60%，石材进出口量居世界第一，依托福建的石雕文化，背靠福建强大的石材产业，厦门港俨然已成为全国石材进出口集散地和物流配送中心，成为厦门港港口文化大放异彩的亮点。

泉州古港有1500多年对外开放的历史，早在唐代就是我国四大对外贸易港口之一，宋元时代更以“刺桐港”之称闻名于世，被誉为中世纪“东方第一大港”，是中国古代“海上丝绸之路”的始发港，东南沿海港口文化离不开泉州港。进入现代的泉州港意识到现代企

泉州港新貌

业的竞争不仅是资本的竞争，人才的竞争，更是文化的竞争。形象资源、文化资源已经成为比人、财、物更为重要的第四资源，培育具有鲜明特色和充满生机和活力的企业文化，已经成为企业生存和持续发展的关键，泉州港以改革创新，勤奋务实；开拓进取，追求卓越为企业精神，立足港口综合物流服务，建设现代化工贸港口城市。

（2）闽东沿海地区和融共生的港口文化

以福州为代表的闽东沿海地区由于很早即为福建的中心，汉文化影响深厚，社会上层多仕宦、笔耕，以小官吏居多，下层民众多从事手艺，经商与出外谋生风气不及闽南，由此冒险与向外发展的精神较为缺乏，与此对应的是求稳的社会心态，居民性格儒雅；以福州港为代表的闽东沿海港口则显现出了和融共生的港口文化特征。福州港开港于1900多年前的汉代，时称“东野港”；1842年，福州港被辟为五口通商口岸之一。港口文化一直是闽都文化的重要组成部分，至今，福州港已经提炼出了“尊重，合作，沟通，严谨，超越”的价值观。港兴城兴，港口的发展推动了城市经济的发展与对外文化的交流。

福建省海岸线长达3324公里，约占全国海岸线总长的18.3%，居全国第二位。福建自北向南有沙埕港、三都澳港、可门港、马尾港、江阴港、湄州港、泉州港、厦门港、漳州港等港口自然条件极为优越；内河航道3955公里，全省拥有码头泊位485个，其中万吨以上深水泊位达58个，年吞吐能力近1亿吨，厦门港已跻身全国十大集装箱港行列。开辟36条国际班轮航线，与世界70多个港口有货运往来，还与200多个国家和地区建立了商务关系。福州、厦门港与高雄港开通海上试点直航，福建沿海地区与金门、马祖开展直接往来。

开拓和合，东南沿海港口群在港口文化的助力下立足于经济发展的大局，着眼于全省港口资源的科学整合；2006年年初，福建省把分别隶属于厦门、漳州和招商局漳州开发区的8个港区进行了合并，合并后的厦门港新增深水岸线14公里，总长达到了40公里，可容纳万吨级以上深水泊位114个，为港口集装箱的进一步发展攒足了后劲。此外，福建还将港口看作海峡西岸经济区崛起的一个关键突破口，提出强化集装箱、大型油气和煤炭码头建设，构建“大港口、大产业、大都市”的战略发展思路，并强势推进“两集两散”建设，在厦门港和福州港的江阴港区，形成具有集装箱吞吐能力2000～3000万TEU的两个主要集装箱干线港，培育出通往国际主航线港口；在湄州湾和罗源湾岸线形成具有散货吞吐能力2～3亿吨的两个散货转运中心。

2. 一本同源的闽台港口文化

海峡西岸经济区东与台湾地区一水相隔，北承长江三角洲，南接珠江三角洲，是我国沿海经济带的重要组成部分，在全国区域经济发展布局中处于重要位置。福建省在海峡西岸经济区中居主体地位，与台湾地区地缘相近、血缘相亲、文缘相承、商缘相连、法缘相循，具有对台交往的独特优势。妈祖文化、茶文化、客家文化等均见证了一衣带水的闽台缘。

厦门港首次两岸直航货轮——东方海运公司“盛达2号”

万流归宗，一本同源；依托闽台同源文化，发展两岸经贸交流，福建已开通与台湾海上集装箱班轮试点直航、两岸三地弯靠集装箱班轮运输航线；福建沿海与台湾台、马、澎海上客、货直航进入常态化；厦门—金门、马尾—马祖、泉州—金门客运航线成为祖国大陆与台湾交流往来最便捷、最经济的海运通道。

闽台两岸，一衣带水；骨肉同胞，言语相通，习俗相同；借助于闽台两地源远流长的文化，港口以其独有的特性成为了海峡两岸交流的重要桥梁和纽带，构成了东南沿海港口文化独特的内涵。

（四）岭南文化孕育务实创新的珠江三角洲港口文化

岭南文化作为悠久灿烂的中华文化的一枝奇葩，是中华文明不可或缺的一部分，岭南文化起源于农业文化和海洋文化，于独特的地理环境和历史条件，在发展的历程中不断吸取和融合中原文化和海外文化，逐渐形成务实、开放、兼容、创新的特点；由珠江的西江、北江和东江入海时冲击沉淀而成的珠三角植根于岭南文化，其价值系统、社会心理、思维方式及审美理想深受岭南文化影响，处在风口浪尖的港口，以其陆域海洋文化结合的特性，撷天时地利之灵气，在30年的港口风雨建设实践历程中孕育出了珠江三角洲开放融通、务实创新的港口文化。

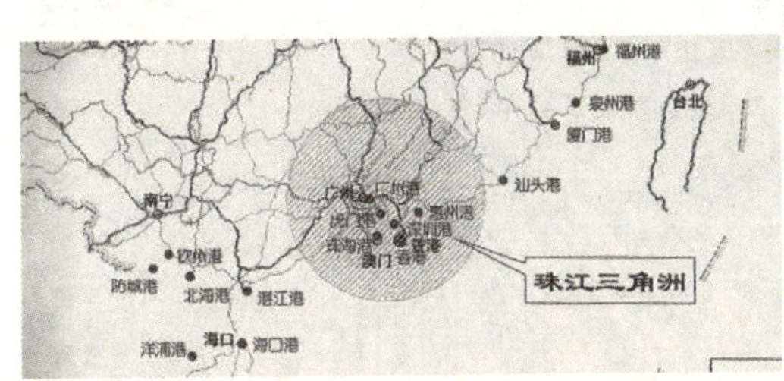

珠三角港口分布

1. 开放融通的港口文化

改革开放之初，珠三角以其不守一隅的开阔视野积极争取改革的先发优势，珠三角经济发展开发区的优势定位，给予了珠三角特有的优惠政策，尤其在招商引资方面，1980年香港招商局在蛇口工业区炸山填海兴建的第一座蛇口码头，揭开了珠三角港口建设的序幕，珠三角与香港原有的地域、亲缘、乡缘等文化渊源和潜藏已久的民间联系在长期累积起来的巨大能量迅即迸发出来，珠三角港口人以其开放包容的心态和观念积极发展外向型经济，创造了独特的创造珠三角经济腾飞30年奇迹的“三来一补”的经济发展模式，珠三角成为承接和发展香港和外来制造业的最佳地区，依托香港巨大研发能力和世界国际性市场的优势，成为了“世界工厂”的核心地带；区域经济的腾飞迅速带动了港口吞吐能力的增长，在市场的呼唤、政府努力、外商的大力投资下，珠三角的港口群在珠三角港口人以其务实的实干精神中迅速崛起，在中国绵长海岸线的南端中闪耀着璀璨的光芒。

深圳港

若要探讨珠江三角洲港口开放融通的特质，深圳港尤为典型。深圳是中国最早对外开放的经济特区，以出口外向型经济为主，港口是其重要的交通基础设施，对外开放的门户。深圳港的建设与深圳经济特区同步发展，从无到有，从小到大，在推动各行业的发展、改善投资环境、吸引外资、扩大对外交流等方面，发挥着重要的作用。深圳港位于广东省珠江口以东，南海大亚湾以西的深圳经济特区的两翼，分为东部港区和西部港区，主要包括盐田、蛇口、赤湾、妈湾、东角头、福永、下洞、沙渔涌和内河9个港区。东西港区均与香港九龙半岛隔海相望。随着中国经济的进一步发展和改革开放的深入进行，深圳港已成为华南地区极具影响力的集装箱大港。这一些是与深圳港在投资主体、经营方式上的开放融通分不开的，深圳盐田港以“忠诚 责任 效益”为核心价值观，致力于增强企业的市场竞争力，蛇口集装箱码头致力于成长为全球客户在华南地区首选的专业化集装箱码头，赤湾集装箱码头则以“以人为本、与时俱进、追求卓越”为企业精神。

深圳港在不断提高国际影响力的同时，对深圳市国民经济发展的推动作用日趋明显，已成为深圳市的一个重要基础产业。深圳港作为国家确定的华南地区集装箱枢纽港，广泛服务于珠江三角洲地区、省内外其他地区，为这些地方的对外开放和发展外向型经济作出了重要贡献。深圳港的发展为深圳市、广东省乃至全国对外贸易的发展起到极其重要的推动和促进作用，已经成为深圳市改革开放成果的重要标志。

2. 务实创新的港口文化

2000年以来，经济发展的国际化水平不断提高，产业结构更新和升级不断加速，珠三角区域经济也伴随着步入转型期，港口建设也大规模化转入专业化，发展步入深水港时期，珠三角港口的一体化蓄势待发，这一时期的港口人表现出了经世致用传统思想之外承续的革故鼎新、开拓创新的岭南人文精神。

务实精神造就非凡市场竞争能力。珠三角港口人在港口建设之初就将港口政企分开，码头公司的独立、和谐竞争，资本力量独立显现。珠三角经济圈内主要港口下的各集装箱码头公司，以各自独立的企业形象出现在航运市场上是国内比较独特的一道风景，资本的力量往往超越其他力量而成为市场的主导，由此锤炼出珠三角各港口非凡的市场竞争能力。

创新理念促成珠三角港口群一体化趋势。在充分的市场经济中完成港口集装箱经营市场良性分工，尽显珠三角地区港口群合作共赢的理念；在激烈的市场竞争环境下，各集装箱港口顺应市场变化规律，在经营上突出分工与合作，目前香港、深圳、广州及其他港口的经营运作，则显然是一种分工合作、优势互补的关系，这种干线、支线及喂给线

广州港今貌

层次分明的功能分工，形成目前珠三角地区港口集装箱经营的总体特点。

如广州港在港口快速发展的过程中提炼出了“实干创新，强港奉献”的企业精神，“实干”就是目标明确、信念坚定，扎实工作、奋发有为的一种状态。只有实干才能兴港、强港，才能实现服务世界的理念，这是对集团全体员工的基本要求。这要求以务实的态度，集中精力抓建设，一心一意谋发展，在工作岗位上创出业绩，为推动企业的发展作贡献。“创新”是企业发展的内在动力，只有创新才能与时俱进，跟上时代的步伐，达到快速发展目的。因此，需要全体员工在真抓实干的基础上不断创新，在工作中保持创新的精神，以创新推动企业又好又快和谐发展。

（五）粤西文化孕育开拓进取的西南沿海港口文化

粤西文化从属于岭南文化，可称为岭南文化的亚文化，但由于地理环境、社会历史、民族人口等方面的特殊性，使粤西文化又呈现出了种种不同于粤东及其他地域的文化特质；粤西地区地处祖国南疆，地理位置与自然环境较为特别；从我国地形全貌上看，它属于东南丘陵的一部分，山地 、丘陵占全区总面积的74.8%，构成周边高、中间低的盆地形势。这种独特的地理条件加上粤西特殊的民族构成和文化发展途径，使

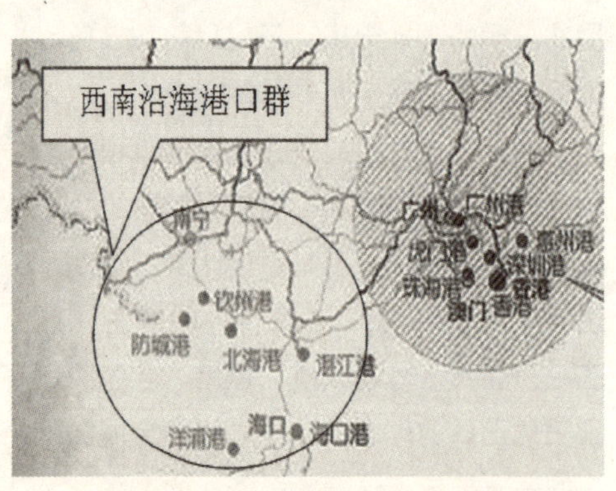

西南沿海港口分布

粤西文化逐渐形成不同于其他地域文化的特质：

（1）民族与融合特色突出，就粤西地区民族成分而言，绝大多数均由外域迁入，历代移民者与当地原居民文化相互碰撞、影响和融合，既是形成粤西文化的一条特殊途径，同时也可以视为粤西文化的第一个特征；

（2）民风犷悍，崇武善战，自先秦以迄明清，粤西民风的一个重要特质，就是犷悍、悍劲或刚悍，这在历代文献中均有丰富的表现，形成了粤西犷悍、崇武善战但本质淳朴善良、守信重义的古代民风；

（3）敢于冒险，富于开拓之精神，粤西人口绝大部分是不同时代的移民后裔，粤西文化一部分可以理解为移民文化，富于冒险和开拓的精神。

1. 曲折艰难的港口发展历程

自新中国成立至1992 年，广西由于与越南山水相连，有着中越最长的陆上边境线及共处北部湾海域的特殊地理区位，导致广西环北部湾沿海地区长期处于战争前沿地带；20世纪60～70年代初期是援越抗法、援越抗美，随后70～80年代末的对越自卫还击战，长期的备战，持续的战争，给广西沿海地区的经济建设带来了巨大的影响。为避免战争爆发造成的破坏，国家各个时期的建设项目，特别是重点建设项目，广西沿海地区均失之交臂，使作为边疆的广西沿海地区遭受了巨大的经济损失，广西沿海港口的发展也因此受到巨大制约。

区域经济的落后在很大程度上制约了广西沿海港口的发展步伐，广西沿海优越的建港资源也因此而长期得不到应有的开发建设，广西沿海港口总体发展

呈现投入少、开发开放晚、开发程度低、基础薄弱、发展相对滞后的特点。

2. 新时期锐意进取的港口文化

曾经艰难曲折的港口发展历程在新时期得以新生，粤西文化开拓进取的精神在粤西港口的各发展时期得以淋漓尽致的体现，西南沿海曾经人迹罕至的荒寂小岛，如今已是年吞吐货物数千万吨的大港，成为西南地区出海珠门户和大通道以及中国——东盟开放合作的桥头堡。西南沿海港口群集装箱运输近年来迅速崛起，建设与发展速度日新月异，在服务我国西部大开发战略，推进中国一东盟外贸交流中作用显著；新时期西南沿海港口群的辉煌成就彰显着锐意进取的深刻内涵，西南沿海港口群正以后来者居上的姿势展现在世人眼前。

在我国大陆沿海港口群中，西南沿海港口群特色鲜明，港口群由粤西、广西沿海和海南省的港口组成。包括湛江、防城港、海口及北海、钦州、洋浦、八所、三亚等港口。虽然该港口群集装箱运输起步较晚，但近年来发展势头锐不可当。由于背靠腹地深广、资源富集、发展潜力巨大的广西、贵州、云南、四川、重庆、西藏6省区市，又面向不断升温的东盟经济圈，集装箱运输有着巨大的发展空间。根据规划，广西全区集装箱运输将形成以防城港港为支线港，北海港、钦州港为喂给港的港口布局，以内贸及近洋集装箱运输为主、远洋集装箱运输为辅的运输格局；作为粤西和环北部湾地区最大的天然深水良港湛江港是西南沿海港口群集装箱运输的另一大亮点，湛江港加大引进国际班轮公司力度，构建发展战略联盟，共同开发市场和航线，培育新的增长点，做专做强支线，以谋求干线直航，实现“内强外强”平衡发展；以集装箱运输、旅客运输和海峡轮渡运输为主要发展方向的海口港，在西南沿海港口群中同样占有重要地位。

湛江港散粮筒仓码头

锐意进取，开拓创新，伴随着西部大开发战略的进一步推进，中国一东盟自由贸易区建设的不断提速，西南沿海港口群作为西部大开发、中国一东盟自由贸易区建设出海口“黄金通道”的地位日益凸显，港口基础设施的不断完善，西南沿海港口群集装箱运输将驶入发展的快车道。以湛江港为例，湛江港是新中国成立后第一个自行设计建造的现代化海港，自1956年开港以来，经过50多年的建设发展，已成为全国沿海25个主要港口之一。它是西南沿海港口群的龙头港和唯一亿吨大港，也是我国中西部和华南地区货物进出口的主通道和中国南方能源、原材料等大宗散货的主要流通中心，泛珠三角地区连接东盟自由贸易区的最佳海上物流平台，在亚太经济圈中具有极其重要的战略地位。在市场竞争日趋激烈的新形势下，湛江港意识到规范企业形象，塑造和传播企业品牌是湛江港集团参与竞争、赢得市场的一个重要条件，致力于体现湛江港集团“像缆桩一样敬业、像潮汐一样守信、像大海一样包容、像太阳一样热情”的企业风格，以“真诚‘缆’世界、责任‘桩’天下”的博大胸襟，赢得社会的尊重和信赖。

（六）万古长江同舟共济的内河港口文化

长江，头枕东海，尾靠雪山，出千峡、纳百川，波涛滚滚，横贯中华大地。嘉陵川江之晨雾，荆江白云之黄鹤，扬子秦淮之灯影，子夜十六铺之浪漫，凡江流经之处，上下皆有吟唱。

我国内河航线和主要港口分布图

长江干流跨越我国7省2市，流域面积180万平方公里，在这片广袤的土地上，孕育出了影响深远的吴越文化、荆楚文化、巴渝文化，中西文化在长江流域相互激荡、融合衍生，极大地丰厚了长江航运文化发育的土壤，滋润着长江航运文化的成长，使长江航运文化得以博采众家之长，广纳古今中外文化之精华；长江港口文化作为长江航运文化的子系统文化，汲取了长江航运文化经历古代、近代和现代各具特点的发展历史时期所积淀的深厚的历史文化底蕴，形成了丰富而独具鲜明特色的港口文化。

1. 古代长江航运滋生出“风雨同舟，同舟共济”的港口人精神

古代生产力水平低下，航运业发展极为缓慢，自远古时期独木舟问世，至东汉才有木帆船广泛航行于长江之中，直至唐代，长江发展成为全国通航里程最长、货运量最大的河流，“蜀麻吴盐自古通，万斛之舟行若风”即为当时长江水运的兴盛景象再现，此时期的码头从业者则在实践中业相同，命相连，情相融，力相合，滋生出了“风雨同舟，同舟共济”的精神；川江纤夫负重前行喊出的号子——著名的川江号子，因其声音高亢、气势豪迈，表现了纤夫们坚

强的意志和奋进的精神，被称为川江文化的“活化石”。

2. 近代长江航运提炼出“自强不息”的港口行业精神

处于半殖民地半封建社会的中国近代，外国航运势力大肆侵入长江，长江航运在屈辱中奋起抗争，在压迫下求生存，在反抗中求发展，在中国重农轻商的封建文化传统中，表现出极大的勇气和创新精神，渐渐培育出了“自强奋进”的行业文化基因，如在“求富求强”口号下发展的招商局的招商文化，以爱国主义、集体主义、服务社会及艰苦奋斗为内容的民生公司的民生精神，其震撼力和辐射力均超越航运界，成为中华民族的精神财富；而国民党政府发动的内战，再次使长江航运陷入困境。

3. 新中国成立后“扬帆奋进”的长江内河港口文化

（1）20世纪80年代前期——以自然生成的码头文化为代表的松散型文化

新中国成立之初，长江内河航运满目疮痍，千里川江暗礁林立，夜航几无肯能，长江中游险滩密布，全程夜航毫无保障，新中国的成立促使长江航运迎来了前所未有的大解放、大发展；为了发展长江内河航运，国家建立了长江航道管理机构，恢复和发展助航标志，治理长江航道等措施，将支离破碎的长江航运逐步引上健康发展的轨道。然而这一时期长江内河航运发展着重航道疏通，码头的使用以自然生成的码头为主，未有较大规模的港口建设，这一时期的港口文化显现为以自然生成的码头为主的松散型文化。

21世纪美丽的长江沿线港口（芜湖、武汉、重庆）

（2）20世纪80年代后期至今——锐意进取、勇于创新的港口企业文化

改革开放之后，伴随着国际经济体制的逐步改革，促进内河航运发展的政策和体制的出台，“三主一支持”长远规划、开发上海浦东、兴建三峡工程、进一步开放沿江城市、西部大开发以及长江港口的政企分开再一次凸显了长江横贯东西，沟通南北，通江达海的战略地位，长江港口由此开始了前所未有的建设热潮，不负江河万古流，黄金水道绘宏图，长江港口人再次以其胆识、智慧、豪情投入港口建设热潮，在实践中学习思考；各港口企业锐意进取，勇于创新，持续夯实着长江港口文化的深厚底蕴。

滚滚长江从唐古拉山流下，坐落在美丽山城的重庆港，在长江母亲河的哺育下历经艰辛、茁壮成长，地处我国中西结合部的长江上游最大的内河主枢纽港重庆港以“诚信服务、实干兴港”为精神，旨在成为长江上游主枢纽港，西南地区物流中心，为长江黄金水道的繁荣和直辖市的腾飞发挥着巨大的作用。

在长江内河港口有这样一个港口，自20世纪末开始，大力构建超前性思维、超常规工作的“两超”精神，这就是芜湖港，正是靠着这种精神，芜湖港于2000年成功实施了股份制改造，组建了芜湖港储运股份有限公司，并于2003年3月28日成功上市。正

芜湖港开展企业文化系列活动

是靠着这种精神，芜湖港制定并实施了《芜湖港发展战略研究》和《芜湖港“十五”、“十一五”发展战略规划》。芜湖港的发展定位是：建立现代物流企业，力求在物流链上实现集团化，最终向海外发展。芜湖港积极发展现代物流，目前初步形成了芜湖港—上海港—国际港口的现代集装箱物流链，逐步形成了与国内外相连通，水运、铁路、公路相衔接的多式联运物流网络和服务系统，建立起了与政府管理部门、外贸、中介企业、金融、税务等支持保障体系相连接的联运和现代物流信息平台。2009年5月26日，芜湖港与淮南矿业集团签订框架协议，将合作建设芜湖港煤炭储配中心项目，也正是靠着这种精神，使得芜湖港“十一五”发展战略——积极融入长三角和南京都市圈，抓住建设长江黄金水道机遇，打造一个经营理念超凡、企业精神领先、企业价值观鲜明，实现文化管理的现代化港口的顺利实施。

而坚持以先进的企业文化为导向，精心打造“经营层树立事业心、管理层树立上进心、员工层树立责任心”的“三心凝聚”和“超前性思维、超常规工作”的“两超”精神，形成了芜湖港全新的经营理念、独特的企业文化、深厚的团队精神和正确的价值取向的正是芜湖港集团公司董事长孙新华，作为一名董事长，他秉承了军人的刚毅、果敢和勤奋的个性，具有极强的经济发展洞察力，善于发展优势产业，加快发展，奋力超越，科学合理的开展资本运作和规模扩张，快速提升芜湖港的综合竞争力和创新发展水平。

古代漕运

在长江深厚的历史文化底蕴中与港口文化的发展相关的还有古代的漕运文化。镇江港位于长江下游南岸，地理位置优越，镇江港发展历史悠久，以东吴孙权移治京口作为开端，镇江建港迄今已有1800多年历史。镇江港在三国的东吴时期就有海外交流，刘汉时期已对外开放，唐宋时期兴盛对外贸易。自隋朝京杭大运河开通，镇江港就一直是千年南北漕运的江南咽喉，历经唐、宋、元、明、清久盛不衰。

南北大运河的沟通，奠定和提高了处于两大水系交汇点的镇江港在全国水运干线的重要地位和作用，镇江港逐步发展成为全国重要的港口，有著名的“银码头”美誉。古代的镇江港为镇江地区的经济发展和对外交往提供了便利条件，更直接促进了镇江社会、经济、文化的进步和繁盛，镇江成为封建社会国家范围内一个重要的港口、政治、军事和商贸城市。

第二次鸦片战争以后，镇江港被辟为对外通商口岸，1861年正式开埠，成为长江下游的第一个通商口岸、由海入江的第一个商埠，期间洋行林立，外

2010年1月19日镇江扬中港区第一艘直航国外船舶启航

轮角逐，设栈建码头，繁华一时。镇江开埠后，资本主义势力逐渐侵入，把持了整个港口的管理权和进出口贸易权，使镇江港成为帝国主义在中国倾销商品和掠夺资源的转运站；同时，也使中国传统的水上运输工具和方式受到了冲击并发生了改变，刺激了镇江民族资本主义经济的畸形发展，对镇江港的发展、对镇江经济和文化的发展起了促进作用，镇江港从19世纪70年代到19世纪末，曾一度成为洋货内运的最大口岸。

第三章 改革开放奏响港口建设新篇章

第四章　大气磅礴的新时期港口企业文化

自蓝色海洋文明开始闪耀之初，港口作为国与国、城与城、人与人在经贸、文化相互交流的特定平台，以其不可复制的包容性、接纳性、亲和力衍生出了特定的文化——港口文化；而港口文化的重要表现之一，即是支撑起港口这一庞大、复杂系统的港口企业所呈现出的企业文化。中国的港口企业，伴随着列强的入侵而逐渐成长，伴随着翻身的热情与豪迈而不断壮大，如今，它伴随着改革开放的前进号角而日臻成熟，已经在世界港口行业群体中形成了一股不容忽视的强大力量，中国港口企业所取得的成就已经令世界称羡。中国的港口企业在不断的发展过程中以高昂的姿态跨越国际现代化的浪潮，逐渐与外来文化相互交融，培育出了个性鲜明、内涵丰富的新时期港口企业文化。

一、中国新时期港口企业文化概览

问苍茫大地，谁主沉浮；在变幻莫测的国际市场竞争过程中，港口谋求跨越式的发展与港口企业文化建设息息相关，港口企业需构建一个具备自身特点、集聚港口员工共同价值观、集体意识和企业最高目标的优秀企业文化，以形成良好的文化氛围、树立良好的企业形象，并在自我完善的过程中利用港口企业文化的感召力锻造港口核心竞争力。

（一）企业文化与新时期港口企业

在企业文化舶来之初，国有企业管理体制转轨之际，这一时代背景下的港口企业文化建设在改革开放初期的激情创业过程中显现出其不可复制的功效；然而在企业文化扎根过程中，中国的企业却不得不面对外来文化与本土文化在一定程度上的水土不服，文化的融合、协调等问题开始显现；经过相当一段时期出于新奇与模仿而引发的文化盲动之后，开始逐渐的认识到了文化的“庐山真面”；开始平心静气地体味文化所带来的一切；开始对于所需要的进行更深层次的思考：为什么需要企业文化？到底有何等样式的企业文化？到底需要何等样式的企业文化？又该如何建设我们的企业文化？新时期的港口企业面临的是怎样的文化机遇与文化挑战？

从前，人们无论如何也无法将文化这一玄妙的概念与追逐利润的工商业企业相联系，企业所体现出的特征就是通过雇佣劳动、整合资源从而占领市场、创造效益与利润，每日追逐利润的最大化，甚少关注文化。这可以从企业管理的思想进程中一做窥视，从伊莱休·鲁特和法约尔最早提出了管理的概念至美国工程师弗里德里克·温斯洛·泰勒提出了现在被称为科学管理的思想，到德国社会学家马克斯·韦伯提出传统的官僚制模式组织，这些初期的管理学理念关注的重点在于管理的科学化与组织的智能化和流程化。这一切直到澳大利亚的生物学家艾尔顿·梅奥在1933年出版了《工业文明中的人类问题》才有所改变，人们开始关注管理中“人”的因素，并出现了研究“什么对人产生激励”的人际关系学派。随后便迎来了管理学的一次重大的突破，第二次世界大战期间人们将科学管理思想与人际思想理论相结合，于是，“企业文化”第一次被提出来。从那时起，企业在追逐利润的同时，也在不断地进行着反思，感受在不断地积累、添加，企业文化逐渐被认识、被重视，其作为企业生存的习俗和礼仪，已经成为目前衡量一个企业是否具有竞争力的关键因素。事实已经说明，企业需要文化的滋养，社会需要具有鲜明文化特征的企业，员工需要被自身所认同并可以享受的企业文化环境。对于企业，当经济与技术因素的差距并不明显的情况下，企业文化因素的强弱将则将成为企业发展的主要决定因素，企业是否能够实现其盈利目的，实现可持续的长远发展，依靠文化的引领。企业文化作为企业在生产经营实践中，逐步形成的，为全体员工所认同并遵守的、带有本组织特点的使命、愿景、宗旨、精神、价值观和经营理念，以及这些理念在生产经营实践、管理制度、员工行为方式与企业对外形象的体现的总和，其重要地位正在被各行业所广泛接受，也正在被不断的企业实践活动所证明。

将企业文化概念落实到我国新时期的港口企业之上，可以说，改革开放30年的实践过程也正是我国港口企业文化的逐渐形成并发挥巨大作用的过程，文化兴则企业兴、文化强则企业强的理念已经得到广大港口企业的深度认同，也正在为港口企业丰富的经营实践所不断证明，新时期的港口人不仅可以自豪地向世界展示30年来巨大的经济成就，也可以自豪地向世界展示企业自身所创造的文化成就，具有中国特色的，时代特征鲜明、内涵丰富的新时期港口企业文化体系已经形成，新时期港口企业文化已经成为港口建设发展的动力、人文关怀的载体与企业社会责任落实的平台。新时期的港口企业文化建设，已经从之前的仅注重管理制度层面，强调如何管理企业的管理型文化逐渐向关注多方利益诉求、科学规划、和谐发展、可持续发展的企业文化建设方向发展，各个港口均已经结合自身得实际情况与战略定位，建立了一套系统的企业文化规划并付诸实施。

（二）落地生根、兼容并蓄——新时期港口企业文化

作为一切社会事物的最基本属性之一，历史性是文化的基本特质，而所谓历史性，我们不妨可以将之理解为一

个国家的民族性与时代性的结合。讲到历史，无法脱离生于斯、长于斯的国家文化土壤，中国的港口人，从未脱离对于自身文化定位的历史考虑，综观我国目前港口企业的文化建设例证，无一不是在历史经验的发掘与反思中寻找着适合自身的文化发展路径。而另一方面，历史乃是动态的发展的过程，如何适应时代的发展诉求永远是每一代港口人需要解答的历史命题。脱离了时代，是停滞，放弃了历史，是背叛，真正有生命力的文化，显然是在中国绵长的海岸、江岸线上落地生根的我们自己的文化，吸收了中华民族优秀文化内核并不断适应时代进步的活的文化。

中国的港口企业，是伴随着西方列强的掠夺与国人的抗争而不断成长起来的，早期的港口企业，并没有思考自身的文化定位，实现自身的文化诉求的可能，列强建立企业虽然在客观上促进了中国港口的近代化进程，但其设立目的显然不是为了惠及当时已经灾难深重的国人，而是赤裸裸的掠夺，从而也就不会产生良性的企业文化，对于作为生产工具的另一种表现形态的工人而言，没有人文关怀，没有成长空间，更没有所谓对于职业的信仰与企业的自豪，就更遑论企业的社会责任了。可以说，旧中国的企业文化总体表现为列强与腐败官僚、买办的掠夺、压榨，以及港口员工的不断抗争、斗争的紧张的畸形的文化状态，如果这也可以被称为是一种文化状态的话。当然，在旧中国，也出现了中国民族企业文化的亮点，中国港航企业的先驱卢作孚先生在其所创立的民生公司，倡导“个人为事业服务，事业为社会服务，个人的服务是超报酬的，事业的服务是超经济的。”从而树立起“服务社会，便利人群，开发产业，富强国家”的“民生精神”曾经鼓舞了中国港航人投入伟大的抗日洪流，以一区区民营公司创造了远胜于“敦刻尔克”撤退的世界奇迹，保全了处于危难中的国家、民族的经济血脉而永远被镌刻在民族历史的纪念碑之上。中国人的精神、中国人的意志、中国人的企业精神在民生公司的实践中得到了完美的体现并获得了世界的尊敬。可见，中国的企业精神、企业文化，只要具备适宜其生长的土壤，就会马上落地生根，并逐渐枝繁叶茂。中国港口人所等待的是催生其发展的时代，这样的时代到来时其发展就会如同解冻的壶口瀑布，奔流直泻，气势磅礴。

经过了漫长的等待，中国港口终于迎来了发展的新时代，获得了解放的港口人在新中国建立后，在满目疮痍、一穷二白并面临封锁的土地上创造了一个又一个令人瞩目的奇迹，即时，我们的港口企业所依靠的就是“三老四严”的大庆精神，企业文化不仅具有强烈的民族意识，也被深深的烙上了时代的印记。而新时期港口企业文化，正是深深的植根于诸多前辈所铺垫的精神土壤之上的，港口企业，不是简单地盈利工具，不再追求单纯的功利价值，在中国深厚的文化土壤之上形成的是一种深具中国特色的企业文化，比如，青岛港所倡导的“三个一代人精神”，强调“一代人要有一代人代作为、一代人要有一代人的贡献、一代人要有一代人的牺牲”，这是何等的胸怀；天津港所构建的鼎文化所追求的诚信、责任、稳健的企业性格，所表现的文化底蕴是何等的厚重；而湛江港所追求的“像缆桩一样敬业，像潮汐一样守信；像大海一样包容，像太阳一样热情”的企业风格，“进是稳之本、变是进之源”的企业哲学，上海港“承接历史，承载使命”的企业核心价值观，这又是何等的气魄。应当说，我们的港口企业已经建立了深具中国特色的具有厚重的中华人文底蕴的企业文化。

尊重历史，重视传统作为国人的根本，长期以来得到了各港口企业的重视与关注，除了落地生根的传统延续外，中华民族另一特征也充分的展示在新时期港口企业的企业文化之中，那就是中华民族的兼容并蓄的文化特质。有人说，中国港口的现代化过程，也可以说成是中国港口建设与港口企业发展的不断西化的过程，此说着实不谬，历史的车轮不断的向前滚动，世界潮流的涌动自然不是将你推至风口浪尖，就是将你远远甩在其后而随波逐流。港口文化本身即是开放的文化、沟通的文化，作为中国近代化进程的始发之地，港口最早接触了西方已走在前列的物质与经济文明，从而也成为该等文明形态的最初试验场所，同时，港口作为世界通商贸易的枢纽，作为商业信息交流的中枢，港口企业也当然成为东西方文化交融的焦点，而有关企业理念也必然应当与世界经济发展的潮流相适应。

翻阅中国新时期改革开放的历史，可以发现：改革开放的大手笔是从港口的发展开始的；中国开始接触西方市场经济理念，建立现代企业管理制度、建设现代企业是从港口起步的，港口企业以博大的胸怀，锐意创新，作为中国改革开放的试验田，交出了一份令人满意，令世界瞩目的答卷。相应的，市场导向的现代企业文化也在中国港口企业中不断发展壮大，并已经具备了自身的特色。比如，大连港“胸怀大海，港容天下。追求卓越，超越自我。赶超先进，只争朝夕”的企业精神；烟台港“开放的枢纽港，自豪的大家园”的企业愿景；上海港“服务创新，专业保证”的企业品牌；宁波港“强港报国，服务世界”的企业宗旨；厦门港“服务至上，管理先行，科技推动，形象塑造”的企业文化，无不显示出新时期港航企业追求现代企业文化理念，吸收先进管理经验，兼容并蓄，为我所用的对外来文化现象的开放态度。

目前，各港口企业通过港口物质层面建设展现港口形象，通过港口文化制度、行为层建设规范港口行为，通过港口文化精神层建设引领港口理念，形成了具有鲜明特色的中国新时期港口企业文化体系，新时期港口企业文化已经在港口企业中落地生根。

1. 以港口文化物质层建设展现港口形象

所谓物质层建设，是文化的外在表现。虽然，它处在整个文化建设圈层的最外围，但往往能折射出该港口的经营思想、管理哲学、工作作风和审美意识及精神状态，是制度层和精神层的呈现载体，主要包括：港旗、港徽、港花、港歌；港容、港貌、自然环境、绿化美化、建筑特色；港口设备、设施、工艺流程、作业特点；港区标志、标准色、标准服；包括港报、电视、宣传栏、广告牌等的港口文化传播网络，以及工作和服务质量、态度、仪表礼仪等诸多方面。

这些寓意清晰，标志鲜明，风格统一的标识，为体现港口的特色，提高港口人的归属感起到了重要的作用。从内涵上说，又往往用简单的构图展现了港口和港口人的愿景。

例如大连港的标识以大连港集团的英文缩写字母“PDA”与象征百年洗礼的“海浪”层叠而成。“PDA”直观、鲜明地彰显了企业商号；“海浪”象征着经过百年风雨洗礼的大连港在新世纪的号角声中，在建设东北亚国际航运中心的宏伟大业中乘风破浪，全速启航。色彩上红、蓝相间的配置进一步强化了陆地与海洋及港口、码头、水岸和太阳出升的印象，与酷似锚链的“PD”以及酷似航标灯的“A”字母一道简洁明了地表达了港口的行业属性，展示了大连港集团蒸蒸日上的事业前景。

又如天津港，其标志为圆形，中间是一艘帆船，下方为水纹，水纹由粗渐细将帆船围成一个圆环，通体为白色。中间底衬呈海蓝色渐变，产生出透光效果。外圈是黑色底衬，内外环边沿呈凹凸形状，具有立体效果。外圈上方为“天津港”英文书写体，下方为“天津港”中文书写体，均为白色。

天津港标识由天津港地形演变而来。中间帆船船体为南疆港区地形，船帆为北疆港区和规划港区地形，由水纹围成的圆环表示天津港港区集中在一定区域内。蓝色底衬为深邃的大海，白色水纹恰似海上跳动的浪花，蓝白相间象征通往世界各地的海洋。外圈象征地球，表明天津港航迹五洲、通达全球。黑色代表港阔水深和历史悠久，象征天津港是一座国际化、现代化百年深水大港。整个图案寓意天津港乘风破浪，扬帆远航，欣欣向荣，兴旺发达。

2. 以港口文化制度、行为层建设规范港口行为

作为文化建设的中间层，制度文化和行为文化集中体现了物质层和精神层对员工和港口企业组织行为的要求，主要规定了企业员工在生产经营过程中的应当遵循的行为准则和风俗习惯。主要包括：工作制度、操作规程、特殊制度和风俗习惯4个方面。

就以“建设全方位、多功能、现代化的国际大港”为愿景的大连港举例而言，港口特别制定了行为识别系统。开展“金点子”征集活动，广泛征集具有特点的，员工在工作中经常遇到或可能遇到的一些棘手问题，由大家共同讨论形成最优的解决方案，并将这一方案固化下来，成为大家解决同样问题的基本原则，经编辑归纳整理，编辑成书后，成为对新进港职工进行培训的教材。建立规范职工行为的制度，在原有岗位责任制，满意岗位标准等制度和标准的基础上，以规范职工的行为为核心，编辑《员工手册》，包括：企业精神、企业价值观、服务理念、道德理念以及港口发展史，组织结构，主要功能，员工的责任与义务，企业与客户的关系等内容。创建学习型企业，以富有成效的教育培训为手段，提高全员的终身就业能力；以团队学习为途径，充分发掘每个从业人员的创新潜能。通过学习，努力提高港口从业人员的职业技能、职业道德和职业纪律。丰富职工的文化生活，通过开展反映时代精神，并体现港口特色的文化活动，陶冶职工的道德情操；通过开展各种形式的技术培训、岗位练兵和技术比武活动，提高职工队伍的职业素质；通过开展改善职工的工作和生活环境活动，增强职工的归宿感和自豪感。

再如广州港集团注重“全员参与文化塑造”，利用“青年文明号”、“青年岗位能手”、“巾帼文明岗”等平台，对港口各条战线上的先进人物进行深入挖掘、培养和宣传推广，用真实可信、可学可比的先进典型引导和激励广大员工立足本职，扎实工作，在不同的工作岗位上创造出非凡的业绩。如2004年9月，南沙港区一期工程如期建成投产，广大南沙港区建设者以“脱几层皮，掉几斤肉”的大无畏精神，夜以继日地超常规工作，用2年零9个月的时间创造了我国建港史上工期最短、同类工程费用最省的奇迹，使集团实现了从河口港向海港的新跨越，也涌现了全国劳动模范吴裕昆等一批先进典型。集团党委及时组织人力对南沙港区建设者的先进事迹进行挖掘、归纳和广泛宣传，提炼出了“只争朝夕、团结拼搏、科学创新、勇创一流”的南沙建港精神。同时，集团公司大力开展评选“十佳优秀青年”、“十佳技术能手”、“十佳劳务工”等活动，涌现了一大批先进典型，增强广大员工对建设世界强港的信心和工作积极性，形成了“实干兴港，艰苦创业”的创业文化氛围，鼓舞广大员工朝着世界强港目标开展新一轮创业，真抓实干，顽强拼搏，不断推进港口事业向前发展，发挥好文化塑造人、凝聚人、鼓舞人的作用，为新时期的广州港企业精神注入了重要的内涵。

3. 以港口文化精神层建设引领港口理念

精神层，顾名思义是指在长期的历史传承和实践中所形成的精神上的统一，是物质层和制度层的内涵。它是文化的核心和灵魂，既具有特定港口的特征，同时也包含了不同港口间的文化共性，从价值观、经营哲学、生存理念、改造理念、市场理念、服务理念、营销理念、质量管理、制人理念等方面都有着一定的借鉴意义。由于它在整个文化体系构建，文化同心圆的构成中，处于一个“吸收—辐射”的地位，因而这个层面的构建就显得尤其重要。

经过几年的系统建设，天津港建立起了以“中华鼎”为象征的企业文化体系。形成了“道为核、鼎为形、聚为神、力为果”的文化地图，引领天津港的发展。

“鼎”三足两耳。天津港文化建设的“三大目标”是把天津港建成一个兴旺和谐的大家庭、一支训练有素的军队和一所培养人才的学校，犹如鼎之三足，成为支撑天津港发展的文化根基，体现了平衡性。“家庭观”强调主人翁意识，追求的是和谐，培育的是自我管理型团队。“军队观”强调令行禁止，讲求的是有序，培育的是功能型团队。“学校观”，强调知识为导向，讲求的是创新发展和持续改进。天津港核心价值理念“发展港口、成就个人”犹如鼎之两耳，成为天津港可持续发展的强大原动力。

“两耳”的背后是非常淳朴的经营哲学：企业如何对待员工，员工就会如何对待企业；员工如何对待顾客，顾客就会如何对待企业。所以，天津港人确立了“以人为本”的经营理念，发展港口、成就个人是对天津港文化特质的精准阐释。

“鼎”文化在天津港有4层含义：

革故鼎新：鼎可以引申为创新和发展，天津港始终对环境变化保持快速的反应能力，在从容中保持警觉，在有序中保持敏锐，这是天津港持续健康稳定发展的不竭动力。

一言九鼎：鼎代表着诚信。鼎文化的中心点就是寻求真诚和构建信任，这是天津港的团队得以形成的纽带。

大名鼎鼎：鼎乃国之重器，是中华文化的重要标志，具有“显赫”、“重要”等意义。天津港要打造著名的国际港口运行商，与要塑造的文化品牌是相辅相成的。

鼎盛发达：在鼎文化的支撑下，天津港将实现科学发展、和谐发展、率先发展，建设世界一流大港。

天津港的“鼎”文化，包含着“发展”、“人本”、“卓越”、“和谐”的企业哲学，体现的是天津港诚信、责任、稳健、开放的企业性格，倡导和谐理念、培育和谐精神，为形成企业共同的理想信念，激发企业的活力、创造力和感召力，构建和谐天津港提供了智力保障和文化支撑。

另一百年老港——上海港，在其100多年的历史发展进程中，凭借自己独特的地理位置和区域优势，经过几代海港人的艰苦奋斗，逐步发展成为全国著名的港口，为上海城市发展和国民经济建设发挥了重要的作用。“城以港兴，港为城用”，在长期的港口发展过程中，上海港积累了深厚的文化底蕴，形成了优良的传统和作风，为上港集团实现建设世界强港的目标，集团高起点地建设具有时代特征和集团特点的企业文化创造了良好的条件。

从上海港的文化建设实践来看，文化建设在精神层上的投入十分重要。

首先，从思想上认识到：加强文化建设是传承上海港百年文化历史的需要，是建设世界强港，履行上海国际航运中心建设主力军历史使命的需要，是建设高素质员工队伍的需要。只有软实力，没有硬实力，企业发展就没有根基，只有硬实力，没有软实力，企业发展就没有层次和品位。坚持围绕中心、服务大局，服从和服务于上海国际航运中心建设和集团建设世界强港的战略目标，开展文化建设，把文化建设作为战略去部署、去落实。

其二，是要体现系统性、战略性和前瞻性，夯实基础，要以“承接历史，承载使命”为主线，提高员工素质，匹配战略需要，充分体现文化建设教育引导、凝心聚力、提升素质、促进发展的功能和作用。

其三，要多形式广泛持久地进行核心价值观、精神和品牌的宣传教育，使之日益深入人心，形成良好的精神风貌和文化成果，展示一个国际大港应有的风范。

其四，建设要结合实际，注重实效。打造“精、气、神”，调动积极性和创造性，从而进一步增强实效性。

上海港认识到，建设世界强港，不仅需要构建国际一流的现代化码头设施等硬实力，还要打造集团企业文化的软实力，提升企业和员工素质，打造集团服务品牌，塑造集团良好的对外形象。把上海建成航运资源高度集聚、航运服务功能健全、航运市场环境优良、现代物流服务高效，具有全球航运资源配置能力的国际航运中心这一目标的实现，加强港口企业文化建设乃是一条必由之路。

今天，新时期的港口企业文化，在中国厚重的历史文化土壤上，吸收外来先进经验的诸多养分，正在不断的成长、壮大，已经初具规模，在郁郁葱葱的新时期港口文化的浓荫之下，我们的港口，我们的港口人在未来会以更加挺拔的姿态屹立在世界港口行业的舞台之上并将会扮演更加重要的角色。

（三）挑战与机遇——新时期港口企业文化的时代使命

现代世界经济，空前繁荣，正在以几何级数速度向前发展，随着交通、信息工具的空前发展，世界正在逐渐地缩小，国家之间、地区之间、国家与地区之间的相互依赖程度达到了人类历史从未达到的程度。空前的货运规模、庞大的信息交流、复杂的交易环节、不断涌现的服务产品在向既有的硬件、软件环境提出挑战。而经营理念的变化，国际投资、交流的日益频繁，也对本土理念造成不断冲击。我们的港口每时每刻几乎都在面临着新问题，如何化危为机，如何处理好方方面面的关系与问题，港口文化理念也需要进一步地整合与发展。

随着国际经济一体化进程的加快，世界资源面临着如何被重新理性分配的问题，而分配的方式，即是在各个相互关联的利益方之间寻求一条共赢的可持续发展道路。我国目前的港口企业的投资主体，已经从之前的国有一统天下的局面发展到了投资多元化、国际化的阶段。多元化不仅涉及国有、民营、有限责任公司、股份制等多种投资主体与经营方式，而且涉及海外投资的涌入，目前国内的主要大港几乎都有外资成分，外资的涌入，不仅带来了新的管理模式与经营理念，也带来了不同地域文化之间的撞击。如何处理好不同文化之间的和谐共处，如何发挥既有的文化优势并吸收外来文化的先进经验，为我所用，是目前各港口的当家人与员工所要面对的重要问题，更不必说不同投资主体之间在利益诉求方面的差异所带来的经营理念碰撞问题了。如何适应不同投资主体各自特有的企业背景、管理模式、区域文化、组织氛围以及沟通方式的课题，现实地摆在了中国港口企业的面前。而能够妥善解决以上问题的途径，其根本之处还是在于建立与完善与之相适应的企业文化，发挥企业文化的引导、规范、协调、凝聚、激励的作用。

以青岛港为例，青岛港2003年7月21日与马士基、中国中远集团、原英国铁行“三国四方”携手合作，在北京人民大会堂签订“青岛前湾集装箱码头合资项目”，温家宝总理与时任英国首相布莱尔率两国多位部长出席了签约仪式。2009年，在金融危机的严峻形势下，香港泛亚国际航运、招商集团又先后加入，“三国六方”共同经营青岛

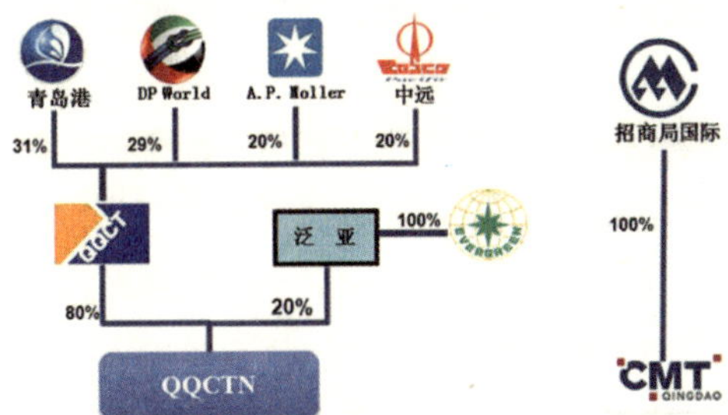

港集装箱码头岸线，开创了国内外港航企业多方合作的崭新模式，形成了强大的发展保障联盟，青岛港在企业管理理念方面做到了西方企业管理经验与我国港口企业管理模式的有机结合，2009年青岛港完成1026万TEU，世界排名比2008年再提高一位，跨入了世界集装箱大港前九强。

目前，我国港口企业根据自身特点普遍建立了以建立现代企业制度为目标，为现代港口企业制定企业长远规划，注意近期效果，全力推动企业文化建设发展的企业文化发展方略，并已经取得了良好的成效，我国港口的吞吐能力在不断壮大，在世界航运领域中区域优势在不断增强，已经成为世界航运产业发展中的亮点。

在面对外来文化冲击与协调问题的同时，我国港口企业之间也面临着由于企业产业结构调整，中央与地方港口与经济规划之间的协调问题，港口之间的竞争关系已经摆在了我们面前，是为了追求经济效益而展开无序的竞争，还是根据实际情况调整自身企业的战略布局，发挥优势，与其他港口企业之间营造一种互相促进的良性的竞争与合作并存的关系，成为港口企业要做出的抉择，而如何避免产生无序竞争所导致的消极后果，企业的文化理念显然又成为了主要指导因素。我国的港口企业选择“和谐发展”的路径，港口之间分别针对自身的优势形成临近港口之间的优势互补，目前国内诸多的支线中转港口以及无水港的概念正是此种观念的体现。近年来，随着竞争深入与产权分散化，在港口产业出现了一种介于协作与对抗之间的适度竞争模式——协同竞争模式。由于同一港群内各港在缺乏沟通与合作的情况下进行单独扩展和纯粹竞争，容易诱发严重的能力过剩，损害港口物流系统的整体效率，因此，加强港口间合作与分工，港口在一定区域内的联合协调发展已形成广泛共识。各港口间不同形式的联合发展，也已成为我国港口发展的重要趋势。中国港口企业从过去单纯追求吞吐量规模的粗放型数量增长，向追求经济效益的质量型增长转变。各港由于发展条件不同，在市场竞争中为了营造和发挥自己的相对优势，将朝合理分工的方向发展，并在竞争中趋于合作。考虑到区域内贸易的迅速增长及海上运输结构的变化，使得贸易发展不仅依靠一定数量的枢纽港，更需要建立在港口合作基础上的区域港口网络。实践证明，我国的港口企业，是面向未来的企业，是强调可持续发展的企业。在如何处理好港口企业之间的竞争合作关系的问题上，我国的港口企业不断探索，并不断地在解决问题的过程中更加强大，我国的企业文化建设在企业的战略规划与服务布局方面也取得了长足的发展。

和谐发展，不仅涉及企业与企业之间的和谐发展，也涉及企业所处的地域、城市以及环境之间的和谐发展问题，港口的功能已经不再局限于传统的货物集散功能，完全可以凭借本身的优势地位派生出更为复杂多样的服务模式，满足人们的需要，同时，港口的影响力也发生了空前的扩大，现代物流业从港口发散并日益发展、发达的事实正是以上情况的有力证明。而港口其所处的城市与地域之间的和谐共处，则是在港口规模扩大、服务领域扩展的同时需要面对的重要课题，一方面，港口企业所处的城市与地域作为港口企业的物质基础，需要企业予以维护；另一方面，港口企业的经营资源、服务对象也主要来源于其所在的城市与地域。实践证明，港口企业将其与港口城市、地域之间的关系妥善处理，使港兴城兴的根源所在，这正是我国政府提出“以港兴城”战略的根本原因之一。在此方面，国外的港口企业发展实践已经提供了很多的成功经验或者是失败教训，荷兰港口与城市之间的完美融合，新加坡港口与城市之间的和谐共处都是目前的成功例证。同样的，我国的港口企业也通过企业文化在不断的表达此种与所处城市与地区和谐共处，共同发展的愿望，比如，连云港提出“强港富民，服务社会”的企业使命，厦门港“依托福建石雕文化打造中国石材贸易基地”的发展目标，泉州港“立足港口综合物流服务，建设现代化工贸港口城市”的企业宗旨，重庆港“长江上游主枢纽港，西南地区物流中心”的企业定位等都是港口企业文化中对于港口与城市、与所在地域之间和谐发展得具体体现。但是，经济的发展必然会带来企业与环境之间的冲突与协调问题，人类有目的的创造生产活动必然会带来相应的环境变化，关键的问题是，这个变化的发展方向如何?

新时期港口企业在面临着与外部环境之间进行协调的同时，随着社会的不断发展，另一个需要关注的问题也不容忽视，那就是企业与构成企业的员工之间的关系问题，这也是港口企业文化的重点所在。人本性乃是企业文化的关键特征之一，正如有学者所指出的“企业文化关注的中心，在于对企业中人的因素的管理与激发，虽然如此做的终极目标在于企业价值的顺利实现，但这并不妨碍企业以开发人的潜能为切入点的管理模式为企业带来的巨大张力。当衣、食等最基本的生存需求得到满足，人们需要满足交流的需要、给予的需要、被尊重的需要、个人价值实现的需要等。一个人一生中最宝贵、历时最长的时间与空间都是用于职业生涯的，所以，企业的成长与发展需求与个人的成长与发展需求在企业文化这个层面达到了完美的契合。企业文化是一种以人为本的文化，着力于以文化因素去挖掘企业的潜力，尊重和重视人的因素在企业发展中的作用”。社会在发展，人的意识也在不断的变化、更新，人们的物质需求与情感需求都较比从前发生了微妙的变化，粗放型的人事管理制度与管理模式已经不再适应目前的企业需要，如何积极推进住房制度改革、工资制度改革、医疗制度改革，建立员工养老保险、企业年金以及员工休（疗）养制度，如何加强港口员工的职业道德建设，教育广大员工发扬敬业爱岗的奉献精神，提高自身服务质量，杜绝行业不正之风，自觉维护港口良好形象，如何定期组织或开展各种有益的文化娱乐活动，与客户、合作伙伴充分沟通与交流，使员工在轻松的氛围中联络了感情，增进了相互间的理解和支持成为新时期港口企业所要考虑的重要问题。这在目前我国港口企业的企业文化建设中占据了重要的地位，比如，大连港“以人为本，以德兴港”的企业价值观；天津港“发展港口，成就个人”的企业核心价值观；青岛港“一心为民，造福职工”的企业宗旨；日照港“服务社会，成就员工”的企业使命；宁波港“以人为本，科学发展”的企业核心价值观；芜湖港“人本创业”的经营理念；南通港“为客户、员工、股东创造价值”的企业价值观等无不体现了人本思想在目前港口企业文化建设中的重要地位，人为企业之本，已经成为新时期港口企业的重要共识。

新时期港口企业面临着来自外部与内部的诸多新课题需要解决，企业文化自然就承载了这些时代所赋予的使命，如何完成该等使命，如何在企业文化的不断完善与构建过程中实现企业自身的价值目标，为企业、为员工、为客户、为社会创造价值，需要港口人在实践中不断的探索，新时期港口企业文化将永远处于不断的自我完善的过程之中，港口人将站在时代的潮头接受时代的考验。

二、仁者爱人——新时期港口企业文化的人本理念

孔子曰“仁者爱人”，孟子曰“民为贵、君为轻、社稷次之”，老子曰“道法自然”、“天人合一”，这些辩证思想都体现了对人的作用和价值的重视与肯定。我国新时期港口企业的重要文化特征之一，即为人本思想的充分显现与贯彻，以人性化的思维方式分析问

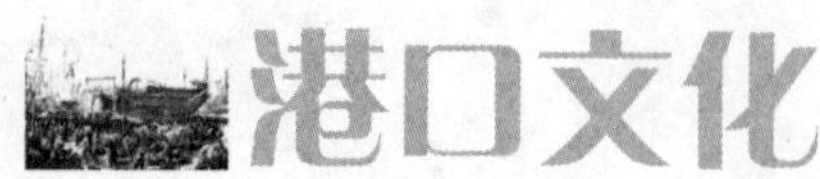

题、解决问题。为员工营造温馨、舒适的工作环境、为客户营造细致、周到的服务环境是新时期港口企业文化的两大重要方面。港口企业作为人文关怀的最基本载体，担负着国家、社会和谐氛围建设的重要使命。

（一）人本理念与新时期港口企业文化

尽管港口企业文化是体现在物质层面、制度层面、精神层面等不同方面的综合文化系统，但毋庸置疑的是，一个优秀的企业文化一定也必须是尊重人性的文化，只有尊重人性才可能使得企业文化具有无限的包容性并获得终极性的认同和尊重，进而才会体现其凝聚人心的作用，实现企业文化的存在价值，任何一个企业的文化如果背离了人性，这种文化就只能是一种扭曲的文化，一种缺乏包容性的文化，一种不可能被员工、被服务受众、被社会公众所认同的文化。在企业文化建设中贯彻人本理念，乃是构建企业文化大厦的基石。

人本理念，是一个含义丰富的文化概念，对于企业而言，其所涉及的问题即是如何妥善的处理好企业经营过程中所涉及的与人有关的问题，主要包括企业与职工之间的关系，企业与服务受众以及社会公众之间的关系，鉴于后一层关系涉及港口企业文化的另一重要方面，即企业的社会责任问题，该问题本书将予以专门阐述，这里，主要涉及前两个方面。对于港口企业文化的感受，并不仅涉及对于港口企业物质层面的外观感受，更为重要的是体会港口企业经营过程中无处不在的关乎个体的细节安排与照应，从内部考虑，所谓“家和万事兴”，港口企业作为一个包容了众多员工的大家庭，构建和谐的工作氛围、安全、舒适的工作环境，人性化的管理体制是港口企业文化人本理念的必然要求；从外部关系而言，港口服务本质上是针对人的服务，港口企业服务的终极感受主体乃是作为上帝的服务受众，如何以优质、高效、周到的服务赢得服务受众的广泛信赖，使港口企业人本理念的另一重要表现方面。只有人性化的安排才能起到深入人心的终极影响，才能真正奠定企业发展的心理层面的共识，从而真正形成港口企业文化积淀，成为引领港口企业发展的航标，成为激发港口人爱岗敬业的精神要素。

考察我国目前的港口企业的企业文化建设，从港口企业的核心价值观、企业使命、企业的人才观、服务观、市场观、安全观、效益观等各个层面考察，无不体现港口企业在建立港口企业文化中的人本考虑。中国的港口企业充分认识企业文化中人本要素的重要地位，并不断在人本理念为基础的企业文化建设中受益。对于港口企业文化建设中的人本理念，可以在各港口企业所提出的企业文化建设目标中得到深刻的感受。

比如，大连港以“以人为本，以德兴港”作为企业的基本价值观，强调“客户需求是我们的责任，客户满意是我们的标准。服务、质量、效率三位一体。客户是我们的衣食父母，也永远是我们的朋友”的企业服务理念；“人才是企业最大的财富。尊重人才，激励创新。崇尚绩效，注重能力，完善用人机制”的企业人才理念，正是企业的服务理念与人才观成就了一批以王红为代表的大连港服务明星。王红同志是一名默默服务在平凡客运岗位上的普通员工，1992年在全国最大的沿海客运码头从事客运服务以来，在“有困难找我”

精神的感召下，为有困难的旅客真情服务，义务照顾老弱病残旅客6300余人次，为没钱买票的旅客垫付票款累计3200余元，拾金不昧折合现金2000余元。她坚持早来晚走，在春运夏运时期义务奉献工时达1000多个。多年来，在客运服务一线共收徒弟32名，组成“王红服务小组”，并提出“心与您同行，有困难找我”的服务承诺。在服务中，坚持以身作则，哪里有困难就走到哪里；坚持学习致用，大胆创新服务工作；提出多说话、多动手、多留心的“三多”服务；实施重点旅客售票、候船、接送、上下船，以及到达对方港乘车出站一条龙的“爱心卡”服务；为旅客提供个性化和亲情化的“微笑”服务，组织客运人员捐款设立“爱心基金”，为没有钱的旅客垫付票款。在服务中，坚持从“一句话、一杯水、针线包、创可贴”这样一点一滴的小事做起，对旅客有问必答、有求必应，用实际行动唱响了“超越旅客需求，比满意做得更好”的服务之歌，被誉为渤海湾客运窗口行业的“服务明星”，并2007年荣获全国五一劳动奖章。以王红为代表的这群服务明星只是大连港口人的一个缩影，他们在平凡的岗位上对客户践行忠诚，仁心待人，用心做事，常怀感激之心，牢记奉献之道；也直接反映了大连港“成就部属就是提升自己。赏罚及时，对事对人。做指导者，做支持者。时刻不忘激励”的企业管理者操守。

而另一百年老港——青岛则将其企业核心价值观定位在“以信念、感情、珍惜、奉献为主题的人本价值观”之上，以“一心为民、造福职工”作为企业的宗旨，以“精忠报国、服务社会、造福职工”作为企业所肩负的三大使命，坚持“对国家的贡献要越来越大，港口发展后劲要越来越强，职工生活质量要越来越高，精神文明建设要越搞越好”的核心价值观，全力打造“平安福港、效率快港、实力强港”。青岛港人也以实践证明了自身在企业文化的人本理念建设上的成功。

作为新兴港口的日照则通过对于企业“阳光文化”的基本含义的诠释表达了自身的人本理念追求：“日照港是阳光港口，她既是创业的平台，让员工充分享受日照港的发展成果，又是温馨的港湾，让中外客户充分享受日照港的阳光服务。统筹整合港口内外资源，与国家、社会、客户、合作伙伴以及各种利益相关者建立利益共同体和命运共同体，内和外通，和商共赢， 回报股东，满足客户和社会公众需求，与合作伙伴共赢发展，与自然和谐相处，与社会共同繁荣，增强亲和力和感召力，塑造良好的企业形象，形成强有力的集聚功能。”日照港将阳光文化从真诚、和谐、激情、创新、开放等5个方面进行了阐释，即真诚：“真诚服务”——热情友善、诚实守信、奉献真情；和谐：“人本人和”——以人为本、感恩包容、团队精神、文明有序、 安全环保；激情：“激情创业”—— 爱港敬业、执着奉献、事业为大；创新：“自我超越”——解放思想、开拓创新、勇于实践、实现持续突破；开放：“海纳百川”——“诚通四海、兼容并蓄、有容乃大、和商共赢、实现国际化、成就光明未来”等4个方面进行了形象的阐释，获得了广大员工的认同，并在企业发展进程中起到了明显的引领作用。

由此可见，企业文化的人本理念已经成为新时期港口企业文化的基本价值理念，为员工营造温馨、舒适的工作环境、为客户营造细致、周到的服务环境成为新时期港口企业的基本目标。当然，企业人本理念的文化构建不能停留在系统的构建层面，更为重要的是对于所构建的企业文化体系的厉行实践，只有人性化管理、人性化服务得到了真正的贯彻，其才能在新时期港口企业中深入人心并发挥其应有的作用。

（二）工人伟大、劳动光荣——员工与港口企业人本理念

“工人伟大，劳动光荣”，作为一句朴实到极致的企业文化口号，已经朴实到无法诠释的地步，在目前诸多纷繁复杂、词句华丽的企业文化用语面前，几乎被认为显得有些粗陋且过时。但应当知道，最切实的感受一定来源于最为朴实的情感，最为真切的行动不必华丽的辞藻进行修饰，内心深处的震撼与认同往往来源于最为朴实的话语。此种震撼在人们走进青岛港港区之时得到了充分的证明，鲜红的大字“工人伟大，劳

动光荣”让人难以抵挡这种似乎是久违了的视觉冲击，让人们的内心深处涌起一股长期未能品味到的亲切感受。在如此朴实的话语面前，人本观念的真谛以最为真实的面目呈现在了人们面前，员工作为港口企业的最宝贵财富的观念，以最为简单方式被表现出来，其他一切过分修饰的话语在其面前都显得有些多余，港口以最为简单的表达方式表明了其对于员工的基本企业文化理念。让我们从青岛港这种简单的理念表达方式出发，来细细地品味我们的港口企业大家庭吧。

按照中国人的习惯，人们会把企业比作员工的家庭，国人的浓重的家庭亲情观念始终贯彻在企业的管理经营理念之中，港口企业自不例外，他们所要给与员工的不仅是谋生的场所，更是一种家庭的温馨感觉，一股家庭式的推动个人自我实现的强大与温暖的推动力，以家的理念来构建企业的管理制度与策略是中国港口企业必须回答的重要企业文化命题，这也是广大港口企业员工的基本诉求，国人重感情、讲情义，当其对于企业有了家一般的认同感之后，从而乐于奉献，乐于付出，发挥其埋在心底的巨大潜力；2010年全国劳模陈汶祥就是这样一名乐于奉献与付出的员工，被誉为港机维修能手。陈汶祥是招商港务（深圳）有限公司机械二部固机维修队班长、高级主修工。从参加工作开始，他从一名普通工人一步步成长为企业生产一线的重要技术骨干。他把自己满腔的工作热情和一颗赤子之心都献给了深深热爱的设备维修事业。陈汶祥主要负责公司集装箱专业设备（岸桥、场桥、轨道吊）的维护、保养、修理工作。他所带的班组各项工作走在公司各班组前列，连续几年被评为先进班组。陈汶祥凭着过硬的技术本领和忘我的工作作风，几年来，他发现的、处理的大小故障不计其数。从2001年进入招商港务工作以来，陈汶祥同志以自己的实际行动和骄人业绩为企业的安全生产和创新发展做出了突出的贡献，赢得了公司领导和广大员工的信任和尊敬。

港口企业通过自身的实践证明了新时期港口企业不仅有让员工享受企业家庭般温馨的理念与规划，更有着实实在在的践行路径。考察我国各大港口企业的企业文化规划目标，无一不在强调人本理念在企业员工管理与员工服务方面的贯彻。

青岛港将“造福员工”作为企业三大使命之一，在“工人伟大、劳动光荣”的朴实话语的引领之下构建自身的企业文化，坚持用真理的力量启迪人心、用人格的力量激励人心、用情感的力量温暖人心、用民主的力量凝聚人心；正是在这句朴实话语的激励下出现了青岛港新一代的产业工人楷模许振超。许振超同志是山东省青岛港前湾箱

码头有限责任公司高级固机经理，所在的青岛港前湾集装箱码头是由青岛港集团、英国铁行集团、中远集团、丹麦马士基集团总投资8.87亿美元合资经营的目前世界上最大的集装箱码头企业之一。许振超参加工作30多年来，以“干就干一流，争就争第一”的精神，立足本职，务实创新，干一行，爱一行，精一行。他自学成才，苦练技术，练就了“一钩准”、“一钩净”、“无声响操作”等绝活，并模范地带出了“王啸飞燕”、“显新穿针”、“刘洋神绳”等一大批具有社会影响的工作品牌。他带领团队按照“泊位、船时、单机”三大效率的标准要求，深入开展比安全质量、比效率、比管理、比作风的“四比”活动，先后六次打破集装箱装卸世界纪录，使“振超效率”令世人赞叹，将“振超精神”名扬四海。“10小时保班”服务品牌为顾客提供了超值服务，吸引了全球各大船运公司纷纷在青岛港上航线、换大船；他还积极响应建设节约型社会的号召，按照青岛港“管理挖潜年”的要求，多方试验在冷藏集装箱上加装节电器，仅2005年就节约电费600万元，投资回报率达到60%。自2006年以来，他积极响应国家节能减排的号召，领衔组织实施了轮胎吊“油改电”技术改造，填补了这一技术的国际空白，在全部77台轮胎吊投入使用后，年节约资金3000万元以上，噪声和尾气污染大为降低，接近于零。许振超坚持青岛港“一心为民，造福职工”的好政策，把员工当成自己的兄弟姐妹，倍加关心爱护，始终把保障下属员工安全作为自己第一位的责任，为员工制作和发放了“安全卡”、“爱心卡”。他还积极参与社会公益事业，带动同事们为身患骨癌的沂蒙山小姑娘捐款3万元，保证了手术的顺利进行，使小姑娘得以康复。2005年4月，许振超被全国总工会评为全国劳动模范，“振

超精神”也鼓舞了无数港口人。青岛港以生动的事例感染人、打动人，给港口企业赋予了越来越浓厚的知识和文化含义，更加提升和丰满港口企业的品牌价值和品牌内涵，进而使港口企业产生强大的凝聚力和吸引力。

广州港集团有限公司则始终坚持“以人为本”，高度重视各类人才的培养和使用，按照“发展港口、成就员工，实现企业与员工协调发展”的理念，着力倡导建设与一流港口企业相适应的企业文化，建设和谐企业。

大连港则将企业团队行为理念定位于：“集团利益高于一切；若要求员工爱企如家，就应该把企业办的像家一样温暖；工作是快乐的；鼓励创新，容忍失败；人人是学习之人，处处是学习之所；勤于思、敏于行、乐于言；议则百家争鸣，行则步调一致；安全第一，珍爱生命。”

目前，成就员工、为港口企业员工营造温馨、安全的工作环境、贯彻人性化的管理制度已经成为新时期港口企业文化的重要组成部分，成为企业经营发展的重要坐标。新时期港口企业的管理层已经完全摆脱了那种机械式的人员管理模式以及单纯追求企业效益，将员工作为简单劳动力看待的落后的思维与企业管理模式，已经充分认识到员工与企业之间家庭式的和谐发展才是企业进一步壮大、发展的必由之路。

（三）平安福港——构建港口企业安全文化、营造安全工作环境

安全文化是随着人类的生存和发展而产生的，并随之得到不断的创造、继承和发展。港口安全从目前来看处于不太稳定时期，安全意识薄弱，安全学习培训效果不明显，以人为本思想不突出等现状突显了坚持“安全作业”理念的重要性。安全文化的形成，是衡量港口企业管理水平的标志，是港口实现可持续发展的有力保障。现代安全管理理念促进安全文化体系的形成，塑造港口安全文化是一项长期、艰巨而又细致的工作，它需要有目的、有意识、有组织地进行长期的总结、提炼、倡导和强化。

面对人命攸关的大事，港口安全不能有丝毫的放松。采取必要手段，强化新的价值观念，用理念指导人，用行为规范人，用视觉提醒人，时刻提醒注意安全作业，大大减少危险源演变为事故的几率。

以山东日照港为例，山东日照港煤码头因皮带机滚筒摩擦生热而燃起的“那把火”，不仅烧毁了装船系统流程上的1000 多米皮带，也“烧醒”了港口决策者和经营管理者的头脑。自从1993 年末遭受了那场突如其来的意外火灾之后，全港上下痛定思痛、居安思危，迅速把港口消防安全工作摆在全力打造“平安港口”的突出位置，连续

13 年累计追加投入上亿元加强港口消防建设，完善消防基础设施，添置先进消防设备，改善消防队伍的工作生活条件。日照港坚持以人为本不断强化消防安全教育为主线，全方位努力构筑港口消防安全可靠屏障，先后主动或应邀为各单位上消防课480 余堂，广泛普及消防基本知识、消防法律法规，进行消防安全技能培训和火灾案例警示教育，受众累计已达22540人次，积极启发引导港口广大员工牢固树立消防安全意识和义务监督责任意识，坚决摒弃“刀枪入库、马放南山”和“消防工作与己无关”的松懈麻痹思想，进而时刻保持百倍警惕防火患于未然，确保港口各大货运码头、危险化学品作业区、多条皮带机流水作业线、各类散杂货库场、建设工地、办公区、生活区等50 多处消防安全重点部位万无一失。由于消防安全教育“长流水不断线”，消防监督管理严格又细致，各项消防安全防范措施落实到位，日照港连续13 年未发生重、特大火灾事故，为建设平安、和谐港口营造了良好的安全生产环境。

日照港开展冬季安全教育

而青岛港则将政治平安、生产平安、信访平安、治安平安、交通消防平安的“五个平安”作为当前和今后各项工作的重中之重，以统一思想为重点抓好政治平安；以加强“四防”为重点抓好生产平安；以严防死守为重点抓好治安平安；以化解矛盾为重点抓好信访平安；以查找隐患为重点抓好消防交通平安，确保“五个平安”。在全港员工之中牢固树立“平安危机是最大的危机、平安风险是最大的风险”、“‘五个平安’高于一切、重于一切、决定一切”的忧患意识，把“五个平安”作为第一位的工作、第一位的责任、检验工作第一位的标准，当作最薄弱、最敏感、最关键、最重要的环节抓牢抓实。形成了“横到边、纵到底”的“五个平安”信息畅通网络。建立起以集团安技部为中心，公安局、办公室、各基层单位层层包保、层层负责、层层落实的信息网络闭环体系，确保每天信息畅通，分析和应对及时。创新警民治安联防工作机制，以“门卫和限制区域检查、货物安全防范、安全巡逻、技防设施”、“四条主线”为重点，实施“五个平安”目标管理和风险管理，实行定量控制、风险评估和考核管理。港口共组建警民治安联防工作小组22个、成员201人，相继制定了各类工作职责及考核标准等11种，坚持日报告，周例会、月通报制度，最大限度调动全港民力齐抓共管、综合治理。加强港口交通规划和调流工作，积极抓好交通设施建设完善。全力加强交通安全源头管理。坚持消防监督员、防火巡逻队每日开展日常检查，开展棉花仓库、危险品库、驻港箱站、民工宿舍等重点部位、场所的消防安全检查。加强用电、动火安全和车辆防火等专项治理。同时建立部门联动的“五个平安”组织保障体系，不断强化基层队、班组、车（工序）组“五个平安”管理的控制力。扎实抓好重点单（部）位、重点货种船舶、重点时段的消防保卫工作，确保油港、油码头、液化码头、危险品集装箱堆场等部位的防火防爆安全。

安全文化的建设所体现的不仅是对于员工、对于企业的责任，也体现了对于员工家庭的责任，平安是福，新时期港口企业在平安理念的保障下实现了企业的可持续发展，构建了港口企业和谐发展的良好氛围。

（四）成就员工——新时期港口企业的人才观

注重人才培养，创造发挥员工价值的良好环境，不仅是港口文化和谐层面的建设要求，更是“以人为本”港口企业文化理念的本质特征。实践证明，有什么样的人才观，就会释放出何等的港口企业产能，就会激发起何等的港口企业活力与效率。

谈及人才培养有一个企业不得不提，它以“发展港口、成就个人”为核心价值理念，这就是天津港，“成就个人”是“发展港口”的强大源动力，正是这样的价值理念成就了蓝领专家孔祥瑞。孔祥瑞是一位高级工人技师，现任天津港股份有限公司煤码头分公司操作一队队长兼党支部书记，先后在天津港一公司、六公司固机队作司机、任队长。

孔祥瑞同志是伴随天津港建设发展而成长起来的新时期知识型产业工人。1994年以来，9次被评为天津市“八五”、“九五”、“十五”立功先进个人；先后荣获1998年度天津市劳动模范、2000年度天津市特等劳动模范、2001年全国“五一”劳动奖章、2005年度全国劳动模范、2006年度全国优秀共产党员等称号。

在港口一线工作33年的实践中，他把全部精力倾注在港口建设发展上，放弃了多次学习深造的机会，始终坚持在实践中学习，在实践中提高，潜心钻研，积极进取，学习先进技术，勇于创新实践，由一名技术工人成长为“蓝领专家”。

在天津港冲击亿吨大港的2001年，他主持创新“门机主令器星形操作法”，使门机每一次作业可节省时间15.8秒，平均每天多干480吨，当年创

效1600万元。这一操作法被市总工会命名为“孔祥瑞操作法”，被授予“天津市职工十大先进操作法”之一，在同行业推广。他主持的“门座式起重机中心集电器”技改项目，被授予2003年国家级实用型发明专利。近年来，他主持开展技术创新项目50多项，为企业创效6200多万元。作为队长，他以身作则、率先垂范，严格管理、培育人才，他所在的队有多人获得全国技术能手和各级先进称号，带出了一支技能型、知识型高素质的队伍。

再如湛江港，贯彻“揽有志之才、育可塑之才、用实干之才”的人才观，它不仅关心工作人员，而且认为工作环境可以影响人、改造人、培育人，因此，湛江港重视人才的培养，湛江港集团为员工提供的培训机会目前已达33000多人次。为员工在企业中的自我价值实现营造了良好的氛围并提供了优越的条件。

上海港则将人才的培养作为企业服务质量重要保障，注重人才的培养，重视员工的培训和发展，不断提高员工的职业技能和服务本领，培养出了被誉为“金牌发明家”的上海国际港务(集团)股份有限公司副总裁包起帆，他是一位用科技创新改变我国港口装卸工艺落后面貌的发明家。长期在港口生产第一线从事物流工程的研发工作，具有创新、再创新的强烈意识，不断开发具有跨时代意义的港口科技。提出了用智能模糊技术来实现集装箱码头机械全场自动调度和集装箱堆场堆取，在码头集装箱多级优化管理系统领域内，用数字化、智能化来提升港口的核心竞争力；采用虚拟技术建立码头仿真模型和新型集装箱港区功能横断面布置模式等创新理念，建成了我国第一个自动化无人堆场，开通了国际上第一条带有集装箱电子标签的商业运营的集装箱班轮航线，掀起了

一场改变人类运输方式的革命。2007在第95届巴黎国际发明博览会上，一次获得4项金奖，成为105年来第一次获得该展会奖项最多的人。秉承“技术是第一生产力”，坚持开拓创新，实施科教兴国，不断提高上海港口核心竞争力，发挥上海港在日益激烈的港际竞争中的优势。上海港还加强科学管理，不断提升企业的管理水平，以高素质的专业水平和服务技能，为客户提供安全、高效、优质服务；以可靠、专业的管理措施和技术能力，满足客户的需求，保证客户目标的实现，努力塑造国际一流服务品牌。

广州港集团公司则以加强思想道德建设为重点，把学习践行社会主义荣辱观与学习时代英模等工作结合起来，把开展职业道德教育与“创学习型组织，争当知识型员工”结合起来，通过召开学习许振超动员大会，邀请包起帆、许振超等先进人物来港作报告、开展技术比武、技术创新活动等，着力培养广大员工爱国守法、诚信知礼的现代公民意识，培养员工爱岗敬业、实干创新、自强不息、奉献社会的情操和对企业的忠诚度，为培育企业昂扬向上的核心价值观奠定了坚实的基础。同时，集团利用“青年文明号”、“青年岗位能手”、“巾帼文明岗”等平台，对港口各条战线上的先进人物进行深入挖掘、培养和宣传推广，用真实可信、可学可比的先进典型引导和激励广大员工立足本职，扎实工作，在不同的工作岗位上创造出非凡的业绩。

涌现了许振超这一当代技术工人典范的青岛港始终坚持人才是第一资源，把凡是能解决发展问题的、作出贡献的都作为人才，在这个基本理念指导下，青岛港形成了独具特色的人才观：人人都可以成才；育人观：德才兼备；选人观：德为重、信得过、靠得住、能干事；用人观：以能力论英雄，谁能干就让谁干，谁干得好就叫谁干。按照“干什么，学什么；缺什么，补什么；练什么，精什么”的基本原则，持续开展岗位学政治、学业务、学技术、学文化、学实践的“五学”活动，走出了一条“靠知识摆脱愚昧，靠科学摆脱落后，靠发展摆脱贫困”的强港之路，培育和锻造了一支以许振超为代表的高素质的金牌团队。由过去77%的员工只有初中以下学历，现在发展成为5472名专业技术人员和6839名技术工人（其中农民工2363人）为主体的高素质员工队伍，涌现出290多个员工品牌和1500多个“绝活儿”。从2009年开始，青岛港响应中央省市号召，大力建设学习型党组织、学习型港口，有针对性地开办了包括三级班子、两级机关管理人员在内的更高层次的工商管理高级、中级和专业研修班，先后有1561名员工接受了暴风骤雨式的“素质革命”的洗礼。2010年4

月份开始，又用3个月的时间分9期、8个专业对1645名管理人员进行为期一周的脱产专业培训，培养又红又专、德才兼备、具有真才实学的有用人才。

港口企业的最终活力来源于组成企业的每一个员工，企业员工中潜藏着巨大的效益资源，如何将该等潜在的资源有效的激发出来，无疑已经成为每一个港口企业所关注的焦点，新时期港口企业已经充分的认识到，依靠员工、成就员工乃是港口企业发展、壮大的不二选择。

（五）爱港如家——港口与员工同步发展

追求经济效益，是现代企业的根本特征之一，实现港口企业的发展，是新时期港口企业所不懈追求的目标，但在效益与发展的追求过程中，如何做到企业发展与员工的物质利益同步发展，如何使得员工在港口企业中获得实实在在的经济安全感、如何让员工在港口企业中实实在在的扎根则是港口企业所追求的经济效益与发展目标的最切实保障。要求员工爱港如家，必须首先获得员工对于港口企业的家庭认同，而该等认同无疑将主要体现在港口企业对于员工的收入、待遇以及生活细节方面的关心与照应。这也是港口企业人本理念的最根本体现，每个员工心里都有一杆秤，这杆秤的衡量结果对于港口企业的人才吸引力与企业创造力、生产力均起着决定性的作用。在新时期港口企业文化的构建过程中，为港口员工谋福利、谋发展始终是港口企业所追求的重要目标，港口企业正在不断通过一件件实事赢得员工的信任，培养港口员工对于港口企业的归属感，从而创造出港口企业发展骄人的成绩。在位员工谋福利的问题上，各个港口企业均不遗余力，把我国的港口企业构建成为员工温暖的企业大家庭。

以大连港为例，其在关心职工，爱护职工，努力为职工办实事、办好事方面做了大量的工作。大连港集团始终坚定践行着这样的原则：要让港口的改革发展成果惠及港口的每一名职工，要让港口的发展与职工的物质利益发展实现同步。集团每年投入8000万元，力争在5年内解决所有职工的住房货币补贴问题；以比照市标准上浮20%为全港职工发放采暖费补贴；进一步提高离岗退养人员的生活标准；整合后勤服务资源，投资600万元改善职工的就餐、住宿和洗浴条件；2007年下半年在全港范围内进行工资调整，使全港的每一名职工都成了实实在在的受益者；常年坚持职工健康疗养制度，每年安排数百名职工健康疗养；定期组织中、高级专业技术人员、女职工等进行体检，保障职工身心健康。此外，针对生活困难的职工，集团在职工爱心捐款70万元的基础上又出资30万元，建立“爱心救助基金”，已经为近500名困难职工发放了20万元左右的爱心救助金。针对长期病困职工，集团又建立起“职工医疗互助基金”，仅2006年一年就为376名职工发放了83万余元的医疗帮困救助资金。每年元旦、春节，集团领导和工会组织都会走访慰问困难职工，发放慰问金和慰问品以及子女就学补助。每年救济困难职工达1500余人次，发放救济款100余万元。

湛江港集团则在企业管理实践中形成了这样的共识，工作环境可以影响人、改造人、培育人。改善员工的工作环境，最终达到提高员工的综合素质，提高企业的生产经营管理水平。湛江港集团增加班组建设硬件投入，改善员工、候工环境。集团公司班组建设去年全年硬件投入超过200万元，办公设备、服装、休息设施都得了明显改善。加大环保投入，创造整洁的作业现场环境。湛江港集团不断加大环保投入，去年针对各种粉尘的环保投入超过了1000万元提高员工待遇。员工收入逐步增长，2008年员工社保及住房公积金缴纳金额同比增长80%，员工健康体检6545人次，员工培训33000多人次。帮扶中心作用进一步得到发挥，全年帮扶困难员工超过500人次，发放救助金约90万元。

作为坚持为员工谋福利的另一例证，多年来，青岛港坚持用真理的力量启迪人心、用人格的力量激励人心、用情感的力量温暖人心、用民主的力量凝聚人心，大力倡导领导干部吃苦在前、享受在后，上班在前、下班在后，冲锋在前、评功在后。只要是涉及职工切身利益的环节，都坚持先职工后干部、先基层后机关。同时，20多年来，港口转岗分流上万人次，没有一人下岗回家，特别是面对金融危机，不仅保岗位，而且保收入，全体员工工资收入同比增加4%，农民工收入同比增加高达13%。在住房改革以前为职工购建了近7000套房子，建房面积达39.7万多平方米，人均住房面积由1988年的4.5平方米增加到房改前的25平方米。年年为职工和离退休老同志提高收入、健康查体、跟踪治疗、赠送生日蛋糕等。他们坚持尊重老人就是尊重历史，始终把老同志视为港口的宝贵财富，亲力亲为孝敬老人，设身处地关爱老人，一心一意造福老人，营造了“老人幸福安康，职工团结向上，港口和谐发展”

青岛港为农民工建亲情话吧

的政治局面。集团董事局主席、总裁常德传多次动情地教育每位干部“人都有老的时候，我们一定要多为老人设身处地考虑。尊重老人就是尊重历史、尊重自己！我们要及时把党的温暖送到老人的心坎上，这是我们的本分，是我们义不容辞的责任”。在企业领导的身体力行和率先垂范下，青岛港的老龄工作走上了正轨。青岛港的离退休老人们没有了过去“人走茶凉”的孤独寂寞，在亲情融融的港口大家庭里，过着“老有所养、老有所乐、老有所为”的幸福生活。

员工是港口企业物质文明与精神文明的直接创造者，是港口企业文化人本理念的最直接受益者之一，港口企业文化建设中的内部管理理念中的人本理念是否贯彻得力的权威评判者显然非企业员工莫属。只有赢得了港口企业广大员工认同的企业文化才可能被称为是成功的企业文化，只有充分地依靠员工、造福员工才能够真正实现港口企业的综合发展，可持续发展，企业文化的凝聚功能将在企业的人本管理理念中得到最终与现实的实现。“工人伟大，劳动光荣”这句简单朴实的话语蕴含着挖掘不尽的企业文化理念，而人本理念也将向港口企业提出无尽的问题，港口企业也不断会面临员工与社会的新的要求需要得到满足。但无论如何，创业的海港、温馨的家园永远应当始终是港口企业所追求的价值目标。

三、激情卓越——新时期港口企业文化的奋斗理念

胡锦涛总书记在庆祝神舟六号载人航天飞行圆满成功大会上曾经指出：“伟大的事业孕育伟大的精神，伟大的精神推动伟大的事业”；在港口建设的舞台上，在艰难困苦的条件下，培育出了富有时代特点追求激情卓越的新时期港口行业精神，造就了能担重任、勇攀高峰的领军人物和建设团队；港口行业精神已成为了广大建设者在新的历史条件下创造的宝贵精神财富，它是以爱国主义为核心的民族精神和以改革创新为核心的时代精神的生动体现，是进一步推动改革开放的有力支持和精神动力。

（一）艰苦奋斗——传统港口企业文化的传承

历史像条奔腾不息的大河，满载

着艰辛和曲折，也满载着辉煌和希望，每一个港口的存在与消失都引导着人们去一探究竟，不论是丝绸之路的空前繁荣，抑或是近代的半殖民屈辱，再或是新中国六十余载的沧桑变幻与春华秋实，它们历经的岁月在历史长河中都略显短暂，而在其中唯一亘古不变的精神却在整个港口发展史上烙上深刻的印记。它是港口人在旧中国百余年中所体现出来的抗争精神和翻身愿望，是新中国成立初期的主人翁建港意识，是改革开放后自力更生、艰苦奋斗的创业精神，不畏风险、奋发向上的进取精神，是新世纪不甘落后的超前创新精神、勇于挑战的竞争精神和顽强拼搏的团队精神，是对传统文化“艰苦奋斗”的传承与发扬。

正是“艰苦奋斗”这样一种精神力量支撑着港口人书写了一段辉煌的当代史，使得港口基础设施不断完善，港口运输能力不断提升，港口功能的拓展；港为城用，城因港荣，港城同兴的理念也得到人们的普遍认同。建设一座新兴的港口，会造就一座充满活力和朝气的新兴城市，成为一个地区新的经济中心。

除了人们最为熟悉的深圳港与深圳市，山东日照市也是“以港兴市”的缩影之一，改革伊始的1979年，鲁东南的石臼所还是一个偏僻的、名不见经传的小渔村，当第一块建港基石抛向黄海时，意味着“港口”作为战略资源也布局到了这里，各种生产力要素随之集聚而来，港口建设不断发展，石臼所也不断发展，并且脚步铿锵地由小渔村→小城镇→县级市→地级市，一跃成为鲁东南地区新的经济中心；兴建一座新港口，屹立一座新城市，成就了一部激越的港城互动“交响乐”。

伴随港口大发展的是内涵不断丰富的港口企业文化，它在历久弥新中凝聚了港口人高度的使命感与责任感，孕育出了运筹帷幄的港口企业家。通过深入探究，我们发现在每一个成功的港口企业背后，都蕴含着厚重的港口企业家精神：它是港口企业家组织建立和经营港口企业的综合才能的表述方式，它是一种重要而特殊的无形生产要素。每一个港口的崛起，都彰显着一个引领它的风云人物——港口企业家，这类人可以是普通平凡人、也可以是拥有权力、身居港口企业的决策层的人，在经济体制和增长方式都在发生根本性转变的社会环境中，他们作为中国港口发展的脊梁，不仅肩负着确保港口企业生存与发展的使命，还肩负着推动宏观经济发展的历史重任；港口企业家具有社会责任感、专业知识、创新能力和人格魅力，对全球化背景下中国港口经济充满信心，并以开拓精神参与创新与变革，推动港口经济发展。港口企业家以资本创造价值，以智慧引导未来，在全社会引起广泛共鸣。港口企业家是港口企业职能的人格化。港口企业家是成功地承担创造、经营、指挥职能的港口企业管理者。港口企业家具备特殊的素质，表现特殊的行为，发挥特殊的效能。他们在引领企业走向成功的过程中扮演这思想家、指挥家的角色，为港口企业、区域经济发展和国家战略所做出了积极的贡献，锻造凝结了艰苦奋斗精神新的内涵：冒险精神、决策和组织能力、创业精神、挑战精神、务实精神、坚忍不拔、远见卓识、富有活力、善于抓住机会、超越重塑自我、承担社会责任等。

在艰苦奋斗凝聚的港口人高度的使命感与责任感不仅孕育了港口企业家，还成就了平凡岗位上无数个典型。初中毕业的许振超服务港口30年，从一名普通产业工人成长为一位受人尊敬的“工人专家”，实现了“知识改变命运、岗位成就事业”的飞跃。勇于创新的“蓝领专家”孔祥瑞把工作岗位当成课堂，把生产实践作为教材，把设备故障作为课题，把身边拥有一技之长的工友当作老师，为港口事业添砖加瓦。“抓斗大王”包起帆将港口工人从繁重、危险的工作中解放出来，也改变了码头作业原始、笨重、高危的历史。这些人艰苦奋斗，不断创新，在港口上奉献他们的激情。顽强拼搏的他们为港口建设添上了自己的标签，港口建设也因为他们的使命感和责任感翻开新的一页。

艰苦奋斗铺就精彩，甘于奉献成就未来，新一代的港口人用执着和自信、才华和智慧在平凡中继续发扬老一辈港口人吃苦耐劳、艰苦奋斗的精神，而伴随着时代的发展，艰苦奋斗也不断赋予新的内容，开拓进取、敢为人先、开放融合的精神更加完美地诠释了新时期港口文化的奋斗理念。

（二）开拓进取——新时期港口企业文化的拼搏理念

如今，人们非常清晰地知道港口的功能绝非只是货物装卸，也绝非只服务于地区，它是全球贸易发展的关键设施，沿海港口在地区经济、在国家经济甚至在世界经济中都发展中发挥着积极的作用，成为现代国际物流最重要的节点。改革开放以来，不论是国家为了满足对外改革开放的需求从政策、资金及制度改革上大力扶持港口，还是各地意识到港口的乘数效应对当地经济的巨大贡献，港口业的快速发展已然被世界所认可，在港口的发展过程中，一方面是不断增长的对外与对内贸易使得世界上的物资和信息交换日益密集，为港口的发展提供了充足的货源，另一方面港口基础设施的大力投资和发展创造了一个个经济奇迹。目前，港口经济已然成为我国沿海经济发展最重要的内容，按照区域经济的发展态势和港口对应的腹地区域，我国已经形成了五大沿海港口群，即青岛港、大连港、天津港三足鼎立的环渤海经济圈港口群；以上海港和宁波一舟山港为核心的长江三角洲经济圈港口群；以厦门港、福州港为核心的东南沿海两岸经济圈港口群；以香港港、深圳港和广州港为核心的珠江三角洲经济圈港口群以及以湛江港、防城港为核心的西南沿海港口群。

然而，在港口迅速发展的背后，一个不可回避的现实问题是：港口之间的竞争已经从与日本、韩国以及东南亚地区的港口竞争蔓延到了国内港口之间的竞争。环渤海湾青岛、大连、天津，长三角中上海、宁波，珠三角广州、深圳、香港等国内大港口在硬件设施、价格战和软环境建设方面正展开越演越烈的港口竞争；大进大出是港口业的特点，这决定了只有扩大规模，通过实现边际成本的最小化，才能获得超额利润，这使得我国许多港口曾经在一段时

间内都存在着超负荷运转的问题，为此，各沿海港口都把港口的硬件建设放在首要位置上，积极提炼建港过程中港口人开拓进取的精神风貌，不断丰富港口企业文化内涵。

以广州港为例，临江滨海的广州，在两千年的历史长河中成就过“海上丝路”的辉煌，黄埔古港商贾云集，万船来埠；然而，2004年以前的广州港主要港区均位于虎门以内、距国际主航线较远，如位于广州东部的黄埔港属内河港，尽管吞吐量大，港口条件却并不优越，要走60海里才能真正入海，大型船舶从伶仃洋需经珠江水道方能进港。黄埔港现在一年的吞吐量已达1.8亿吨，其7800万吨的设计能力严重滞后，注定了黄埔港难担长远大任。此外，珠三角现有大型深水港区都集中在珠江东岸，占珠三角经济总量三分之一的西岸地区货物集散需跨江在东岸周转，开发珠江西岸岸线势在必行。广州港经过对南沙港区建设者的先进事迹进行挖掘、归纳和广泛宣传，提炼出了“只争朝夕、团结拼搏、科学创新、勇创一流”的南沙建港精神。

广州港的南沙港精神不仅包含拼搏奉献的广大建设者，还让人们看到了他们具有进取精神、积极向上、敢于挑战命运的广州港集团有限公司董事长：陈洪先。在与厦门、湛江、深圳等港口的激烈竞争中，他以其犀利、独到的眼光

敏锐地看到广州港紧临货源、箱源生成地的比较优势，力挺南沙深水码头的建设，使广州港绝处逢生。投巨资打造华南地区煤炭、石油、粮食、钢材等物资的中转港和集散地，重点推进南沙港区后续工程、新沙二期、沙仔岛码头等多项重点工程建设，计划建设15万吨级散货专业化码头泊位和集装箱深水码头泊位。陈洪先以其卓越的胆识规划货物海陆联运的枢纽，促进国际商品的储存集散分拨中心建设，打造贸易加工业发展的聚集地。加快构建现代物流平台，延伸物流服务，把港口功能前移，营造港口物流枢纽的新优势。

以开拓进取的精神推动沿海港口快速发展的不仅只有广州港，被誉为东方桥头堡的连云港人时刻以“快马加鞭推进港口建设，攻坚克难迈向亿吨大港”激励自己，在俞向阳的带领下以独特的视角、超强的领导力，与广大员工一起将连云港港带到一个新的台阶，成为江苏省经济发展的一个重要的增长极；推动港口经济发展，集装箱吞吐量实现持续快速发展，增长速度名列中国沿海集装箱十大港口之首，达53.80%，创造了我国集装箱连续增长速度的奇迹；以重大项目推进港口建设、以货源市场拓展港口发展空间、以企业文化建设打造凝聚力、以和谐港口为目标，加快建设亿吨大港的步伐。港口建设全速推进，15万吨级航道主体建成通航，庙突堤集装箱码头5个泊位水工工程全部完工，25万吨级矿石码头围堰合拢。通过资本运作，启动港口股份公司再融资，深化与大企业、大集团的战略合作，投资两翼港区开发。

海港催生了现代区域和城市群经济的繁荣，而内河则孕育了灿烂悠远的人类文明。正如古希腊历史学家希罗多德所言：“埃及是尼罗河的赠礼。”在漫长的历史浸润中，内河作为水运交通的骨干航道及通江达海的能力，将一座座素来偏隅一方的城市推上了历史的舞台，但凡水运史上闪现的海外贸易、客旅之行等繁华章节都离不开她的浓墨重彩。

在加紧建设或扩容的众多港口中不乏内河港口，以实际行动书写着长江内河港口锐意进取的港口企业文化，展示着长江内河港口人开拓进取的拼搏理念，武汉港务集团有限公司董事长何跃明便是这样一位港口领导人，一位顺应历史、抢抓机遇、不辱使命、促进长江航运建设、积极寻求跨越式发展的企业家。武汉港承东启西、沟通南北，港口的属地性、地域性和枢纽性最强。武汉港集团提出的总体建设发展目标为“1365”目标，即：呼应一个武汉航运中心，实现确立在武汉港口企业群中的主骨架地位，巩固在长江航运中的主枢纽港地位，拓展在华中物流中的主通道地位；形成以集装箱、大宗散货装卸中转为主的汉阳港区，以水陆联运、旅游客运为主的汉口港区，以钢铁、件杂货为主的青山港区，以汽车滚装为主兼顾件杂货运输服务的沌口港区，以集装箱、综合物流服务为主的阳逻新港区，以化工、危险品装卸为主的左岭港区；做强集装箱装卸、散杂货装卸、港口物流、旅游客运、房地产置业。依托区位优势和综合竞争力，武汉港的货物沿江中转到下游、直达出海口——上海港。

（三）敢为人先——新时期港口企业文化的创新理念

创新，顾名思义，创造新的事物。《广雅》：“创，始也”；新，与旧相对。改革开放以来，港口企业的每一次旧貌换新颜似乎都离不开创新理念，而各个港口也将创新纳入了港口企业文化之中，如烟台港则以“开拓创新，干则必成”为企业精神，再如广州港以“实干创新，强港奉献”为企业精神，认为“创新”是企业发展的内在动力，只有创新才能与时俱进，跟上时代的步伐，达到快速发展目的，需要全体员工在真抓实干的基础上不断创新，在工作中保持创新的精神，以创新推动企业又好又快和谐发展；港口在发展过程中无不以实际行动践行创新理念，以科技创新和经营理念创新推动着企业自身甚至是港口行业的发展。

1988年9月5日，邓小平在会见捷克斯洛伐克总统胡萨克时，提出了“科学技术是第一生产力”的著名论断，科学技术推动生产力，那么科学技术也必将推动港口的迅猛发展。由此可得出这样的结论：科技运用于港口文化建设之中也是大势所趋，情理之中。依靠科技进步，广泛采取新工艺、新装备，大力提升港口现代化管理和信息化水平，以科技为先导，提高创新能力，为改造传统产业，为建设高品质的港口企业文化奠定了坚实的基础。

在过去，港口是传统的劳动密集型和资本密集型产业，然而，伴随着港口功能的不断扩展，其作为供应链和物流节点的功能不断凸显，从简单的装卸业务向现代服务业转型需要科技创新的有效支撑，日趋激烈的区域、国际甚至是世界港口竞争使港口从劳动密集型向技术密集型企业转换显得刻不容缓。

在全球范围内科技日新月异，国际海运领域专业化港口工程技术、大型船舶制造技术以及网络通信、现代物流等管理技术广泛应用的形势下，我国港口紧密结合基础设施建设和运输生产中的关键技术问题，依靠科技进步，大力培养管理、经营及技术人才队伍，以创新促发展，在深水筑港技术、集装箱运输成套技术、装卸作业技术、信息化技术等方面取得重大突破。目前，我国港口能够接卸世界上最大的集装箱船，船时效率和单机效率创世界纪录，以振华港机公司产品为代表的国产港机，占有世界港口装卸机械市场份额7成以上，国产港机已能满足世界最大集装箱船和散货船的装卸作业需要。计算机信息网络和系统在我国港口的应用已经非常普遍。我国港口的软硬件设施在很多方面已经进入世界一流水平。可以说，科学技术的创新应用，为我国港口注入了强劲发展动力，极大地解放了港口生产力，提高了港口的生产能力、生产效率和服务水平，同时也提高了港口劳动者的素质。

港口企业文化中的创新理念不仅体现在科技创新中，它更淋漓尽致地体现在港口的经营服务理念中，其中组合港便是创新性的经营理念之一。

在改革开放30年建港高潮初期，部分地区在建港的同时产生了重复建设、恶性竞争的局面，港口之间不论是在硬件设施还是在软件环境上都没能形成优势互补、合理分工的局面，影响了港口群的总体发展，实践证明要提升港口区域的核心竞争力不能仅从扩大港口规模入手，还必须对现有港口资源进行合理整合。早在1996年，中央就提出了以组合港为核心的港口建设模式，在2006年《全国沿海港口布局规划》的实施效果提出了："全国沿海港口布局规划实施后，在区域分布上将形成环渤海、长江三角洲、东南沿海、珠江三角洲、西南沿海5个规模化、集约化、现代化的港口群体。港口群内起重要作用的综合性、大型港口的主体地位更加突出，增强为腹地经济服务的能力。港口群内部和港口群之间港口分工合理、优势互补、相互协作、竞争有序。" 为了减少同一港口群内的物流量分流，加大枢纽港的生产规模，提升中心港的综合竞争力，形成枢纽港和支线港"合作共赢"的局面，对一个区域内的港口资源进行必要的适当的整合，是充分利用区域内港口资源，发挥港口组合群体优势的有效方法，许多港口企业经营者从大局出发，求同存异，加强沟通了解，以组合港的经营方式谋求双方的合作共赢，如上港集团和宁波港集团建立了高层会晤机制，通过多次互访，更好地把握两港集团的合作互补关系。大连港集团与一些辽宁港口牵手合作，实现资产并购。秦皇岛港集团与唐山、黄骅等港口通过资本运作，组建成立了河北港口集团公司。山东省三个亿吨大港——青岛港、日照港和烟台港于今年上半年签署了战略联盟框架协议。广西防城、钦州、北海等港口企业与区内沿海铁路公司以产权为纽带，整合成立了广西北部湾国际港务集团有限公司，打造出一条我国西南地区一体化经营的出海大通道。截至目前，全国各组合港详细情况可参看下表。

地 点	整合时间	内 容	意 义
青岛、威海	2005	青岛港集团与威海港投资设立威海青岛集装箱码头有限公司共同经营威海港集装箱码头	对于进一步整合山东省沿海港口资源，促进该港口间的共赢和良性发展，建设以青岛港为枢纽港的港口集群，加快东北业国际航运中心建设，促进半岛城市群和山东省半岛现代化制造业基地发展，提供样本与范例
宁波、舟山	2006	新的港名"宁波一舟山港"正式启动标志着宁波与舟山港正式合并，而港口事务由新成立的"宁波舟山港管理委员会"具体负责营运管理	两港的资源整合将有利于实现两港优势互补，促进宁波和舟山两地互利双赢，提高其整体竞争力。有利于促进长三角沿海海口的良性互动和浙江建设海洋经济强省，加快提升综合实力与竞争力，有助于增强两地参与全球港口竞争力，服务浙江省与长三角地区竞争发展的能力
烟台、龙口	2006	烟台与龙口两港整合重，龙口港成为烟台港管理的法人独资子公司，法人主体地位保持不变，实行独立核算，自负盈亏	合并后的烟台港将形成重点突破，层次分明，布局合理，优势互补，协同发展的现代化沿海港口群，提升整体竞争力
北海、钦州、防城	2007	由防城港务集团有限公司，钦州市港口（集团）有限责任公司，北海市北海港股份有限公司和广西沿海铁路股份有限公司的国有权重组整合成立"广西北部湾国际港务集团有限公司"	有助于充分利用港口资源，避免岸线资源的滥用和残用，以及恶性竞争的出现，有利于充分发挥港口一体化的整体规模经营优势，提升北部湾沿海港口，铁路的整体核心竞争力，加快发展港口物流，建设区域型国际物流中心，真正成为西南出大海通道
青岛、日照	2007	青岛港与日照港合资共同经营日照港集装箱码头	是山东省整合港口资源，做大做强山东港口的重要步骤，将有利于发挥青岛港的龙头带动作用，实现全省港口资源的优化配置和优势互补，提升港口竞争力，加速推进东北亚国际航运中心的建设步伐
芜湖、马鞍山	2008	安徽省将各个航道打造成水上黄金高速通道，港口将统一规划，合理使用，资源共享，芜湖、马鞍山港口实行战略组合	芜湖、马鞍山港口实行战略组合，成为内陆省份首个亿吨大港。随着组合港的建设，安徽省构建由"两干三支"国家高等级航道和五条地区重要航道组成的安徽省内河航道骨架体系
汕头、潮州、揭阳、汕尾	2009	广东省政府把汕头港确定为粤东港口群的主枢纽港来建设。确定汕头港为广东省5个枢纽港之一，将潮州港、揭阳港、汕尾港定为地区性重要港口	打破行政区域分割，加强整合、优势互补、错位发展，减少内耗，形成规模效应，降低运营成本，提高港口的整体运营水平和经济效益，增强港口实力，实现区域经济协调发展。大力发展粤东港口经济

在上表诸多组合港中，表现尤为抢眼的当属宁波一舟山组合港，2010年前4个月，宁波一舟山港货物吞吐量已超越上海港，成为全国第一，这样一条极具魄力与优势的组合之路来源于一位执著追求、韬光养晦、远见卓识、永不言败的港口企业家：宁波一舟山港集团有限公司董事长李令红。面对上海港强大的竞争压力，李令红带领一班人积极应对。2007年宁波一舟山港集装箱吞吐量已突破900万TEU，货物吞吐量突破2亿吨，港口综合竞争能力保持在全国第六位。曾几何时，宁波一舟山港顶住上海港巨大的压力，大力发展集装

箱生产；又曾几何时，宁波—舟山港人挥泪改造了曾为宝钢修建且已完成其历史使命的深水码头。李令红引领宁波—舟山港人描绘了“网络中国”的油品大港蓝图。应对变化、顺应时代潮流、抢抓机遇，走出了一条宁波—舟山港独特的道路。身处民营经济的汪洋大海，成就了李令红具有民营经济特点的敏锐、刚毅、坚定和果敢。作为上海国际航运中心南翼的深水港区，以国际一流深水枢纽港和集装箱远洋干线港为目标，与上海港展开激烈竞争，锻造了核心竞争力。宁波港和舟山港合并后，产生了“1+1＞2”的效应，以一个港口、一个品牌投入国际航运舞台，其竞争优势明显增强。

整合资源优势是组合港的创新性与独特之处，除了资源优势，对于港口而言另一个极其重要的因素便是经济腹地与货源。在各港口日趋白热化的竞争环境下，各港口秉承创新理念，积极建设与腹地有效衔接的港口设施，拓展和延伸港口物流服务，近几年在国内讨论得最为热烈的莫过于开设内陆“无水港”：在内陆地区建立的具有报关、报验、签发提单等港口服务功能的物流中心。众多沿海港口陆续开展“内陆港”或“无水港”业务，如天津港已有70%以上的货物吞吐量和50%以上的口岸进出口货值来自天津以外的各省、区、市。2008年12月，由大连、长春和沈阳铁路局等共同建设的“长春内陆港”正式启动运营，标志着大连的口岸功能开始向整个东北内陆延伸。截至目前，青岛港的内陆口岸战略合作伙伴已达18个。另外，随着长江三角洲“属地申报，口岸验放”的区域通关改革的全面推广，宁波、上海、南京、杭州、合肥、武汉等城市之间的货物转关、通关将会更加便捷、通畅。在上述诸多港口中，无水港建设力度最大的则非天津港莫属，内陆“无水港”的建立把天津港搬到了北京、河南、河北、内蒙古等经济腹地，覆盖了全国11个省区，延长了市场供应链和价值链，形成网络式市场格局，扩大了天津港在全球物流链中的地位和作用，堪称中国“无水港”之最，“无水港”战略的成功不得不提到天津港（集团）有限公司董事长于汝民，一位善于借势造势、应时而动、实时打造中国“第三极”经济发展带物流中心的港口企业家。于汝民领导天津港集团提炼出的鼎文化之“三足”在天津港内形成三股合力：友好的工作环境、发挥员工个人才能、“十百千”工程储备国际化人才。“鼎”文化是探索个体价值和组织价值的载体，成为港口人的意志品质的折射，更是天津港人格的符号，在鼎文化的有效激励下，天津港选择集装箱优先发展战略，加速了天津港从传统的散货港向现代化的集装箱港的转变。利用国际航运市场运力增长有利时机，加快集装箱码头建设步伐，加大集装箱业务科技投入，实施集装箱业务流程改进，使港口的集装箱作业效率和服务水平得到很大提高。

另一个在无水港建设中占得先机的便是在海峡西岸的港口布局中的“龙头港”厦门港，2009年，厦门港集装箱吞吐量在全国沿海港口保持第7位、跻身全球19强。近几年，厦门港务控股集团董事长郑永恩、总经理陈鼎瑜随市领导频频出访福建三明、龙岩、江西南昌、赣州以及湖南等内陆地区，并与三明、赣州有关方面分别签订了无水港建设协议。郑永恩董事长坚信，厦门港若要发展，应当将自己的服务网络延伸到福建内陆、江西南部以及湖南南部等。因为从地理位置看，厦门港的辐射范围北至浙江温州南至广东汕头，正处于长、珠两大三角经济区的夹缝中；在郑永恩的领导下，几年来集团实施了整体营销战略、腹地战略、沿海战略和海上战略，港口贸易、合资合作等相关产业工作全面推进，海铁联运、内支线、国际中转、保税物流园区业务、港内驳运业务和无水港建设等都取得了全面的发展。

成功拓展港口货源的创新经营理念还有“大江大河发展战略”，以上港集团为例，在董事长陆海祜的领导下创造性地提出了上海港发展的三大战略：长江战略、东北亚战略、国际战略，其中长江战略已见成效。上港集团已在长江

黄金水道沿线的南京、九江、长沙、武汉、重庆等主要港口，设立各类合资公司20余家，通过完善港口设施，建立物流网络，其业务范围已辐射至长江沿线所有的省市，并正在进一步完善点、线、面的总体布局，向形成长江首尾一体化物流系统的方向发展，依托长三角经济腹地的强有力支撑和优越的区位优势，推动跨区域港口合作的“长江战略”，开发长江黄金水道，形成了合作共赢态势。在“大江大海”战略中获得成功了除上港集团外，北有东北港口依托黑龙江、松花江，南有泛珠三角区域港口依托西江等发展沿江物流产业的做法和经验，都已成为我国港口企业开拓内陆腹地的成功运作之策。

（四）开放融合——新时期港口企业多元化经营的理念

开放融合，是经济全球化背景下港

口企业文化的特征之一，正如同大连港所提出的“放眼世界，全方位开放，接纳不同国家，不同文化的合作伙伴，为来自全球各地的客户提供便捷和低成本服务”，再次回顾港口的发展历程时，我们将目光定焦在港口企业开放融合的多元化经营理念上。

在计划经济时代，国家的财力还不足以完全承担港口快速发展所需要的建设资金，而且由政府包办港口投资，港口企业没有市场压力，既造成港口能力紧张，不能适应经济发展的需求，也使港口企业缺乏活力，建港成本居高不下，投资效益不高。在管理体制的革新过程中，各港口企业也采用了不同的股权结构，政府不再包办港口建设投资，实行“以收抵支”、“以港养港”政策，鼓励港口向国内外金融机构进行政策性或商业性贷款，并通过体制改革来扩大港口建设和经营投资多元化。经过政策上和体制上的改革，在开放融合的外部环境下，我国港口资本市场多元化逐步形成。目前，我国港口融资主要有三种方式有：一是发行股票、债券；二是外商直接投资经营持有股份并参与码头经营管理；三是租赁经营。

外商投资经营持有股份并参与码头经营管理的方式与特点主要表现为国内资本和港口企业合作或自建经营、中外合资形式及民营资本通过股份制改造或收购国有资本参与港口建设与营运，其中民营资本是在国资和外资的夹缝中意外成长的，由于中国的民营企业总体上还比较弱小，所以目前我国进入港口领域的民营资本主要集中在沿海中小港口和内河港口。在大型港口中民营资本主要集中在仓储、货物代理、集卡运输、报关、包装等业务上。从20世纪90年代起，民营资本也开始进入港口领域，出现了股份制港口企业，并诞生了港口上市公司，港口投资主体多元化取得了突破性的进展。如我国锦州港是第一个由民营资本控股的沿海港口。著名的民营企业哈尔滨东方集团就是通过港口股份制改造而进入锦州港并控股经营的。由于民营资本所具有的活力，使锦州港的体制和机制发生了很大的变化，取得了良好的经济效益。再如山东省民营企业家杨乃国以3.5亿元人民币成功收购青岛港五号码头。在福建和广东省的中小港口特别是内河港口民营资本自建专用码头的相当多。

作为港口企业吸收舶来企业文化及多元化经营的成果之一便是港口企业现代管理经营制度而形成的港口市场竞争力，港口企业改组为上市公司便是成功之例。随着港航业的不断发展，现代化港口的投资额大大增加。庞大的投资，如果仅依靠国家计划内资金和港口企业自身的力量是无法解决的。因此利用社会资金进行港口建设也就成为港口发展的必由之路。在相关政府相关政策的框

我国主要港口类上市公司列表

序号	上市公司名称	上市地点	股票代码	上市时间
1	深赤湾A	内地	000022	1993.05.05
2	北海新力	内地	000582	1995.11.02
3	天津港	内地	600717	1996.06.14
4	盐田港	内地	000088	1997.07.28
5	厦门港务	内地	000905	1999.04.29
6	锦州港	内地	600190	1999.06.09
7	重庆港九	内地	600279	2000.07.31
8	营口港	内地	600317	2002.01.31
9	芜湖港	内地	600575	2003.03.28
10	南京港	内地	002040	2005.03.25
11	日照港	内地	600017	2006.10.17
12	上港集团	内地	600018	2003.10.26
13	连云港	内地	601008	2007.04.26
14	招商局国际	香港	0144	1992.07.15
15	中远太平洋	香港	1199	1994.12.19
16	天津发展	香港	0882	1997.12.10
17	厦门国际港务	香港	3378	2005.12.19
18	大连港	香港	2880	2006.04.28

架内大型国有港口企业通过上市改制也是我国港口投资主体多元化的一种行之有效的方式。这些上市公司不仅从证券市场上获得大量的港口建设资金，同时也通过股份制改造成为规范化的现代企业，使股东财富最大化，有利于公司建立健康、规范、透明的财务制度。

资本市场犹如一个魔方，在金融日益觉醒的时代正得到越来越清晰、广泛的认知。从20世纪90年代诞生了第一家港口上市公司——深赤湾起，短短数10年间，越来越多的中国港航企业已经跨入了资本市场，并占有了相当的份额与权重。由实体港航到资本港航，这是中国港航企业在国际化，资本化进程中正在完成和实现历史的跨越。

在港口航运业整体产能依旧过剩的背景下，近期港口争相上市，加大投资，以应对行业竞争。

四、厚德载物——新时期港口企业文化的社会责任理念

天行健，君子以自强不息；地势坤，君子以厚德载物。可以说，企业的社会责任问题乃是企业文化理念之人本要求在社会层面的具体表现。企业的社会责任作为社会在经济发展的特定阶段，根据当时社会的道德准则，对企业的期望和要求，反映了企业在所承担的经济责任之外，应当承担的社会伦理责任。改革开放30年来，随着国家经济的不断发展，社会对于企业也不断提出了新的理论要求，社会期望企业所承担的社会责任的范围、程度也不断扩展、深入。作为我国重要经济力量的港口企业，对于其所应承担的社会责任以及社会公众期望其所承担的社会责任，已经逐渐成为企业的自觉趋势，社会责任已经成为港口企业文化建设中的重要成分。

（一）厚德载物——港口企业社会责任概览

企业既是社会繁荣的创造者，也是社会资源的消耗者，企业与社会共生的关系就决定了企业必须履行社会责任。就企业所应承担的社会责任，或者社会对于企业的期望而言，企业所应承担的社会责任是具有其明显的时代特征的。随着经济的发展，人们对经济发展的期望边际效用递减，对生活质量则有了更高的追求，同时，人们对一些工业产品的副作用，对环境污染的消极作用也有了更多的了解，加之由于经济非平衡发展所产生的一系列新的社会矛盾。因此，社会对企业有了更多的期望，企业的社会责任也有了更为广阔的内容，包括教育、公共健康、就业福利、环境保护、节约和爱护资源等各个方面。任何一个企业都不可能摆脱自身所应承担的社会责任，不仅无法摆脱，而且，一个企业是否有效地承担了其所应承担的社会责任已经成为现代社会对于一个企业形象的重要的评判标准，如何承担企业社会责任已经成为现代企业管理者必须做出回答的重要问题。

作为当今的一个广泛共识，社会是企业赖以生存的基础，企业生于社会，长于社会，自然与社会共生共荣。企业是创造社会财富的重要主体，企业从有效配置资源、创造经济价值、获取利

润的市场活动中实现企业自身的利益，企业自身利益的实现增进社会利益，但企业利益与社会利益的平衡不会自动实现，企业必须为社会利益的增进贡献经济资源。实践已经证明，企业利益与企业相关者的利益、社会进步的利益、社会和谐的利益，社会美好生活的利益同等重要。港口企业作为社会经济发展的主体单位，其发展一方面需要得到国家与社会的支持，另一方面也要承担相应的社会责任。应该努力促进和实现企业利益和社会利益的平衡，建设企业长久发展和长期利益的和谐社会环境。而且，由于中国的大多数港口企业属于国有企业，国有企业作为国民经济的重要支柱，是全面建设小康社会、构建社会主义和谐社会的重要力量。同国际上流行的企业社会责任概念相比，我国国有企业承担社会责任的内容更加丰富：既要不断提高经济效益和劳动生产率，实现国有资产保值增值，促进经济社会又好又快发展；又要在节能环保、扩大就业、维护稳定、奉献社会、发展先进文化等方面作出贡献。

诚然，港口企业承担社会责任体现了港口付出的一面，但从另一个角度看，港口企业承担社会责任也给企业带来了企业文化、员工素质以及社会形象各方面的提升，从另一个方面促进了港口企业的发展。各港口企业已经无一例外的认识到“承担社会责任并非消极的只是一种负担，只要把握和利用的好，完全可以转化为一种企业发展的机会。”相应的，企业的社会责任内容也成为港口企业文化的重要组成，各港口企业在企业文化构建过程中自觉地将港口企业如何承担相应的社会责任问题予以落实。回报社会、服务社会、承载社会企盼的表述已经成为我国新时期港口企业文化的当然组成部分，而且，港口企业也用实践对于社会期盼给予了积极的回应。面对社会对港口企业的诸多期望，港口企业要积极承担社会责任，全面发挥国民经济支柱作用。努力为推进经济体制改革作贡献。我国港口企业在从计划经济体制向社会主义市场经济体制转轨的过程中没有把体制转轨中出现的问题以及设备陈旧、冗员过多等包袱推给国家、卸给社会，而是依靠自身的发展来解决钱从哪里来、人往哪里去等一系列难题。

努力为促进经济平稳较快发展作贡献。国有企业在国民经济中发挥好支柱作用，对于促进经济平稳较快发展具有重要意义。我国港口企业立足于做大做强，实现国有资产保值增值，进而使国有经济在国民经济中发挥重要支柱作用，更好地保障国计民生，增强国家经济实力，改善人民生活，充分体现社会主义优越性。

努力为构建社会主义和谐社会作贡献。国有企业的性质和使命，决定了国有企业必须处理好国家、企业和个人三者利益关系，我国港口企业在自身发展过程中进一步探索解决好就业、社会保障、收入分配、社会公平等诸多问题。

深入贯彻落实科学发展观，努力实现“五个转变”。科学发展观是新世纪新阶段指导企业做大做强、长盛不衰的强大思想武器。我国港口在港口建设发展实践中体会到，国有企业要履行好社会责任，必须深入贯彻落实科学发展观，着力加快“五个转变”：着力转变发展方式、着力转变思想观念、着力转变工作重点、着力转变管理机制、着力转变工作作风。

我国的港口企业正在不断增加的社会期盼的实现过程中不断的成长、进步，在企业的社会责任承担方面，一个又一个亮点在港口企业中不断的闪现。

（二）和谐共生——港口企业与社会资源整合

利润的实现方式多种多样，利润的取得途径各有不同，企业经济效益的获取也可以被认为是社会资源在企业生产环节中的利用、消耗并以新的行使表现其社会与经济价值的过程，因此，企业经营环节创造效益的环节是否合理，是否做到了将有限的社会资源有效充分的利用，这也是出于资源紧张状态的现代社会对于生产企业提出的重要社会期望。如何利用有限的社会资源最大可能的创造经济效益，满足社会成员的需求，是新时期企业必须面对和解决的问题。

港口企业同样也面临着如何优化社会资源并最大限度地创造经济效益的问题，港口企业所涉及的最重要资源，无疑就是港口企业赖以生存的岸线。相对于广袤的腹地，海岸、江岸岸线资源的供给显然是紧张的，又何况，可以成其为港口的岸线资源在本已稀缺的岸线整体资源中所占的比例更加为少，岸线资源的现实状况无疑为港口企业提出了一个现实的问题。如何利用有限的资源，实现资源的最优配置，这个问题着实是对港口企业经营智慧的重大考验。有效地配置与合理使用有限的社会资源，作为港口企业必须承担的一项社会责任现实的摆在了它们的面前。

国内许多港口都面临岸线资源不足、使用率不高等问题，上海港亦不例外。上海位于长江入海口，地理位置优越，更致力于成为全国的金融、经济、贸易及航运中心，这使得上海的海岸线资源愈加珍贵。上海宝山罗泾一段长约3公里的江岸，就引来上港集团及一家钢厂和一家电厂三家大型企业的争夺。是平分岸线资源，让三家企业各自建立散货码头？还是3公里码头都给一家使用？如何既能提高码头资源利用率，实现“一线三用”，同时又能形成三家大型企业共赢的局面？针对上述问题，作为专业物流整体解决方案供应商，上港集团提出了一个大胆设想：由上港集团兴建一座公共散货码头，同时为钢厂和电厂提供专门物流配送服务。2009年，上港集团建成罗泾散杂货码头，与另外两家公司合作，创造性地将一条岸线同时供三方共用，即一条岸线同时供公共码头、钢厂和电厂灰场共用，成为在工程建设中实践科学发展观的典范。一场原本牵涉三方的岸线资源争夺，最终结果是多方共赢。其主要原因在于上港集团通过采用规模化、集约化和结构优化的全新经营方式，打造了一个高效、安全的现代物流体系。这样的新理念、新方式，值得其他港口企业借鉴；上港集团以“一线三用、多方共赢”为理念建设的罗泾散货码头，利用服务外包、管控一体的新模式，大大提高了码头的工作效率，不但为企业节约成本，也为国家节约了土地资源，成为资源节约型、环境友好型码头建设的典范，值得有临港重工业的港口学习借鉴；上港集团充分发挥专业物流整体解决方案供应商的优势，提升重点物流园区综合服务能力，推进多种运输方式的无缝连接，增强口岸物流集散能力，加快上海作为国际航运中心的建设，为港口企业向现代服务业转型，提供了可借鉴的方案。

对于有限资源的整合，不仅是以海岸线为代表的硬件资源，实际上还应包括港口企业与诸多社会其他主体之间建立和融共生关系的过程，具体而言：

港口企业应当谋求与货主、旅客之间的和融共生关系，货主和旅客都是港口企业的客户，港口发展的好坏直接体现在与这些客户之间共生关系的改善，是以资源为纽带，进行资源换资源或义务换权利。

港口企业应当谋求与船东和其他港口企业之间的共生关系，港口企业和船东之间，港口企业和其他港口企业之间，都是属于两个主体之间对同一资源分享的共生关系。与船东的共生关系，是根据各自提供的服务在整个价值链上合理的分配，不存在竞争。而与其他港口企业之间的共生关系，是同享一种资源，相互存在竞争关系。

港口企业应当谋求与当地政府建立好共生关系。这种共生关系是港口企业获取政府政策资源和经济资源最有效的保证。因为港口岸线资源和相对应的土地资源是极其有限的，保持良好的共生关系，有利于政府将这些资源最大限度地支持港口建设。同时，对港口这样的基础设施投入，政府将通过土地的划拨，税收政策的优惠，来支持港口的建设和发展。

（三）和谐发展——港口企业与自然环境保护

不可否认，中国港口初期的崛起是

粗放型的，在一定程度上存在着高耗能和低效率的现象，港口在成为经济增长中心的同时也正在加速成为当地和附近地区的污染源。在21世纪之前由于经济竞争及设备尚未改进的原因，一方面绝大多数的船舶停泊在码头时使用燃烧船舶柴油供电，另一方面在港口由柴油机驱动的拖车、载货车以及装卸货物的机车也大量消耗柴油，而柴油机排出的尾气含有能够诱导有机体突变的物质和致癌物，而且柴油机排放的尾气颗粒非常小，足可以穿透肺泡壁层，作为不完全燃烧的产物，尾气的成分还包括诸如一氧化碳、硫氧化物（SO_x）、氮氧化物（NO_x）、挥发性烃以及低分子低质量的芳香烃及其衍生物；港口对周围环境的污染除了大气污染外，还包括水污染和噪声污染。在港口区域内，特别是码头前沿，每天都会聚集着大量的船只等待装卸。无论是船只燃油的泄露，还是船上生活污水的排放，还是伴有大量污染的洗舱水、压载水流入海中，都会对其周围的水体造成毁灭性的破坏。港口内各种机械、车辆产生的大量废气与噪声，堆场上装卸扬起的大量粉尘，无不对环境造成巨大的破坏。

当企业渐入成熟期时，人们开始伴随港口企业快速增长的同时人类付出了更大的代价，人们赖以生存的自然环境岌岌可危，天空、海洋失去了生命的色彩，正如同马斯洛需求理论，这时候港口企业开始意识到企业与自然应该是共生的，于是欧美一些发达国家的港口率先行动起来，如长滩港实施的“绿色港口政策”、洛杉矶的“绿色码头”项目、鹿特丹2020年“清洁、环保港口”发展规划、东京港“恢复海边自然生态”的努力，纽约—新泽西建立“港口环境管理体系”、休斯敦港务局把环保理念注入整个组织。

对于中国港口，大规模的投资和生产要素的投入在行业成长期确实能带来了产量的大规模增长，然而伴随着行业进入成熟期，增长率的急剧降低使港口企业猛然意识到简单依靠生产要素的投入是绝不可能重现初期的辉煌的，他们开始回顾企业的发展历程，并试图从国外港口企业的经营经验中获得答案……，他们意识到港口的可持续发展需要集约型的发展方式，对企业、对社会及自然而言需要的是资源节约型和环境友好型港口企业，而追求人与自然的和谐也正是中国几千年的传统文化。

至今，港口在使用陆域及海洋资源的同时，让环保节能与经济发展同行，实现港口全面协调可持续发展已成为各港口企业的通识；港口作为能源消耗大户，承担着节约资源、保护环境的重要职责；水运管理部门在港航企业节能减排的进程中主动引导强化管理，发挥着节能减排“推进器”的作用，2007年，交通部制定发布了《关于港口节

第二届环太平洋港口清洁空气协作会议

能减排工作的指导意见》，推行集装箱货场轮胎式起重机“油改电”技术，完成了我国主要港口企业节能新技术、新方法应用及生产能耗考核调研报告；组织完成了14项港口基本建设工程的节能评估报告审查工作，促进了港口企业加强能源管理。近年来，人们逐渐认识到，中国港口的迅速发展，必须建立在清洁生产、环境保护的基础上，但目前该行业环保形势依然相当严峻，随着港口生产的发展，港口自动化、现代化、机械化进程的不断推进，电力等新型能源消耗量大的问题日益明显。为此，交通运输部已大力提升资源节约和环保意识，强化行业管理职责，并把环保纳入交通发展总体规划；为了在港口更好地开展节能减排工作，交通运输部还在各地开展了数次技术推广座谈会；另一方面，科技进步正在不断拓展港口的节能空间，各港口开展得如火如荼的技术革新，正在努力为港口能源消费“退烧”。

1.传统能源的替换与改造

传统能源包括：煤、石油和天然气。当它们从化学能转化成内能时，会产生大量的二氧化碳、一氧化碳，同时它们中的杂质会产生二氧化硫、一氧化硫、氮氧化合物等有毒气体，对周围环境造成巨大的污染。然而在港口传统的能源消耗中，石油占据着很大比例，因此港口周边环境的污染程度会可想而知。现在，越来越多的港口企业已经关注这个问题，逐渐将“油”这一能量来源寻找新的替代物，“油改电”也开始备受企业关注。目前，很多港口已经不允许靠泊港口船舶利用船上的柴油机发电，而必须利用港口的岸电，同时港口也不再利用柴油发电，油改电技术的广泛应用，使港口企业节能30%，还减少了噪声污染和有害气体的排放。

目前实行“油改电”技术的港口已经有：青岛港 、上海港、天津港、太仓港、深圳港、宁波港、马鞍山港、厦门港等。

我国集装箱吞吐量位居世界第一，而目前我国集装箱堆场装卸设备的90%以上应用轮胎式集装箱方式起重机（RTG），“油改电”技术具有明显的节能减排效果，推广应用前景非常广阔；青岛港作为国家集装箱9大干线港之一，集装箱吞吐量巨大，在其集装箱作业的主港区前湾港区，2007年有轮胎式集装箱门式起重机60台，每年消耗柴油达7500吨以上，为响应国家节能减排号召，有效解决传统RTG能耗高、污染重、噪声大的难题，青岛港（集团）有限公司积极研究探索，大胆开展技术创新，实现了对传统RTG驱动方式“油改电”的技术革命，青岛港在国内外港口首次采用基于刚性滑触线供电的RTG“油改电”技术，突破了RTG采用柴油—发电机组作为动力的限制，实现了利用市电通过刚性滑触线对轮胎式设备的移动供电。2008年已完成前湾港区81个箱区供电工程建设和全部60台RTG的电动化改造，投入资金4000余万元。经过“油改电”技术改造的电力驱动轮胎式集装箱门式起重机（ERTG）可以显著节约能源、减少污染排放、改善工作环境、提高劳动效率和降低运营成本。经过工程规模化应用验证，ERTG实现能耗下降30%以上，基本无废气排放，运行成本下降65%，噪声下降50%以上。经济和社会效益十分显著，得到了生产和管理人员的高度评价和赞誉。

许振超向工友们介绍轮胎吊“油改电”的工作原理

深入探讨青岛港在节能减排上所取得的成就，我们会发现这一切与港口企业的领导方向是不可分割的，而领导这青岛港向绿色港口迈进的是一位强调科学管理、具有竞争意识、发挥创新精神、倡导环保观念的港口企业家青岛港（集团）有限公司董事局主席、总裁常德传。他坚持一切从实际出发，强调中国企业要有自己的发展道路、有自己的独特人格魅力，有机地整合了中国传统文化的精髓、国企的优良传统、西方现代企业管理思想的精华，总结和发展了一套有中国特色的管理思想，形成了“青岛港模式”。常德传带领干部职工依靠现代化、信息化，依靠提高效率来谋求港口发展。节能降耗和“蓝天、绿地、碧水”三大工程，使青岛港成为一座花园式港口。青岛港致力于加快建设资源节约型、环境友好型港口建设，在节能减排方面做了大量工作，并发挥了典型示范作用。

而天津港作为北方最大的散货主

干港和国内第二大煤炭卸货港，面对每天需要装卸大量的散货、煤炭，其自身大量能源的消耗对其周边环境的破坏都相当大，因此，自2008年以来天津港注重保护环境，节约成本，全力推进轮胎式场桥“油改电”项目，将原来以柴油为动力的轮胎场桥，改为以电为动力。这个项目全部改造完毕后，可使港口的总能耗下降约4.9%，每年节约运行费用约7500万元。通过集装箱场桥“油改电”可以减少排放，降低场桥的故障率，提高设备运行稳定性，并提高作业效率，在节能降耗的同时减少了油价上涨而导致的运行成本增加。今后，天津港将继续完善“油改电”工程，到2009年底，天津港集装箱轮胎式场桥“油改电”工程已基本完成，真正实现“零”排放，无噪声，成为“绿色”企业。

2. 新能源的开发与替代

随着传统能源的不可再生，地球上的传统能源变得越来越少。据权威专家测算，目前世界已探明能源储量和可开采年限分别为：石油的储量为10195亿桶，可供开采43年，高成本油田可供开采240年；天然气埋藏量为144万亿立方米，可开采63年，高成本气田可供开采452年；煤炭埋藏量10316亿吨，可开采231年；铀的储量436万吨，可供72年使用；热核发电可满足人类60亿年的能源需求。面对这一现况，“新能源”在现代社会变得越来越流行了，在港口也不例外，风能、太阳能、潮汐能、生物能、沼气能、核能等这些新能源越来越被人们所重视。

以风能为例，我国风能资源丰富，初步估算，全国陆上10米高度可开发装机容量约2.5亿千瓦，主要位于西北、华北、东北地区，但由于这些地区经济发展相对滞后，风电发展受到一定制约。东部沿海经济发达，海上可开发风能资源约7.5亿千瓦，具有开发利用风电的良好市场条件和巨大资源潜力。东南沿海及其附近岛屿是风能资源丰富地区，有效风能密度大于或等于200瓦/平方米的等值线平行于海岸线；沿海岛屿有效风能密度在300瓦/平方米以上，全年中风速大于或等于3米/秒的时数约为7000～8000小时，大于或等于6米/秒的时数为4000小时。

风能以其再生性及情节性也获得了我国沿海港口的青睐，为港口节能减排再添上浓墨重彩的一笔，如在上海港洋山深水港人们会发现，在它的周边地区多了许多“风车”。据估计，上海具有3000MW潜在风能资源开发潜力，而且有可供大规模装机的浅滩，上海洋山港将率先在东海大桥区域内建起中国第一个海上风力发电场，预计新建的风力发电场总装机容量为10万KW，这将大大增加上海绿色电力的总量。

对于港口来说，风能的开发和利用

东海首个海上风电场

仅仅是其中的一个方面，潮汐能、太阳能都具有得天独厚的优势。太阳能具有“取之不尽、用之不竭”的特点，2007年以来，盐田国际在多方面应用太阳能技术。在盐田港内道路上，新颖的太阳能路灯实现了零电耗效果；在工程维修中心、机修车间、消防楼等多处，安装了70台太阳能热水器，每年平均可节电12万KW以上。另外，盐田国际还采用堆场泛光明技术和中央空调使用变频器等方式进行节能，两者合计每年可节电500多万度。

（四）德行并重——港口企业与社会共发展

当企业文化在中国企业落地生根的同时，企业社会责任一次也随之被社会所采用，那么，何谓企业社会责任？“企业社会责任”的概念最早由西方发达国家提出，近些年来这一思想广为流行，阿奇·卡罗尔1979年提出了企业社会责任金字塔（Pyramid of Corporate Social Responsibility），他把企业社会责任看作是一个结构成分，关系到企业与社会关系的4个不同层面，即“企业社会包含了在特定时期内，社会对经济组织经济上的、法律上的、伦理上的和慈善上的期望”。

对于企业而言，经济责任是最基本也是最重要的社会责任，但并不是唯一责任；作为社会的一个组成部分，社会赋予并支持企业承担生产性任务、为社会提供产品和服务的权力，同时也要求企业在法律框架内实现经济目标。因此，企业肩负着必要的法律责任；虽然社会的经济和法律责任中都隐含着一定的伦理规范，公众社会仍期企业遵循那些尚未成为法律的社会公众的伦理规范；社会通常还对企业寄予了一些没有或无法明确表达的期望，是否承担或应承担什么样的责任完全由个人或企业自行判断和选择，这是一类完全自愿的行为，例如慈善捐赠等。从企业考虑的先

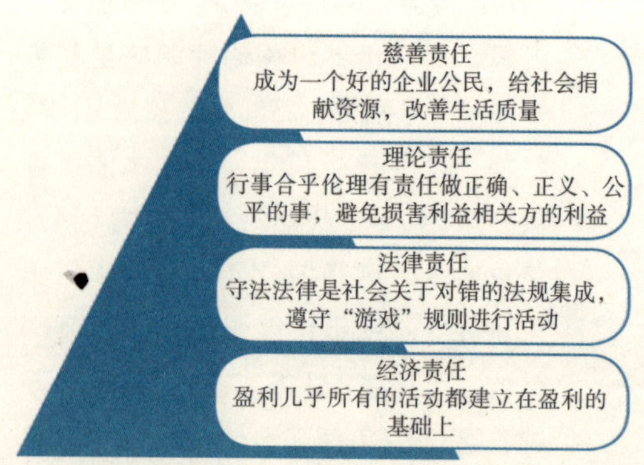

企业社会责任金字塔

后次序及重要性而言，卡罗尔认为这是金字塔形结构，经济责任是基础也占最大比例，法律的、伦理的以及慈善的责任依次向上递减。

伴随着中国港口企业的不断成熟和壮大，企业自身开始渐渐意识到处在社会责任金字塔顶端的慈善责任，而对于多数由政府控股的港口企业，社会也对港口企业在承担慈善责任方面寄予了更高的期望，企业得益于社会，财富意味着责任。近年来，港口企业在完善企业经营的同时，将社会公益慈善事业纳入企业文化中，活跃在社会慈善捐助活动中。

如以“承载社会期盼、集散中外文明”为企业使命的天津港集团公司，积极参与公益慈善事业，用回报社会的实际行动践行企业使命。2010年6月2日原始资金为200万元的天津港慈善基金的正式启动，让天津港再次成为媒体与社会的焦点；同时，天津港还将以每年的10月17日天津港重新开港纪念日作为“爱心慈善日”，开展募捐和捐助活动，不断做大做强慈善基金。天津港慈善基金将主要用于以下方面：实施社会救助，重大急难救助，扶助弱势群体；落实国家政策，对天津港集团公司定点扶贫地区进行捐助；对天津港集团公司员工实施特困救助；开展符合本基金宗旨和基金管理委员会批准的其他公益慈善活动。在200万元原始资金基础上，

天津港慈善基金正式启动

今后天津港将酌情逐步增加投入。

近年来，天津港集团公司始终把发展慈善事业、促进社会和谐摆在重要位置，在做好集团公司内部特困职工的帮扶解困工作的同时，积极履行社会责任，多次参与抗旱、抗洪、抗震救灾，助残、助教、助学等公益活动，开展了社会救助、急难救助和定点贫困地区帮扶等重大活动，逐年加大慈善事业的投入。同时，天津港在一些重大活动时不搞大型庆典，而在职工中开展募捐活动，将全部捐款充实到企业的职工解困基金，用来解决困难职工的生活问题。2007年，天津港吞吐量跨越3亿吨台阶，他们分别向天津市职工帮扶救助中心和天津儿童村捐赠各100万元。“5•12”汶川地震，天津港发动员工开展募捐活动，分四次向地震灾区捐款1342万元和价值100万元的衣物；青海玉树地震，天津港又捐款300万元。据统计，仅2008年以来，天津港就捐款2698万元，募集物品合计165万元。

青岛港则秉承着“授人以鱼，不如授人以渔”的理念，在农民工就业以及革命老区的扶贫方面发挥了重大的作用，作为对口扶贫单位，青岛港早在1988年就与革命老区沂南县建立了劳务输出关系，伴随着青岛港十几年间的跨越式大发展，沂南县也摆脱了贫困面貌，劳务经济作为解决“三农”问题的重要举措，成为沂南县增加农民收入的重要来源，经初步统计，青岛港每年平均为县里务工人员增加收入超过3000万元。同时，也带动了当地农业、简单加工业的蓬勃发展；不仅如此，青岛港还打出“创建学习型组织，争做知识型员工”的口号，于2008年5月初至9月底启动了农民工脱产大规模培训工作，涉及全港5800多名农民工，积极协助他们向产业工人蜕变。

近年来港口企业在社会责任上的付出也获得了社会和国家的认可，2009年10月17日，在上海国家会计学院CFO论坛上，学院社会责任研究所发布了年度企业社会责任指数排行榜。国务院国资委研究局、国家环境保护部环境监察局和社会责任研究所有关领导共同为排行榜揭榜，上港集团列居该指数排行榜的第二位，2009企业社会责任指数排行榜的前三甲分别是宝钢股份、上港集团和中集集团；这是中国首个针对上市公司的企业社会责任指数，于2008年首次发布，由上海国家会计学院社会责任研究所依据SA8000标准，并结合我国的具体国情设计而成，涵盖环境、节能、员工培训等8大类。

港口企业对社会责任的勇于担当也绝不仅发生在上述几个港口，这只是中国港口行业的德行并重的一个缩影，是港口企业谋求与社会共发展的战略要求，是社会对港口企业的期盼，更是港口企业文化发展的必然趋势。

第五章　港口文化的价值理念

港口文化是一种资源，是在世界经济全球化和一体化，市场竞争日益激烈的趋势下增强港口综合的创造力和竞争力的资源。当前中国正在向港口强国迈进，港口能够有今天的快速发展，与港口企业文化建设是分不开的。对于港口来说，港口产业的辐射面大，管理链条长，很多问题不能用单纯的机制或者刚性的管理制度来解决，而一个健康的适宜的港口文化就可以提供一个可行的解决办法。港口企业需要利用港口文化的建设来促进港口生产、港口经营和港口建设。

文化是人类在社会实践中创造的物质、精神财富的总和，是一定社会的政治和经济的反映，同时又给予社会政治、经济巨大的影响。 港口文化的作用和内涵最主要、最根本的方面就是使之成为凝聚人心、激励斗志、催人奋进的原动力。因此，挖掘港口文化内涵，提炼港口文化的价值理念，对于港口的健康发展就有着重要的意义。

港口文化本来就是一种客观存在，它是精神的，也是物质的；是抽象的，也是具体的。任何一个处在运作中的港口，其背后总是有一种固有的文化背景在支撑，伴随和影响着这个港口的发展。纵观中国的所有港口，尤其是那些百年老港，都具有深厚的港口文化底蕴，源远流长。

继承和弘扬优秀的传统文化，既是承接历史的需要，也是承载使命的必然。加强港口企业文化建设是建设世界强港和建设高素质员工队伍的需要。只有软实力，没有硬实力，企业发展就没有根基；只有硬实力，没有软实力，企业发展就没有层次和品位。目前几乎所有的中国大港都已经非常明确地提出了要建设世界强港的愿景目标，这就更加需要在加快港口企业能力建设的同时，不断加强港口企业的文化建设，从而形成软硬两种实力同步推进的局面，为早日实现港口企业发展战略目标打下扎实的基础。中国港口发展到今天这样的阶段，企业文化建设已经成为港口整体发展目标的很重要的一部分，港口的发展需要铸造港口发展之魂，这就需要有一个好的企业文化支撑港口更好更快的发展。

随着港口生产建设的不断推进，港口的企业文化建设已经越来越受到港口界的普遍关注和重视。企业文化作为企业的一种软实力，不仅关系到企业目标的追求、对外形象的展示、价值理念的确立和员工队伍的建设，而且已经成了企业生产力的重要组成部分，也是企业核心竞争力的基础。港口企业要参与市场竞争，要想始终立于不败之地，除了在硬件上要不逊于别人，更需要在软件上能胜过别人，这就不能不重视和加强企业文化建设。企业文化是培育企业精神、形成共同价值观的土壤，是企业管理能力、竞争能力和创新能力的孵化器。企业的差异最终表现为文化的差异，企业竞争的背后是文化的竞争，优秀企业源于优秀的企业文化。因此，打造和不断创新企业文化是企业可持续发展的内在动力。

建设先进的企业文化是企业深化改革、强化管理、加快发展、做强做大的迫切需要；是发挥党的政治优势、建设高素质员工队伍、促进人的全面发展、增强凝聚力和打造核心竞争力的重要举措。加强港口企业的文化建设，就是要在继承港口深厚文化底蕴的基础上，培育具有现代特征的、个性鲜明的、与世界级综合性港口相适应的企业文化，打造港口集团品牌，促进港口又好又快发展。充分发挥企业文化的融合和渗透功能，为港口发展战略的实施营造氛围、凝聚人心、鼓舞士气、激发斗志，为实现企业愿景和目标而群策群力，不懈努力。

一、港口文化的一般价值理念

如果说“千帆竞发，百舸争流”是码头文化繁荣的写照，那么“大风起兮云飞扬”，“直挂云帆济沧海”则是港口文化豪迈的风景线。如果说历史悠久博大精深的中国传统文化是琴棋书画、诗词歌赋，那么正如梁启超先生所言，港口文化给我们带来的是传统文化不太有的进取、冒险、自由、活泼。

（一）港口文化价值理念的普遍性

1. 港口文化特征的发展演变

纵观中国港口发展历史，港口文化在不同时期所体现出来的特征是不一样的，那么其代表的核心价值也是不一样的，对港口的发展壮大也分别起到了不同的作用。港口文化特征的发展演变也被烙上了深刻的历史痕迹。

在旧中国的百余年中，所有的中国港口就一直是帝国主义列强和洋奴买办搜刮民脂民膏的桥头堡，港口文化特征主要表现在：几代码头工人强烈的抗争精神和求翻身的愿望。

老一代码头工人的艰苦奋斗和爱港热情

新中国成立后，港口文化伴随着港口发展历经了三个不同阶段，也积淀和形成了不同的特征。

第一阶段，新中国成立后至20世纪80年代，港口文化特征是：老一代码头工人的爱国精神，爱港热情和主人翁意识；

第二阶段，80年代至20世纪末，改革开放为港口注入了生机与活力，港口文化特征是：自力更生、艰苦奋斗的创业精神，自加压力、不畏风险的建港精神和奋发向上的进取精神；

第三阶段，进入21世纪之后，港口人以解放思想、超前思维的智慧，不畏风险、敢为人先的胆识和抢抓机遇创新工作的魄力，加快港口建设与发展。港口文化特征是：不甘落后的超前创新精神，勇于挑战的竞争精神和顽强拼搏的团队精神。

所有这些变化都充分反映了港口发展的历史进程中文化理念的演变过程。历史的使命和责任告诉我们，这种不断更新、不断进步的文化理念，正是企业必须继承和发扬的优良传统，也是企业不断超越自我、谋求发展的必然选择。

2. 港口文化价值理念最本质的精神要素

在英语中，码头为“dock”，指船只停泊处；港口为“port”，指开放商港，类似汉语的“口岸”。如果说农耕经济追求的是收获量，码头经济算计的是出入量，那么港口经济表达的则是吞吐量。一船又一船进出口货物源源不断地在这里汇集，完成了大陆文明与海洋文明的对接。港口经济具有很大的牵引性，它带动了工商业的发展，促进了城市化的进程，并且生发了近代教育。

中国近代思想家、政治活动家、学者、政治评论家梁启超先生将港口文化精神素质概括为：“进取、冒险、自由、活泼”8个字。著名学者余秋雨先生在对港口文化做了深入研究后，在梁启超的基础上补充了“全球视野、高敏感度的节奏和多元生态组合”三点。

港口文化的价值理念包括：

（1）港口文化是对码头文化的扬弃。既继承了码头文化的合理内核，又摒弃了其消极因素，即码头文化始终摆脱不了的小农经济的狭隘性。占地盘，拜把子，在旧社会是孳生黑社会的温床，以致“码头”一词，在词典中还指代“流氓活动霸占的地盘”。

（2）港口文化具有历史的传承性。从过去“老码头”的忍辱负重、吃苦耐劳到如今新一代的自我加压、勇攀高峰，体现了几代港口人勇于拼搏、不断追求的精神风貌；从过去生产现场倡导的“三标六清”、“三老四严”到现在大力提倡的精细管理、崇尚一流，反映了港口企业严谨务实、一脉相承的优良传统；从过去计划经济模式下的统一指派、完成就好到现今市场经济条件下

千帆竞发

的自主创新、自谋发展，显示了企业职工经营理念的根本转变；从过去港口企业的单一体制、单纯生产到现在逐渐涌现的多元体制、资本运作，呈现了港口企业价值趋向的重大突破。

（3）港口文化还具有很强的融合性。海纳百川，追赶世界潮流，始终站在时代风云的最前沿。如果说“千帆竞发，百舸争流”是码头文化繁荣的写照，那么“大风起兮云飞扬”，“直挂云帆济沧海”则是港口文化豪迈的风景线。

（二）港口文化价值理念的民族性

1. 伟大基石——民族优秀文化传统

与救捞文化等交通行业文化相同，港口文化同样以民族优秀传统文化为基础，但如果和中国传统文化相比，港口文化给我们带来了几个重要的素质，第一就是进取，第二就是冒险，第三就是自由，第四就是活泼。这是梁启超先生对港口文化的精神素质所作的定位。

中国传统文化当中，优秀的特质很多，但就是缺少了进取、缺少了冒险、缺少了自由、缺少了活泼。所以梁启超先生认为，要用海洋文化与港口文化来改变中国文化当中的素质的缺漏。按照现在的说法，要赋予港口文化新的、更准确的概念，比如全球视野、高敏感度的节奏，又比如多元生态的结合。每一点都需要我们去发现它们的优势。

所以，充分挖掘和提炼百年老港的优秀传统文化，吸收、借鉴优秀企业文化，展示企业美好发展愿景，促进全体员工思想道德素质、科学文化素质和文明程度的提高，培养独特的港口企业文化，以文化力推动生产力的发展，利用港口文化的优势，为港口企业稳定持续快速发展，提供有力的精神文化动力，便是发扬和创新我们中华民族优秀文化传统的一种手段和方式。

2. 伟大实践——与马克思主义的科学方法和态度相结合

坚持以邓小平理论、“三个代表”重要思想和科学发展观为指导，继承弘扬优秀传统文化，积极吸收借鉴国内外现代管理和企业文化的优秀成果，以促进港口跨越式发展为宗旨，以港口人本管理为核心，全面创新管理思维和行为，努力建设具有鲜明时代特征的企业文化，形成统一的港口企业核心价值观体系，不断提高港口企业的整体素质，增强凝聚力，提升核心竞争力，为企业远景保驾护航。

全面贯彻落实科学发展观，坚持让港口企业文化落实到基层，把企业文化建设融入生产、经营、管理、党建等各个环节，企业文化进制度、进现场、进流程和岗位，企业的凝聚力和向心力进一步增强，企业的执行力、管理水平和员工素质进一步提高，使企业文化转化为现实生产力、企业软实力和核心竞争力。

在继承和弘扬中华民族优秀文化的基础上，积极吸收借鉴国内外现代管理和企业文化的优秀成果，以制度创新、管理创新与观念创新相结合，以爱国奉献、爱岗敬业为追求，以促进发展为宗旨，以诚信经营为基石，以人本管理为核心，以学习创新为动力，努力建设符合社会主义先进文化前进方向，具有鲜明时代特征、丰富管理内涵和独具特色的企业文化。把理论教育与促进思想解放、理顺工作思路、加强行业廉政建设和全面推进企业发展结合起来，努力提高理论学习的针对性和有效性，不断增强干部职工用理论指导实践的能力。

（三）港口文化价值理念的崇高性

1. 港口文化建设是社会主义建设目标指向

在港口文化的建设中，一定要注重以社会主义核心价值体系为引领和主导。这是因为一个主流意识形态对港口文化建设起到了方向性和导向性的作用。

社会主义的核心价值体系是社会主义意识形态的本质体现，是全党全国各族人民团结奋斗的共同思想基础。它包括四个方面的基本内容，即马克思主义指导思想、中国特色社会主义共同理想、以爱国主义为核心的民族精神和以改革创新为核心的时代精神、以“八荣八耻”为主要内容的社会主义荣辱观。这四个方面的基本内容相互联系、相互贯通，共同构成辩证统一的有机整体。

坚持社会主义核心价值体系要求我们必须巩固马克思主义指导地位，坚持不懈地用马克思主义中国化的最新理论成果武装全党、教育人民，用中国特色社会主义共同理想凝聚力量，用以爱国主义为核心的民族精神和以改革创新为核心的时代精神鼓舞斗志，用社会主义荣辱观引领风尚，巩固全党全国各族人民团结奋斗的共同思想基础。

构建企业核心价值理念是企业基业长青的必然要求。以市场为导向、支持战略发展的核心价值理念，可以为企业提供根本价值判断标准，在企业可持续发展中具有极为重要的作用。

积极构建企业核心价值理念可以催生并确立新的价值导向型管理模式。国企已经成为市场竞争主体，必须以市场为导向，以价值为追求，创造价值，提升价值，做有价值的事情，让“为企业创造价值、为客户提升价值”的观念成为企业主流意识，营造基于价值的新的管理模式。

积极构建企业核心价值理念是企业和谐的思想基础。由于社会思潮的活跃及改革中利益调整等因素的影响，不同实体、部门之间利益不均衡，不同层面职工不可避免地会产生一些游离于企业主流价值观念之外的非主流观念。构建企业核心价值理念能够有效整合这些非主流观念，形成企业共同奋斗的思想基础，在统一核心价值理念下实现各种关系的整体协调、团结统一，打牢企业和谐发展的思想基础。

2. 港口文化建设是航运业行业特殊性的要求

广义的企业文化应该包括职工的行为规范、职业道德、精神面貌和价值趋向，包括企业的管理制度、经营环境、服务水平和诚信程度。由此可见，企业文化应该是渗透于企业的各个领域，反映在企业的各个方面。较之一般企业所不同的是，港口作为一个交通运输的枢纽，提供的就是服务，接触的就是社会，加上又有很强的涉外性，所以企业文化的内涵就更为丰富，影响就更为广泛。职工的行为规范、企业的价值趋向、日常的服务质量、对外的诚信程度，不仅反映出一支队伍、一个企业的文化素养，而且还往往代表了一个港口甚至一个城市的形象。因此各个港口企业主动提出要建设管理文化、经营文化、安全文化、廉政文化、服务文化和环境文化，有意识地将企业文化建设融入到企业的生产建设过程中去，应该说是顺应了港口企业所要追求的方向，也符合市场经济对港口企业所提出的要求。

港口要实现跳跃式的发展，必须建立起有利港口发展、服务于城市文化建设、确保“港口立市”战略实施的新的、系统的“港口文化”。

一是要培育能适应市场经济发展的经营理念和企业精神，即培育好港口的精神文化。企业经营理念和精神是企业文化建设的重要内容，是企业发展的灵魂，培育良好的企业经营理念和精神是企业凝聚职工、加快发展的重要手段。推进港口的文化建设，更好地促进港口经济的发展，就必须以思想道德建设为重点，努力形成自己的适应市场经济发展的经营理念和企业精神。事实证明，任何一个成功的企业都注重通过文化建设，建立并完善独具特色的经营理念和企业精神。

二是要努力塑造名牌，即培育形象文化。港口名牌，不仅对国内广大消费者有号召力，对国外广大消费者也有吸引力。名牌不仅能占领国内市场，也能占领国际市场，且能极大的促进港口树立良好形象。而良好形象对于港口来说，是市场，是饭碗，是效益，更是生命。

三是要建立规范的机制，即要培育好制度文化。就目前港口发展而言，港口文化尚处在初级阶段，远未形成独具魅力的港口文化体系。港口文化建设，是一个庞大的系统工程，港口要培育出较高的文化，就必须要走出“宣传部式”、“标语口号式”的误区。在抓好形象文化和精神文化两个板块的同时，必须要高度重视制度文化，制度文化是港口企业文化的前奏和基石。这是因为，首先制度的创新是理念创新的保障。新经济体制下港口文化的核心理念是“以人为本”。“以人为本”不能仅仅停留在口头上，它需要激励机制作为物质保障。要在港口内部建立一个尊重人的客观环境，需要一系列的制度文件作支撑。其次，科学完善的管理制度，是克服“人治”弊端的有效手段。其三，严格科学的管理制度是规范员工言行的动力和约束机制。管理制度既是企业管理的基础，也是体现“以人为本”的管理思想的前提。

四是抓住关键，为培育港口文化提供保证。港口文化，本质是人的文化。一定意义上可以说是企业家的文化，是企业经营者的文化。如果说在由计划经济转向市场经济初期，企业的竞争还主要是看企业领导人谁的观念转变快，看谁能最早适应市场经济；而在当今知识经济、信息时代、经济全球化的情况下，企业的兴旺发达则主要取决于企业领导人的知识、智力水平，创新能力和现代文化素质的高低，取决于领导者对企业文化的重视程度。因此，建设港口文化，关键要有一批重视港口文化、关心港口文化、研究港口文化、实践港口文化的领导者群体。

（四）港口文化一般价值理念的基本原则

1. 坚持科学发展的原则

深厚的文化底蕴，才能促使港口发展走向成功。重视港口文化建设，建立起符合现代经济理念的先进文化基础，这是港口永续发展的动力源泉。文化是发展的灵魂所在。通过系统的文化建设，在港口的发展过程中，共同的价值观和统一的精神力量得以建立，进而形成港口发展独特的资源和核心竞争力。

可以说在2000年以前，由于各港口的文化建设较为抽象，多以精神文明建设为主，对促进发展的作用较为间接，因此，这往往得不到港口企业足够的重视。但随着体制改革的深入，港口发展面临着迎接市场挑战等一系列新问题。此时，重视港口文化为发展提供源源不断的动力便产生极大吸引力。同时，在进一步的实践中，以重视文化建设来促进发展获得成效。

因此，港口企业文化建设应紧密围绕港口在各个时期的中心工作，与经营管理有机结合起来，从企业的组织结构、管理形式、发展目标、经营战略、经营特点和市场态势以及员工思想状况的实际出发，充分考虑外部政治、经济、文化、政策、环境等诸方面因素的影响，有的放矢地进行港口企业文化建设，推进港口企业持续快速健康发展。

发展是企业文化建设的基础，企业文化建设是推进发展的动力。港口企业的可持续发展，需要科学发展观的统领，需要先进企业文化的支撑。纵观改革开放30年来中国港口的发展历程，港口企业对新时期加强企业文化建设的重要意义有了更充分的认识，认识到加强企业文化建设是传承港口百年文化历史的需要，是建设世界强港和建设高素质员工队伍的需要。只有软实力，没有硬实力，企业发展就没有根基；只有硬实力，没有软实力，企业发展就没有层次和品位。中国港口发展到今天这样的阶段，企业文化建设已经成为其整体发展目标的一部分，需要铸造港口发展之魂，需要有一个好的企业文化支撑港口更好更快的发展。目前，中国各个港口集团对企业文化建设认识高度统一，坚持围绕中心、服务大局，开展相应的企业文化建设，把企业文化建设作为港口企业发展战略的重要组成部分去规划、去实施，作为企业管理的重要内容去部署、去落实。

连云港未来港口

如连云港，着力营造“奋发向上、奋斗开拓、奋进跨越”的港口文化，提出用3~5年时间将连云港建成以集装箱运输领先发展的亿吨大港，这是连云港港的近期发展目标。重视文化建设是促进港口发展的必然要求。将文化作为一种资源进行开发与利用，已成为先进企业增强活力，打造核心竞争力的重要途径。

2. 坚持以人为本的原则

人本管理既是落实科学发展观和现代企业经营管理的关键，又是企业文化建设的切入点和着力点。港口企业文化建设必须坚持以人为本，关心员工的利益与发展，注重员工经验的积累和潜能的发挥，满足员工的物质需求和精神追求，尊重人、关心人，促进员工的全面成长。

随着知识经济时代的到来，人成为生产力中最活跃的因素，员工积极性、创造力和增值潜力是组织发展的力量源泉。正如美国通用汽车公司前总裁史龙·亚佛德所说：“你可以拿走我全部的资产，但是你只要把我的组织人员留下来给我，5年内我就能够把所有失去的资产赚回来。”可见，对人的管理成为组织管理中决定性的因素。

注重人才培养，创造发挥员工价值的良好环境，不仅是港口文化和谐层面的建设要求，更体现了我国一直倡导的“以人为本”理念的本质特征。港口的运作和发展，离不开人的智慧，同样，港口企业的发展也必须注重人才的培养，从而为港口文化建设注入新鲜的血液。因为人才培养的过程，实际上也是在为港口企业、港口建设服务，人才培养的质量不高，则企业发展，港口建设不会有更好的质量。

港口企业文化恰恰是培养企业职工共同的价值观和行为准则，这是相互沟通的基础，也是文化管理的基础。只有文化管理的内涵与职工的价值观念、行为准则相一致时，企业文化才会起到管理的作用。

文化管理效果很好的企业，其企业制度与企业职工共同的价值观是相一致的，有共同的价值观和行为准则，相互之间也就没有隔阂，职工就会自觉地按照共同的价值观和行为准则行为处世，对工作有兴趣和敬业精神，有工作热情，劳动生产力也就提高了。人本管理既是落实科学发展观和现代企业经营管理的关键，又是企业文化建设的切入点和着力点。文化建设必须坚持以人为本，关心员工的利益与发展，注重员工经验的积累和潜能的发挥，满足员工的物质需求和精神追求，尊重人、关心人，促进员工的全面成长。坚持“以人为本”，高度重视各类人才的培养和使用，按照“发展港口、成就员工，实现企业与员工协调发展”的理念，着力倡导建设与一流港口企业相适应的企业文化，建设和谐企业。新经济体制下企业文化的核心理念是“以人为本”。“以人为本” 不能仅停留在口头上，它需要激励机制作为物质保障。要在企业内部建立一个尊重人的客观环境，需要一系列的制度文件作支撑。如某港口企业近期推出的船舶、设备、工程技术人员津贴政策，可以说是迈出了可喜的一步，但这仅能起到吸引人才留住人才的作用，关键还要在如何建立人尽其才、才尽其用的激励机制上做文章，以达到“用事业留人”的最高境界。随着我国社会的发展，党和国家提出了建设“和谐社会”的目标，和谐的问题成为当今中国社会的重要议题。同时，我国企业已经逐步朝建立现代企业制度的方向发展，企业员工内在的心理需求呈现许多新的特点，企业管理需要新的理念支撑。和谐社会的理念落实到企业必然要求建设和谐企业，必然要求建立和谐开放的内外环境。

我国港口企业长期以来的制度建设，在企业管理发展史上是发挥过积极作用的，但制度的制定、设施的建设主要是从管理者便于管理的角度出发的，在考虑员工的需要和感受上严重不足；管理上刚性有余，柔性缺失，方法简单，与建设和谐社会、和谐企业的要求相去甚远。企业的发展离不开员工的积极参与和支持，实施以员工为中心的体现人性化的管理，有效利用组织管理资源使企业的功能得到最大程度的发挥，应该成为企业在科学发展观指导下的必然选择。企业如果不能充分考虑到员工间需要和反映上的差异，仅凭自己的意志去制定和实施新的政策和措施，往往会导致自己不愿看到的结果，因此，理性化管理的不足需要人性化管理的弥补。企业要创造一种开放、平等、宽容、交互的，体现人性关怀的环境，就必须建立起一套适应员工特点和需要的符合人性化要求的管理机制。

始终坚持以人为本的企业价值观，始终将港口职工的利益放在突出重要的位置，在大力实施凝聚力工程建设以及和谐港口建设过程中，实现共建共享，始终努力营造一种全港上下同心协力、和谐奋进的港口大家庭的氛围。例如：大连港在关心职工，爱护职工，努力为职工办实事、办好事方面做了大量的工作。大连港集团始终坚定践行着这样的原则：要让港口的改革发展成果惠及港口的每一名职工，要让港口的发展与职工的物质利益发展实现同步。集团每年投入8000万元，力争在5年内解决所有职工的住房货币补贴问题；以比照市标准上浮20%为全港职工发放采暖费补贴；进一步提高离岗退养人员的生活标准；整合后勤服务资源，投资600万元改善职工的就餐、住宿和洗浴条件；2007年下半年在全港范围内进行工资调整，使全港的每一名职工都成了实实在在的受益者；常年坚持职工健康疗养制度，每年安排数百名职工健康疗养；定期组织中、高级专业技术人员、女职工等进行体检，保障职工身心健康。此外，针对生活困难的职工，集团在职工爱心捐款70万元的基础上又出资30万元，建立“爱心救助基金”，已经为近500名困难职工发放了20万元左右的爱心救助金。针对长期病困职工，集团又建立起“职工医疗互助基金”，仅2006年一年就为376名职工发放了83万余元的医疗帮困救助资金。每年元旦、春节，集团领导和工会组织都会走访慰问困难职工，发放慰问金和慰问品以及子女就学补助。每年救济困难职工达1500余人次，发放救济款100余万元。

纪念大连港开港110周年

3. 坚持领导垂范与全员参与相结合的原则

企业文化是企业家的文化，而企业文化建设又是一个全员参与的系统工程。因此，在企业文化建设过程中，要坚持把领导者的领导作用与全体员工的主体作用紧密结合，领导大力倡导，率先垂范，员工广泛参与，为企业文化建设献计献策。达到全员认同并践行企业精神理念，规范行为模式，上下同心，共谋发展，领导重视是关键。

如今，大部分港口集团公司的领导都已经认识到，企业核心价值观是企业的承诺和追求，也是一个企业发展和员工行为的精神指引。这个核心价值观正是文化建设的核心内容。只有培育出有港口特色的，又能被全体员工认同、接受并自觉践行的价值观，才能更好地推进企业文化建设，促进港口发展。

优秀的企业文化是企业领导者有意识培育和建设的结果。如武汉港、天津港、上海港、广州港等集团在港口企业文化建设中，都把集团各级党政主要领导作为本单位企业文化建设的第一责任人；集团各部室是企业文化建设的职能部门，根据各自职能及工作实际，负责相应的企业文化建设工作的组织实施和相关工作。领导们负责制定集团的文化变革方向及战略，并指导集团公司文化建设工作，指导与审议企业文化建设办公室工作方针、措施的制定；各部室、各分公司则承担企业文化建设日常工作。从港口集团党政“一把手”到一线普通员工，全部都参与企业文化的塑造，不仅充分发挥了员工的主观能动性，增强了大家自豪感和凝聚力，统一了思想；而且通过全员参与、文化塑造，让广大员工在潜移默化中深受企业文化的教育和熏陶，产生了很好的效果。

企业的发展离不开强有力的团队精神，团队精神的形成不能没有员工对企业的凝聚力的基础。企业和谐发展在很大程度上得益于企业文化。企业应该立足于文化管理，企业文化可以提升企业的人文价值，使全体员工形成共同的价值观，增强员工对企业的凝聚力，把企业构建成一个大家庭，形成和睦相处、和衷共济的人和氛围。可以通过开展多种形式的企业文化活动，凝聚员工人心，把无形的企业文化转化为有形的企业资源和财富，为员工办实事，让员工亲身感觉企业大家庭的温暖；员工把企业作为可信赖可依靠的员工之家，必将以感恩之心回报企业。

如广州港集团公司以加强思想道德建设为重点，把学习践行社会主义荣辱观与学习时代英模等工作结合起来，把开展职业道德教育与“创学习型组织，争当知识型员工”结合起来，通过召开学习许振超动员大会，邀请包起帆、许振超等先进人物来港作报告、开展技

广州港集团外来工兴高采烈登上游船夜游珠江

术比武、技术创新活动等，着力培养广大员工爱国守法、诚信知礼的现代公民意识，培养员工爱岗敬业、实干创新、自强不息、奉献社会的情操和对企业的忠诚度，为培育企业昂扬向上的核心价值观奠定了坚实的基础。同时，集团利用“青年文明号”、“青年岗位能手”、“巾帼文明岗”等平台，对港口各条战线上的先进人物进行深入挖掘、培养和宣传推广，用真实可信、可学可比的先进典型引导和激励广大员工立足本职，扎实工作，在不同的工作岗位上创造出非凡的业绩。

4. 坚持讲究实效与循序渐进相结合的原则

重实际、办实事、求实效是企业文化建设的一个重要实施原则。企业文化建设不能脱离企业实际，要将企业文化建设与生产经营管理紧密结合，并与企业内外环境相适应。企业文化建设还要从长计议、统筹兼顾、分步实施、扎实推进、不断完善，逐步实现企业文化建设目标。反对形式主义，预防急功近利，使企业文化建设经得起实践和历史的检验。

企业文化建设要结合实际，注重实效。企业文化建设要以科学发展观为统领，尊重企业文化建设的规律，融入港口企业强港建设伟大实践，与企业党建相结合，与提高企业经济质量和员工素质相结合，与建设港口的独特文化相结合。着力在培育和弘扬集团核心价值观和企业精神，打造港口企业的精、气、神上下功夫，着力在加强诚信体系建设，提升企业和员工素质上下工夫，着力在打造港口企业核心品牌，塑造港口良好公众形象上下工夫。

企业文化建设要贵在坚持，重在建设。要多形式广泛持久地进行港口文化核心价值观、港口精神和港口企业品牌的宣传教育，使之日益深入人心；制定和执行领导人员行为准则和员工行为规范，形成集团良好的精神风貌和文化成果，向世界展示一个中国港口应有的风范。

如上海港把企业文化建设融入贯彻落实集团12字工作方针的全过程，扎实开展客户服务年活动；以迎世博为重点，深入开展同创共建“文明口岸”活动；以文明单位、文明行业创建为重点，广泛开展精神文明建设活动；不断丰富和创新企业文化建设载体，扎实开展服务窗口和务工人员宿舍规范化建

上海港之夜

设；着眼于提高员工素质和调动员工的积极性和创造性，深入开展立功竞赛、技术比武、科技创新、节能降耗等活动，开展各类群众性文娱体育活动，开展“8.15”爱心捐助、帮困送温暖和各类社会公益活动，履行社会责任，建设和谐企业，进一步增强企业文化建设的实效性。

5. 坚持继承借鉴与不断创新相结合的原则

继承、借鉴、创新是企业文化建设的源泉。企业文化建设既要继承优秀传统文化，又要结合企业当前的实际情况，更要着眼于未来发展的需要，积极借鉴国内外先进的管理思想和企业文化的优秀成果，用发展的观点、创新的思维对现有的企业文化进行整合、提炼和创新，进一步弘扬时代精神，突出港口行业特色，使企业文化建设更贴近时代，更符合现实，更加适应未来的发展。

只有立足于实际，将企业文化建设融入生产经营和改革发展各项工作中，让企业文化进入现场、流程和岗位，真正发挥企业文化的作用，物化为现实生产力，提高企业的管理水平，使企业文化看得见摸得着并能带来实惠，才能更有效地激发广大员工积极参与企业文化建设的热情，从而推动企业发展。

港口人的服务精神要创新，对企业的忠诚度要创新，执行力上要创新，工作方式、工作标准上也要创新。

一是在内容上创新。随着港口的发展和企业文化建设的深入，港口企业文化从理念到实践，在内容上得到了不断的创新。使上个世纪员工朴素的思想品德和企业简单的行为规范升华到了一个更高的境界，同时得到广大员工的认同，成为他们自觉的行为。

二是在观念上创新。今天的各个港口企业文化理念传承了每个港口的历史文化，有着深刻的历史印记，但是可以说，所有理念在观念上都有着深刻的创

湛江港港口夜辉煌

新，是时代变革，港口发展的产物，因而更具有可操作性和实践性。

三是在实践上创新。上个世纪的企业文化是历史的积淀，是实践的养成。在实践上往往还不是一种完全自觉的行为。而今天的文化理念与实践，已经从不自觉走向自觉。在日常生活中养成对理念的认可和遵守的同时，企业更注重了理念的培训和灌输，把刚性的管理融入柔性的文化熏陶之中，使其在实践中逐步变成员工的自觉行为。

如近几年的湛江港将企业文化建设与改革创新相结合，多次进行了内部机构调整和资源整合，优化管理模式，内强管理，外拼市场；深化用工和薪酬制度改革，使企业用工模式更加符合企业特点和市场实际，激励约束更加有效；引进战略投资者，推动产权制度改革，完善法人治理结构，实现投资主体多元化；积极稳妥地推进集体所有制企业的改革，顺利将集体所有制企业移交地方管理；深化后勤及辅助单位改革， 模拟市场运作，实现后勤服务社会化，增强后勤及辅助单位的生存能力和竞争能力。企业文化建设为近几年的改革创新保驾护航，使得企业改革创新顺利进行，成效明显。

二、港口文化理念提升

当前，随着全球经济的进一步深入发展，市场对港口行业提出了新的更高的要求。重视港口文化建设，蕴含着深远的理性思考，彰显着鲜明的时代特征。经过整合提炼，“尊重历史，促进发展，和谐环境，安全作业，法律保障，科技运用，拓展研发，理念创新，人才培养”九大理念体系得以形成。

港口是国民经济和社会发展的重要基础设施和基础产业，是经济运行的命脉。重视港口文化，以尊重历史、促进发展等九大理念为支撑发展港口，使整个团队在先进的文化氛围下加强向心凝聚力，促使经济社会在人本光芒下迸发出更大的活力。明确的发展方向，坚定的发展态度，充分显示了我国港口发展的无限潜力和光明前程。重视港口文化建设，具有十分重要的时代意义。

（一）尊重历史，促进发展，和谐环境

1. 尊重历史

当航海时代的人物和事件随着时间的流逝被逐渐淡忘后，那些硕果仅存的或被认为复活的古帆船就成为一种精神的代言，被海洋的子孙们顶礼膜拜，成为沿海港口城市历史文化的标志。那一艘艘形态各异，大小不一，但功能相同的大帆船，它们身上，承载着那个伟大传奇时代丰富的人物和故事，展现着赫赫有名的古港今昔，透露着港口和城市兴衰的脉络，呈现着海洋文明与普通人

生活方式的交融。传承历史，从古帆船上了解港口发展历程，尊重历史的经验教训，这是建设港口文化的首要前提。

广州港具有2000多年历史，与历史文化名城广州相伴而生，是中国著名“海上丝绸之路”的始发港之一。“城以港兴，港倚城旺”，广州港自形成之初就与广州相融共进，与世界各国紧紧相连。在尊重历史的基础上，根据中央、省、市关于深化港口管理体制改革的精神，广州港集团有限公司于2004年2月26日成立，广州港两千年的发展史从此翻开了崭新的一页。将广州港的历史、现状与发展定位相结合，发展具有鲜明港口特色的港口文化，已成为促进广州港发展的一个重要手段，这也成为广州港集团的一大亮点。

“哥德堡”号重返广州

2. 促进发展

具有深厚的文化底蕴，才能促使港口发展走向成功。重视港口文化建设，建立起符合现代经济理念的先进文化基础，这是港口永续发展的动力源泉。

文化是发展的灵魂所在。通过系统的文化建设，在港口的发展过程中，共同的价值观和统一的精神力量得以建立，进而形成港口发展独特的资源和核心竞争力。过去，由于文化建设较为抽象，对促进发展的作用较为间接，因此，往往得不到企业足够的重视。但随着体制改革的深入，港口发展面临着迎接市场挑战等一系列问题。此时，重视港口文化为发展提供源源不断的动力便产生极大吸引力。同时，在进一步的实践中，以重视文化建设来促进发展获得成效。

作为新亚欧大陆桥东方桥头堡、中西部地区最经济便捷出海口和长三角的主要港口，连云港港十分注重企业文化建设，有力地推进连云港港口新一轮的大发展。着力营造“奋发向上、奋斗开拓、奋进跨越”的港口文化，提出用3~5年时间将连云港建成以集装箱运输领先发展的亿吨大港，这是连云港港的

连云港用行动展示其港口文化

近期发展目标。重视文化建设是促进港口发展的必然要求。将文化作为一种资源进行开发与利用，已成为先进企业增强活力，打造核心竞争力的重要途径。连云港港也正朝着该方向，不断迈进。

3. 和谐环境

随着中国加入WTO，我国国内对外贸易空前繁荣，港口担负着物资进出的重要任务。但在经济快步发展的同时，各项矛盾也急剧突显。经济快速增长与港口文化的相对滞后，市场竞争的驾驭与服务意识的落后，企业的迅速发展和个人目标实现的差距等都成为构建和谐环境的阻碍因素。以和谐理念进行文化建设，构建港口和谐环境，在当代经济快速发展的背景下，无论是在理念、方法、载体等都对我们提出了更高要求。

构建港口和谐环境，坚持和谐取向，培育和谐思维，遵循建设规律，全面理解构建和谐社会的深刻内涵，才能准确把握构建和谐港口环境的建设方向。坚持以社会主义核心价值体系为指导，牢牢把握社会主义先进文化前进方向，结合港口实际，适应港口发展的和谐环境才得以构建。

建立“诚信秦港”是秦皇岛港构建和谐环境的目标体现。通过加强和推进服务文化建设，有效解决管理部门、生产单位、服务行业中存在的影响港口经济发展、损害客户利益、社会反映突出的失范问题，提高港口诚信品质，为港口营造安全的和谐环境。同时，加强和推进服务文化环境的建设，提升港口服务功能，用实际行动满足市场需求，促使秦皇岛抢占市场的制高点。秦皇岛港对和谐环境构建的重视，注重提高诚信品质和服务功能，使其进入协调、持续、健康发展的快车道。建设具有港口特色的和谐环境，港口的凝聚力和感召力得以大为增强。

（二）安全作业，法律保障，科技运用

1. 安全作业

安全文化是随着人类的生存和发展而产生的，并随之得到不断的创造、继承和发展。港口安全从目前来看处于不太稳定时期，安全意识薄弱，安全学习培训效果不明显，以人为本思想不突出等现状突显了坚持“安全作业”理念的重要性。安全文化的形成，是衡量港口的标志，是港口实现可持续发展的有力保障。现代安全管理理念促进安全文化体系的形成，塑造港口安全文化是一项长期、艰巨而又细致的工作，它需要有目的、有意识、有组织地进行长期的总结、提炼、倡导和强化。

面对人命攸关的大事，港口安全不能有丝毫的放松。要采取必要手段，强化新的价值观念，用理念指导人，用行为规范人，用视觉提醒人，时刻提醒注

意安全作业，大大减少危险源演变为事故的几率。以山东日照港为例，该港煤码头1993年末因皮带机滚筒摩擦生热而燃起的“那把火”，不仅烧毁了装船系统流程上的1000 多米皮带，也“烧醒”了港口决策者和经营管理者的头脑。自从遭受了那场突如其来的意外火灾之后，全港上下痛定思痛、居安思危，迅速把港口消防安全工作摆在全力打造“平安港口”的突出位置，连续13 年累计追加投入上亿元加强港口消防建设，完善消防基础设施，添置先进消防设备，改善消防队伍的工作生活条件。日照港坚持以人为本不断强化消防安全教育为主线，全方位努力构筑港口消防安全可靠屏障，先后主动或应邀为各单位上消防课480 余次，广泛普及消防基本知识、消防法律法规，进行消防安全技能培训和火灾案例警示教育，受众累计已达22540 人次，积极启发引导港口广大员工牢固树立消防安全意识和义务监督责任意识，坚决摒弃“刀枪入库、马放南山”和“消防工作与己无关”的松懈麻痹思想，进而时刻保持百倍警惕防火患于未然，确保港口各大货运码头、危险化学品作业区、多条皮带机流水作业线、各类散杂货库场、建设工地、办公区、生活区等50 多处消防安全重点部位万无一失。由于消防安全教育“长流水不断线”，消防监督管理严格又细致，各项消防安全防范措施落实到位，日照港连续13 年未发生重、特大火灾事故，为建设平安、和谐港口营造了良好的安全生产环境。

2. 法律保障

依法治国，也要依法治港，这是港口文化建设的必要理念之一。任何秩序在法律的保障与规范之下，才会有条不紊。就目前港口发展而言，“港口文化尚处在初级阶段，远未形成独具魅力的港口文化体系。港口文化建设，是一个庞大的系统工程，港口要培育出较高的文化，就必须要走出‘宣传部式’、‘标语口号式’的误区。”在抓好物质文化和精神文化两个板块的同时，必须要高度重视制度文化。如前所述，制度文化是港口文化的前奏和基石，而形成良好的制度文化，法律制度必不可少。这是因为：首先港口的行业特点决定了加强港口安全工作的重要性。而保障港口的安全，不管是在管理层面，还是在操作层面，都离不开法律规范的保障；其次，在港口经营和发展过程中，港口与港口之间，港口和企业之间，港口与工作人员之间，往往渗透着各种各样的法律关系，这些复杂的关系彼此交织在一起，只有靠强有力的法律制度才能将其理清和调整，保障港口文化建设健康发展。所以，我国也出台了许多相关的法律：2001年底，国务院转发了关于《关于深化中央直属和双重领导管理体制改革的意见》，主要内容包括：将现由中央管理和中央与地方共同管理的港口全部下放地方，港口下放后实行政企分开；改革港口现行的计划、财务管理体制，港口资产无偿划转地方管理，财务管理由“以港养港、以收抵支”改为“收支两条线”。2003年6月29日我国通过了《港口法》。以法律的形式正式确认中国港口业的体制和发展方向。确认中国港口由地方政府管理，实行政企分开的行政管理体制；确认了多元化的投资主体和经营主体建设经营港口的制度。2004年《港口法》实施，港政职能归入县级以上城市政府行政职能范围，组建了港口管理机构，进入政府序列，对全市港口事业不分部门和所有制进行统一管理。

纵观近几年几大港口的建设，无一不体现出法律保障的重要性。然而值得注意的是，尽管2004年《港口法》的施行，标志着以此为龙头法、其他法规和部门规章为组成的港口法规体系的建立，使港口管理基本进入法制化轨道，为港口政企分开、新管理机构和新机制的创建、港口经营秩序的规范、港口配套改革以及港口企业深化改革指导等工作提供了法律基础， 一个明显的事实是：目前港口的法律法规和规章并不十分健全，甚至还有一些法规与规章之间存在冲突。这就需要我们在法律制度层面，必须加快制度创新与改革，为中国快速发展的海上运输与贸易经济做好充分的准备，当然也为我国的立法者提出了新的挑战。

3. 科技运用

科学技术推动生产力，那么科学技术也必将推动港口的迅猛发展。于是可以得出这样的结论：科技运用于港口文化建设之中是大势所趋，情理之中。依靠科技进步，广泛采取新工艺、新装备，大力提升港口现代化管理和信息化水平，以科技为先导，提高创新能力，为改造传统产业，为建设高品质的港口

抓斗大王包起帆发明了木材抓斗，减少了在木材装运中的劳力，同时也保证了安全。

文化奠定了坚实的基础。现代港口的发展，尤其在我国正倡导建设上海港、大连港、天津港航运中心的大背景之下，都离不开科技的运用与支撑。首先，港

口现代化尤其是交通现代化，属于港口文化中的物质形态层次，是科学技术不断创新过程中积累形成的最先进的成果。它包含交通技术发展、交通设施方面的高速公路和城市轨道交通以及深水优良码头的建设和交通工具以及交通配套系统的现代化等。交通现代化目标的实现，不能离开先进科学技术的支持。其次，港口运营信息化就是充分运用先进的信息技术手段实现整个港口大系统对内对外信息化管理的目标。交通运输部制定的《公路、水运交通信息化"九五"规划和2010年方针纪要》指出："将在全国交通系统建立一个以计算机技术、通信技术和信息网络技术为基础的全方位的现代化信息网络，发展和应用各种信息业务信息系统，为各级交通主管部门决策，为交通企事业单位的经营管理提供准确及时的信息服务，以达到决策科学化、办公自动化和经营管理现代化，并为我国交通系统的智能化奠定信息化基础。"从中可以看出，我国的港口信息化建设将集中在交通行业各级政府办公业务系统的建设、客运货源管理信息系统和信息服务系统建设等，这必将使港口运营更加高效，便捷与智能化，为港口文化的物质建设层面增光添彩。我们必须明确，科技总是一直向前发展的，因此港口的信息化也是一个动态的、不断更新和进步的过程，中国的几大港口要跻身航运中心的行列，必将越来越多地依靠信息技术的发展和科技进步。

（三）拓展研发，理念创新，人才培养

1. 拓展研发

开拓进取，不断创新发展，是对港口运营模式与发展模式以及与之相关的操作规程由传统模式不断向现代模式或者说与世界接轨的模式发展的概括，在本质上也体现了港口文化物质建设层面的要求。以长江流域的各港口为例。改革开放前，从长江流域港口进出的货物，大多以装卸零星的散件杂货为主，港口的运营业务主要是客货运输换装和中转业务，为港口所在地区的工农业生产服务。如今，这些港口已由客货运输换装和中转，逐步向仓储、商贸、运输、工业、旅游等多元化运营模式发展，在促进沿江地区经济和配置资源中的作用日益增强，对长江流域扩大对外交往，发展外向型经济起到了重要作用。随着长江港口码头功能的日臻完善，长江港口接卸的货种也不断拓展。除传统矿石、煤炭、石油等大宗物资外，集装箱、液体化工、散装水泥及粮食、滚装运输等发展迅速。人们已经充分认识到突破传统模式，依靠区位优势加速港口建设的重要性。目前长江沿线港口所在地城市充分发挥港口区位优势，在港口周边腹地大力发展临港工业

和现代物流，成为长江流域水运发展的重要方向。依托长江港口建设物流园区、保税区、经济开发区和高新技术产业区成为港口和区域新的经济增长点。长江港口在传统的装卸、转运业务基础上向包装、加工、仓储、配送、提供信息服务等高附加值综合物流功能延伸，已初步形成了系统配套、能力充分、物流成本较低的五大港口运输系统，有力地证明了拓展研发的重要性。

2. 理念创新

港口文化建设，尤其是精神层面的建设，必须要有良好的价值理念为依托，诸如生存理念、服务理念、管理理念、市场理念等。港口建设不仅是创造和积累社会财富，同时注重承担社会责任，以客户为导向，注重自身港口形象的建设，同时运用较成熟的商业宣传和营销手段来更加合理的构建港口的品牌文化。而随着国际格局和市场环境的变化，价值理念也应跟随时代的步伐不断创新，唯有如此才能更好地服务于港口文化建设。首先，很多港口已经摒弃以往的“各自独立发展”、“各扫门前雪，不管他人瓦上霜”的生存理念，逐步认识到互利共赢的重要性。由传统的只发展内向型经济而逐步转变为外向型经济，即与其他国内或国际的大港或者大城市的交流带动自身的发展。其次，服务理念不再是一句空话，而是被真正落到了实处。各个港口企业不再是仅迅速增加自身财富而不顾客户或者其他企业的利益，他们已经转变为视客户的需求为己任，提高自身的服务质量和绩效；已经转变为与其他企业和谐发展，服务彼方也等于提高此方。再次，管理理念的转变也很明显。在当今倡导“以人为本”的社会里，港口的发展也必然要强调这一理念的重要性，主要体现在管理理念中。既注重内部员工与企业自身的管理，又不懈怠港口企业与外部环境的管理。最后，市场理念的转变主要体现在，各个港口已经由原来的单一对外贸易的海上运输方式，逐步发展成海、陆、空三者一体化贸易运输的服务方式，极大的带动了港口城市与其他地区的交流与发展。

3. 人才培养

注重人才培养，创造发挥员工价值的良好环境，不仅是港口文化和谐层面的建设要求，更体现了我国一直倡导的“以人为本”理念的本质特征。正如我们所介绍过的湛江港，它不仅关心工作人员，认为工作环境可以影响人、改造人、培育人，所以，湛江港极其重视人才的培养，湛江港集团为员工提供的培训机会达33000多人次。港口的运作和发展，离不开人的智慧，同样，港口企业的发展也必须注重人才的培养，从而为港口文化建设注入新鲜的血液。因为人才培养的过程，实际上也是在为港口企业，港口建设服务的过程，人才培养的质量不高，则企业发展，港口建设不会有更好的质量。所以在人才培养的过程中，我们必须注意以下几点：第一，要牢固树立正确的行为观念与法律观念。必须充分认识到公司的行为规范要严格遵守，不得任意践踏，否则企业内部秩序混乱；必须树立法律意识，严格依法办事，在法律的保护圈内充分行使自己的权利；第二，港口企业要加强内部沟通，做到倾听与对话。一方面让职工充分了解公司的经营目标、管理状况，及职工待遇，让他们体会到自己在整个企业全局中的位置、责任、作用与重要性，从而调动每位职工的积极性、责任心和创新意识，变被动工作为主动服务，从而更好地完成企业目标和提高企业经济效益。同时要倾听来自职工的意见，做好与职工的交流工作。第三，健全激励员工机制。要使港口建设有旺盛的生命力，港口企业有足够的士气，员工有高昂的工作热情，激励员工是不可或缺的。其一，分配工作要考虑员工特长，做到人尽其才，才尽其用；其二，要使工作富有挑战性，又能被员工所接受。通过这样的途径，培养出来的才是高素质人才，才是港口建设需要的人才。

综上所述，九大理念构成了港口文化发展的整个体系，也突出了在物质层面、制度层面、精神层面、和谐层面建设的强大支撑。

三、港口文化核心价值理念

港口企业核心价值理念的建立，是战略发展的需要；是赢得竞争的关键；是企业和谐的根本；是企业作风的灵魂；是为港口企业发展永不衰竭的强劲动力。

（一）辨识——企业核心价值理念的内涵

企业核心价值理念是由体现企业根本价值取向且相互关联的一系列思想、理念、原则、是非判断标准构成的整体，是企业得以存在、运转和发展的基本思想依托。从社会和能动的角度看，人类社会发展的历史表明，价值判断标准决定人和组织的行为。上述两个层面各种要素作用的有效发挥，都取决于一个更深更高层面的因素，这就是企业的核心价值理念。

企业核心价值理念主要包括“一个基本原则、三个判断标准”：

一个基本原则，即“价值准则、第一准则，共创价值、同享成功”的原则。价值是企业存在的唯一理由。企业要想吸引客户，就必须为客户创造价值，使其能够盈利；企业要想有优良的业绩表现和发展后劲，就必须创造价值，通过盈利积累发展的资本；企业要拥有高素质、能战斗的职工队伍，就必须提升职工价值，实现职工的全面发展。作为社会经济组织，企业是社会单元，更是经营组织，盈利是其生存的基本条件，效益是其发展的基本要求，服务社会是其基本责任。做任何工作都应当以是否有价值作为基本的判断标准。只有能够创造价值的工作才是有价值的工作，才值得去做；只有能够带来收益的投入才是有价值的投入，才值得去投入；只有能够创造价值的职工才是优秀卓越的职工，才值得我们推崇。在世界经济一体化的今天，任何企业都处在一个大的经济运转体系之中，有竞争，有合作，同生共赢是大势所趋。各企业、各单元只有在价值链上共同创造价值，共同提升整个物流链价值，才能共享发展的成果，取得成功。“价值准则、第一准则，共创价值、同享成功”是企业核心价值理念的第一要义。

三个判断标准，即企业愿景、企业价值观和企业精神。价值是一个中性词，不同阶级、阶层的人对价值的理解各有不同，形成不同的价值观和价值判断标准。国有企业核心价值理念应当以企业愿景、企业价值观和企业精神为价值判断标准。以秦皇岛港为例，做任何决策，采取任何措施，都要看是否符合“世界干散货领先港、一流码头运营商”的秦港愿景，都要看是否符合“为国家尽责任、为股东创效益、为职工谋利益”的价值观，都要看是否符合“爱我港口、建我港口、团结奋进、敢创一流”的精神，做到个人干一流工作，服务求一流境界，港口创一流品牌，敢于并善于创造一流业绩。

（二）求索——企业核心价值理念的构建途径

大力构建企业核心价值理念，要以社会主义核心价值理念为指导，以推动企业健康发展为目标，形成统一的企业核心价值理念。国有企业是由国家出资建设的大型企业，在国民经济发展中发挥着支柱作用。这种特殊性质决定其必须以社会主义核心价值理念为指导思想和理论依据，以推动企业发展为基本价值取向和定位，确定企业核心价值理念的理论框架和内涵，构建自己的核心价值理念。这是巩固党的执政地位、维护社会稳定和形成企业共同理想的基本要求。

大力构建企业核心价值理念，要建设积极、进取、先进的企业文化，为企业核心价值理念提供良好的文化基础。企业文化为核心价值理念提供了文化依托，核心价值理念为企业文化注入精神和灵魂。要坚持不懈地贯彻企业理念，落实职工行为规范，推进企业视觉形象建设，引导职工从一点一滴做起，从基本行为做起，从日常行为中体会、认同企业核心价值理念，使价值体系建设随着文化建设的不断深入而持续深化。

大力构建企业核心价值理念，要加强企业制度建设并完善管理流程，为企业核心价值理念提供制度支撑。要以企业核心价值理念为指导，科学设计管理制度体系，加强企业制度建设，把核心价值理念的内涵转化成具体的制度规定，变倡导性要求为强制性约束。

（三）深究——企业核心价值理念内涵

通过前面几章对我国港口文化建设的事实介绍，我们不妨对港口文化进行一个初步的整理、归类，可以大致概括出三个方面，一是港口经营文化：如“讲感情、讲信誉、讲效率”，“一票服务承诺制”，“向两头延伸，抓中间环节”，“大市场、大外贸、大货主、大联合、大通关”等；二是行为文化：如“有利于服务社会，有利于投资者利益，有利于企业进步”，“高层面要有事业心，中层面要有上进心，一般层面要有责任心”等；三是管理文化：如“尽职用心”，“把企业当作作品来雕琢”，标准化和“质量、环境和职业安全健康”体系，“横到边、竖到底、斜到角”等，然后，我们可再进一步提炼出港口企业核心价值理念——即“超前性思维，超常规工作”。

对企业文化进行归纳和提炼，还要将理念故事化和故事理念化。优秀的企业文化并不是只让企业的少数管理者认同，而是要让所有的员工，包括利益相关者、客户群，甚至市场的认同。铸造企业文化，首先应该根据企业现有的一些管理理念，发掘、整理出企业内部现在或者过去相应的一些先进人物、事迹进行宣传，并从企业文化的角度进行重新诠释，使典型人物和事迹所体现出来的价值理念在广大员工中能广为传颂，成为员工思想和行动的榜样，这就是理念故事化。另一方面，要对港口近年来涌现出来的先进人物和事迹进行深层次挖掘，再上升到企业管理理念的高度进行宣传报道。

实际上企业文化本来就是一种客观存在。任何一个处在运作中的企业，其背后总是有一种固有的文化背景在支撑，伴随和影响着这个企业的发展。比如说上海港，它是一个百年老港，具有深厚的企业文化底蕴，而继承和弘扬优秀的传统文化，既是承接历史的需要，也是承载使命的必然。现今上港集团已经非常明确地提出了要建设世界强港的愿景目标，这就更加需要在加快港口生产能力建设的同时，不断加强港口的文化建设，从而形成软硬两种实力同步推进的局面，为早日实现企业发展战略目标打下扎实的基础。

主动建设管理文化、经营文化、安全文化、廉政文化、服务文化和环境文化，有意识地将企业文化建设融入到企业的生产建设过程中去，应该讲是顺应了港口企业所要追求的方向，也符合市场经济对港口企业所提出的要求。

我们如此认真地总结、讨论和宣传港口文化核心价值理念，是因为它已经对港口得发展起到了不可或缺的重要作用。

（1）战略发展的需要——核心价值理念支持港口战略发展。具有共同价值观的统一才是真正意义上的统一。它可以保证每个战略单元在同一目标、同一价值判断下独立作战，共襄大局。核心价值理念将有助于形成推进企业战略发展的强势，这是企业整合、战略发展和战略协作的根本。

（2）赢得竞争的关键——核心价值理念催生并确立新的市场导向型价值观和管理模式。任何个人和组织都有自身的价值判断标准。构建核心价值理念，把“创造价值、提升价值”作为企业唯一的追求，做有价值的事情，让一切工作、投入、政策、措施以是否创造价值为标准决定取舍，让“为企业创造价值、为客户提升价值”的观念成为企业主流意识，营造一种基于价值的新的管理模式。

（3）企业和谐的根本——核心价值理念是企业和谐的思想基础。核心价值理念是一个组织的共同目标和价值追求，是组织保持和谐团结的前提。

（4）企业作风的灵魂——核心价值理念有利于引导全港形成求真务实的优良作风。

（四）展望——新时期的港口文化价值目标远景

新时期港口企业远景即企业追求的中远期目标，也可称企业发展定位。伴随着21世纪经济全球化和区域化进程的加速，港口面临着提供增值服务和拓展功能的新历史使命。港口作为国际运输的枢纽接口和国际经贸的支撑平台，其参与经济腹域的资源要素配置、综合物流的作用正在凸现。具有海陆两大辐射面的港口，不仅已成为链接世界性生产贸易的中心纽带，而且开始成为主动策划和积极参与上述经济活动的运营基地。因为现代港口已成为全球综合运输的核心、现代物流供应链的重要节点，世界很多国家已经对港口部门进行改革，以适应国际交通运输业新发展的需要，其中包括：重新制定港口发展战略、改革港口规划与管理的立法程序和

港口晨曦

体制、港口管理机构重组等。随着全球经济一体化不断深入和中国经济的快速发展，中国港口产业也正在发生深刻的变革和巨大的变化，特别是在经历了属地化管理、政企分开等管理体制变革以后，港口发展呈现出新的发展状态和趋势。

港口文化建设要跟上港口快速发展的步伐，能够体现出现代港口的新时期港口文化价值。中共十七大明确要求，要坚持对外开放的基本国策，要扩大开放领域，优化开放结构，提高开放质量，形成经济全球化条件下参与国际经济合作和竞争的新优势。今后几年是全面建设小康社会的关键时期，港口在继续加快基础设施建设的同时，应转向注重提高技术创新力，完善市场竞争和约束机制，拓展现代服务功能，提升产业现代化水平的全面发展。港口技术装备升级、制度变迁都可以对港口供给能力产生影响，中国港口今后也完全可以从多维角度谋求扩展综合通过能力，实现党的十七大提出的“必须把建设资源节约型、环境友好型社会放在工业化、现代化发展战略的突出位置，落实到每个单位、每个家庭。”

1. 建设服务型港口

今后港口之间的竞争将不是港口建设规模之间的竞争，而是港口服务能力与水平的竞争，建设服务型港口将成为21世纪提升我国港口竞争力的需要。建设服务型港口正是为了又好又快地科学发展港口，加快交通基础设施建设，正确处理规模与结构、速度与质量、公平与效率、交通发展与环境保护之间的关系；正是为了坚持以人为本，不断提升行业管理和公共服务水平更好地服务于国民经济与社会发展全局。港口将更好地服务于其所能辐射的广大腹地区域经济与社会的发展；成为各地全面建设小康社会、率先基本实现现代化的重要依托；成为优化区域生产力布局、调整产业结构，促进区域经济发展的重要支撑；成为继续推进各地区进一步对外开放，充分利用国际、国内两个市场、两种资源，在更大范围、更广领域、更高层次参与经济全球化的战略资源。因此，建设服务型港口是为国民经济与社会发展服务的需要。

2. 建设合作型港口

协同竞争是近年来随着竞争深入与产权分散化，在港口产业出现的一种介于协作与对抗之间的适度竞争模式。同一港群内各港在缺乏沟通与合作的情况下进行单独扩展和纯粹竞争，容易诱发严重的能力过剩，损害港口物流系统的整体效率。加强港口间合作与分工，港口在一定区域内的联合协调发展已形成广泛共识。各港口间不同形式的联合发展，也将成为我国港口发展的重要趋势。中国港口企业将从过去单纯追求吞吐量规模的粗放型数量增长，向追求经济效益的质量型增长转变。各港由于发展条件不同，在市场竞争中为了营造和发挥自己的相对优势，将朝合理分工的方向发展，并在竞争中趋于合作。考虑到东北亚区域内贸易的迅速增长及海上运输结构的变化，使得贸易发展不仅依靠一定数量的枢纽港，更需要建立在港口合作基础上的区域港口网络。发挥区域内港口物流联盟的作用可逐步实现东北亚整个海运市场的一体化。包括中国在内的东北亚港口应在维护共同利益的基础上，拓展整体覆盖空间，增加新的动态腹地，吸引更多的货源。

3. 建设高效型港口

现代港口作为全球综合运输系统的节点，其效率、服务水平及可靠性是非常关键的因素。船舶的大型化与班轮运输经营方式的改变对港口尤其是枢纽港的效率提出了越来越高的要求。世界各国的港口为了谋求自身在国际港口竞争中的地位，都在积极开发新技术，改善装卸工艺、提高装卸效率，以吸引干线船的挂靠。现代高科技在港口的应用给港口带来了高效化，它主要表现为运输方式现代化，港口装卸工艺合理化，港口装卸机械设备自动化、电气化及管理手段的现代化。随着港口装卸运输向多样化、协调化、主体化方向发展，港口管理也采用各种先进设备和手段，使管理水平适应现代综合运输的需要，港口普遍采用先进的导航、助航设备和现代化的通信联络技术。电子计算机广泛应用于港口经营管理、数据交换、生产调度、监督控制和装卸操纵自动化等方面。

4. 建设生态型港口

港航系统的扩张还将面临着日趋明显的环境和资源约束，如果不注重港口的生态环境保护，将会破坏该区域的生态平衡，危及居民的生存环境。如果在港口规划时不强调环保论证，建设时不采取环保措施，运营时不注重环保监控，势必造成对生态环境的污染和破坏。当前，中国港口面临着进一步建设发展与日益紧张的岸线、土地、能源限制之间的矛盾，许多沿海港口已面临岸线资源特别是深水岸线资源紧张的困境。生态环境质量已经成为提升我国国际竞争力的重要因素，生态型港口的构建既是顺应国际潮流和提升产业竞争力的有效手段，也是促进港口城市实现科

永远的蓝色

学发展的必然选择。在此背景下，具有环境友好特征、符合循环经济理念的生态型港口必将成为中国港口重要的演进方向。在资源和环境压力日益增大的情况下，中国港口部门将以科学发展观为统领，通过科技创新实现节能减排，切实转变港口经济发展方式，在业务量扩张的同时与周边环境和谐共存。通过生态建设，把“港口一船舶一人一自然”和谐相处的环境理念，渗透到港口建设和运营的各项行为之中，尽量提高港口活动的资源利用率，最大限度地减少港口对所处区域环境的负外部性，实现“环境优美，高效节能，清洁生产，达标排放，综合利用”的总体目标。

第六章　港口文化的发展战略

新中国成立60年来，我国港口发生了翻天覆地的变化，集装箱吞吐量和货物吞吐量连续6年保持世界第一。作为国家的基础设施和对外门户，我国从建国初期的一穷二白发展为世界港口大国，并向强国迈进，这既是新中国发展的一个缩影，也是新中国发展的历史见证。

虽然我国许多港口的货物吞吐量进入了世界前10名，但是我们港口企业的管理水平、企业制度和文化建设还有很大的提升空间。港口是世界文明的柱石，是国家与地区的门户和向世界展示的窗口，港口是经济全球化和区域一体化的重要载体，也是城市的摇篮，国家经济，文化，生活发展的缩影，港口文化的建设和发展便成为促进我们国家从航运大国向航运强国迈进的重要环节。

港口文化的发展战略作为港口文化建设中最为重要的指导思想，须紧紧把握住现代交通战略的要求，充分发挥港口在改革开放等国家发展进程中发挥的重大、独特作用，推进“以港兴城”的战略思想，指定港口文化的战略定位及具体战略路径。

一、港口文化的战略基点

清华大学国情研究中心主任胡鞍钢的关于交通“两次革命”的论述认为：未来中国交通发展最重要的战略选择，是全面转向现代服务业，全面建设创新型行业，走绿色交通发展之路，进一步扩大对内、对外开放。

（一）现代交通战略

2007年5月29日，交通部在北京组织了一次“交通由传统产业向现代服务业转型发展战略研讨会”，来自交通行业内外的有关专家共聚一堂，深入探讨我国宏观经济发展形势及现代服务业发展对交通的影响，分析交通由传统产业向现代服务业转型和走资源节约型、环境友好型交通发展之路的重大问题，从不同层面和角度提出了推进交通转型发展的建议和意见。

交通运输具有基础性和服务性双重基本经济功能。长期以来，基础性功能发挥得到了普遍重视，交通基础设施建设也取得了举世瞩目的成就，然而，交通运输的服务功能却相对偏弱。新时期，我国的交通运输业需要转型，发展主题应该是拓展和提升服务功能。交通由传统产业向现代服务业的转型是交通发展的战略选择，是被动发展向主动服务的转变。交通转型发展中要把握好两个重大关系和四个关键环节。

两个重大关系包括：一是交通产业转型与发展的关系。加快交通产业转型本质上是发展，我们需要的不但是质量、效益、规模、速度相协调的发展，而且要主动适应经济社会发展新要求，促进交通更好更快发展。二是基础产业和服务业的关系。随着经济社会的发展，交通运输不但具有基础性作用，还体现出了很强的先导性，可以引导生产力布局。随着经济全球化趋势深入发展，交通运输的服务性更加突出。现代交通运输属性是基础性、先导性、服务性并存，而且随着现代物流及服务贸易的全球化，交通运输的服务性功能将更加突出。

东海大桥

四个关键环节包括：一是调整产业结构，走质量效益型发展道路，实现以生产增长为导向的发展向以服务质量为导向的发展转变；二是转变增长方式，走资源节约、环境友好型发展道路，实现由外延式的粗放型增长向内涵式的集约型增长转变；三是提高创新能力，走以创新促发展的道路，实现交通运输由要素驱动向创新驱动转变；四是强化行业管理，建设服务型政府，全面提升行业管理和服务水平，实现交通运输业从被动适应向主动服务的转变。

我国港口处于交通运输体系的核心位置，因此注重港口服务功能的提升显得尤为重要，而港口文化在促进港口服务功能提升方面起到了不可替代的作用。

1. 现代交通发展的战略机遇和挑战

（1）经济增长模式转型势在必行，交通服务业发展潜力很大

随着我国经济增长方式的转型、产业结构的调整，交通运输的服务对象已经发生变化。高耗能产业的原料和产品、技术含量低的商品，其运输量的比重逐步下降。我国在经历了重工业的较大发展时期之后，下一步生产性服务业的发展潜力很大，交通运输业也蕴藏着巨大的创新潜力。

（2）“两次革命”推动交通发展

过去近三十年发生的“交通革命”是交通基础设施建设的跨越，它以基础设施建设规模的最大化为目标，通过资本投入驱动，主要追求量的增长。而未来交通面临的新“交通革命”是交通服务的提升，它以交通服务业产业规模的最大化为目标，通过创新驱动，更加注重质的提高。

清华大学国情研究中心主任胡鞍钢的关于交通“两次革命”的论述认为：未来中国交通发展最重要的战略选择，是全面转向现代服务业，全面建设创新型行业，走绿色交通发展之路，进一步扩大对内、对外开放。交通服务业的发展目标是提高三个比重：交通服务业增加值占GDP比重有所提高；直接和间接从业人员数占全社会从业人员数比重有所提高；交通运输服务贸易占全国服务贸易总额的比重有所提高。在满足旅客出行和货物运输的更高要求方面，应该实现三个目标：在运输枢纽上实现客运“零换乘”、货运“无缝衔接”，提高交通线路的网络化程度，提高交通运输的安全性。

（3）在加快发展中实现产业转型

不断创新管理体制机制，加快基础交通设施建设，在发展中实现交通行业向现代服务业的转型；加强技术开发和应用，依靠科技提高服务效率和质量，建设资源节约型、环境友好型交通，实现交通增长方式的转变；完善法规和标准体系，制订规划和支持政策，鼓励和引导运输企业开展综合物流等服务。

将继续加强重点交通工程建设，以基础设施先行引导交通产业转型；推进综合运输枢纽提升改造，实现客运“零换乘”和货运“无缝衔接”；以加快港口航道建设为基础；以有效压缩运输成本为目标，推进传统货运业向现代物流业转变。

目前，交通发展处在战略机遇期、需求快速变化期、建设关键期和矛盾凸显期。现阶段必须充分发挥交通的正社会效用，更加重视减少负社会效用，推进交通增长方式的转变，推进交通向现代服务业转型。

（4）创新是转型的有效途径

港口是“喝油”大户，2006年上海港用油131863吨。其中，轮胎式集装箱龙门起重机（RTG）采用柴油机发电，能耗大、排放大。针对这个问题，上海港进行了RTG“油改电”实验，应用效果证明，这种方式可节约能耗费用75%，节约能源60%。“抓斗”大王、上海国际港务（集团）股份有限公司副总裁包起帆认为，转型中的港口科技创新主要包括现代港口物流服务和港口物流装备的节能降耗。目前，港口物流除了传统的装卸、仓储、集疏运功能外，在物流链整合、功能扩展和增值性服务等方面还处于起步阶段。港口物流的信息系统利用率不高，尚无统一标准，存在信息“孤岛”，难以实现数据交互和业务协同。港口作为重要的第三方物流企业，要以信息化、数字化、智能化技术作为支撑，才能提升现代港口物流技术水平。上海港在散杂货、集装箱、汽车滚装物流系统方面实施了一系列的创新举措，如在港口集装箱运输的电子标签自动识别系统方面，在交通部的支持下，上海港于2005年年底开展了“两港一航”工业性试验，在上海港至烟台港航线上完全实现了集装箱运输环节的自动识别和实时信息交换。

2. 发展现代交通业的战略举措

（1）抓好现代物流业的功能开发

① 改造和提升传统货运业，加快现代物流发展。要充分发挥港口、站场在物流中的结点作用，扩展交通运输在供应链中的服务功能。引导运输企业拓展业务范围，鼓励运输企业按照市场机制整合资源，提升运输的专业化、社会化服务水平。加快口岸物流服务中心建设，为物资的进出口提供全过程一体化服务。

② 加强统筹规划，完善物流网络布局。进一步做好港口、运输站场等物流结点的布局规划，重视中心城市、口岸和物资集散地物流基地（园区）的规划工作，促进区域物流网络的形成。

③ 加强物流技术研发应用，重视物流标准规范制定。强化现代物流技术的研发和应用，推动物流信息公用平台、物流在线服务平台等建设。

（2）加快交通发展方式的转变

① 转变交通发展方式，提升交通发展质量和效益。要以节约集约利用资源和保护生态环境为主线，积极推进交通基础设施的升级改造，不断提高工程的质量和耐久性，降低全寿命周期成本，加强基础设施养护管理。

② 节约利用资源，实现集约发展。落实国家最严格的耕地保护政策，完善公路用地及建设的相关标准，节约集约利用土地资源，集约使用和有效保护岸线资源，促进内河航运资源的合理开发、优化配置、高效利用，提高水资源综合利用水平。

③ 推进节能减排，发展绿色运输。严格执行营运车船的节能减排标准，进一步完善运输装备的市场准入和退出机制，逐步淘汰高耗能的设施和装备，促进运输技术装备结构升级。

（3）大力调整优化交通运输结构

① 构建综合运输体系，统筹基础设施建设、养护与运输服务的协调发展。继续加强公路水路交通基础设施建设，完善高速公路网，完善铁路、机场及港站的集输运配套工程。

② 加强基础设施薄弱环节建设，优化网络功能结构与布局。继续加强农村交通建设，加大农村公路建设改造力度和农村客运场站建设；完善运输枢纽

布局，加强与其他运输方式相衔接的公路水路交通枢纽的建设，提高基础设施使用效率和服务能力；充分发挥水路运输的比较优势，进一步优化港口结构，整合港口资源和功能。

③ 加快运输结构调整，提升交通运输服务能力。优化运输组织结构，大力发展规模化、集约化、网络化运输。引导营运车船向标准化、专业化、清洁化方向发展。深入推进公交优先战略，完善配套服务设施和重点实事工程，提高公交出行分担率。

（4）全面提高交通公共服务能力

① 完善信息服务体系，提升公共服务能力。积极推进交通政务公开，加强政府门户网站建设，加快建立统一的交通服务热线。充分利用和整合信息资源，建立交通信息共享平台，提高交通公共信息服务的有效性和针对性，提供及时、准确、全方位的惠民便民交通信息服务。

② 强化安全监管，加强交通安全保障能力。提高水上安全监管、救助打捞、船舶检验及应急抢险能力，强化重点水域、重点船舶、重点时段和重点环节的安全监管，建立水上交通安全管理长效机制。

③ 完善应急保障机制，提高应急保障能力。完善交通突发公共事件应急预案和应急体系，加快交通应急平台建设，加强交通应急队伍建设，提高应对突发公共事件的能力。

3. 近阶段发展现代交通业的着力点

（1）调整完善已有规划，促进综合运输发展

现代交通业必然是各种运输方式综合和协调发展的，因此要以大部门制改革为契机，以发展综合运输的大视角，结合近几年各类规划实施过程中出现的不足，在思想上打破行业分割的藩篱，梳理完善和调整各类专项规划。特别是处理好公、铁、水、空的功能分工，处理好地方高速公路与国家高速公路、邻省高速公路和地方干线公路的线位衔接与建设时序的衔接，处理好公路与城市道路的线位与功能衔接，处理好沿海重要港口的陆港联系和主要港口功能定位。

（2）准确分析把握新阶段新要求，做好“十二五”交通运输发展战略

“十二五”期间，交通发展面临的需求和环境都将较“十一五”有较大不同，尽早开展相关科学研究，找准交通发展目标，理清总体发展思路，选择符合各地实际的发展模式和重点，对未来交通发展至关重要。

（3）研究运输政策，促进重视运输发展

基础设施的快速建设已经为运输发展提供了重要基础。应结合新形势和服务型政府的建设，加强运输政策的研究，有效发挥政府在促进运输发展中的

积极作用。特别是改变传统的“强调部门、专业和方便管理”的政策制定指向，从用户角度出发，打破城乡界限、打破区域界限、打破部门界限，研究制定各项运输政策；特别要重视农村客货运输政策的研究制订，消除薄弱环节，服务于社会主义新农村建设。主动配合行政体制改革，理顺体制，稳定队伍。建设是短暂的，维护、管理与提高是交通行业的长期责任。各级交通行业管理的职能需要高素质的专业人员来实现，各类基础设施的日常维护与运行监管也需要高素质的人员来管理。目前深化管理体制改革，各类行政、事业改革在不同层面展开，改革结果虽然不尽相同，但改革的目的是一致的。

（二）港口强国战略

如果从国家发展的战略角度讲，海洋经济是一个强国战略。走强国之路有三个方面，第一是控制空间的能力；第二是控制数码的能力；第三是控制海洋的能力。从和平发展的角度讲，控制空间的能力体现在控制空间科学上；控制数码的能力就体现在数码技术上；控制海洋的能力就在于发展海洋经济上。因此谈海洋经济就必须在强国之路这个国家层面上来探讨。

从15世纪以来，世界强国排名榜几经更替，更替的原因是多方面的，其中一条则为史学家普遍认同，就是强于世界者必盛于海洋，衰于世界先败于海洋。从葡萄牙、西班牙、荷兰、英国到美苏争霸，可见这个蓝色星球上，大国兴衰的答案，就隐藏在浩瀚海洋起伏的波涛中。

中国人的“海洋意识”在总体上给外界的印象俨然是非常淡薄的。为此有不少专家发出感叹：要想使中国成为海洋强国，就要在广大民众中强化海洋意识，大兴海洋文化。只有当浩瀚的南海、东海、黄海、渤海，成为与黄河、长江、长城一样神圣的民族图腾的时候，中国才可能真正成为太平洋上的巨龙。

目前我国海洋经济发展正处于成长期，至少在今后十几年，海洋经济有可能持续快速发展。其中长三角经济区的海洋产业总产值最高，超过3000亿元，而山东、上海、广东、天津、浙江等省，分别在海洋渔业、海洋交通运输、海洋油气业、滨海旅游业、海洋船舶工业、海盐和海洋化工业、海洋生物制药业等产业活动中具有较高的经济效益。

海洋经济最重要的元素之一就是现代港口。现代港口已不再是传统意义上的水陆交通枢纽，它已经成为支持世界经济、国际贸易发展的国际大流通体系的重要组成部分，成为联系全世界生产交换、分配和消费的中心环节。现代港口已从一般基础产业发展，到多元功能产业；从单一陆线腹地发展到周边共同腹地扩展，并且向社会经济各系统进行全方位辐射，从城市经济社区发展到港城经济一体化，从国家的区域经济中心发展到世界区域经济中心。这一系列过程，说明港口的战略区位作用在日益突出，特别是发展中国家，港口在实现国家经济发展战略中的作用更加重要。

新一代港口已成为沿海地区经济发展最具活力的因素之一，向海洋要食粮、要资源、要财富、要疆土、要空间、要效率、要发展，已是未来经济发展的必然。世界上有90%以上的贸易活动通过港口船运来实现，加上临港工商业的发展，海底大陆架石油的开发，远洋捕捞近海养殖及其加工、冷藏等产业，促成海洋经济兴旺发展的大形势，因此，未来港口必将成为海洋经济发展的龙头。

60年来，我国港口在国民经济中的地位和作用发生了巨大变化，从建国初期的运输通道，发展成为国家和地区的重要战略资源、现代物流的重要枢纽、经济社会发展的重要支撑。当前我国沿海的北部湾经济区、泛珠三角地区、海峡西岸经济区、长三角地区、环渤海经济区等区域经济的发展，均以港口为枢纽节点，以港区联动发展为基础条件；而长江黄金水道的开发，为中西部发展提供了出海大通道。港口从传统意义上的单一功能向综合功能发展，作用越来越重要，主要体现在：

（1）在全球经济一体化的进程中，港口是全球资源进行最经济配置的重要节点。

（2）港口在国家发展中的战略地位越来越重要，海洋勘探、海洋资源利用等都以港口为节点。

（3）港口是改革开放的突破口和基础。

（4）港口与当地经济社会发展的关联度越来越高，各港口城市纷纷推进以港兴市战略。

（5）在综合运输体系中，港口的功能不可替代，可以通过与各种运输方式的有效衔接，降低整体运输成本。

（6）全球物流服务系统中，港口的作用不可缺少。

前面我们也提到：中国是一个航运大国，但还不是一个航运强国。真正的航运强国应该有总体竞争能力和综合影响能力。近年来，我国外贸进出口增长速度一直大大快于经济增长速度，外贸对经济增长做出了很大贡献，这其中港口功不可没。但是港口体系的综合竞争力和现代化、国际化程度还有很大的提升空间，在港口效益和服务上要通过自主创新、制度创新为利益相关者创造价值，依靠竞争优势在赢得市场优势上有所突破。

1. 继承光荣历史传统，加快建设港口强国

港口是世界文明的柱石，是国家与地区的门户和向世界展示的窗口，港口是经济全球化和区域一体化的重要载体，它将全世界紧密地联系在一起，港口也是城市的摇篮，国家经济、文化、生活发展的缩影，世界上绝大多数的著名城市是依港而兴，城以港立，港兴城荣，港城一体，港口更是一种重要的社会、经济资源，它带动了现代临港工业的发展，我国新兴的经济特区，保税区，临港经济开发区，加工区，物流园区等经济贸易活动区域，无不依托港口而建。

当人类进入21世纪之后，经济全球化和区域化使世界市场进一步融为一体，也使港口的地位更为突出，自从改革开放以来，中国港口迅速壮大发展，在和平崛起的宗旨下，中国港口坚持对外开放，不断增加开放口岸，大力引进外资参与我国港口建设与经营，特别是在集装箱码头业，成功地建立了以上海集装箱码头公司、深圳招商局蛇口码头、盐田港码头公司和青岛集装箱码头公司为代表的中外合资，大陆与港台合资的码头企业，加速了中国港口的建设和发展，尤其是近年来，船舶的大型化带动了港口码头设施大型化和现代化，我国港口坚持科技兴港战略，积极引进国外先进港口技术和装备，注重学习先进的港口管理经验，加强技术业务培训，不断提高港口信息化程度，使港口现代化水平普遍有了长足的进步，我国港口的市场化程度逐步提高，国家鼓励港口投资主体多元化和经营主体多元化，鼓励吸引社会资本和国外资本进入港口建设和经营市场，积极探索利用证券资本市场，扩大融资渠道， 通过港口经营市场准入制度的贯彻和加强监管，使港口市场逐步规范有序，促进了港口服务水平不断提升，综合能力不断增强。我国港口大步走上世界舞台，大陆的一些主要港口已经成为国际港口协会的会员，广泛参与各种国际港口发展事务，各主要港口与世界各国港口之间的合作与交流日益扩大，先后与一批世界著名港口缔结为友好港，并成功地举办了多次国际港口博览会和国际港口论坛，中国港口的国际地位不断提高，我国港口现代化建设已经取得了显著成就。

我国已经是一个港口大国，这是值得我们这一代港口工作者为之欣慰和振奋的，但是，虽然中国目前已成为港口大国，但离港口强国还存在较大差距，与世界先进港口相比，突出地表现为：港口吞吐能力总体不足，集装箱和大型能源、矿石码头的能力存在较大缺口，内河港口的现代化程度相对较低，港口软环境和海运服务业尚不完善，社会化港口信息平台建设和现代物流处于较低水平，港口环境保护，尤其是港口的企业文化和人才队伍建设还相当薄弱，口岸环境和港口法制还有待完善，因此，中国港口建设依然任重道远。

当前，世界经济总体上处于缓慢增长态势，中国在改革开放政策和科学发展观的指引下，围绕全面建设小康社会的目标，持续、稳定、健康地发展，新一轮国际产业向中国转移和中国正成为世界制造业基地，将有力地推进贸易和水上运输，从而给港口带来源源不断的货物和发展动力，尤其是各级政府和社会各界更加重视港口在中国现代化进程中的重要地位和作用，中国港口正面临难得的发展机遇，我们务必抓住当前的机遇，不断深化港口改革，加快基础性设施建设，完善企业文化建设和创新，努力拓展航运服务功能，尽快实现建设港口强国的伟大战略目标。

2. 沿海港口的建设规划

(1) 亿吨大港的变迁显现中国力量

新中国成立初期，我国港口数量少、设施差、主要依靠人抬肩扛进行装卸作业。 当时，我国港口吞吐量仅有1000万吨，到2008年年底达70亿吨，增长近700倍，60年内的年均增长率达到11.5%。我国现在每年新增港口吞吐能力达5亿吨，相当于新建一个上海港。

一件件事情在改革开放后的中国发生着，一次次奇迹在全面放开的港口上演绎着。吞吐量是港口最重要的生产产品，是各个港口综合实力的直接体现。在世界港口大格局里，密集的国际航线和庞大的货流汇集到港口运作时，港口综合实力的高低就突现出来。此时，一国港口吞吐量的宏观总量，在一定程度上是该国综合实力的体现。而今，随着港口建设步伐的加快以及高速发展的集装箱运输业产生的强劲助力，我国港口装卸生产总量不断攀升。亿吨大港的数字在中国——这片热情的土地上被不断改写。

目前，全国413个港口拥有生产用码头泊位3.1万个，较之新中国成立初期泊位数161个，增长近193倍，其中万吨级及以上泊位1416个。建成了布局合理、层次分明、功能齐全、河海兼顾、优势互补，配套设施完善的现代化港口体系，形成了环渤海、长江三角洲、东南沿海、珠江三角洲和西南沿海五个港口群，构建了油、煤、矿、箱、粮五大专业化港口运输系统，具备靠泊装卸30万吨级散货船、35万吨级油轮和1万标准箱集装箱船的能力。

继1984年上海港首次获得“亿吨大港”桂冠后，宁波一舟山港、广州港、深圳港、秦皇岛港、大连港、日照港、营口港、烟台港、苏州港等亿吨大港如同雨后春笋般蓬勃而生，并不断改写我国港口发展的纪录。

2007年8月，我国亿吨大港的数量增两位数。从无到有，从几个亿吨大港孤独而立，到如今十几个亿吨大港并排而行，今日的中国已成为世界上拥有亿吨港口最多的国家。在全球港口中，货物吞吐量超过1亿吨的港口不到30个。

2007年底我国港口吞吐量过1亿吨港口就有14个，占世界亿吨大港的一半以上。同年，我国8个港口进入世界港口货物吞吐量排名前20 位，5个港口进入世界前10位。业内专家预计：2008年，我国亿吨大港的数量有望增加至16个。亿吨大港的数量直接反映了我国水运枢纽总的运能供给水平和专业化、集约化水平。

2008年，全国港口货物吞吐量完成70.22亿吨，完成集装箱吞吐量为1.28亿标准箱。在全球港口货物吞吐量排名前10名中，我国占有7席。我国已成为港口大国和集装箱运输大国，港口吞吐量和集装箱吞吐量连续6年位居世界第一。在世界前30位集装箱港口中，我国港口占据了8席，占吞吐量前30强的40.04%以上，占全球的21.99%。此外，目前我国港口还形成了环渤海、长三角、珠三角三个特大的集装箱港口群，2007年吞吐量分别达到2506万TEU、4227 万TEU、3798 万TEU，三个集装箱港口群的生产总规模更是突破了亿箱水平。

客观数据是不争的事实，它是港口生产能力的真实反映。在世界港口大格局中，高速发展的中国港口以全新的角度诠释了“中国影响—中国因素—中国力量”的内涵，以全新的速度改写着世界港口的发展史。而一个港口强国已在东方崛起。

（2）一个沙盘的演绎——多姿的中国港口

30年前的大锅饭时代，港口工人的生产积极性不高成为普遍现象，企业职工关心的只是老婆、孩子、三顿饭。是改革开放，为各地港口带来了新的生机；还是改革开放，让我国港口货物吞吐量连续多年稳居世界第一；仍是改革开放，让中国逐步实现从港口大国到港口强国的嬗变。去过港口的人都知道，观摩一个沙盘便足以细观港口的发展。

在广州南沙港区的陈列室内，港区整体沙盘图上分布着大小不同、色彩不一的小块儿。港区工作人员告诉记者：“从沙盘图上可以清晰地看出港口建设的轨迹。”而正是这一个个不断堆积的“彩色小块儿”成就了今日的南沙港。南沙港区总体分为一期工程、二期工程、大型散货码头、龙穴岛造船基地等几大部分，目前已有部分工程投入使用，未来还将有专业码头陆续建成并投产。“由于岸线资源充足，未来可供开发作港口用的顺岸深水岸线约6公里，可建设50多个大型深水泊位，以满足广州市未来30~50年的建港需要。”

青岛港，位于山东半岛胶州湾畔，地处黄海北部的咽喉要道，与日本、朝鲜半岛隔海相望。优越的地理位置为青岛港的发展提供了先决条件。尤其是新中国成立后，政府对青岛港进行了大规模建设，但改革开放的浪潮仍冲击到了青岛港所有工作人员年轻的心。在当时我国最年轻的港务局长常德传带领下，青岛港掀起了第二次港口建设高潮，其港口规模也由原来的青岛港老港区扩大至由青岛老港区、黄岛油港区、前湾新港区三大港区组成的新青岛港。而今，这个拥有百余年历史的港口，已拥有营运泊位67个，其中包括可停靠12000～15000TEU船舶的世界最大集装箱码头，可停靠30万吨级超级巨轮的矿石码头、原油码头，10 万吨级煤炭码头。“世界上有多大的船舶，青岛港就有多大的码头”的愿望终成现实。一个腾飞的青岛港展现在世人面前。

“十五”期间，大连港迎来了港口建设快速发展的五年。在这段期间内，大连港在逐步实施老港区成品油码头、液体化工品码头、杂货码头搬迁建设的同时，在大孤山、大连湾、大窑湾、鲇鱼湾为核心港区的“一岛三湾”地区重点建设了以深水通用杂货泊位、集装箱码头集群、从30万吨级到5000 吨级梯次布置的油品码头群及配套罐区、30万吨矿石码头及配套堆场为重点的大型专业化码头，初步完成了港口生产结构布局的调整，为腹地经济的发展与港口在新世纪的飞跃奠定了坚实基础。从大连港推开来看，改革开放后的30年里，我国由南到北，由东到西，各地都掀起了港口建设的浪潮，直接成就了今日我国港口专业化、大型化、集约化的局面。

大连港、青岛港以及广州南沙港区仅仅是改革开放30 年来我国港口建设的一个“缩影”，对于全国绝大多数港口而言，逐步推进和完善企业的文化建设是一记提高港口企业竞争力的绝佳妙招。

3. 内河航道和主要港口建设规划

港口强国不仅取决于港口建设状况，还需提高航道发展水平。而就全国内河航道发展现状来看，我国与国外航运发达国家至少有着10年的差距。

长江主要三港（武汉、重庆、南京）所发生的巨变并不能代表我国内河港口的整体发展水平。在珠江水系，在嘉陵江、湘江、汉江、右江、松花江等重要通航河流中，破败不堪的内河港口仍然四处可见；广西的贵港，甚至是身背肩扛出来的大港，即使在“一枝独秀”的长江黄金水道，真正具备港口强国水准的码头也主要集中在三峡库区和长江下游，因此，中国内河港口的强国之路仍然漫长。

中国的内河航道建设在近几年才刚刚起步。据报道，过去50年来，国家对长江航运总投资不到90亿元，仅相当于一条800公里襄渝铁路的投资。黄金水道尚且如此，其他内河水运的投资状况可见一斑。从另一方面来看，内河水运投资的滞后，已严重影响了内河航运水平的发展，也相应地制约了内河港口建设的现代化发展水平。仍以长江港口为例，宜昌港务集团副总经理吴汉森谈到，目前，宜昌港区“一首两翼”的科学布局取得了良好的效果，在货运吞吐量逐年递增的情况下，港口吞吐能力基本满足航运市场需求，全年中超负荷运行的状况也只是出现于某一阶段。但是，从未来发展来看，三峡船闸恐怕将成为制约宜昌水运发展的重要因素。当前，三峡船闸设计通过能力在2030年将达到每年5000万吨的货运通过量，可实际上，目前长江流域过闸货运量的需求已经达到5000万吨。难以想象，在20余年之后，长江航运需求会发展到何种程度，而船闸设计通过能力明显远远小于国家经济发展速度，难以满足市场需求。目前已达到饱和的船闸，势必对宜昌地区航运和港口未来的发展产生不利影响，需要早规划，早投资，早解决。

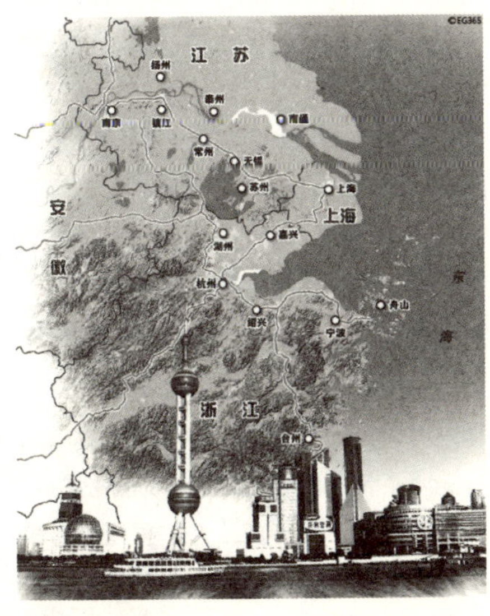

中国内河航运

虽然近年来我国沿海与内河港口的均取得了前所未有的发展，但是，港口总体发展水平、尤其是内河港口建设仍有待进一步提升。加大水运投资，改善航道发展水平，或许是我国真正成为港口强国的必经之路。

在现代交通战略和港口强国战略的引导下，我们不但要着重发展建设海洋文化和沿海港口，更加要注重内河航道和相关港口的建设和发展。为充分发挥内河水运优势，指导内河水运健康发展，满足客货运量不断增长发展趋势，完善国家综合运输体系，促进水资源综合开发与合理利用，交通部和国家发改委根据《中华人民共和国港口法》和《中华人民共和国航道管理条例》，组织编制了《全国内河航道与港口布局规划》（以下简称《规划》）。《规划》的实施期为2006～2020 年。《规划》将全国内河航道划分为两个层次，分别是高等级航道和其他等级航道；将全国内河港口划分为三个层次，分别是主要港口、地区重要港口和一般港口。规划的重点是内河高等级航道和主要港口。内河其他等级航道以及地区重要港口和一般港口由各省（区、市）人民政府在各省（区、市）内河水运规划中明确。为确保规划顺利实施，首先需要建立长期稳定的建设资金渠道。中央政府要建立内河水运建设专项资金渠道，地方政府要安排财政性资金投入内河水运建设，同时要充分考虑利用市场机制，扩大社会融资。此外，内河水运建设要严格执行和完善相关法律法规，确保内河水资源和航道资源不受侵害；在内河水运中要大力推行船型标准化，提高现有内河航运的运能和运效。

来自交通部的资料表明，水运业是我国综合运输体系当中非常重要的一部分。截至2008年底，我国港口共拥有生产性泊位31050个，是1978年的42倍，其中万吨级及以上深水泊位1416个，是1978年的10.6倍，专业化泊位比重超过50%，具备靠泊装卸30万吨级散货船、44万吨油轮、1万标准箱集装箱船的能力。全国内河通航里程12.28万公里，其中，等级航道里程6.11万公里，占总通航里程的49.8%；高等级航道里程8821公里，比1999年增加1058公里。我国外贸货物运输的93%是靠海运来完成的，95%的原油进口是依赖水路完成的，99%的铁矿石进口是靠水路完成的。一幅热火朝天的港口建设图呈现在世人面前。

《规划》中全国内河航道的具体布局方案是：在全国形成长江干线、西江航运干线、京杭运河、长江三角洲高等级航道网、珠江三角洲高等级航道网、18条主要干支流高等级航道（简称两横一纵两网十八线）和28 个主要港口的布局，规划内河高等级航道里程约1.9万公里，其中三级及以上航道14300 公里，四级航道4800 公里。

内河水运是国家综合运输体系和水资源综合利用的重要组成部分，具有运能大、占地少、能耗低、污染小、安全可靠等特点，是我国实现经济社会可持续发展的重要战略资源。加快发展内河水运符合科学发展观和构建资源节约型、环境友好型社会的总体要求。党中央、国务院高度重视内河水运发展问题。自“九五”期以来，我国建立了内河水运建设专项资金，全国内河航道与港口设施建设取得了显著成绩，内河水运货运量持续增长，运输船舶大型化、标准化趋势明显，水运市场日趋活跃，内河水运进入了快速发展的较好时期。

全国目前已初步形成了以长江、珠江、京杭运河、淮河、黑龙江和松辽水系为主体的内河水运体系，内河水运的服务腹地有了较大的延伸和扩展，服务质量明显提高，长江已成为世界上完成货运量最大、运输最繁忙的通航河流，为流域经济社会的持续、快速发展发挥了重要作用。其中以南京、武汉、重庆三大港为骨干的港口群体系的建立极大地提高了长江的航运能力、通航能力。长江干线港口已形成三个主枢纽港为骨干、区域性中型港口为辅、小型港口互为补充的分层次港口布局，沿江港口拥有生产用码头泊位数4640个，其中万吨级综合吞吐能力10.3亿吨。同时，长江港口呈现出专业化的发展态势，长江干线的南通、苏州、南京、芜湖、九江、武汉、重庆等主要码头建立了一批专业化码头，初步形成了煤炭、原油、矿石、集装箱等主要货种运输系统。

目前，内河干线在“北煤南运”、“北粮南运”、油矿中转等大宗货物运输中发挥了重要作用。改革开放以来，通过航道整治、船闸等通航设施建设，京杭运河大部分通航航段航道等级已提升为3级，由双线运行变为三线运行，通航里程达到883公里。京杭运河已是我国航道等级最高、渠化程度最好、船闸设施最为完善的人工河流。2008年，京杭运河的货物运输量、货物周转量分别达2.12亿吨、636.8亿吨公里。

进入21世纪以来，内河航运迎来了难得的发展机遇，国家加快了以长江黄金水道为重点的内河航运建设。2008年，长江干线规模以上港口完成货物吞吐量10亿吨、货运量突破12亿吨。内河航运运能大、占地少、能耗小、污染轻、成本低等比较优势得到发挥。

如今，通过积极推进内河船型标准化，内河航运这一古老的运输方式焕发了新的活力，长江干线、京杭运河已成为世界上运输规模最大、最繁忙的通航河流和运河。

新世纪以来，为进一步建立健全功能合理、分工明确的港口布局，国家先后批准实施了《全国沿海港口布局规划》、《全国内河航道与港口布局规划》、《国家水上交通安全监管和救助系统布局规划》、《长江三角洲、珠江三角洲、渤海湾三区域沿海港口建设规划》、《长江干线航道总体规划纲要》等水运规划，形成了较为完整的水路交通长远发展规划体系。在规划的指导下，大型深水专业化码头泊位建设加快，港口布局更加合理。在环渤海、长江三角洲、东南沿海、珠江三角洲和西南沿海五大区域形成了规模庞大并相对集中的五大沿海港口群，在长江水系、珠江水系、京杭运河和淮河水系、黑龙江和松辽水系形成了沿江（河）港口带；以煤炭、矿石、油品、集装箱、粮食五大货种和客运为重点，构架了水路客货运输系统；内河主要港口面貌有很大改观。在长江、西江干线和长三角、珠三角水网地区建成了一批集装箱、大宗散货和汽车滚装等专业化泊位，三峡库区码头淹没复建工程全部完成，内河港口机械化和专业化水平不断提高。

（三）以港兴城战略

纵观世界近百年来城市经济发展史，发展最快的城市、最发达的城市都是和港口密切联系在一起的。港城共荣，就像荷兰鹿特丹、日本东京、美国纽约、德国汉堡。据统计，目前国际都市90%以上都分布在海岸线和大河口的三角洲上；据有关资料显示，全球35个国际化的城市，其中有31个是因为有港口而发展起来的国际化的城市。前10名的城市几乎都是港口城市。港口催生了一座座现代化城市，也演绎着城市经济的繁荣与精彩。作为港口，无论在任何国家，对于城市经济的发展、区域经济的发展都起着非常重要的作用。

港城和谐

从我们国家的情况来看，也是这样，比如说我们的长三角地区，占国家GDP总量的18.6%，长三角地区正是因为有强大的港口群，比如说上海港、宁波港等等。同时，珠三角地区，占国家GDP9.9%，它也有一个港口群，比如以广州港、深圳港做支撑。同样在环渤海地区，占全国GDP总量的25%，也是因为有了大连、秦皇岛、天津、烟台、青岛这样的港口，支持着环渤海经济圈的发展。因此，港口在国家的经济发展中，在区域经济的发展中，在城市经济发展中起着举足轻重的作用。大城市无不依托大港口，聚集经济实力，辐射经济能量。我国14个率先开放的城市，无一不在沿海依港而兴，也毫不例外地成为全国经济最发达同时也是发展速度最快的地区，从北到南形成了我国经济发展大格局中一长串闪亮耀眼的明珠。比如上海，在宋代以前根本不为人熟悉，但由于黄浦江流经市区，很快就从一个偏僻的小渔村迅速发展为一个世界闻名的东方大都市。

港口为什么会起这样的作用呢？从历史演变的过程来看：港口首先是交通的枢纽，是各种交通工具转换的中心，这样大量的货物聚集在这里，拉动经济的发展。同时，港口周边地区又发展加工工业，带动了工业的发展。再后来是第三代港口，又促进了国际贸易的发展，一些代理的行业，物流也发展起来了。现在已经发展到第四代港口，是什么概念呢？是全球资源配置的枢纽，因为当前的一个国际发展的重要趋势是全球化，全球化的趋势就是资源在全球范围内的流动与资源在全球的共享，在这样的情况下，资源在全球范围内流动，就要靠海运来支撑，因为海运的运量最大，效率最高，成本最低。在港口周围就变成了资源配置的枢纽。因此，在区域经济发展中，港口对于整合各种生产要素，发展各种产业集群具有非常重要的意义。

随着全球经济一体化进程加快，国际贸易往来更加频繁，90%以上的外贸货物运输都是通过海上运输实现的。因此，拥有一个强大的港口，就开启了一座城市的经济活力，找到了区域经济腾飞的基石。

荷兰鹿特丹，年吞吐量超过3亿吨，600多万TEU，直接和间接雇员达70多万人，有资料表明，2000年，港口和临港产业对鹿特丹GDP贡献率达到34%，对社会就业贡献率达到21%。美国洛杉矶市70%的收益直接或者间接地跟港口有关系；日本充分利用东京、横滨、神户、大阪等港口优势，发展相关产业，带动经济的腾飞。新加坡依靠年吞吐量2亿吨的世界大港，发展成为一个以机械、外贸、运输、服务和旅游为支柱产业的现代化工业经济国，港口经济对全国经济的贡献率达到三分之一。

深圳港，集装箱年吞吐量已经突破1000万TEU，跻身全球四大集装箱港口之列，专家已经计算过，深圳港每增加一个标准箱，给港口所在地带来的直接经济效益为6000元人民币，这就意味着深圳港每年为深圳市创造600多亿的经济效益。

青岛港2005年完成吞吐量1.63亿吨，进入全国三甲行列。与此相关的物流、临港服务、修造船等行业发展迅速，港口经济集聚效益明显。马士基、韩进等世界500强企业纷纷到青岛投资发展，大量资金、技术、人才以及一些重大项目向青岛及其周边地区集中，形成了链动的勃发效应。

日照港原本不产钢，靠港口优势，吸引了民营企业京华创新集团投资180亿元，平地里冒出个年生产能力200万吨的日照钢厂，同时还博得老牌钢铁企业济钢、莱钢的青睐，在港口的带动下，一座崭新的钢城崛起在黄海之滨。日照市8个销售收入过10亿的企业中，有7个都有临港工业项目，日照港每增加1元的产值，就能为城市带来800多元的效益。

1. 港口对城市发展的影响

港口因素对港口城市的形成有重要的影响。除政治因素外，我国城市的产生和起源，多是由于地理区位突出，逐渐从无到有，从小到大发展起来。其中，海港作为地理位置的重要类型之一，对我国许多城市的形成和发展具有重大的甚至是决定性的影响。港口城市的历史就是一部“城以港兴”的历史。

（1）港口对城市经济发展的影响

港口的形成和对外贸易的发展是港口城市形成的先行条件。港口具有创建和发展大都市得天独厚的优越条件，能通过海陆交通网络，在世界范围内吸纳和集聚各种生产要素，直接参与国际分工和国际贸易。与非港口地区相比，优越的交通区位，大范围、大规模的集散功能，拓展了市场，促进了运输规模经济和聚集效益的实现，引起企业、产业以及人口纷纷向港口聚集，城市用地规模快速扩展，城市经济总量快速扩大。许多港口城市的发展历史，都验证了港口区位优势在城市创建中的决定性作用：即先形成了港口，发展了海运，随之对外贸易兴起，在此基础上城市经济日趋发达，城市用地规模快速扩展，城市规模日益扩大；同时，港口及相关临港工业的发展，引起城市经济一系列的连锁反应，增加了城市基本和非基本部门的就业机会，吸引人口向城市聚集，城市人口的迅速增加和城市基础设施的快速扩展，使城市规模达到更高水平。正如连云港的企业使命所言："强港富民，服务社会"，连云港港区在区域经济协调发展中发挥了巨大的作用，它以港兴市，苏北振兴，发挥起龙头作用，增强了辐射力和劳动力。

（2）港口对城市形态扩展的影响

城市形态形成演变受政治、经济、文化等多种因素共同作用，其中，经济条件始终是根本决定因素。经济发展，引起了城市人口的增加和城市基础设施的扩展，必定促使城市用地向外扩张。城市由内向外扩展，一般都是沿交通干线延伸。作为港口城市主要的交通方式，港口与城市外部形态的变迁形影不离，市内部空间组合起着主导作用：港口条件决定了港口城市的空间结构及其外部轮廓形态。由于较高的经济性，河道水系沿岸交通便捷的地方最先成为市区，港口城市沿轴的发展获得最佳的建设效益。社会经济的发展使得原来的港口位置、规模等条件越来越不适应城市的发展。

城市的扩展、城市形态的演化必须通过港口位置迁移、规模扩展来实现。最初，河口港城市一般在交通方便的河口上段形成。随着经济的发展，港口规模扩大，城市用地向外扩展，城市形态发展为单一集中型。运输技术的发展和船舶大型化，以及老港区发展限制因素的增多，迫使港口向河流下游推移，再从入海口沿海岸推移或向海岛推移，形成河口港、海岸港或海岛港。相应，城市用地也随着港口的推移向入海口，海岸或海岛方向发展，形成与港口功能相适应的群组城市形态。

（3）港口对城市基础设施建设的影响

城市基础设施，是为企业生产和居民生活提供基本条件、保障城市生存和发展的各种工程及其服务的总称。它包括工程性基础设施和社会性基础设施两大类。工程性基础设施是指能源系统、给排水系统、交通系统、通信系统、环境系统、防灾系统等工程设施。社会性基础设施则指行政管理、文化教育、医疗卫生、商业服务、金融保险、社会福利等设施。港口本身属于港口城市最重要的交通基础设施之一，在港口城市对外交往中起着关键作用。港口及港航产业是城市基础设施建设的资金来源。加强城市基础设施，为城市企业和居民提供理想的生产环境和生活环境是城市政府的职责之一，城市基础设施建设需要大量资金。而对于以港口为发展中心的港口城市来说，港口是城市基础设施建设的资金来源，因为港口不断地与其外部环境进行产品和劳务的交换。产品和劳务的流通使港口城市收入增加，收入的一部分成为城市政府地财政收入；收入的另一部分则用于港口规模的扩大和临港工业的发展，继续为城市获取更多的收入。港口在此过程中的作用是为城市基础设施的不断改善提供资金，使城市功能日趋丰富和完善。同时，城市基础设施的建设又要着眼于港口及港航产业的需求。各种交通方式与港口相互衔接，形成集中与疏散港口吞吐货物服务的集疏运系统。集疏运系统由铁路、公路、城市道路及相应的交接站场组成，为旅客和货物完成全程运送提供重要的基础设施和衔接场所，是港口与广大腹地相互联系的通道，是港口赖以存在与发展的主要外部条件。任何现代化港口只有具有完善与畅通的集疏运系统，才能成为综合交通运输网中真正意义上的水陆交通枢纽，从而促进港口发挥最大的潜力。集疏运体系的建设有赖于城市以及区域基础设施的建设和完善。

（4）港口对城市社会发展的影响

港口及相关产业的发展，是城市社会发展的催化剂，推动了港口城市社会发展。首先，港口及相关产业的发展，为城市公共事业和城市财政收入提供了资金来源。港口及相关产业创造的税收，为城市交通、环境、水电等基础设施的建设提供了资金；同时，城市公共文化设施和市政公共设施也逐步健全，如学校，图书馆等得到发展，使城市更加适宜创业和居住。其次，港口及相关产业的发展，为城市创造了大量就业机会，利于城市社会安定。作为重要的基础设施，港口能集聚生产要素，给城市带来新的投资、新的产业和新的贸易，从而为城市创造了大量就业机会。

港口开发提升了城市投资环境，促生了城市特色社会文化。港口是港口城市对外开放的门户和对外交通的主要通道，是城市正常运作的重要物质前提和必要条件，对城市环境和城市形象有着积极的影响。内外联系的便捷经济性，增强了港口城市对外资的吸引力，加快了外向型经济发展的步伐。港口的长期发展，塑造了与其港口的区位密不可分的独特的城市人文环境。港口文化具有通达性和开放性的特征，港口城市的人们普遍重商务实。频繁的对外贸易历史，使港口城市易于形成浓郁的传统经商意识，以商为业、以商为荣成为人们普遍的价值取向。

2. 城市对港口发展的影响

城市是港口正常运转和蓬勃发展的物质基础。城市的管理服务功能、政策机制和良好的文化氛围，为港口发展提供了必须的环境保障，同时，城市的发展又促进了港口功能的提升。

（1）城市对港口发展的要素支持

港口的成长与腹地经济状况密切相关。腹地经济越发达，对外经济联系越频繁，对港口的运输需求也越大，由此推动港口规模扩大和结构演进。腹地城市经济规模的扩大，为港口生产带来源源不断的新动力。作为对外开放主要门户的沿海港口，腹地经济的发展对其发展具备更强的促进作用。港口城市是港口的最直接经济腹地，港口城市的经济发展状况在港口货物输出中得到显著体现，它是港口转运货物的重要来源。城市工业经济的发展和城市工业品竞争力的提高，使港口的货物吞吐量不断增加，货物种类不断发生变化。随着运输货物种类和数量不断增多，港口运输货物由一般散杂货物向大宗干液散货、集装箱专业化方向发展，运输效率大幅提高，港口经济效益得到提升。

（2）城市对港口发展提供经济、政策支持

在港口促进城市经济发展的同时，城市的发展又为港口发展提供支持。港口的发展离不开人力资源、土地、集疏运等硬件设施，也不能缺少金融和贸易等软件环境。这些港口发展必需的软硬件环境，必须依托于港口城市。港口城市拥有港口运作发展所必需的各种人力资源，并为港口及港航产业的发展提供土地，同时集疏运交通体系的建设也是港口城市为港口提供的一项重要服务。港口城市现代服务业的发展为港口转运和贸易营造了良好的外部环境，对提高港口的竞争力具有重要作用。香港是亚太地区的国际经济中心，具备良好的金融贸易环境和健全的管理体制，经过多年发展，香港货柜班轮航线密集，与国内港口相比，在港口服务、金融结算、通关服务等方面具有明显优势，这是形成香港港口核心竞争力的重要因素。港口对外的各种联系都离不开港口城市的组织、协调与服务。

港口建设和发展，规划先行。一个港口要建设要发展，首先要通过规划来确定港口的地位，明确港口发展的方向，严格按照港口规划来指导港口的建设和发展。港口城市对港口的管理功能主要通过制定各种政策来体现。比如制定港口发展规划，对港口布局和港口功能进行定位；通过完善集疏运体系和经济互补等各种形式，加强港口与腹地的经济联系，扩大港口的辐射范围。实行更为开放的经济政策，推进自由港政策；加强港口设施、装卸设备等硬件的建设，来提升港口的竞争力。在厦门、漳州、广州、深圳等港口的建设发展中，无不印证了“规划先行”的道理。城市的管理和规划，突出了港区功能，优化了港口布局，有利于实现港口的规模化、专业化经营，发挥出港口的最大效益。

（3）城市发展对港区功能的提升

城市规模随着经济发展日益扩大，同时，港口的发展导致港口规模扩张。然而，很多城市的中心建在港区附近，港中有城，城中有港。社会经济的发展，造成老港区与城市发展的矛盾日益突出。一方面，随着经济的发展，港口用地大量增加，城市土地更为珍贵，城市土地价格节节攀升。而滨海沿河岸线被老化的港口设施占用完毕，成为城市中心更新的障碍。另一方面，港在城中，导致港区狭窄零散，交通不便，发展空间狭小；港口货物的运输也给城市交通带来很大压力，码头和临港工业的发展又破坏了城市的生态环境，影响了城市形象。

因此，将老码头移出城区或者进行改造，重新进行结构和功能调整就成为两者协调发展的关键。老港区的移出或改造，增加了用于发展高效率第三产业的土地资源，提高了城市土地利用效率。同时，又提高了港口运作效率，老港区功能得到调整、改造、开发和功能置换，港口整体素质全面提升，促进了港口及整个港航产业的可持续发展。老港区的功能转换，也为新港区的建设筹措了资金，节省了投资，港口布局同时得到优化。城市经济的发展也对港口的功能战略、服务范围、生产特点和地位作用产生重要影响。以港口城市为依托，港口逐渐由人流、物流的单一运输功能，拓展为集运输功能、发展物流业、临港工业和现代服务业等港口配套服务业为一体的复合功能，从而，逐步形成面向海洋，以信息化、生态化为主的综合流通枢纽和海洋经济基地。许多现代港口已从一般基础产业发展到多元功能产业，并且向社会经济各系统进行全方位辐射，有效地提高了地区产业整体的竞争实力。

二、中国港口文化建设的战略定位

在经济全球化和航运联盟的趋势下，明确港口文化战略定位，以“有序竞争与和融共生”为中国港口发展的新方向，积极整合港口资源，合理港口布局，优化港口功能，加快向港口强国迈进的步伐。

（一）经济全球化和航运联盟的趋势

经济全球化和航运联盟的趋势要求港口之间建立竞争合作的战略。经济全球化和集装箱运输贸易的不断增长要求班轮公司开展全球服务，大型船公司通过合并、收购、联盟等方式来开展全球服务。班轮联盟具有更大的市场主导能力，它可以有选择挂靠港和枢纽港的权利，一些实力强大的船公司能够与港口当局协议，以获得更优惠的港口服务价格和水平。如果一个港口失去了某个船公司的挂靠，将会导致吞吐量的大量损失。例如：2001 年马士基一海陆公司将其东南亚基本港从新加坡港转移到马来西亚的丹戎帕拉帕斯港，对新加坡港的集装箱港吞吐量产生了较大影响。为了提高与船公司的谈判能力，港口必须通过合作来加强他们的整体竞争力。

另一方面，激烈的港口竞争也是现在各港口寻求相互间合作的原因。为了争夺更多货源、吸引更多船公司挂靠，在同一区域内的港口展开了激烈竞争，一些地理位置较差、港口设施和服务水平低下、价格较高的港口在竞争中有可能被淘汰。此外，随着各国港口市场的放开， 实力强大的国外港口经营者能够容易地进入该地区港口市场，实力弱小的港口企业就面临被兼并的危险。于是，在这样的经济形势下，尤其是面对国外势力强劲的港口经营者，中国民族港口经营者与竞争对手进行合作，组成战略联盟，就成为一种必然的趋势和选择，因为在很大程度上能够加强彼此之间共同抵御风险的能力。

西雅图港和塔科马港位于美国北部华盛顿州，两港相距不远，是美国西海岸的两大重要港口。20世纪70年代，西雅图港曾经是美西海岸的第二大集装箱港，仅次于奥克兰港。几年以后，洛杉矶一长滩港超越了西雅图港，到80年代，塔科马港迅速崛起，成为西雅图港的又一有力竞争对手。与西雅图港相比，塔科马港有两大相对优势：一方面是较低的土地成本，塔科马港通过低廉的土地价格吸引了许多港口投资者，并成功地将许多著名船公司如马士基一海陆、川崎汽船、长荣、现代商船等从西雅图港吸引到本港；另一方面塔科马港有完善的集疏运系统，发达的铁路与港区直接相连，货物的集疏效率非常高，深受船东和货主欢迎。

近年来，随着亚太地区的经济持续、快速发展，远东－美西航线的集装箱货量大幅度增长，美西海岸的港口竞争日趋激烈。两港之间存在竞争，还要共同面对温哥华港以及奥克兰港、洛杉矶一长滩港等本土港口竞争。为了增强本地区的港口整体竞争力，建立双赢，两港采取了竞争与合作的战略，在竞争的同时积极开展合作。

两港合作主要体现在两个方面：

首先是港口基础设施合作。通过修建更多的地下通道、桥梁以及其他运输路线来缓解该地区交通压力。如两港共同投资建设了疏港铁路，促进了该地区多式联运的发展；同时港口效率的提高吸引了更多的船公司和货主，两港的吞吐量显著提高。

其次是融资方面的合作。通过预测，未来几年华盛顿州公共港口的集装箱吞吐量将以4～5倍的速度增长，到2020年，西雅图、塔科马两港的集装箱吞吐量将从1997年的260万TEU增长到600万TEU。为了适应未来的市场需求，两港的现有通过能力都需要提高，即需要扩建码头规模。面对巨额建设资金，光靠两港各自的码头营业收入是远远不够的，为此，两港超越了各自利益，利用各港的服务差异性，吸引了更多的船公司和货主。

（二）中国港口文化的战略定位

现在更需要我们着手做的是，怎样根据港口所在城市的功能定位来确定该港口文化的定位。具体说就是怎样使某港的文化更加突出它的港口特色。我们应该学习和借鉴世界上一些先进港口的经验和做法，在港口特色文化上大做文章。

交通部自2001年就提出沿海港口要加快资源整合，突破行政区划界限，充分发挥港口的群体优势的思路，目的在于加快我国从港口大国发展为港口强国的步伐。根据我国沿海主枢纽港的分布地域和特点，交通部重点整合长江三角洲、珠江三角洲、华南地区及环渤海地区港口资源，打造具有不同特色的港口体系。

目前，全国沿海已初步形成港口群协调发展、层次分明、重心突出的港口新格局是：

（1）围绕建设上海为中心、江浙为两翼的上海国际航运中心，上海、宁波两港为主体的长江三角洲与东南沿海区域港口群；

（2）围绕香港国际航运中心发展，香港、深圳和广州三港为主体的华南区域港口群；

（3）围绕建设东北亚重要国际航运中心，大连、天津、青岛三港各自形成特色发展为主体的环渤海区域港口群。

有关省市也正在积极推进省内港口资源的整合。如山东省正在抓紧制定《山东半岛沿海港口资源整合规划》，河北省已经要求秦皇岛港务集团担负起整合河北省港口资源的责任，浙江省也一直在促进宁波港与舟山港深水资源的整合。

我国港口自2003年实施政企分开后，新型港务集团正在摆脱地区限制，加速走向市场化。如上海港集装箱有限公司已经与重庆港合资经营“港九物流”，与武汉港合资经营集装箱码头，与南通港建立了“战略联盟”，并正在与沿江和沿海其他港口洽谈合作。

我国港口资源被整合后，港口布局将更加合理，每个港口可以从自身在我国港口布局中的地位和作用进行港口文化的深究，逐步发现和深化具有各地特色的港口文化。

（三）中国港口发展的新方向--有序竞争与和融共生

随着我国《港口法》的出台、港口市场的开放，我国沿海港口面临着更加激烈的外部市场竞争，也通过开展本地区港口的合作，来加强整体竞争力和抵御市场风险能力。包括长三角地区，如宁波、舟山两港提出过合二为一的设想。在山东省，也提出了通过做强龙头——青岛港、振兴两翼——烟台港和日照港、做大基础——半岛港口群，来建设青岛国际航运中心的设想。

企业竞争与合作的主要形式有：资本联合、技术培训、互助协议、研究伙伴关系、特许经营权、人员交换、信息共享、技术专利权转让、市场服务协议等。对于港口企业，其合作内容也相当广泛，包括设定相同的服务标准、稳定费率、共同投资兴建码头、共同投资建立EDI管理系统、联合对员工进行培训、相互之间进行技术开发和转让等。

例如1998年爱尔兰的科克港、沃特福得港等4个港口和德国不来梅港在科克港签订协议，共同安装船舶运输管理信息系统；伦敦港和汉堡港签订了联合市场营销协议，两港市场营销人员定期联系，交换市场信息，共同研究与公众相关的项目。

竞争合作战略对港口的积极作用体现在五个方面：

1. 降低经营风险

港口建设项目投资大、建设期长，面临的风险也相对较大。港口经营者可以通过共同投资来降低经营风险。例如在码头基础设施、经营设施、后方集疏运设施等领域的共同投资，这样做可以极大地降低单独投资带来的风险。

2. 市场渗透

从长期发展角度看，港口经营者不能只限于在本地区发展，一个成功的港口经营者也应该是一个成功的资本运营者，通过资本联合，可以使港口经营者渗透到其他地区的港口市场，拓展其业务范围，实现港口业务全球化。

3. 加强港口抵御外界的能力

通过与本地区的其他港口联合，使资源、能力和核心竞争力都能结合在一起共同使用，从而提高该地区港口的市场生存力和整体竞争力，如与船公司、货主谈判能力等。

4. 改善组织机构、提高服务水平

通过积极的竞争，促使港口经营者不断提高其管理水平、服务质量。同时，通过两港在信息、技术、机械、人员等方面的交流与共享，也有效地提高了双方的服务水平。

5. 降低成本、提高经济效益

由于该地区港口服务水平的改善、吸引了更多的船舶挂靠，港口通过能力和使用率提高，从而提高了经济效益，同时由于规模经济，通过扩大港口

生产规模降低了装卸成本。

在经济全球化、一体化的时代，许多行业正经历着企业合并、收购以及战略联盟。随着船公司和货主的实力增强，港口之间的竞争也日趋激烈，港口已不再像过去那样具有较强的自然垄断力，为了应对海运业的重大变革，港口之间采取一种竞争合作的策略是一种趋势。港口业也正在经历着变革，出现了跨国的港口经营集团，如英国铁行港口公司、新加坡港务集团、香港和黄港口集团等，它们在世界其他地区投资建设和经营港口码头，将其业务扩展到全球，这表明港口行业同样在经历着全球化变革。而我国的港口企业面临如此激烈的国际竞争环境，也应该与时俱进，打破原有的以行政区域划分的壁垒，采取多合作的策略，通过港口文化建设的不断深入，逐渐加强港口自身的竞争实力，在和国际的港口经营集团的竞争中立于不败之地。

于是，如何加强各个港口之间的合作，“有序竞争与和融共生”，便成为港口企业必须重视的一个问题，而这也成为了港口文化建设必须探讨的重要方向。

三、 发展港口文化的科学思路

发展港口文化，保证港口实现可持续发展，必须要以先进的战略思想为指导，以创新的思维为动力，以踏实严谨科学的作风为资本，以强大的凝聚力和执行力为保障，以人的创造力和活力赋予港口发展鲜活的生命力。

（一）建设港口文化的指导思想

港口要实现可持续发展，首先要在先进的战略思想指导下，以创新的思维，踏实、严谨、科学的作风制定港口的发展战略规划；其次需要有具体的措施和强大的凝聚力和执行力保障发展战略的贯彻实施；更需要人的创造力和活力为港口发展赋予能够不断适应变化、自我更新的鲜活生命力。港口发展战略的制定、实施、推进、调整都离不开发展战略文化的强有力支撑。这种支撑就是港口未来发展的一种文化，她能够增强港口发展的前瞻性、科学性、有序性和指导性，对实现港口的可持续发展至关重要。港口建设的又好又快发展，需要根据港口的自然条件、地理位置与发展空间，不仅注重港口基础设施的“硬件”建设，还要创建新型的具有特色的港口文化，以丰富的港口文化内涵支撑创新思路，规划定位，协调发展。

抓住建设港口文化这根主线，不断探索更高、更科学的标准化。围绕港口生产建设中心，坚持“以人为本”管理思想，与现代企业管理和港口发展相一致，与思想政治工作和精神文明建设相融合，通过净化企业精神、优化经营理念、塑造对外形象、加强职业道德建设、规范员工行为和活跃文化生活等方式，建设与现代企业制度相适应的优秀港口文化，推动港口各项事业全面、健康、持续发展。

充分发挥全体员工的主体作用，为港口发展提供强大的精神动力和文化支撑。只有建立起优秀的港口文化体系，走上以人为中心的文化管理轨道，形成凝聚力和创造力，使各类人才脱颖而出，形成“人尽其才，才尽其用”的文化氛围，才能促进员工的自身发展，从而促进港口企业发展。目前，港口要继续发展，就要做好四大板块，一是装卸板块，二是建设板块，三是物流板块，四是临港工业板块。我们要按照既定目标，营造浓厚的文化氛围，用文化凝聚人心，解决“为谁打仗，为谁扛枪”的问题，把“我”融入企业，融入港口，融入大发展，在浓厚的文化氛围中彰显个人智慧和才华，在攻坚克难的过程中提升自身素质。

港口要实现跳跃式的发展，必须建立起有利港口发展、服务于城市文化建设、确保“港口立市”战略实施的新的、系统的“港口文化”。

一是要培育能适应市场经济发展的经营理念和企业精神，即培育好港口的精神文化。企业经营理念和精神是企业文化建设的重要内容，是企业发展的灵魂，培育良好的企业经营理念和精神是企业凝聚职工、加快发展的重要手段。推进港口的文化建设，更好地促进港口经济的发展，就必须以思想道德建设为重点，努力形成自己的适应市场经济发展的经营理念和企业精神。事实证明，任何一个成功的企业都注重通过文化建设，建立并完善独具特色的经营理念和企业精神。

二是要努力塑造名牌，即培育形象文化。港口名牌，不仅对国内广大消费者有号召力，对国外广大消费者也有吸引力。名牌不仅能占领国内市场，也能占领国际市场，且能极大的促进港口树立良好形象。而良好形象对于港口来说，是市场，是饭碗，是效益，更是生命。

三是要建立规范的机制，即要培育好制度文化。就目前港口发展而言，港口文化尚处在初级阶段，远未形成独具魅力的港口文化体系。港口文化建设，是一个庞大的系统工程，港口要培育出较高的文化，就必须要走出“宣传部式”、“标语口号式”的误区。在抓好形象文化和精神文化两个板块的同时，必须要高度重视制度文化，制度文化是港口企业文化的前奏和基石。这是因为，首先制度的创新是理念创新的保障。新经济体制下港口文化的核心理念是“以人为本”。“以人为本”不能仅停留在口头上，它需要激励机制作为物质保障。要在港口内部建立一个尊重人的客观环境，需要一系列的制度文件作支撑。其次，科学完善的管理制度，是克服“人治”弊端的有效手段。其三，严格科学的管理制度是规范员工言行的动力和约束机制。管理制度既是企业管理的基础，也是体现“以人为本”的管理思想的前提。

四是抓住关键，为培育港口文化提供保证。港口文化，本质是人的文化。一定意义上可以说是企业家的文化，是企业经营者的文化。如果说在由计划经济转向市场经济初期，企业的竞争还主要是看企业领导人谁的观念转变快，看谁能最早适应市场经济；而在当今知识经济、信息时代、经济全球化的情况下，企业的兴旺发达则主要取决于企业领导人的知识、智力水平，创新能力和现代文化素质的高低，取决于领导者对企业文化的重视程度。因此，建设港口文化，关键要有一批重视港口文化、关心港口文化、研究港口文化、实践港口文化的领导者群体。

（二）中国港口文化建设的战略路径

1. 加强文化建设是促进港口文明建设的战略举措

（1）用服务文化提升港口的精神文明建设

港口是一个服务性很强的行业。港口行业与国民经济的发展密切相关，港口工作的着眼点就是要了解和掌握国民经济发展对港口的需求。港口是经济社会发展的先行官，港口的发展必须围绕为经济社会发展服务这个中心。通过加强港口服务文化建设，可建立更好地满足港口服务对象需求的工作导向，树立服务意识，提升服务品质，提升职能部门和执法部门的服务效能，创造并提升崭新的、健康的港口文明精神风貌，使全社会受益。

（2）用廉政文化促进港口的政治文明建设

港口廉政文化的重要领域是港口基础设施建设领域。我们要从党和国家工作的大局出发，从港口事业的健康发展出发，充分认识到治理商业贿赂的重要性和紧迫性，增强治理商业贿赂的政治责任感。一方面，要继续推进惩防体系的完善和实施，让想犯罪的人犯不了罪；另一方面，要通过加大廉政文化的建设力度充分发挥廉政文化对人的行为的引导和约束能力，让有机会犯罪的人不想犯罪。因此，加强廉政文化建设对于培养提高港口政治文明建设责任主体的高尚的道德情操和健康的先进的价值观、荣辱观，促进港口的政治文明建设的不断进步具有重要的基础推动意义。

（3）以品牌文化推进港口的物质文明建设

港口品牌文化建设需要从打造中国

港口这个大品牌到打造港口系统内部的行业品牌、地区品牌、产品品牌、服务品牌、领导品牌、员工品牌等方面以系统的建设思路进行全面的规划设计。在品牌文化建设中，要给港口注入人文内涵，建设人文港口、平安港口；给港口注入生态、绿色的内涵，建设和谐港口、生态港口、环境友好型港口。加强港口品牌文化建设，强化品牌意识，不仅有利于提升港口执法、建设、服务等工作质量的提高，提升港口的信誉度和美誉度，树立港口良好的公众形象，而且其先进的理念、创新的思路有利于推进港口物质文明建设。

2. 加强文化建设是落实实践以人为本思想的必然选择

（1）以文化管理提升港口管理综合效能

文化管理是一种现代管理方式，是把培育社会主义、爱国主义和集体主义价值观作为管理体系的主导性措施，通过文化建设，增强内部凝聚力和外部竞争力，充分发挥精神、文化因素对于制度建设和物质文明建设的作用和反作用。文化管理的突出特点就是以人为本。文化管理不是狭隘的非制度管理，也不仅仅是对制度管理的辅助和缺陷弥补，而是要通过人的自觉行动渗透在各个领域、各个方面的灵魂主线来加强管理，透过文化的视角从深层次上解决管理中的问题，提升管理的综合效能。

在港口管理中牢固树立以人为本的思想就是要重视人的需要，尊重人才，搭建员工发展平台，开发人力资源，挖掘员工潜能，增强员工的主人翁意识和使命感、责任感，激发员工的积极性、创造性和团队精神，达到员工价值体现与港口跨越发展的有机统一，形成自主管理、自我完善、自觉创新的新境界。

（2）以安全文化促进和谐港口建设格局

港口的行业特点决定了加强港口安全工作的重要性。安全文化以保护人在从事各项活动中的身心安全与健康为目的，以大安全观、大文化观为基础，由“要你做”转向自觉的“我要做”，是人们实现安全、健康、舒适、长寿的精神和物质的双重保障，是一种爱人文化，反映出国家、社会对安全的态度、价值取向和方法的应用。

安全体制的变革实质是安全及价值观的转变和安全意识的增强。因此，打造平安港口，建设和谐港口，应进一步加强港口安全文化建设，积极促进安全价值观的转变，牢固树立以人为本的安全建设思想，为港口事业的发展提供强有力的保障。

（3）用“以人为本”思想加速港口人的全面发展

只有加速港口人的全面发展，为港口人的自我价值实现提供公平的机会和激励的机制，使港口人的自我价值追求融入到发展当中，使港口成为港口人自我价值的实现和展示的舞台，港口发展才能够获得持久的活力和根本的动力。为此，要通过港口文化建设将以人为本的思想融入交通发展的各个环节，以文化教育人、塑造人、激励人，立足于全面提高港口人的思想道德素质、科学文化素质和健康素质等综合素质，结合港口实际，从思想上、组织上、作风上、制度上入手，着力建设一支自觉奉献、勇于创新、拼搏进取、团结协作的职工队伍；建设一支热情服务、作风严明、素质过硬、严格执法的行政执法队伍；建设一支政治坚定、求真务实、廉洁高效、执政为民的领导干部队伍，培育有理想、有道德、有文化、有纪律的“四有”港口人，以实现港口人的全面发展促进港口的跨越发展。

3. 加强港口企业文化建设是促进港口发展的重要基础

加强港口企业文化建设，对于推动港口企业的全面协调可持续发展具有重要的现实意义。港口企业是港口系统的重要组成，港口企业文化是港口文化的重要构成因子。因此，大力推进港口企业文化建设是促进港口全面发展的重要基础。港口企业文化建设具有四个层面：

（1）总结提炼港口企业精神文化

总结、提炼、升华形成精神理念是推进港口企业文化建设的首要环节。精神文化是港口企业文化的核心层。包括企业精神、企业经营哲学、企业道德、企业价值观念、企业风貌等内容，是企业在实践过程中形成的群体意识。港口企业精神文化可以激发企业员工的积极性，增强企业的活力，是构成港口企业文化的基石。

（2）完善规范港口企业制度文化

完善理顺制度文化是推进港口企业文化建设的关键环节。制度文化是塑造精神文化的主要机制和载体。因此，完善规范港口企业制度文化对港口企业精神文化具有固定和传递功能，搞好港口企业制度文化建设是港口企业健康发展的可靠保障。

（3）构建形成港口企业行为文化

规范形成港口企业的行为文化是港口企业文化建设的重要内容。港口企业行为文化是港口企业的精神文化在实践中的动态体现，是企业员工在精神文化和制度文化的影响作用下形成的行为习惯。构建形成港口企业行为文化能够在向社会提供服务的同时，折射出港口企业精神和企业价值观等精神文化，传播港口文明，树立港口企业的文明形象。

（4）配套完善港口企业物质文化

创建企业的物质文化是企业文化建设的现实目标。物质文化是企业文化的最表层文化。配套完善港口企业物质文化，就是要使质量观和审美观相互协调，使港口企业的产品和服务具备效用性和审美性的统一，使客户既获得效用的满足，又获得享受美感的愉悦。

文化与管理高度融合，落地生根，是推进企业进步，实现远景目标的基础。只有坚持文化理念与悟性顿悟和自觉相结合，有效激励和制度约束相结合；才能达到和升华我们追求的文化管理至高境界。

（三）港口企业文化建设的可行性方案

面对新的国际经济形势和港口发展趋势，我们的港口企业必须以崭新的姿态，大力推进企业文化建设，努力实现用文化力促进生产力，用文化力形成竞争力的目标。通过建设和谐文化，打造和谐企业，为国有资产保值增值，为航运强国的经济腾飞作出新的贡献。

经过对我国从北到南的若干沿海港口的认真调研，在研究各个港口在企业文化建设的实践内容的基础上，我们认为，我国的港口文化建设可以从以下几个方面来综合考虑：

1. 港口文化建设的创新思路

（1）在内容上创新。随着港口的发展和企业文化建设的深入，港口企业文化从理念到实践，在内容上得到了不断的创新。使员工朴素的思想品德和企业简单的行为规范升华到了一个更高的境界，同时得到广大员工的认同，成为他们自觉的行为。

（2）在观念上创新。今天的港口企业文化理念传承了各个港口的历史文化，有着深刻的历史印记，但是可以说，所有理念在观念上都有着深刻的创新，是时代变革，港口发展的产物，因而更具有可操作性和实践性。

（3）在实践上创新。企业文化是历史的积淀，是实践的养成，在实践上往往还不是一种完全自觉的行为。而今天的文化理念与实践，已经从不自觉走向自觉。在日常生活中养成对理念的认可和遵守的同时，企业更注重了理念的培训和灌输，把刚性的管理融入柔性的文化熏陶之中，使其在实践中逐步变成员工的自觉行为。

2. 港口文化建设的执行思路

根据各地的港口实际情况，港口的企业文化建设坚持统一管理，分级实施，强化执行，重在落地的工作思路。通过全员参与，整体的融入，达到文化深入人心，理念覆盖企业生活，提升团队力量，促进港口发展的目的。

（1）统一管理，分级实施

港口企业文化建设实行集团公司统一管理，分级实施的原则。企业文化建设的方针、任务、目标、方案的制订，由集团公司负责，基层单位根据集团企业文化总的方案，结合各自实际，制订本单位的方案。集团公司对基层单位企业文化建设工作进行考核评比；形成集团公司统一管理，分级实施，一级抓一级，分级实施的管理运行体系。

（2）强化执行，促进落地

港口企业文化建设始终把握一个重点，即企业文化建设的过程及其落地。港务集团公司根据港口内外部环境的变化和港口发展的实际，确立整个文化建设的导向，营造凝聚人心，上下同想，雷厉风行，同舟共济的环境和氛围。集团公司通过确立统一的核心文化理念，引导基层单位企业文化建设。基层单位根据集团公司统一部署，确定本单位文化落地措施，打造文化执行环境。创造具有港口特征的文化环境，并将文化融入工作实践之中。

（3）全员参与，整体融入

企业文化建设是企业全体员工的共同事业。从集团公司核心文化理念的确定，到基层文化的推进，最后到文化成果的落地，整个过程都必须体现文化的全员参与和港口各项工作整体的融入。从港口管理到制度实施，从生产经营到各项活动，广大员工都是参与的主体。

百年的积淀，才形成了港口文化的历史特征，新时期、新世纪的港口文化又必须体现与时俱进的时代特征。在确定港口新世纪文化理念的时候，要做到广泛地征集广大员工的要求，充分听取基层干部群众的意见。只有这样，才能真正做到港口的核心文化理念是在传承传统文化的基础上，用广大员工自身的体验，共同提炼总结出来的，有港口全员参与集体智慧的结晶，才是港口企业真正需要的港口文化。

同时，企业文化渗透于各项工作之中，港口全部工作整体融入于企业文化建设之中。

① 构建具有特色的企业文化体系

为了确保企业文化建设整体推进，需要着力构建具有港口特色的企业文化体系。集团和各基层单位应建立企业文化领导小组，分别制订企业文化建设方案。并通过举办各种讲座、走出去学习考察、内部经验交流成果推介等多种形式进行骨干培训。从思想理念、组织机制上，建立起符合本港口发展特色的企业文化建设体系。

一是组织体系。集团公司是企业文化建设的核心，各基层单位是企业文化建设的主体，各个方面，不同层次都要围绕整体目标，上下互动，按照共同愿景和核心理念，把企业文化建设落实到每 项工作之中。

二是传播体系。除了各种会议，各种培训外，可以考虑建立企业文化的传播中枢——港电视台、港报、港刊三位一体的新闻中心。同时加大对外宣传力度，打造企业形象。营造良好的舆论氛围，树立港口良好外部形象。

全方位的传播体系可保证企业文化理念的传播、氛围的营造和工作的推进，努力实现员工素质与企业形象的同步提升。内在素质增强文化的内涵，外在视觉增强文化的效果，内外结合才能相得益彰。

三是考核体系。集团公司制订考核方案，对各基层单位的企业文化建设进行考核。

② 规范员工职业行为，完善各项管理制度

用制度文化固本，实现制度与文化的融合。制度文化是企业文化的基石，是企业文化落到实处的关键。理念文化只有通过制度固定下来，才能持续不断的发挥作用；制度只有不折不扣地执行才能形成好的文化，否则就会如管子所云："不法法则事毋常，法不法则令不行。"就不会有好的制度文化。

港口员工既是企业文化建设的参与者，又是企业文化建设受益者，更是企业文化成果的体现者。因此，加强员工职业道德建设便成为企业文化建设的重要内容。员工职业行为的规范程度，直接影响企业文化建设的整体水平。

目前我国大部分港口都制订了符合本港口实际情况的《员工职业道德行为规范》、《管理人员职业道德行为规范》、《文明公约》、《员工行为准则》等，用以规范全体员工职业行为，提升良好的职业道德水准，树立崭新的团队形象和港口形象。

只有把企业文化的核心理念融入各项制度建设之中，不断地完善各项管理制度。

3. 搭建企业文化平台，打造港口特色文化

为卓有成效地建设港口的企业文化，将企业文化融入港口的全部工作与生活之中，需要着重搭建企业文化平台，打造港口特色文化。用文化活动造势，实现文化认同感与文化感染力的统一。

浓厚的文化氛围，丰富的文化活动，新颖的文化载体，是寓教于乐的有效形式，是增强文化感染力的重要途径，是吸引员工参与实现文化认同的重要手段。

有的港口通过以下方式来开展一些文化活动：

一是企校联手、借用外脑，与有关大学组建构建和谐企业课题组，开展了企业和谐理论研究，对集团和谐状态进行了调查和评估，拟订了和谐企业实施方案。

二是成立企业文化沙龙，集中精兵强将，开辟网上企业文化园地，举办企业文化讲座和培训，组织到相关港航企业或者其他行业一些企业文化建设比较成熟的企业进行企业文化的学习和交流。

三是牢牢抓住企业和谐的基础——劳动关系和谐，集团积极开展《劳动合同法》的学习和宣传，对原有的劳动合同进行全面清理，解决历史遗留问题，防止产生新的历史遗留问题。

四是组织丰富多彩的文化活动，如：征文活动、书画摄影比赛、职工运动会、演讲比赛、读一本好书等活动。

五是通过组织技能大比武活动，发展创新“技能文化”，在全港开展“岗位创一流，技能大比武”活动。可考虑投入大量资金，用于大比武奖励优胜者。在很大程度上可以促进港口生产效率的一提再提，只有这样，文化才真正融入了生产，促进了生产，生产又反过来营造了文化，发展了文化。技能文化可以成为港口文化的一个重要平台。

六是节日文化。中国人讲究过年过节，家人团圆，亲友团聚是中华民族的传统文化。而由于港口生产的性质，生产一线工人基本上都不能放假休息。特别是新年春节，每当这时，如果港口的各级领导能够在这个时机也都放弃休息和工人一样，忙于工作之中。和工人一起放鞭炮，吃年夜饭，深入码头现场，向节日期间坚守生产工作岗位的工人拜年。年年岁岁，岁岁年年，节日文化既体现了港口人的人本理念，又反映了港口领导者的工作作风。对于促进港口人的团结无疑是一个很好的方法。

七是亲情文化。港口的员工，不论是管理人员，还是普通工人，谁有困难，如果都会得到工友们无私的帮助，感到企业亲情的温暖。谁家遇有突发性困难，如果大家都会伸出援助之手。那么这种亲情文化让港口四季温暖如春。

4. 港口文化建设能够起到的作用

港口文化建设在港口发展中传承，在与时俱进中创新，既能提高团队的整体素质和企业的管理水平，树立良好的社会形象，又可以促进了港口跨越式可持续发展，取得了显著的成效。具体表现如下：

港口文化建设在港口发展中传承，在与时俱进中创新，既能提高团队的整体素质和企业的管理水平，树立良好的社会形象，又可以促进了港口跨越式可持续发展，取得了显著的成效。具体表现如下：

其一，提高了团队的整体素质和企业的管理水平。经过企业文化建设的熏陶和教育，港口的核心价值观和各种文化理念日益深入人心，健康向上，文明工作蔚然成风，热爱港口，关心企业，勇于创新，甘于奉献的敬业精神已成为广大员工的共同追求。

港口文化建设促进了管理水平的不断提升。不断加强内部机制改革，完善监督约束机制，财务、资金、计划管理取得良好效果，保证了港口建设与发展；在人力资源管理上，建立了竞聘上岗末位淘汰的用人机制和以岗定薪、多劳多得的分配激励机制和各种培训制度；在安全管理上，建立了一整套安全生产管理制度和领导干部安全生产责任制度，实行安全生产确认制，使安全生产管理落实到生产过程的每一个环节、每一个员工；建立预防职务犯罪的长效机制，建设营口港的廉政文化。

其二，树立了良好的社会形象。我国的港口基本上都属于国有企业，作为国有大型港口企业，港口在建设企业文化，发展港口事业的同时，应该积极承担企业的社会责任，主动实施“以港兴市”战略，拉动地区经济发展，回报社会。港口的社会诚信度、美誉度不断提升，扬帆为远航，聚力促发展。

港口文化建设过程是一个不断探索，自我超越的过程，也是一个不断积累，不断完善的过程。港口是国家的重要基础设施和战略资源，需要各个港口注意自己的港口文化建设的长效机制，坚定不移地把相关工作贯彻到港口文化建设当中去。港口企业肩负着经营国有资产的重大责任，必须要实现国有资产保值增值、促进国民经济健康发展、维护国家利益。做到港口企业应该做到的服务社会、成就员工、传载真诚、追求卓越的本职工作。

（四）港口文化建设的着力点

基于以上分析，我国港口可以从以下几个方面提升自己的港口文化层次：

（1）塑造港口企业形象。港口企业形象是企业赖以生存和发展、无形而又十分宝贵的资源和财富。一要塑造精神形象。要通过港口职工忘我无私的工作和服务，努力展示港口企业及职工的精神风貌，真正树立服务就是市场，服务就是货源，服务就是效益，服务就是竞争力的理念，昭示货主、船东、代理向港口企业聚集。用港口企业精神培育人，是企业文化建设题中应有之义，应遵循三大原则，一要充分反映具有特色的现代港口企业风貌，二是要有鲜明的个性，三是要重视群体的凝聚力量。培育企业精神，实际上就是培育企业的凝聚力与竞争力，也就是培育生产力。三要塑造行为形象。在港口企业的计划、生产、营销、装卸等环节中通过企业及其职工自身行为展示企业形象，扩大知名度，扩大货源市场，四要塑造视觉形象。通过企业标记、机械设备等形象物体的设计和制作，使其在一定程度上成为情感的纽带，起着启示和维系作用。

（2）加强港口安全意识培养与完善，注重法律法制化

港口安全对树立良好城市形象具有重要意义。作为一个城市对内外交往的一个平台，每天往来的国际、国内船舶较多，货物、人员流量巨大；沿海港口尤其如此，并由于其外向性经济特点，往往成为外国友人踏入国土城市的第一站。港口作为一个城市的窗口，窥一斑略知全貌，港口的安全水平影响着一个地区形象的好坏，是社会文明和进步的标志。港口安全管理战略制订，应遵循以下原则：

① 遵循国际公约原则。这是制订

战略的立足点。港口安全是《国际海上人命安全公约》（SOLAS公约）的要求。我国一类港口往往有海关、边防、武警、公安、国检等把关防卫，但出于国际上反恐的需要，还强调要做好对2004年7月1日生效的SOLAS公约修正案的履约工作，强化内部安全管理，消除一切安全隐患，从港口设施设备安全、管理手段和措施上提供有效的安全保障，才能有着较好的航线贸易往来。

② 保障效益原则。这既是港口安全生产的目的，也是制订战略的出发点之一。港口具有投资大、收益低、回收期长的特点，同时它还具有较强的公益性，而由于设备、设施及人的不安全，导致的损失往往是巨大的。没有安全生产，效益便无从谈起。

③“以人为本”原则。自古以来，人命关天，人是一切活动的主体，维护员工的生命财产安全和适当利益，是一切工作的出发点和归宿点。没有了人，港口安全生产就失去了原动力。大连港就积极贯彻“以人为本”原则。大连港通过制定相关的政策和制度，切实保障员工的各项权利和利益的实现。一个个与职工切身利益紧密相关的惠民亲情之举也不断推出：《关于提高集团离岗退养等人员生活标准的通知》、《关于毕业生购房补贴补充规定的通知》、《关于进一步加强高技能人才队伍建设的意见》、《关于职工供养的直系亲属医疗待遇规定》、《关于集团2007年工资预算调整方案》等，体现了集团对员工利益的维护与保障不断地由点到面、推向深入。正如在前面介绍的大连港，切实保障员工的各项权利和利益，陆陆续续制订了并通过了相关的政策和制度。

④ 可持续发展原则。港口安全生产应保障实现港口可持续发展。“安全第一、预防为主、综合治理”，这是安全管理的方针。港口安全生产是满足企业、社会、员工需要的基础，只有各方利益兼顾，不失偏颇，才能构筑和谐港口，实现绿色生产，走可持续发展道路。上海的绿色电力就体现了其积极贯彻可持续发展原则，当然风能的开发和利用仅仅是其中的一个方面。对于港口来说，潮汐能、太阳能都具有得天独厚的优势。太阳能具有“取之不尽、用之不竭”的特点，2007年以来，盐田国际在多方面应用太阳能技术。在临时路上，新颖的太阳能路灯实现了零电耗效果；在工程维修中心、机修车间、消防楼等多处，安装了70台太阳能热水器，每年平均可节电12万千瓦以上。另外，盐田国际还采用堆场泛光明技术和中央空调使用变频器等方式进行节能，两者合计每年可节电500多万度。

（3）加大港口管理结构的进一步提高与完善，避免单线性管理，增设环境保护的机构，增强管理者的创新合作与服务意识。不仅完善领导与普通员工之间的管理机制，更要增设员工与员工之间相互监督的机制，形成网状管理机制。同时，一个企业的好坏很大程度上也要依靠管理者的决策和理念，他们担当者排头兵的角色，因此加强管理队伍的建设，也是重要的组成部分。

4.推动港航管理信息化的进程，开发先进、实用、高效、经济的水路运输信息系统软件，依据国家政策法规对水运企业、船舶、班轮航线、服务业、港口、市场检查和监控等内容进行管理。如此，在很大程度上提高港口的运转效率，提高企业的服务绩效，同时也节省了很多不必要的开支，大大降低了以前传统管理模式的成本。

5.注重港口人才的培养，同时完善奖励机制和人本关怀，激发员工创造价值的活力，充分发挥先进典型的激励作用。以烟台港为例，在开展学习许振超、陈刚毅等同行业先模人物的同时，注重挖掘港口内部的先进典型。通过举办“烟台港首届风采人物”评选活动，大张旗鼓地表彰了近几年在港口快速发展的过程中各条战线上涌现出的先进集体和先进个人，并编印出版了《托起明天的彩虹——烟台港首届风采人物事迹汇编》12000册，多渠道、多形式宣传典型，用身边典型教育身边的职工，激发职工敬业爱岗、无私奉献、与时俱进、争创一流的积极性，营造了浓厚的发展氛围。在经济效益不断提高的情况下，烟台港职工自觉承担社会责任，积极奉献社会。

宁波国际港口文化节闭幕式

（6）形成港口企业自己的特色。我国海岸线长，港口分布广，各种不同性质的港口企业共存，它们之间自然条件、社会条件、文化条件、经济条件、历史背景各不相同，职工群体素质也存在差异，港口企业文化建设应从实际出发，根据港口行业自身规律和内在要求，努力培育和创造富有个性化的企业文化，形成广泛影响力的知名品牌和无形资产，树立独具特色的企业形象。

（7）加强港城联动，培育人文气息。可以考虑将港口主题文化与旅游业相结合，举办各种海洋、港口和物流文化娱乐活动；同时可以定期举办港口文化节和学术研讨会，增强港口的高端文化色彩。这一点武汉港是一个典型，在2006年10月31日至11月2日，受国家发改委的委托，中国国际工程咨询公司组织专家组，在武汉市召开了“武汉港阳逻港区二期工程项目建议书现场调研评估会”。武汉港阳逻港区二期工程项目顺利通过了专家组评估。

在同年11月9日至11日，武汉港务集团在武汉国际会展中心参加了由国家商务部外贸发展局等单位共同主办的“2006年中国（武汉）国际物流博览会”。通过极具港口特色的展台布置及多媒体等多种宣传形式，全方位展示了武港集团“1365”的战略发展目标及港口物流的最新发展动态及远景规划，同时也彰显着武汉港在近几年建设所取得的瞩目成就。这一点是其他港口可以借鉴的。

当前，随着世界经济一体化、贸易自由化、科技进步、航运业结构调整的发展走势，国际化的港口建设呈现深水化、大型化、专业化、高效化、重视环境保护和安全的发展趋势，竞争激烈。因此，建设和谐港口，应进一步加强港口文化建设，积极促进安全价值观的转变，牢固树立以人为本的建设思想，为港口事业的发展提供强有力的保障。在品牌文化建设中，要给港口注入人文内涵，建设人文港口、平安港口；给港口注入生态、绿色的内涵，建设和谐港口、生态港口、环境友好型港口。加强港口品牌文化建设，强化品牌意识，不仅有利于提升港口的信誉度和美誉度，树立港口良好的公众形象；而且其先进的理念、创新的思路有利于推进港口物质文明建设。打造港口系统内部的行业品牌、地区品牌、产品品牌、服务品牌、领导品牌、员工品牌等方面以系统的建设思路进行全面的规划设计。

我国的港口文化尚处于起步阶段，需要全员参与，渐进形成、发展和提高港口文化，以人为本，注重和谐，而港口发展必须要有和谐、人文等先进文化的内涵支撑才会具有鲜活生命力；港口发展必须要有依靠人、尊重人、关心人、提升人的文化内涵支撑才会拥有强大的凝聚力和创造力。因此，落实科学发展观要求立足于改革开放和港口建设发展的实践，着眼于世界港口文化发展的前沿，传承民族文化和港口文化传统，积极推进文化创新，大力建设和发展具有中国风格、中国气派的港口文化，为港口发展提供持续不断的文化动力，推动港口实现全面协调可持续发展，进而推动社会进步，实现以港兴城等交通战略的最终实现。

第七章　他山之石——外国港口文化借鉴

文化建设非一日之功，尤其是以其包容性与先导性为基本特征的港口文化，其发展更需博引众长、打开眼界，吸收和采纳外国港口发展已有的先进经验，吸取外国港口在发展过程中所积累的经验教训，不断地进行文化对比与借鉴，以有效的促进自身港口文化建设的开展。本章选取了数个世界上具有代表性的港口，探究其发展历程、现状，研究其组织管理机构、功能定位，把握其港口文化的核心价值理念、使命，以求为我国港口文化的建设提供借鉴，达到推动我国港口地区与城市的健康发展的目的。

一、强弓劲弩——底蕴深厚的欧洲港口

航海探险、远洋贸易、工业革命，欧洲的近、现代史与海洋和港口结下了不解之缘。围绕着港口，近代欧洲工业文明开始发展、壮大；依循着港口，近、现代西方科学与文化开始逐渐扩散。欧洲港口以其深厚的底蕴奠定了世界近、现代港口文化的基础，而欧洲港口所体现出的文化特征、所建立的港口文化框架也对于世界其他港口文化产生了深远的影响。这种影响，并没有因为欧洲经济被新兴经济巨人赶超而逐渐转淡，相反，欧洲港口正凭借其深厚的文化积淀，解决了或者正在解决着由欧洲首先面对又必然发生在世界其他港口的发展课题。

（一）伦敦港——文化的积淀与渗透：航运游戏规则与话语权

谈及欧洲的港口，人们的眼光大多会首先落在历史久远、身价显赫的伦敦港之上。伴随着工业革命与大航海时代而辉煌一时的日不落帝国曾经在这里汇集了当时世界上最为密集的商船航队，她不仅是当时世界经济实力最为强盛的英帝国的贸易与金融中心，更是当时的世界航运中心，几乎集中了世界各地的船舶和船公司的代表机构。

作为河口港的伦敦港，位于英国东南沿海泰晤士河下游的南北两岸，从河口开始向上游伸延经蒂尔伯里港区，越过伦敦桥，直至特丁顿码头，曾经是世界上最为繁忙的港口，在这里曾经聚集了惊人的财富，航运、金融、保险、航

伦敦港地理位置

运司法与仲裁的世界中心几乎都集中在这个港口城市，许多重要的航运经营理念、游戏规则与经营模式都是发源于伦敦，并传输到世界的各个角落。然而，伴随着殖民经济的衰败，世界经济发展重心的转移，日不落帝国已经成为供人评说的历史，伦敦往日的辉煌已无法重现，似乎伦敦港也应该在世界港口的发展历程中逐渐淡出，但现实却恰恰与之相反，伦敦港并没有成为博物馆中所陈列的历史遗物，她仍然以航运、金融的领导者姿态活跃在世界航运舞台之上。究其原因，是伦敦港深厚的港口文化底蕴与多年来所营造的港口文化氛围为这个始建于公元前43年的古老港口注入了经久不竭的生命活力，发源或成长在伦敦的诸多航运、金融规则使得伦敦在世界航运领域的重要地位得以保持，我们可以把伦敦港所孕育的独特的港口文化的一个重要核心内容归纳为规则与话语权文化。

伦敦港的历史与现状向人们昭示了文化的巨大作用，一个具有深厚港口文化底蕴的港口、一个孕育了先进文化并将之向世界推广的港口，其生命力不会衰竭，培育并发扬自身的独特文化，并将之不断推广，可以说是港口的立身之本。实际上，对于伦敦港，我们可以说到的有很多很多，但这里，我们只去领略伦敦港文化智慧的一个重要方面：利用特色底蕴、通过传播制度理念而取得航运规则的话语权。

话语权的概念，近年来颇为流行，人们越来越清楚地认识到，取得了某一领域的话语权并得以长久保持，是在某一领域得以长期立足的根本所在，其他文化将无一例外的遵循话语权的掌控者或者尽量与之贴近，成功的推广文化理念是最为安全的稳定自身文化并保持其文化底蕴的妥善方式。那么，话语权理念在伦敦港的港口文化中有着何等体现呢?

经过伦敦桥的货船

作为一个不争的事实，伦敦港孕育了大工业生产与贸易、金融、运输协调共进的最初的经贸流通体制，并曾经成功的成为世界航运、金融、保险行业的中心，近现代航运史上的许多个第一都是诞生在伦敦。但是，对于伦敦而言，这些第一并没有仅停留在将之作为世界纪录去予以纪念的层面之上，而是成为英国航运规则的制度模板并随之建立了相应的制度环境，或者将称为航运行业规则的制定与适用环境，深谙经验主义哲学的英国人了解规则的制定权力意味着什么，最为熟悉规则的人将很有可能是最终赢家，或者至少也将在游戏中取得相对有利的地位，而制定规则者的客观能力即便随着历史的发展会发生削弱，但其仍然可以通过掌握的规则平台，凭借其对于孕育于自身文化之中的规则理解与适用的绝对权威，从而可以不间断地参与活动，而且始终会处于活动的核心地位，凭借自身文化的力量为自己赢得某一领域中至少是软环境方面的一席重要领地，而同时也可以最大限度的保持与发展自身的文化特色。作为常识，为人所遵循并效法的文化自然会受到人们格外的关注与关爱，而这种值得自豪的文化特色又将不断地去激励人们完善、推广这种文化，力求保持文化的活力，从而形成港口文化的良性循环。

由于伦敦港曾经是诸多航运规则的发源地，同时也是英国的政治与文化中心，对于有关规则的权威理解与适用大多发源于伦敦，从贵族院对于航运案件的大量的权威判例，航运仲裁机构对于航运纠纷的诸多判例解释，到有关机构所制定的诸多航运界所广泛使用的合同范本，解释原则，都昭示了伦敦港强大的文化优势。由于规范来源于伦敦，解释来源于伦敦，长期以来所形成的规则适应了航运市场追求稳定的规范、商人需要对于事务处理具备起码的前瞻性的需求，使得大量的涉及航运规则的事务的处理中心在此形成，大量的专门人才汇集于此，对于有关问题的研究日益深入从而形成了与之相适应的咨询、教育、信息交流、航运金融、保险与行业指导产业，形成了伦敦港的重要文化特色。

现今，对于航运业届而言，不会有人去拒绝适用有关与伦敦有关的合同范本、不会去刻意回避英国航运判例所形成的规则的适用，尽管我们看到许多国家已经意识到话语权的重要，从而极力推出自己的范本、规则，但毋庸置疑的是，目前在航运领域被使用最多的法律是英国法，而重要的航运仲裁中心也在伦敦，航运金融、保险的高端人才与服务机构也往往与伦敦之间结下不解之缘。对于航运业届人士而言，之所以对伦敦留下了深刻印象的原因往往并不是伦敦塔、大笨钟，而是劳氏法律报告、仲裁裁决、英国法律所长期形成的规则与经典判例，保险条款、协会文件以及历史悠久的提供航运与金融保险服务的服务提供商。就此，我们不由会产生这样的感叹，你可以去赶超甚至去淘汰一个经济巨人曾经有过的物质辉煌，但你却很难去回避文化渗透给你带来的潜移默化的影响，而且这种影响将成为你自身的文化积淀而成为一种固定的思维模式，从某种程度而言，你已经被这巨大的文化力量所渗透，而保有此种文化力量的城市本身也就取得了不竭的生命活力。

当然，除了在以上方面伦敦在继续保持自己的特色与优势之外，在近年的发展中，伦敦港的经营方式也发生了显著的变化。1964年伦敦港的注册码头工人有25000人之多，1988年减少到不足2000人，特别是英国政府取消注册码头工人的终生雇佣制后，现在更是进一步减少到不足1000人。目前，从伦敦港进口的主要货物为石油、煤炭、钢铁、木材、矿石及粮谷等，出口货物主要有水泥、机械、车辆、石油制品、化工产品及日用杂货等。今天伦敦港的货物集中在新的私有化的蒂尔波里港和许多私人码头上，既有深水码头供大型船舶停靠，也有浅水码头供欧洲大陆驶来的河船。伦敦港从一个劳动密集型、封闭式港池为主的港口转化为一个技术密集型、顺岸式、船舶快速周转的港口。高效率与科技进步使其保持拥有不断吸引新的产业的魅力。在伦敦港经营方式发生了显著变化的同时，我们看到，伦敦港经过历史发展而逐渐形成的依附于话语权现象的行业也在随着时代的发展而不断进步，并且已经形成了伦敦港可以向投资者、业界人士提供的重要的特色服务部分，优良的软环境也有力的促进与保障着伦敦港的行业发展。

伦敦桥旁的雕塑

作为伦敦港的重要文化特色的规则与话语权文化现象，已经引起了我国的关注，对于港口城市的定位，我们已经突破了仅从物质指标与经济指标角度定位的框架，港口城市的发展规划中的软环境规划，已经成为目前港口城市建设与发展的重要内容。比如，我国上海国际航运中心与国际金融建设的两个建设目标中，已经非常明确的涉及了金融服务、区域性的海事司法、仲裁中心等涉及软环境方面的重要内容。在我国相关航运产业发展过程中，实际上，我们也已经遇到了由于我们并不掌握相关领域规则的话语权，从而无法明显的发挥自身优势的情况，仅就涉及巨大经济利益的船舶租赁纠纷的处理以及有关船舶建造等合同文本的选定这两个方面，我国相关企业与专业从业人员即由于所适用的法律、合同范本以及争议处理机构位于境外的原因，而丧失提供服务机会以及由于寻求境外专业人员协助而花费大量经济成本，甚至高昂的咨询与争议解决成本导致有关企业被迫做出让步。显然，其原因即是由于我们缺乏在此方面的话语权，没有能够为业界所普遍接受的规则，自身制定的规则与软环境建设尚不能满足经济发展的要求，尚未能取得业界的广泛认同。

在港口文化战略规划的制定与贯彻实施的过程中，制定并推广一套具有自身文化特色并适应自身服务对象与城市定位的行业游戏规则并建立与之相配套的解释、实施与服务机构将是我们目前港口文化建设从物质文化的着眼点向着更加全面的软环境建设角度转化的一个重要方面，取得一个港口在航运等相关领域内一定程度的话语权，将极大地的丰富港口文化的内涵，并能够最大限度地巩固港口在经济、文化、服务等各个领域的稳定地位，通过特色文化的渗透与推广，发挥文化在港口发展进程中的引领与凝聚作用。港口能够成为与航运有关的区域中心，其所应具备的软环境因素越来越显示出其决定性因素的重要地位，伦敦港港口文化内涵中的话语权因素将给我们建设港口文化、提升港口实力带来更多的思考与借鉴。

（二）鹿特丹港——商业化与职业化的建港理念

鹿特丹的城市主题文化就是“港口文化”，鹿特丹因港而兴、因港而富、因港而闻名。它地处北海航运要冲，扼西欧内陆出海咽喉，自鹿特丹可方便出海，并经莱茵河与运河、高速公路、铁

鹿特丹

路、石油管线连接西欧陆上运输网，通往包括西欧、中欧和东欧部分地区在内的广大欧洲腹地，素有“欧洲门户”之称。尤其是以鹿特丹为中心，半径500千米范围内的英国、德国、比利时、瑞士等西欧国家的主要工业区是其主要经济腹地。这一地区工农业和贸易高度发达，居住有1.6亿以上高收入人口，产业和人口密集程度高，为鹿特丹提供了充足的转运货源和优良的转口贸易条件。有着“海上马车夫”美誉的荷兰人把鹿特丹港这一稀缺资源的作用几乎发挥到了极致，作为城市文化核心内容的“港口文化”把鹿特丹打造成了世界级的名牌城市。

美国著名经济学家西斯勒提出：

“文化被称为21世纪最后一桶金，谁能率先挖到这桶金，谁就能主宰21世纪。”法国经济学家弗朗索瓦•佩鲁在谈到经济与文化的关系时提出：“企图把共同的经济目标和文化环境分开，最终会以失败而告终，尽管有最为巧妙的智力技术。如果脱离了文化基础，任何一个经济概念都不能得到彻底的深入思考。”鹿特丹的文化基础的核心即是“港口”，如何发挥港口的经济与社会功能，如何让人们自然而然地将鹿特丹与海港紧密的联系在一起，其答案在鹿特丹这个城市看来没有什么特别，不必去追寻悠久的历史，也不必去考虑筚路蓝缕的艰辛，也不必去追求已经落实在文字上的深厚积淀，答案就是港口，港口本身就是鹿特丹最鲜明的文化，作为商业交流的枢机，客商云集的所在，港口所要体现的核心理念就是让她的布局、目标以及定位都集中在商业化与专业化的层面之上。换言之，鹿特丹港的兴起在港口文化建设方面给了我们一个最为直接与朴素的答案，其文化目标就是建设一个港口，一个商业化的、职业化的、便利的、现代化的港口，把港口的标签永久的附着在其所在的城市。

为了更为有效地商业化与职业化运作，根据荷兰《公司管理条例》的条款，鹿特丹市港口管理局已转制成为政府企业，其正式名称为“鹿特丹港口控股公司”。这样，鹿特丹港的管理机构就从一个市政府服务机构转变成为一个有独立地位的政府企业。目前，鹿特丹港区的管理者就是鹿特丹港口控股公司。作为市政府的一部分，鹿特丹港口控股公司代表市政府对港口进行管理，负责基础设施和航道的开发、建设和维护，促进港口综合区内产业的开发和发展，与码头和地块使用者签订基础设施的经营合同，负责收取基础设施租赁费和港口各类使费，及负责港口的市场开拓和对外推销。鹿特丹港的发展目标是建成一个安全的、高效率的、综合的和清洁的港口和工业综合区，立足于吸引更多的货物及与物流、加工、分销和其他与工业有关的附加值业务，建立一个顺利运行的、安全的和完整的港口。鹿特丹港在形成港口城市主题文化之后，城市的产业资源与产业链随着港口业的发达出现了上下游延伸和聚合的趋势，这使得鹿特丹港在港口物流化中走在前列。对于不直接中转去欧洲内陆的货

鹿特丹新浮士码头

物，鹿特丹港提供许多存储和疏运设施。认识到物流中即时送货和成本效益分析的重要性，鹿特丹港已发展了配送园区满足日益增长的配送要求，配送园区的地址被战略性地放在离货物码头和联运设施很近的地方，配送园区是许多企业在欧洲建立的配送中心所在，也是小企业把货物交付一个能保证即时送货到全欧洲的放心的物流服务商。对于中小企业来说，来自同一个国家的几个企业在这里可以共用一个贸易和配送中心。鹿特丹港配置了与最新一代集装箱船相配套的装卸设施。各种运输方式或者直接与集装箱码头相连，或在码头附近。鹿特丹港凭借其所营造的便利的物流中转条件成为名副其实的欧洲门户，也从而形成了其利用港口这一稀缺资源而引发的巨大的城市吸引力与凝聚力，真正体现了以港兴城、以港富城的含义。

似乎鹿特丹的港口文化主题并无太大的新意，也没有什么高深的理念，但如果我们把心境真正的安稳下来之后再去细细的思考，鹿特丹的港口文化是值得我们思考与借鉴的。港口文化建设的载体，顾名思义即是港口，载体建设的成功自然是文化依存的扎实前提。如果没有真正的港口经营与规划理念，不能最大限度的发挥港口这一稀缺资源的潜能，所谓的港口主题与港口文化将很可能被留于纸面，无法去实现文化本身的生命力，也就更无从去发挥“文化”这一21世纪的最后一桶金的巨大作用。因此，鹿特丹港的港口文化主题建设的历程是值得我们思考的，一个港口在所在城市与区域的价值与功能定位，决定了人们对于港口本身的认同程度，也就进一步影响了人们对于港口本身所营造与影响的文化程度的接受程度，进而也会影响到文化牌是否可以真正起到对于城市建设、文明的促进作用。文化并非是硬性创造而来，只有当文化深入人心，为广大受众所接受之时，我们才可以说我们建设了一个成功的文化，从而真正形成了一种文化现象。

在对于鹿特丹港口主题文化考察的过程中，我们也看到，尽管鹿特丹港口管理机构采用了商业化与职业化运作模式，但“鹿特丹港口控股公司”系作为市政府的一部分来行使职能的，其并没有放弃港口的社会责任或者说是社会职能，鹿特丹港在环境保护、二氧化碳排放控制方面始终给予了充分的关注。鹿特丹港口当局为了保证在港口及其周边工业综合区生活的人们的身体健康、经济的可持续发展以及二氧化碳的排放量的减少，实施了一系列的环境保护措施。鹿特丹港口当局将鹿特丹港的发展定位为以未来为导向能源利用高效的世界级港口，其有效做法是高效利用能源减少二氧化碳的排放量，目标是将二氧化碳的排放量从1990年的2.4亿吨减少到2025年的1.2亿吨。鹿特丹港内的用于港口服务的船舶从2008年开始使用无硫的清洁燃料，以减少环境污染及改善改善港口空气质量。在鹿特丹港口控股公司的主要工作中，除了与经济利益相关的方面之外，创造港口及周边居民区最佳环境也是其任务的重要组成部分，承担社会责任与追求可持续发展是鹿特丹港始终追求的目标。一个港口如果可以被称为文化载体，其社会作用的充分体现与长远兼顾亦是十分重要的。

鹿特丹之所以可以成为世界名城，即在于用文化的概念促进了港口经济的繁荣，把文化和产业结合起来塑造成为欧洲乃至世界首屈一指的港口之都，打造出了世界级的港口文化。依托港口的巨大辐射效应，鹿特丹旅游业十分发达，拥有港口、博物馆及其他众多观光景点。鹿特丹的建筑在第二次世界大战期间遭到严重破坏，战后鹿特丹人在修复被毁坏的建筑基础上，发展出了与港口文化相适应的新的建筑形态。最具影响力的为185米高被称为“欧洲桅杆”的高塔，可鸟瞰全市，每年来此游览参观者逾30万人。在城市周围的风车区等著名旅游景点，都因港口城市主题文化与旅游业的融合吸引了大量的游客。凭借港口带来的巨大客流量和品牌凝聚力，鹿特丹还经常组织一些大型文化体育活动，比如鹿特丹国际马拉松赛、鹿特丹国际电影节等，当然这其中最重要的还是世界港口节。鹿特丹港自20世纪90年代起，每年9月份都举办一次世界港口节，港口节期间，举办世界港口、海运、物流等方面的专业国际会议和学术讨论会、展览会，举办各种海洋、港口和物流文化娱乐活动，吸引成千上万的企业公司、专家学者和游客来参加。每届港口节都给鹿特丹港带来巨大的经济收益和社会效益。

鹿特丹港口与居民区优美的环境

鹿特丹的港口文化建设的成功经验即是在于把港口本身的潜能充分的予以发挥，把港口与城市的每一个方面都充分的结合起来，让人们真正的认同港口这一文化的主题，从而产生巨大的文化效应。这对于新兴的港口城市而言，无疑是值得借鉴的。诚然，对于大多数的港口城市而言，港口区域仅仅是城市的一个功能区域，可能，港口的出现对于现代新兴城市而言，完全是出于经济发展角度的考虑，并没有人们长期形成的对于港口的历史与心理上的认同。但是，如果将港口作为城市的重心，并要营造以港口主题为核心的文化氛围，就必然要将对于港口的纯粹经济上的地位认知加以改变，换言之，需要用心打造港口，加大力度建设一个符合商业需求并能够提供优质、专业与有效率的服务的港口，充分地发挥港口的经济功能与交通枢纽地位，让港口的文化主题渗透到城市生活的方方面面，从而形成人们对于城市的认知自然的归附于港口主题，从而去接受港口文化、享受港口文化。鹿特丹给予我们的最大启示可能就在于，用心地去建设一个港口才能真正的产生人们对于港口的深厚情感并产生相应的文化认同，此时，港口所具有的单纯的经济功能已经被赋予了更加深刻的内涵，港口自身也就有了真正的历史。

（三）汉堡港——港区与城区的和融共生

通常，港口区域仅仅是其所在城市的一个功能区域，港口是作为其所在城市与地区的一种资源而存在的，而港口作为商贸运输的服务载体，其功能将与相关商贸活动的需要相适应。在商贸活动的规模与内容发生变化之时，港口本身也必然随之受到相应的影响，在城市的发展进程中，此种现象比比皆是。尤

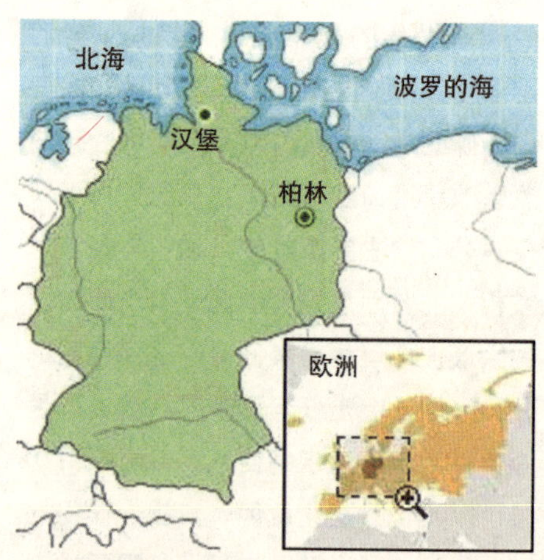

汉堡港地理位置

其是当一个城市所涉及的主要人类经济活动产生了相应的变革之时，为适应变革前经济活动所进行的城市规划就必然会受到影响，因此也就会出现城市相关功能区域的荒废现象，如何去协调城市与相关传统功能区域之间的关系，这不仅涉及城市的规划，也涉及一个城市以及相关产业的文化定位问题。这里要介绍的汉堡港即在此方面做出了比较成功的尝试，形成了港区与城市之间和融共生，互相促进的局面，同时也满足了自由的汉萨城市的文化定位，使其传统的与现代的港口文化特色均得以彰显。

汉堡港位于易北河下游，处于阿尔斯特河和比勒河汇合处，距北海110千米。港口面积100平方千米，是德国最大的海港，也是欧洲最佳转口港之一，被誉为“德国迈向世界的门户”，是欧洲仅次于鹿特丹港的第二大港，也是

世界著名的港口之一。汉堡港设有很大面积的自由港区，经营转口贸易，特别是为斯堪的纳维亚和中欧地区各国货物的转口。汉堡是德国第二大城市和最国际化的城市，有800多年的历史，拥有180万人口，是德国消费品制造业的重要基地，德国北部地区的经济中心。这个历史上的汉萨贸易同盟成员，虽然本身并非坐落在波罗的海之滨，但对该地区与世界各地的经贸往来起着重要的、举足轻重的作用。汉堡在北海和波罗的海之间，地理位置优越，港口不仅有着几百年的历史，而且把河港和海港的功能结合起来，成为北欧地区的商品集散地和转运中心，是世界其他地区进入欧洲北部、中部和东部市场的门户，越来越多的外国企业来到这里，利用此地的优势开拓欧洲市场。

但随着航运产业不断发展以及相应产业技术的不断革新，传统港口区域的功能定位于实际应用均面临着巨大的难题，正如Dirk Schubert在《汉堡港岸地区的转型过程》一文中所指出的目前汉堡港出现用地荒废问题的三个原因，即，货物装运的集装箱化以及新的物流形式，使得荒无人烟成为现代港口设施的特征；横跨大西洋的客轮交通的衰退。飞机交通即快速又价廉物美。只有更好的装备才能使得乘坐豪华游船旅行和缓慢的奢侈成为享受；欧洲和北美船舶制造业衰退，船舶制造现在主要集中在亚洲。新船下水日作为全民节日的时代已经一去不返。从而，新的全球生产和销售形式引发了一场对港口城市来说，有着特殊秩序的空间结构再组织，并形成了一下的循环特征，港口的衰退和转移；旧的主要近郊港口区域荒废；旧的近郊建筑和港口区陷入破坏状态，面向用途置换的开发规划和概念，规划的实施，旧的近郊港口的复兴、增值和

河上的汉堡港

用途置换。汉堡港在港口经营行为发生巨大变化并对于传统城市面貌与功能产生相应的影响的问题处理过程中，充分考虑了港口与城市的和融共生的理念，有效地保持了汉堡港作为海港而具有的文化特色，有效地实现了城市布局对于港口产业发展的适应并使得原有旧港口区域的特色得以保留并在其基础上实现了新的效能。

对于汉堡港来说，港口与城市已经融合为一个整体，不可分割，荣辱与共。城市和港口是一个有机的成体，在历史上，二者的发展都是互相补充互相

促进的。汉堡在其悠久的发展史中，城市和港口一直在交换规划地区，如有时出于城市发展的需要，港务局会将港区的部分土地与城区进行置换，这促成了双方共赢的局面。随着经济的快速发展，货运结构和科技都发生着深刻的变革，汉堡港面临着改组产业结构，改变管理模式的压力。同时，为了维护汉堡作为“水陆两栖的城市”的魅力，汉堡人发明了一项名为“珍珠项链”的概念，即在易北河北岸围绕港口文化主题，建设新汉堡。1987年推出了《易北河北岸的开发导则》，导则提出了一个将工作、居住、购物、自由活动设施、文化、旅游在港口边缘区相互联系在一起的城市建设概念，通过“细致入微地适应”现有的建筑物和自由空间结构来实现。在这个计划的指导下，一系列废弃的建筑或地区通过改造，达到了实用和美学的双重功效，在为港口提供便利的同时也增添了汉堡这座城市的海洋文化氛围。随后，汉堡港又推出了一系列的发展计划，包括：哈尔堡内河港复兴计划、汉堡港口新城计划和跨越易北河计划。当然，在发展的历程中，港区与城区也在所难免的会发生一些冲突。但是二者本着互利互让的精神，一直在互相协调以解决各自为对方带来的矛盾。例如，港口一直注重减少对城区的噪声污染，以保证生活在城区的人民拥有一个相对来说舒适的生活环境。

港口的发展给城市带来了享受：汉堡人仅需在城区步行几分钟，就可以登上邮轮周游世界。同时，港口建立的物流园区也促进了城市经济的发展。在汉堡，港口与城市之间形成了一种文化理念上的默契，港口作为城市的重要功能区域，其必然会随着服务需求以及服务手段、技术的变化而产生相应的变化，

繁忙的港区丝毫没有影响到人们舒适的生活环境

但此种变化决不应当是遵循自然界简单的优胜劣汰的模式，一个时代所留存的记忆会凝固在当时的建筑、街道、厂房之中，对于城市的许多感触与认知都是来源于此种影像记忆，这不仅是物质层面的工业遗迹，更是一个城市的宝贵的历史财富与文化载体，正确的处理产业结构调整与技术革新所带来的历史淘汰问题，是处理港口文化的历史延续问题

的关键所在。这个问题，在汉堡得到了比较成功的解决，无论是功能完备的新港区的建设、“珍珠项链”这一富于想象力的构想的实施，还是就港区工业遗迹的改造与再利用，都取得了良好的社会与经济效果。

这也给了我们巨大的启示，工业化与科学飞速发展的后果，往往会使得人们在做出正误辨别与取舍决定时，过分强调价值的有无以及目前经济发展的需要与否，大批的已经成为城市标志并表现城市的文化特征的港口工业遗迹被无情地从人们的视野中清除了，人们只能在改造后的建筑之前努力的回忆这里曾经有过的繁华，而对于港口这一城市的重要文化特征，却由于目前运输物流的集装箱化、标准化、大型化所导致的港区荒芜人烟状况，变得无从感受，只能去通过想象来完成对于港口这一文化主题的认知，久而久之，人们对于港口这一文化载体的现实性即会产生怀疑，从而港口文化这一概念也将逐渐的淡出人们的视野。我们不能不说，这是经济发展所追求的利益至上原因对于人类感情的侵犯，依靠回忆是无法满足人们感触港口这一不同于其他城市的文化特征的心理要求的。如此一来，港口对于人们而言，就将仅仅是一个简单的经济概念，我们所提出的港口文化的建设必将因为失去受众的感知基础而变得苍白无力，文化变成了冷冰冰的技术进步、生产流程，很难引起人们对之所应有的亲近感，更无从去享受文化所带来的愉悦了。汉堡港在保留港口本身特色的前提下成功地进行了港口城市地域功能置换，使得似乎已经被经济域技术的高速发展所淘汰的荒废区域获得了新生，人们对于本城市的港口文化定位通过与人们的日常生活联系更加密切的形式在人们心中植根，从而也成功地保持了汉堡港的港口文化特色。

汉堡港城区与港区十分融合，一片和谐

实际上，汉堡港所遇到的问题也是目前世界范围内传统港口城市同样遇到的问题，港口工业区的重新布局与开发利用以及相关产业集群化经营导致的城市空间布局的调整的案例比比皆是。我国上海、天津等港口规划布局与新区的建设就是明显的例证，具有悠久航运历史的港口城市，在工业布局调整的过程中如何即给人一个充满生机与活力的新面目，如何保持一个具有厚重文化积淀的老基础，是这些城市正在解决与思考的大问题，与港口所在城市与区域的和融共生将是港口文化建设的一个重要主题。

（四）安特卫普港——服务型的管理、内外兼顾的定位

安特卫普港处于欧洲的中心，距北海约70公里，横跨斯海尔德河，绵延20多公里。其腹地除了周围众多本国的工业地区外，还包括法国北部、阿尔萨斯地区、洛林地区、卢森堡、萨尔地区、巴塞尔地区、莱茵河—美茵河流域、鲁尔地区、荷兰的林堡省和北勃拉邦省，以及更远距离的地区，诸如意大利北部和法国的罗纳河—阿尔卑斯山地区，也在其影响范围之内。其腹地半径约500公里，拥有一亿八千万顾客群。正是因为具有优越的地理位置，成就了安特卫普港欧洲门户港的地位。安特卫普是比利时的第二大经济中心，设有众多的商业机构、进出口贸易公司、银行、保险公司及近300家航运公司。此外，城市中还有通马斯运河。安特卫普是比利时第二大工业中心，有炼油、化学、有色冶金、汽车、钢铁、机械、造船、医药等工业，同时也是欧洲北部贸易中心，世界大港之一。港内高水位时水深18.5米。年吞吐量约8000万吨，设有皇家美术博物馆和建于中世纪的教堂等建筑及众多的文化娱乐设施。

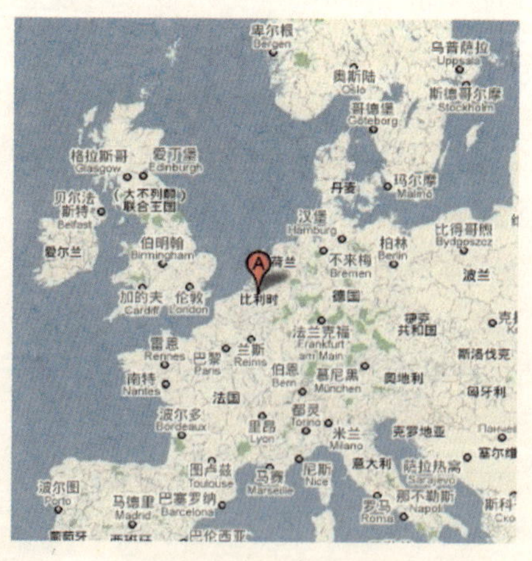

安特卫普地理位置

考察安特卫普港的地理位置，可以发现，安特卫普港与欧洲的重要枢纽港口鹿特丹港的地理位置非常接近，那么就自然会产生港口之间的业务竞争与相互间的发展制约问题，同时，港口内企业之间的内部竞争与依存发展问题也不容忽视。港口资源虽然是港口发展的基础条件，但当众多港口，尤其是条件差异并不十分明显的港口处于同一竞争区域之时，如何正确协调处理港口的外部与内部的竞争协调关系，如何打造港口自身的特色，凭借自身与其他港口的差异优势在行业竞争中脱颖而出，同时又能够保持港口所在区域港口功能之间的有机互补，促进本港口内部企业之间的良性竞争态势，是目前世界上众多港口所面临的重要问题。在此种情况下的生存理念显然构成了港口文化理念中的一个重要组成部分，建设港口文化的重要

目的之一就是促进港口本身相关行业的有序发展，安特卫普在此方面的文化特色以及其已经取得的一系列成果，尤其是其港口管理机构的改制与功能定位是值得我们借鉴与思考的，这不仅构成了安特卫普港港口文化的一个重要组成部分，也为整个港口的长远可持续发展提供了强有力的制度与管理保障。

与其他欧洲主要港口一样，安特卫普港也就港口的管理与经营机制进行了重大的改革，1997年，安特卫普市成立了一个独立的，市政府下辖的港口集团公司，即安特卫普港务局。安特卫普港在1997年以前由市政府直接领导和管理，港务局只是市政府的一个部门，而不是一个法人治理机构。从1997年1月1日起，港务局按照比利时政府的法律进行了体制改革，变成了一个由市政府完全控股的公共法人。港务局独立经营核算，规划和管理整个港区。市长和分管港务局的副局长均为董事会成员，但每人仅有一票表决权，市政府成员不再有否决权。港务局按税务法向国家和地方政府交税和向市政府上缴利润。改革后，港务局在人事、财务和管理决策方面拥有更多的自主权。这场变革为安特卫普日后的腾飞提供了不可或缺的优势：独立的安特卫普港务局能更广泛地与政府和全世界商业伙伴进行合作。在改制之后，安特卫普港港务局不再是一个专门的行政管理机构，而是一个既要贯彻政府宏观控制意志，又要通过实施一系列的管理与规划举措为港口的未来可持续发展搭建相应的基础平台，而平台的搭建，其主要的核心思想即是管理机构的服务意识的贯彻与执行。当代港口的一大趋势是私有资本正逐渐替代港务局向公众提供港口服务，港务管理机构将以土地所有者地位发挥其功能并通过其特殊的地位起到约束与促进推动作用。

安特卫普港港务局大楼

安特卫普港不仅面临着如何协调区内已有企业与继续进入港内经营企业之间的业务竞争与协调问题，而且也面临着与地理上十分接近的鹿特丹港协调相互之间的关系，为安特卫普港准确定位的问题。安特卫普港务局一方面积极引进港口服务机构与企业，为港内企业的经营创造良好的经营条件，同时，其将自身的经营进行了准确的定位，在鹿特丹已经成为其所在区域的重要枢纽港的情况下，安特卫普港积极发挥自身的内河航运以及与腹地经济区域之间存在更加密切与便捷的联系的优势，积极发展与之相适应的物流供应环境，形成了与周边地区与港口之间的优势互补，为自身的发展进行了准确的定位。通过安特卫普港务局的宏观引导与具体服务环境的提供，安特卫普港与周边港口之间以及港口内部企业之间的竞争呈现了有序的发展趋势，另外，关于港内协调的机制，安特卫普港在遇到航道淤积严重、船舶进港受阻、岸基落后、后方道路阻塞以及作业场所需扩建等重大问题时所采取的港务局与私营企业共同派员共同组成协商委员会的协调机制，将更加有效地兼顾港区内生产企业的利益统一，对于公平、公正的解决问题并贯彻长远发展意图显然是有益的，也是值得我们借鉴的。安特卫普港务局的另一重要服务特色还表现在港口的营销与宣传工作，在安特卫普港务局中，有两个部门值得关注，分别是交流与新闻科及营销、促销宣传和公关科。这两个部门通力协作，主要负责对外宣传港口，建立港口形象，吸引更多潜在客户。交流科负责新闻、媒体、赞助、大型活动的展开、出版物和音像产品的发行以及安特卫普市港务局的网站的制作和维护（安特卫普港务局的网站信息量十分丰富，包括港口的介绍、新闻，还有安特卫普港务局定期更新的视频新闻），而营销、促销宣传和公关科负责在国内外组织港口的促销活动，一方面向贸易公司公司、船舶公司、物流经营公司和工业公司宣传自身文化和优势，另一方面也向广大的观众介绍港口和港口的业务。这些推广活动包括诸如以港口为主题全日活动，展览和游览等活动。该部门是港口商务活动中所涉及各方的联络窗口。商务项目将移交相关部门受理，他们将积极联络港口的潜在客户并与港口社区紧密合作吸引更多的新物流。同时，安特卫普港务局还在全世界主要城市，如圣保罗、上海、孟买以及达拉斯，设立了代表处。这些代表处代表安特卫普港务局，与所在国的航运企业建立广泛的商业关系，推销安特卫普的港口价值和理念。

当然，安特卫普在为自身定位之时，也并非完全从与周边互补的方面考虑，其自身也形成了具有鲜明区域特色的产业规模。安特卫普港拥有欧洲最大的、最多样化的石化工业中心。世界十大化工企业中至少有7家化工企业在安特卫普的石化工业基地建有一个或多个的生产厂。安特卫普港生产出的石化产品居世界之首。安特卫普港还能为这些石化企业提供多式联运服务，使得没有任何城市在一体化程度上能与之媲美。安特卫普石化工业基地内的企业通过100多条管道相互连接，这些企业之间以及与独立经营的油库之间约52%的运输使用这些管道。5条管道隧道（安特卫普港的重要设施）连接斯海尔德河的左岸和右岸，保证石化工业基地产生的产品如氯气、氢气、氧气和氮气通过大型的网络系统在港口内部分享。

在港口文化建设过程中，港口管理机构所采用的管理理念与管理模式作为港口文化的一个重要组成部分，往往对于港口的未来发展起到关键的作用，海港尽管作为一种稀缺资源，但并不表示不会发生港口间的竞争，尽管港口为国际与国内贸易活动提供了得以开展的基础条件，但并不表示贸易活动的枢纽就会选择在此处。因此，对于港口在本身区域的定位问题，就需要港口管理当局予以客观实际的考虑，而如何以自身的优势吸引客商使用港口资源，从而繁荣港口经济、发展港口城市，则需要港口当局做出细致的安排，建立一套高效、便捷的服务体系，港口管理部门不仅是行政意义上的资源管理，更为重要的方面还体现在港口的商务管理，商务资源建设、商务管理体系的完善以及港口商务活动的宣传、营销策略的制定与开展，均是港口管理机构所应负责的工作。港口文化尽管是外向型的，给人粗放、豪迈的感觉，但现代港口在保持海洋般博大的胸襟与果断的办事作风的同时，也应关注无所不在的细节问题，由于人类经济活动领域的不断扩大，资源开发的不断深入与完善，加之经济活动需求的日益多样化趋势，港口的管理问题将更加人性化、细化，细节决定成败的格言将在未来的港口管理理念方面发挥近乎决定性的作用。

安特卫普的港口管理经验代表了诸多处于竞争环境中的港口的发展理念，与我国目前的港口建设、规划的情况进行对比，我国目前经济发达的长江三角洲、珠江三角洲、与环渤海区域等地区的诸多港口也面临着近乎同样的问题。港口的发展不仅要做到与其所在城市之间的和融共生，更要把眼光放得更远，能够通过细致的规划与协调，将自身的独特优势加以发挥，建立自身的区域品牌形象，形成各尽所能、各有特色、互相弥补促进的真正的“组合港”、“配套港”，有力地促进区域经济的健康、良性发展。

欧洲，作为近代工业文明的发源地，大航海时代的起航港，其经济发展可以说是大大得益于外张型的海洋文化。因此，无论从港口的历史、现代化以及港口城市在一国、地区的影响程度等等方面，均非后进港口可比，相应的，其长期所形成的港口文化观念与表现形式已经随着欧洲工业文明与经济浪潮影响了几乎整个世界。其已经形成的文化现象已经成为了其他地区港口效法的模板，所具有的文化理念也为其他地区港口所借鉴、实施。可以说，如今的港口或多或少都受到了欧洲港口的影响，世界各国港口的发展模式都或多或少受到了欧洲港口发展模式与经验的启发，现代工业技术与贸易模式的发展在一定程度上促成了一体性的世界文化现象的产生。

同时，也要看到，历史悠久也有历史悠久负面影响，先行者也有先行者的问题，长期的港口经济开发、城市发展，一方面产生了发达的文明，但也使他们最早遭遇了现代文明所不能回避的问题，无论是伦敦、汉堡、鹿特丹、安特卫普，在赞叹他们港口发展与成就的同时，我们也看到了他们所遇到的环境、经济转型、贸易模式改变、城市功能淘汰等各方面的问题，似乎是，他们的辉煌将真正成为过去，要给后进们留下一个深刻的教训。但是，此种情况并没有发生，相反，这些港口仍然在世界港口中发挥着重要的作用，依然扮演着其在所在城市、与地区的中心与文化引领作用，个中原因实在值得我们深思。而且，随着历史的发展，我们看到后进港口也遭遇了与之同样的问题，而问题的重要解决途径之一仍然是参考与借鉴这些似乎已近暮年的老港的经验。显然，伴随欧洲港口发展而逐渐形成的港口文化理念、思维模式发挥了重要的重用，试想，如果没有伦敦多年所打造的航运金融、保险、司法的规则文化、没有荷兰人与海洋争地的建港精神、缺乏汉堡港自由的汉萨城市的融通精神以及安特卫普的关于地域优势的独特视角，如今的欧洲港口将会是另外一番光景，在我们不断慨叹欧洲港口的先进、整洁与效率这些物质现象的同时，我们应该去严肃的思考一下他们的文化内涵了。

二、后来居上——东西呼应的亚洲港口

亚洲，苏醒的东方巨人，正在以骄人的经济成就向世界证明着自身所具有的强大实力与充满希望的发展前景。翻开亚洲经济腾飞的历史图册，首先映入人们眼帘的当然也是一个个充满活力的港口，围绕着重要港口所形成的经济圈蕴藏着亚洲最为活跃的经济力量，亚洲港口在短时期内实现的对于欧美港口的经济赶超，不能不被世界所瞩目，而在这一系列经济奇迹的背后，自然也少不了亚洲港口在吸收外来文化的基础上所形成的东方港口文化的特有魅力。

（一）新加坡港——港城联动的亚洲模式

提起新加坡，人们的第一印象几乎都是，一个环境优美、整洁有序的城市国家，城市即国家，市民即国民，地域不广、资源不富，似乎其在航运经济领域应当没有什么建树与辉煌的成就可言，但恰恰相反，提起港口，新加坡的地位不容小觑，她不仅是一个著名的国际大港，而且是亚洲的海事、航运金融

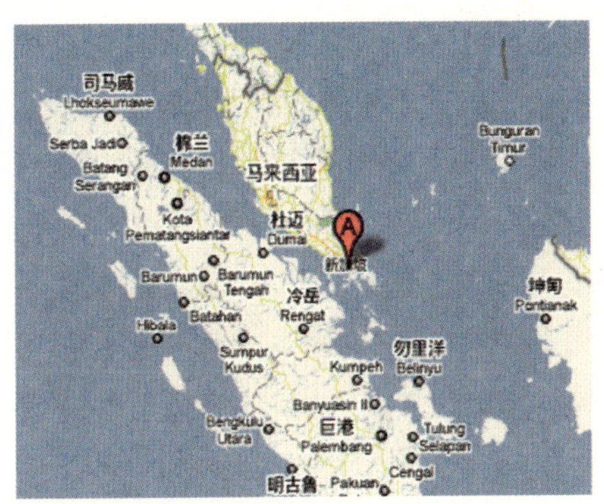

新加坡港地理位置

中心，其成就与其国家规模简直不相匹配，难道新加坡港今日的成就仅仅是由于其所处于的优越的地理位置与天然港口条件吗?

新加坡港位于马来半岛南端，新加坡岛之南岸，临马六甲海峡之东端，地理位置十分优越，是世界的十字路口之一，属热带雨林气候，常年炎热，没有台风、地震等自然灾害，是一个难得的天然良港。早期新加坡只是一个人烟稀少的荒芜渔村。1819年1月28日，英国东印度公司的商人斯坦佛·拉菲斯与他的船队驶入新加坡河后，新加坡海峡作为连接印度洋与南中国海的重要海运通道逐步受到各国商船队重视。新加坡是天然的商品中转集散地，欧洲人在这里建立了他们的贸易塞地，中国福建、海南、浙江、广东等省的一些人和泰国人、印尼人远涉重洋来到这里，邻近的马来半岛人也迁居于此，沿新加坡河两最初的码头沿着泰克·艾尔街扩展，并相应建造了许多简单的栈桥。该地区就发展成了今天新加坡著名的商业中心——拉菲斯广场。新加坡并无天然矿产资源和制造业，也无农林牧业，但是新加坡在初建码头的头5年内，经该地中转的商品总价值已超过600万美元，成为印度洋地区、欧洲地区、亚洲地区的商品交换集散地。显然，优越的地理位置与港口条件成就了新加坡的商品贸易集散中心的地位，但是否会注定将跻身于世界重要港口之列，则并不仅仅得益于其优越的天然条件。况且，新加坡港本身并不具备拥有雄厚实力的腹地经济，其本身的发展空间也并不如身处大陆沿海的其他港口那样宽裕，目前世界各国港口所遭遇的相关功能区域的荒废现象似乎将成为新加坡港无法解决的难题，而如何在诸多与之具备类似条件的中转港口中继续保持其地位也是新加坡所面临的现实考验。

能否妥善的处理港口与城市之间在产业调整与经济发展过程中的空间矛盾，能否成功地完成港口与城市之间的功能协调，是现代港口普遍面临的难题。对于这两个难题的解决，西方在经历了经济高速发展之后，其港口通常经历了“初始、空间扩张、工业开发、港区衰退、滨水区再开发”的外科手术式的发展过程，在长期、大规模的经济开发与空间扩张之后，面对传统工业区的衰退、严峻的环境问题，重新回到了可持续发展的路径之上。从某种程度上，我们也可以认为西方港口所经历的上述发展路径，恰恰是西方文化特质的一种体现，人类活动与自然之间永远处于一种竞争的态势之中，人们不断地战胜自然、改造自然，将自然为我所用，在人类陶醉于自身所创造的辉煌的经济成就的同时，也同时面临着由于过度向自然索取而带来的环境、空间问题。同样的，西方所采取的解决这些问题的途径，也是以一种大开大合地气魄去大胆地置换、重新开发，重新以人类自己的创造性劳动去战胜已经被自身充分所改造过的自然。与西方的传统不同，集中表现为内敛的东方文化，并不强调与自然的斗争，以自身的强力去改造自身所赖以生存的自然环境，而是强调人类与自然环境之间的和谐发展，如何做到人类的经济活动适应所处的自然环境，将事前规划替代事后弥补，在发展之初就充分考虑到未来的可持续发展问题，不必经过外科手术式的重新整合，尽量做到经济发展阶段的自然过渡。

新加坡港的发展，反映了东方文化的和谐发展路径，成为港城联动的亚洲模式的代表。新加坡港为适应社会经济的转型需求，认识到可持续发展不能仅建立在打造制造业集群与扩大港口腹地的基础之上，跳出了传统的港口与城市空间与职能转换与协调的解决模式，结合自身的特点，比较妥善地解决了港口与城市之间的空间与职能协调关系。对于“港—城”空间关系，新加坡从三个方面缓和了经济空间与景观空间的矛盾：第一，规划环保化，将石化工业安置于独立、封闭、环保、安全的裕廊石化人工岛；第二，技术高端化，采用一体化的生产体系和后勤服务以节约资源和空间，比如公司可节省25%～30%的投资成本和10%～15%的后勤费用；第三，产业集群化，通过链接上下游产品的一体化的“化工簇群”降低了资源成本、减少了排污排废。此外，新加坡还积极改良了空间开发的准入标准，妥善解决了临港空间的赢利性与城市空间的公益性（生态、公平等非市场价值）之间的先天冲突。例如，以环境影响作为地块用途开发的门槛，鼓励滨海空间的混合用途开发，既实现了环保控制，又利于地块用途对市场需求的弹性响应，比如“白色区域”（无污染区）的混合开发理念。新加坡“港—城”职能关系的竞争优势则集中体现在，其一是高效海港；其二是营商环境、地方的产业配套能力、劳动力素质、环境品质等新的成本优势，同时，新加坡“港—城”职能关系从传统走向现代，信息科技是其核心的推动者和重组者，不但使新加坡从功能单一的传统大港发展成为全球集装箱枢纽和跨国供应链管理中心，同时使城市从全球等级金字塔的末段跃迁成为全球重要的网络结点城市。显然，新加坡在面临西方港口所遭遇的港口经济发展中出现的港城空间与职能矛盾问题时，进行了可持续的事先规划，港口的功能设置与开发思路从一开始即建立在和融共生的可持续发展的基础之上，以事前整体规划代替了事后的“外科手术”。

新加坡港之所以能够比较成功地解决了港口与城市之间的空间与功能冲突协调问题，新加坡政府及港口管理机关的作用是不容忽视的。在新加坡港，负责港务及海事行政管理的是新加坡海事及港务管理局，简称MPA（Singapore Maritime and Port Authority）。它成立于1996年，是新加坡交通部（MOT）下属的法定机构，集海事与港务为一体。其使命主要有三项：一是巩固新加坡全球枢纽港口的地位；二是促进发展，确立并保持新加坡的国际海事中心地位；三是拓展和维护新加坡的海运战略利益。MPA的组织机构采用董事会的形式。董事会以主席为首，负责制定发展战略方向，从而更好地达成任务目标和充分履行职责。董事会成员由部长委任，包括MPA首席执行官、相关政府部门的高级官员、主要私营企业的首席执行官以及船东、工会、船员代表。首席执行官向董事会负责，并受内部审计处的监督。新加坡MPA的内部建立了管理体系，在日常工作中减少了随意性，标准如一，特别是在对外的交流和合作中发挥了优势。而新加坡政府在“港一城”职能关系的转型中，则始终扮演着组织者和掌舵者的角色。首先，为了降低海运的时间成本和风险成本、应对邻国的低成本挑战，新加坡港务局主动把信息技术嵌入集装箱技术，其软件研发的年投入超过1亿美元，这项投入大大提升了港口的服务和配置能力，也为城市服务行业广泛深入的介入航运领域搭建了平台。比如，港务局所提供的船舶融资、海上保险、法律服务、海事金融优惠、供应链的解决方案等高级增值服务，都有赖于本土的IT、设计、咨询等行业的扶持。第二，为扶植港口的高附加值服务，政府一方面致力于产业升级，积极介入到知识含量高的供应链前端（研发）和末端（服务），逐步成长为技术领先者和服务提供者；另一方面，还将港务局主导研发的港口网络服务体系扩展到城市。第三，规划未来通过优化创新氛围和宜居环境，吸纳全球创新人才，发展成为全球研发中心，进一步拓展新加坡的竞争优势。因此，科技、创新、人才和环境成为新加坡优化提升“港一城”关系的关键所在。新加坡政府从勾画港口与城市的建设蓝图之初，就将城市与港口无论从职能方面，还是从空间方面进行了一体规划，几乎是无一不从长远考虑，无一不从可持续发展着想，营造一个切实的美丽海港、高效海港与科技海港。

在关注新加坡港硬件与技术、自然环境建设的同时，我们也注意到新加坡对于海运软环境的另一重要方面，法制与金融环境方面的充分重视。由于新加坡本身的特殊历史原因，英国有关法律与金融体制等对于新加坡产生了深刻的影响，可以说，除了香港之外，新加坡的法律环境与金融服务体制与英国是最为接近的。正如之前我们曾经慨叹的，英国不失时机地抓住了航运领域的话语权，以其法律文化与所构建的金融、保险、航运服务体制深刻的影响了世界航运，并且始终能够在世界航运舞台上扮演重要的角色。新加坡也充分意识到了其本身所存在的此种优势地位，其可以通过自身的先天优势去构建其在亚洲海运领域的话语权地位，在目前英国所构建的海运基础游戏规则尚未被动摇的情形下，更加准确的说法应当是，其将成为亚洲航运游戏规则的解释与评判中心，配合其发达的金融、保险服务体系、技术环境，新加坡不仅在港口吞吐量与经营业绩方面得到了发展，其也日益成为亚洲海运的仲裁、金融、保险与船舶经纪业的重要中心之一。我们有理由相信，具有深厚东方文化底蕴，又深受西方思维影响的新加坡港，将会营造出环境最为优美、运营最有效率、游戏规则非常完善、综合服务非常完备的全球领先的枢纽港和国际航运中心。

我们可以把新加坡港所追求的目标做出如下概括，即，前瞻——积极创新，利用最好的科技和实践方法，保持专业性，高效率和竞争力；诚信——以高度的责任心和诚实的态度，努力完成各项任务。在处理业务和交往上做到公平和公开；尊重——尊重员工的感受，充分肯定员工的尊严和价值，时间和精力，以及员工对平衡工作和家庭生活的需要；卓越服务——竭诚为客户服务，努力实现高效胜任。通过积极的工作态度和不断的学习，保持在各方面工作的领先地位；团队合作——提倡工作关系中的合作，和谐和团结，一如既往地关爱员工与客户。也许，看起来不那么具有竞争意识的内敛的东方文化将会在未来展现出其比西方更加具有人情味道与更为长远的价值。

（二）釜山港——夹缝中的生存之道

釜山港是韩国最大商港。位于朝鲜半岛东南角、釜山湾内，临朝鲜海峡。其港区分布在釜山港西北岸，沿海岸自西南东北分布有10座码头，码头线总长8681米，有60多个泊位。釜山港作为连接亚洲大陆和太平洋的优良港湾，其地理位置优越，位于从北亚地区到北美任何港口的主航线上，从公海很容易进入全天候开放的釜山港，不需领航，船舶也能自主定期挂靠，而且位于目前

釜山港地理位置

世界最大航线中国—北美航线的据点位置，被认为是俄罗斯东部、中国北部、日本西北部货物最佳中转港，而釜山港也一向自我定位为东北亚航运中心。的确，釜山港凭借自身的诸多优势，在世界港口，尤其是集装箱中转港口的竞争中创造了令人瞩目的成绩，其港口吞吐量曾经名列世界第三位。但随着周边国家经济，尤其是中国经济的飞速发展，其优势地位很快被中国的上海港与深圳港所超越，从第三位降至第五位，可以说，釜山港近年来始终处于与拥有强大的腹地经济与港口建设及投资飞速发展的中国港口的激烈竞争之中，如何在夹缝中求得生存、发展，成为釜山港所面临的重要课题，而釜山港的管理与经营智慧也经受着考验。

谈到韩国，人们的关注焦点总会集中在其顽强的民族性格与强烈的民族意识之上，任何人都不得不承认，这是一个拥有团结、倔强的国民的极富性格魅力的国家。在韩国，逆境往往会比顺境更加容易创造奇迹，这实际上已经成为韩国的一种国民性格、一种鲜明的文化现象，所谓“天行健，君子当自强不息”。但同时，深受中国传统儒家文化影响的韩国，也充分的吸收了东方儒家文化的思维与实践模式，失之东隅，收之桑榆的智慧格言与变通的处世哲学深入人心，在处理问题之时，并没有一味地使用蛮力，而是采用了适应其时、其地的有效手段巧妙、周全的解决有关问题。釜山港在解决所面临的竞争与现实困难的过程中所使用出的经营与管理手段，即充分反映了韩国文化所具有的双重特质，倔强而不失变通的性格使得釜山港能够比较成功的处理相关难题。

对于釜山港而言，其优势的主要体现即是其所处的优越的地理位置，其处于中国—北美航线的据点位置，在航线距离上，其作为中转港将远远较比上海港优越，但港口的发展并不仅决定于其港口的地理条件。尽管釜山港一直将自己定位为东北亚的航运中心，但东北亚的优良港口并非仅有釜山，随着中国港口建设的不断扩展，吸引外资的能力的不断增强，大连、天津、青岛等港口的实力在不断增强，而上海、深圳等作为重要集装箱中转港的定位以及一系列优惠政策的实施，对于釜山港构成了极大的挑战。尤为重要的是，釜山港集装箱中转货源的相当部分来自中国内地，釜山港之所以被选择用于中转并非是得益其自身的腹地经济，当中国的航运投资环境不断改善发展从而吸引了大量外资投入并且不断开辟直航航线的态势形成之后，釜山港的货源受到了极大的影响。显然，釜山港需要寻求一个妥善的解决办法去面对挑战。面对近年来上海港集装箱吞吐量的飞速增长，釜山港及时调整了策略，积极开发以中国为对象的“背后物流中心”等高增值服务，以实现把釜山港建成东北亚国际航运及物流中心的目标。釜山港把目光转移到规模较小、远洋航线资源不足的中国中小港口，开辟新的货源增长点，通过低息贷款给韩国船东扩充船队，发展支线班轮运输，并构思透过釜山港与中国北方二线港口合作或签订协议，开办支线中转货箱定期航线，以“蚀头赚尾”的方式争夺中国北方腹地货源，再通过釜山港远洋航线转口世界各地。与此同时，韩国政府也在发展港口物流、加强港口设施建设以及提高港口信息化方面采取了多项措施，并投入巨资。韩国信息通信部提出了打造一个“以使用者为中心”的一揽子运行系统。据此，将制定统一的物流信息运营计划，建立起统一的外贸进出口业务物流信息网系统。这主要是将港口、空港的通关和检疫各自独立的网络连结为一个整体的物流网络，加强对码头工业园、空港工业园等信息化工作薄弱的地方性物流地区的信息化网络的投资建设，并与统一的物流网络系统相联结，将国内的物流网络、贸易网络和海外的物流网络等连结为一体，以统一运作使用。釜山港在加强港口设施、信息建设的同时，采用的“蚀头赚尾”的经营思路充分体现了釜山港圆融变通的经营策略，显现出东方港口经营的文化特质。

“一元化管理”则是釜山港在管理与经营策略方面另一重要特点，釜山港中分认识到港口经营中效率的重要性，政出多门给港口经济的发展带来的不利影响将是十分严重的。为促进港口基础设施建设，韩国政府给予各种政策支持。韩国港口设施原属于国营组织形式经营，为了提升经营绩效，建立东北亚货物转运港及物流中心的枢纽地位，政府通过立法程序成立了釜山港务局，并赋予其港口经营权。该港务局属于非政府机构组织，不直接从事装卸生产业

今日的釜山港

务，但可以运用市场手段进行投融资招商或采取财务借贷方式扩充或改良港口设施，以提升港口竞争力。2006年，韩国海洋水产部通过了《港湾公社法修正案》，以港口管理一元化为目标。根据该法律修正案，釜山港港口水面管理权从海洋水产部转移至釜山港务局，釜山港务局获得釜山港7300多万坪水面的航道疏通及设施管理权，以及船舶出入港费用与停泊费用等每年250亿韩元的资金支配权，对于釜山港的自主经营大有裨益。此外，釜山港务局对于港口设施使用费的滞纳者通过市政府进行强制征收，从而避免了此前必须通过法院经过漫长的诉讼程序解决问题的弊端。之前，在对于西方港口经营与管理模式的研究分析过程中，我们看到，港口经营的商业化运作模式的确立使得港口的发展获得了更大的空间，釜山港在贯彻这一世界通行的港口体制改革模式的同时，根据自身的情况采取了一元化管理的模式，进一步提高港口的管理效率，并促进港口管理机关更多地参与港口基础设施建设与资源开发，不能不说是一种有益的变通。一个港口采用何种管理模式完全应当取决于港口本身的实际情况，一元化管理的模式并不一定适合于其他港口，但此种解决问题的思路是值得我们思考与借鉴的，圆融变通的处理问题，解决困难，不拘泥于已有的程式化的思维与管理模式，找到一条最为适合自身的解决问题的途径。

应该看到，釜山港所遭遇的问题在我国部分港口也明显存在，如何去准确为自身定位，如何去寻求变通的解决问题的路径，在竞争激烈的航运市场中取得自己应有的地位，在夹缝中求得生存，将是许多港口将要面临的重要课题。

（三）横滨港——港城互动的发展模式

横滨港位于日本本州（HONSHU）东南部神奈川（KANAGAWA）县东部沿海，濒临东京（TOKYO）湾的西侧，北与川崎（KAWASAKI）港相邻，是日本第一大港口，也是世界亿吨大港之一，并且是世界十大集装箱港口之一，横滨是日本第三大城市，早在130多年前就已开港。它的发展与我国上海相仿，原为一个小渔村，在西方列强使用炮舰外交后被辟为自由港。该港

横滨港码头

是京滨工业区的核心之一，其工业产值仅次于东京和大阪，居日本第三位。主要工业有钢铁、造船、炼油、汽车、化工、电机电器和食品加工等。横滨的文化教育亦很发达，有多所大专院校和博物馆、图书馆等，其中著名的有横滨国立大学及神奈川大学等。

自1859年开港以来，横滨港就一直是日本最重要的国际贸易港之一。近年来，由于其他亚洲港口的迅速崛起，以及东南亚金融危机的持续影响等，横滨港的集装箱吞吐量下降。为使横滨港继续作为21世纪东亚主要港口而发展，1997年6月，该港成立了用户友好港建设促进委员会。1998年4月，该委员会完成了题为“当前规划和未来建议”的报告，其中包括51条增强港口国际竞争力的措施。

为了适应集装箱运输日益发展的需要，横滨港务当局加强港口的建设，本牧A码头各泊位的水道将浚深到14m，B码头与C码头之间的水域正在填海造地。以建造多用途泊位并配备以适合超宽巴拿马型船舶使用的新式集装箱起重机，根据扩建和发展计划，将越过东京（TOKYO）港的规模。

横滨作为东京的外港，在第二次世界大战以后得到了迅速的发展。横滨市、神奈川县以及关东大部分地区都是横滨港的经济腹地。横滨市工业产值居日本第三位，仅次于东京和大阪。横滨港邻近日本的政治、经济和文化中心、又是巨大消费市场的首都东京，处于京滨工业地带。同时作为日本的门户，距离日本第一大贸易伙伴美国最近，因此横滨港有着得天独厚的地理和经济政治优势。横滨港的专用集装箱泊位都集中在本牧和大黑两个码头。

在提供高质量服务以满足用户的需要和降低港口使费的总原则下，横滨港用户友好港建设促进委员会提出的增强集装箱港口国际竞争力的主要措施有：延长服务时间、降低用户付费、保证港口设施有效工作、简化进出港手续和加快信息传递速度。

为保证向船舶提供快速通畅的服务，将要求集装箱码头全天候工作。当前考虑采用的阶段性步骤包括提供经常性的星期日服务，延长工作时间；建立工作协调机构；进一步简化申请装卸货物的手续；开放港区福利设施，保证提供港内通勤服务。

主要的港口费用由设备使用费、进出港港口费和货物装卸费组成。将进一步降低这三方面的费用，以吸引更多的船舶使用横滨港。已采取的措施包括从1998年4月1日开始，将夜间引航需额外付费的计费时间区段缩减2小时；1998年7月1日起降低国内沿海集装箱运输船舶的岸边集装箱起重机使用费。将考虑采取的措施还包括：根据作业的集装箱数量，减少船舶的港口费用；减少星期天靠港船舶和作业货物的设备使用费；由于高标准集装箱码头建设费用昂贵，准备通过码头的招标开发来降低码头造价，以便降低码头使用费；货物装卸工作的协调将提高生产率，促进执行有竞争力的货物装卸作业收费标准。

对港口现有的以及正在建设中的设施，将采取有效的调度、管理和运作措施，以进一步提高设备的使用效率。为适应集装箱运输船舶不断大型化的趋势，已建成南本牧的C1和C2码头；对现有的码头也将进行扩建和改造，并促进港口经营者之间的协调，最大限度地使用现有码头。在南本牧和本牧新建的集装箱码头上，建设更加便于有效运作的集装箱底盘车备用通道；建设诸如饭店和商店之类的服务设施；进一步扩展和改善港内通勤服务。在南本牧建立综合物流码头和空运货物码头，包括建造高等级标准的库房，更新现有物流设施，合资库房随公共项目开发而建设。

横滨港

横滨港把港口的更新改造同改善城市规划、改善市民生活环境紧密地结合起来。古老的大栈桥地区被改造成以客运设施为主、市民和港口相连的综合性码头，促进国内外交流。在“港口未来21世纪”地区和新山下地区的海滨处，有效利用港口资源，集聚商业、文化、市民利用设施等，保存历史文物遗迹，加强美化港口。所谓“港口未来21世纪”地区，即横滨港计划在内港地区建成一个面积达186公顷的港口功能和城市功能紧密结合的港口城市，计划就业人口19万人，居住人口1万人。横滨市十分重视城市、港口和海洋的互相协调。它将进一步加强港口的集中管理，增加港口功能，同时具有文化、商业和娱乐功能，成为一个充满魅力的新城市。21世纪的横滨，将会成为一个世界一流的集装箱港口，也会成为美丽动人的现代化港口城市。

三、不甘人后——力图中兴的美洲港口

新大陆，成就了拓荒者的梦想，创造了绚烂的经济成就，同时，她也创造了融合多元文化、带有强烈进取精神的独特文化，此种文化也当然地体现在美洲的港口文化之中。面对亚洲港口的飞速崛起，欧洲港口的持续发展，美洲港口不甘人后，在多元文化融合，港口与

环境协调发展的文化基调的引领下不断发展，从多元文化融合、港口与环境和谐发展的角度给我们提供了宝贵的港口文化建设经验。

（一）旧金山港——多元文化下社会与自然的融合

旧金山（San Francisco），又称“圣弗朗西斯科”，是1847年墨西哥人以西班牙文为其命名，她位于太平洋与圣弗朗西斯科湾之间的半岛北端，东临旧金山湾，西临太平洋，是美国重要的海军基地和著名的贸易港，亦是美国通往太平洋区域和远东的门户，素有“西海岸门户”之称。旧金山崛起于轰动世界的淘金热，来自世界各地的船舶蜂拥而至，城市人口迅速扩张，对外贸易量激增，于是加利福尼亚州在1863年设立了管理机构，管理码头设施，彼时港口初具规模；受益于1914的巴拿马运河通航，旧金山港口日益繁荣，港口渐渐成为集铁路枢纽、物流仓库为一体的综合海运设施，第二次世界大战期间承担了美军太平洋作战的后勤保障工作，做出极大贡献的同时也间接带动了旧金山港船舶制造和修理等港口相关行业的发展，成为19世纪50年代美西海岸最繁忙的港口。旧金山港有目前有5个港区，自然水深良好，装卸设备有各种岸吊、可移式吊、集装箱吊、浮吊、汽车吊及滚装设施等，其中集装箱吊最大起重能力为40吨，浮吊达100吨，港区可以同时停靠200艘船舶；港区位置十分便捷，与主要的工业园区相连，货物转运方便，到港的船舶同时可以迅速的享受到维修和拖带服务。

在旧金山港口的发展历程中，除了其优越的地理位置，城市本身发达的服务业、商业和金融业亦是功不可没，作为美国西部的金融中心，太平洋岸证券交易所和美国最大的银行美洲银行总部坐落于此，飞机、火箭部件、金属加工、造船、仪表、电子设备、食品、石油加工、化学、印刷等工业发达，全球著名的IT行业中心硅谷，就地处于旧金山的南端，这些软环境因素是旧金山港在美西众多港口中处于不败之地的重要筹码之一。

旧金山金门大桥

美国历来被称为文化的大熔炉，旧金山则是个道地崇尚“多元化”的城市，市区面积119平方公里，人口77万，是一个少数族裔占多数的城市，其中非拉丁裔白人占人口的44%；华裔占31%；拉丁裔占14%；非洲裔仅占8%，是仅次于纽约的美国人口密度第二大城市，在旧金山，白人、黑人、黄种人和谐共处，唐人街连着北滩的拉丁区，日本城直通联合广场；2002年震惊世界的美西港口工人的联合罢工、谈判至港口与港口工人的协商一致，虽招致航运业内其他人士的非议，却也能侧面反映出美国港口行业开放民主的理念和行事风格。

相比于纽约的高节奏生活，旧金山却显得略微慵懒闲适，港务局没有专注于追求港口的经济利益最大化，却十分重视港口与社区以及与自然环境的关系，并投入很多力量，尽力促成港口经济效益与社区发展、自然环境保护的和谐双赢的局面，将自身定位为旧金山岸线环境的保护者以及当地居民的公仆，并在旧金山港口委员会下设有维护处，全力维护港区的岸线的财产并保证岸线道路的畅通，从而确保城市交通的顺畅，除此之外，港务局还设立自己的建议委员会，负责沟通和引导港务局与社会公众的交流，其起草的《旧金山市防暴雨设施建议的指导意见（草案）》就是其时间自身监制关的一个很好的印证，同时港务局鼓励广大旧金山市民参与到这项指导意见的制定和修订过程中去，以期能最大程度的为社会带来福利。

旧金山港务局作为一个政府公共机关，十分强调自身的管理能力，希望能为社会提供更好的海运装卸服务、更优质的休闲娱乐设施、规划更完善的工业用地、更便捷的运输服务以及更多的港区商业机会，为全社会做出更多的贡献。为了实现这种理念，港务机关雇佣了一批敬业负责的工作人员来管理港口的相关事务。同时，港务局还做到定期与公众进行沟通，对港务局的发展政策进行讨论，听取他们的意见。

旧金山许多旅游景点都坐落在港区之内，包括海德街码头，39号码头和阿尔卡托斯监狱等，这些景点每年吸引超过1500万的游客光顾旧金山北海岸，港口文化和城市文化融为一体，为最大限度地保留原有的文化，旧金山港务局致力于将旧金山港口发展为两栖港口，在发展港口的同时注重港区原有的历史遗迹，将其综合到港口现在的建设中去，体现历史的精神与未来发展的完美结合；在维持其作为水上运输枢纽的重要地位时，除了继续重视航运经济的发展，注重港口文化的多元化发展，大力发展港口的社会娱乐休闲功能，发展多功能商业区，在港区的规划和设计中兼顾城市的发展，水上与陆上设施发展双管齐下，强调既能在交通上能便捷、快速地到达港区，又不妨碍从远处欣赏港区的动人风景。以打造旧金山港“两栖港口 多重机遇”的港口发展目标和形象，让旧金山市民和旅客体验到旧金山市海洋文化的魅力。

因此，从收入独立性的角度来说，港口当局仍有一些预留用地，为将来港口经济的发展埋下伏笔，以期从新的公共设施和事业上谋取利润。从开源的角度来说，港口当局选定了发展港口经济的地段，在保留历史遗迹的同时，发展新兴经济。这一切必将有助于保持港口现有的设施状况，提高管理水平，使港口为地区带来更多的好处。

旧金山的文化是多样性的，旧金山港在发展过程中也始终贯彻这样的理念，经济发展带来的新机遇要为全社会所共享，要兼顾社会与自然，无论性别，无论种族，无论来自什么文化背景的人民都能受益于经济的发展，这就是旧金山港的文化内涵。

（二）纽约—新泽西港——绿色港口的可持续发展

纽约—新泽西港是北美东海岸的首要海港，是纽约、新泽西地区经济生活的重要组成部分。纽约港湾是美国与国际市场之间进出口货流的关键门户，为纽约、新泽西地区创造了大量就业机会和经济效益。纽约—新泽西港务局是经美国国会批准，由纽约和新泽西州政府于1921年4月30日联合成立的机构。它所辖的范围是以纽约自由女神像为中心，半径为25英里的区域，共约1500平方英里。港务局于1972年正式定名为“纽约—新泽西港务局”，以表明它的两洲联合组建的特点。这也是在西半球建立的第一个类似的公共机构。

纽约—新泽西港是一个综合性商业大港和货流中心，由纽约市的5个城区，4个郊区和新泽西州北部的8个城市组成部分组成。其装卸货种齐全，有集装箱、滚装货、件杂货、散货、重大件和工程设备。它是北美洲第三大集装箱港口，是美国东海岸最大的集装箱中心，2008年集装箱吞吐量达306万TEU。它还是美国最大的汽车进

纽约港

出口港口2008年其汽车进出口为103万辆。2008年纽约—新泽西港务局的杂货吞吐量为3417万吨，其中出口1173万吨，进口2244万吨，散货吞吐量为5615万吨。

纽约—新泽西港务局不同于传统意义上的港务机关，所管理的业务除了港口业务以外，还包括陆上交通，航空等方面。所以它的作用更类似于我国的交通港口管理局。

港务局主管的机场有肯尼迪国际机场、拉瓜迪亚国际机场、纽瓦克自由国际机场、斯迪沃特国际机场、提特波罗机场、曼哈顿市中心区直升机机场。主管的陆上交通设施有，巴约讷大桥、戈索尔斯大桥、乔治·华盛顿大桥、华盛顿大桥公共汽车站、荷兰隧道、林肯隧道等。纽约及新泽西州港务局管理的主要海运码头有：伊丽莎白港区、港务局海运码头、纽瓦克港、汽车海运码头、布鲁克林雷德乎克海运码头、豪兰呼克海运码头和纽约市客轮码头。港口设施分布在纽约港湾沿岸，包括纽约、泽西市的贝昂、新泽西州的纽瓦克和伊丽莎白。港口能提供经验丰富、产出率极高的工人队伍，共有7个集装箱码头，5个汽车进出口处理商，许多专业的散货和件杂货装卸公司，以及30多家公共仓储经营者。共有75家以上的船公司在港口经营定期班轮服务，通往世界所有主要的航路。

财政方面，港务局是财务上自给自足的公共机构。它没有任何州或地方当局税收的支持，也没有征税的权力。港务局主要依靠它的设施的用户所带来的收入，如桥梁和隧道的通行费、对机场和海港用户的收费、轻轨系统的车票费、办公楼、消费服务及零售商店的租金等。

运营管理方面，港务局由管理委员会管理。委员会由12名委员组成，两个州的州长经州参议院批准各任6名委员。12名委员作为公共官员，不受薪，任期为6年，其任期相互交叉。州长保留对该州任命的委员的行动进行否决的权利。港务局只能从事两个州授权从事的业务和项目。委员会会议是公开的，管理委员会任命一位执行总裁负责执行该机构的政策以及日常管理。

港务局一直以公仆的身份为社会服务，将社会的信任看作为其发展的基石。所以，在管理方面，港务局一方面精简管理人员，另一方增加工程技术人员，力求能更合理地使用资源和资金，提高服务水平，取得更好的社会效益。

多年来，纽约—新泽西港务局一直将改善所在地区交通，提高对外交往，促进经济发展和创造就业机会列为自身的首要任务。纽约—新泽西港务局投入大量的人力和物力，为提高所辖地区交通网络通过能力而付出了巨大的努力。现在，纽约—新泽西港务局通过努力，打造了自身立体式交通的管理格局，并将业务拓展到多个领域，确立了其综合性港务集团的地位。

纽约—新泽西港务局的成功的另一重要因素在于当地的业已形成的航运市场。纽约航运市场是目前全世界第二大航运交易市场。纽约航运市场是伴随着美国在第二次世界大战后的强大而繁荣起来的。首先在贸易方面，纽约交易市场吸引了众多货主，货物种类涵盖了谷物、煤炭、铁矿石等等大宗散货，也因此吸引了希腊和挪威等国的船东，贡献了世界25%的运输服务交易量。同时，纽约的金融服务更是世界巨擘：曼哈顿的华尔街为纽约的航运市场提供了金融和保险服务，保证了这一航运体系的运转。同时，纽约还有众多的租船公司，货代公司，拥有大量的海事海商律师、海事海商仲裁委员会服务，一次为航运业提供周到而细致的一站式服务。尤其值得一提的是位于新泽西州的美国租船与货代协会（ASBA）。该组织与伦敦的波罗的海航运公会（BIMCO）齐名，在租船合同样本，海运信息，油轮运费制定以及航海人才培养方面为整个航运业做出了杰出的贡献。

ASBA出版了许多知名的程租和期租船合同样本，如美洲威尔士煤炭租船合同（AMWELSH）、油轮航次租船合同（TANKVOY）、土产格式期租合同（NYPE）等。ASBA为海运业提供租船业务、船舶运营、海事法律、货物买卖以及航运经济等方面课程。ASBA还在油轮运输市场上推出具有自身特色的油轮运价本。该运价是为单艘船舶“量身定造”，有效期为两年。在这两年期间，如果油轮自身的情况发生了变化，ASBA将根据船舶的具体情况进行适当的修正。这项服务为石油运输市场提供了规范化的资料，有利于石油运输市场更有秩序的运行。

在2007年的年度报告中，纽约—新泽西港务局明确提出了其发展的指导思想，即全力保障社会财产安全，为社会提供更多的发展机会和保证所在地区环境的可持续发展。

经历了“9·11”事件的沉重打击后，纽约—新泽西港务局更深刻地意识到保障社会财产安全的迫切性。为此，港务局累计投资了30亿美元，用于安保设施的建设。同时，港务局还致力于为当地的人民提供更多的发展机会。因为港务局认识到社会对基础设施的投资与一个地区的经济繁荣度密切相关，而这些投资更能带来更多的商机和工作机会，从而使广大社会受益。

环境的可持续发展对一个地区，一个国家乃至全世界都至关重要。所以，纽约—新泽西港务局在其扩张建设的过程中，一直都十分注意当地生态环境的可持续发展。纽约—新泽西港务局深切地意识到这不仅关系到当地

港口与环境共存

人民的得失，更关系到港务局自身的未来发展道路。为了能更好地整合上述的三种精神，使之贯彻到日常的生产工作的每一环节中去，纽约—新泽西港务局提出了两项战略：人力资源建设和财政建设。人力是企业发展的重要因素，纽约—新泽西港务局一直重视其人才队伍的建设。每一年，港务局都会为新工作人员进行培训，将其企业精神传递给新的员工。例如，在港口警察的招募工作中，港务局通过建立人才库的方法，为警力打造了强大的后备力量。财务管理也被港务局是为重中之重。纽约—新泽西港务局一直注重自身的财务管理，采取财务杠杆，筹措资金，同时降低自身风险。在分析了纽约—新泽西港务局长期发展前景后，穆迪投资者服务公司将纽新港的综合债券平级从A1升至A3级（最高级别），将其结构债务评级为A1。

纽约—新泽西港务局对港口未来的发展做出了长远的规划，又称为“10年投资计划”。在这个计划中，港务局所辖各个领域都有涉及，以实现港务局为纽约、新泽西地区创造发展机遇，实现可持续发展的宏伟计划。这项计划中将包括，世贸中心重建计划、“城市中心流动”计划（ACR）、轮渡运输等。在这十年计划中，一系列重要设施和工程将完工，包括城市轨道交通现代化建设、电子收费系统、港务局公交系统线路建设、机场扩建和现代化工程和码头重建工程等。同时面对未来的发展，纽约—新泽西港务局将新的客户服务标准列为工作要求。首先，纽约—新泽西港务局建立了客户意见收集体系，选取了客户代表，定期收集客户的批评和意见。其次，纽约—新泽西港务局还注重小细节上对客户的细微照顾，例如增加港口停车位，为顾客提供引导服务，在港口的重要节点设置反馈器。同时，为了提高客户的满意度，纽约—新泽西港务局还提供信息“预警”服务，即向顾客发送即时的信息，如港口拥挤，天气灾害等。同时，客户还可以自行定制相关信息，最大程度上的获得便捷的服务。

纽约—新泽西港的绿色可持续发展模式及其理念对我国港口可持续发展的绿色道路具有十分重要的现实参考意义。

四、外国港口文化的对比借鉴

随着世界经济一体化进程的不断深入，作为各国文化与经济交流前沿的港口自然成为率先经历文化交流、碰撞与文化融合的实践场所。如何建设一个能够引领所在区域经济发展，融入世界经济潮流的港口是各国港口人所面对的重要课题，在建设与港口经济与发展目标相适应的港口文化的过程中，必然要对于其他国家与地区港口文化建设经验予以对比借鉴，之所以如此，这是港口本身的功能特征的必然要求，也是世界经济与文化交流发展的必然要求。面对世界各个港口长期以来所创造的宝贵的文化建设经验，我们的港口人正在进行着更为深刻的思考。

（一）围绕“港口主题”充分有效利用港口资源

鹿特丹给与我们的最大启示可能就在于，用心去建设一个港口才能真正的产生人们对于港口的深厚情感并产生相应的文化认同，加大力度建设一个符合商业需求并能够提供优质、专业与有效率的服务的港口，充分地发挥港口的经济功能与交通枢纽地位，让港口的文化主题渗透到城市生活的方方面面，从而形成人们对于城市的认知自然地归附于港口主题，从而去接受港口文化、享受港口文化。此时，港口所具有的单纯的经济功能已经被赋予了更加深刻的内涵，港口自身也就有了真正的历史。

无论建设何等模式的港口文化，也无论把港口文化建设的侧重点置于何处，充分发挥港口本身的经济功能，有效利用有限的岸线资源创造经济效益，服务于人民的生产生活，显然是港口建设的根本目的，也是港口本身的存在价值的最终体现，换言之，对于港口所做出的投入，其根本目的均在于实现港口的经济功能，实现社会经济的可持续发展，而港口文化建设的开展，也显然应当围绕以上目标展开。如果脱离了港口的经济功能，也就不是在建设一个港口，所建设的文化也就当然不能被称之为港口文化。当人们谈到港口，首先浮现在脑海之中并不是绚丽的自然美景，而是在自然美景之下所呈现出的繁忙热闹的生产场面，是人类用智慧所建造的海堤、码头以及壮观的机械设备，缺少了以上基本的港口构成要素，则当然无法使人们获得起码的认知基础，也就当然无法产生这是一个港口的结论。所以，港口文化建设的永恒主题只能是“港口主题”，建设一个可以提供高效、优质服务的港口，将有限的岸线资源充分的加以利用，最大限度地实现自然资源的合理配置，只有如此，才会使得具有自身独特魅力的港口文化在诸多文化现象中得以显现。

如何将港口文化建设的“港口主题”落实到具体方面，鹿特丹港无疑给我们提供了成功的经验。鹿特丹的港口文化建设的成功经验即是在于把港口本身的潜能充分的予以发挥，把港口与城市的每一个方面都充分的结合起来，让人们真正的认同港口这一文化的主题，从而产生巨大的文化效应。鹿特丹规模宏大的港区、先进的港口作业设备，配合颇具港口特色的城市建设，使人们无时无刻不感到是置身于一个繁忙、开放的港口城市之中，无时无刻不在感受着港口所特有的豪迈的文化氛围，其所形成的港口文化认同感，也使得人们由衷的产生了建设具有港口特色文化的建设愿望，使得港口文化特征成为在港口生活、工作的港口人的一种文化自觉，从而对于港口经济活动产生巨大的文化推动力量。

鹿特丹港口文化特征给了我们一个重要的启示，那就是，“港口主题”应当成为港口文化建设的核心主题，开动脑筋把港口建设搞好，把港口服务搞好，始终应当是我们港口人的第一要务，只有在充分发挥港口应有的经济功能，高效、合理的利用岸线资源的基础上，港口文化建设才能够得以顺利的开展，港口文化建设的功能才会得以充分体现。港口文化建设的前提始终是一个充满活力、观念领先的实实在在地存在着的港口。这无论是对于新兴的港口城市，还是具有悠久历史的港口城市而言，无疑都是值得借鉴的。

（二）港区与城区的和融共生

汉堡港与城市已经融合为一个整体，不可分割，荣辱与共。城市和港口是一个有机的成体，港口与城市之间形成了一种文化理念上的默契，港口作为城市的重要功能区域，其必然会随着服务需求以及服务手段、技术的变化而产生相应的变化，但此种变化决不应当是遵循自然界简单的优胜劣汰的模式，正确的处理产业结构调整与技术革新所带来的历史淘汰问题，是处理港口文化的历史延续问题的关键所在。

实际上，汉堡港所遇到的问题也是目前世界范围内传统港口城市所遇到的同样的问题，港口工业区的重新布局与开发利用以及相关产业集群化经营导致的城市空间布局的调整的案例比比皆是。我国上海、天津等港口规划布局与

港城共生的汉堡港

新区的建设就是明显的例证，具有悠久航运历史的港口城市，在工业布局调整的过程中如何即给人一个充满生机与活力的新面目，如何保持一个具有厚重文化积淀的老基础，是这些城市正在解决与思考的大问题，与港口所在城市与区域的和融共生将是港口文化建设的一个重要主题。

应当说，汉堡港已经比较成功地解决了港口与其所在城市之间的和融共生问题，港口规划与城市规划之间得到了妥善的有机协调，避免了由于港口工业的过度发展以及无法适应经济发展需要而产生的港口工业用地荒废，阻碍城市发展，浪费土地与空间资源的现象。如今，港口不应再被简单的识别为其所在城市或区域的某一特殊功能区域，港口与其所在城市或区域之间的关系除了实现其经济功能、创造经济价值之外，尚有如何实现与城市和谐共处，如何在经济结构转变、港口自身规模不断发展的情势下实现港区与城市其他区域之间的功能置换问题。正如前述，此种情况，在我国上海、天津等港口城市均已经发生，随着经济的不断发展，城市或腹地工业结构发生变化，传统的港口区域必然要随着上述变化而发生变化，而最为剧烈的变化则表现为传统港区的改造与新兴港区的建设，这无疑是对于城市规划者的规划水准的考验，保存历史，面向未来，成为新的城市规划与工业布局必须兼顾的两端，汉堡港的成功经验告诉我们，港口城市完全可以做到一方面完好保存港口的历史记忆，而另一方面做到适应经济发展需要而实现新的工业布局，将历史与未来完美的予以结合，重新布局并不是对于城市肌体进行破坏性的手术，而是要进行一场港口城市布局的艺术再创作，港区与城区完全可以被共同嵌入一幅美妙和解的图画之中，而要实现此种完美结合，显然需要一种港区与城区之间和融共生的文化理念来引领。

（三）文化的积淀与渗透

伦敦港港口文化内涵中的话语权因素将给我们建设港口文化、提升港口实力带来更多地思考与借鉴。对于港口城市的定位，我们已经突破了仅从物质指标与经济指标角度定位的框架，港口城市的发展规划中的软环境规划，已经成为目前港口城市建设与发展的重要内容。在港口文化战略规划的制定与贯彻

港口文化深厚的伦敦港

实施的过程中，制定并推广一套具有自身文化特色并适应自身服务对象与城市定位的行业游戏规则并建立与之相配套的解释、实施与服务机构将是我们目前港口文化建设从物质文化的着眼点向着更加全面的软环境建设角度转化的一个重要方面，取得一个港口在航运等相关领域内一定程度的话语权，将极大地丰富港口文化的内涵，并能够最大限度地巩固港口在经济、文化、服务等各个领域的稳定地位，通过特色文化的渗透与推广，发挥文化在港口发展进程中的引领与凝聚作用。港口能够成为与航运有关的区域中心，其所应具备的软环境因素越来越显示出其决定性因素的重要地位。

英国在航运方面所创造的并不仅是曾经遍及全球的日不落的帝国奇迹，更为重要的是，英国通过将自身的文化价值理念与游戏规则的广泛传播，在其以往辉煌已经不再的情况下，依然成为航运游戏规则的解释权威，加之其所构建的旧内容、保险等航运辅助体系，其在如今也依然是作为司法、保险、金融等诸多重要方面的国际航运中心而发挥着重要的作用。从某种程度上说，成就目前以伦敦为代表的英国港口的重要航运地位的主要因素，应当是英国港口长期以来所形成的已然渗透到世界各个角落的英国航运文化。因此，英国港口除了继续发挥其重要的经济功能之外，也在发挥着其重要的航运经济辅助功能，而此种功能，也恰恰是目前我国港口我缺乏的重要方面。如果不能在软环境建设方面及早的建立一套先进的、为世界所认可的航运辅助体系，不能取得在航运经济某些方面的话语权，我们的港口终将会因为缺乏底蕴而被其他国家的港口在发展之路上越抛越远。伦敦港的发展轨迹告诉我们，即使是经济发展与工业布局已经导致港口昔日的辉煌已经不再，但港口自身所具有的软环境与规则解释的话语权仍然会继续使港口发挥重要的作用。目前，我国上海、广州、天津、大连、青岛等诸多港口均提出了建设国际或区域航运中心的战略规划，应当认为，航运中心不能被简单地理解为只是建设一系列设施先进，吞吐量巨大的港口区域，其中显然应当包含着包括航运辅助体系建构内容的更为深层次的港口建设内容，只有通过港口深厚的文化积淀与长期的文化推广、渗透，才能真正成就一个港口的国际或区域中心的地位。

（四）管理理念与管理模式的创新

安特卫普的港口管理经验代表了诸多处于竞争环境中的港口的发展理念，与我国目前的港口建设、规划的情况进行对比，我国目前经济发达的长江三角洲、珠江三角洲及环渤海区域等地区的诸多港口也面临着近乎同样的问题。港

管理模式创新后的安特卫普港

口的发展不仅要做到与其所在城市之间的和融共生，更要把眼光放得更远，能够通过细致的规划与协调，将自身的独特优势加以发挥，建立自身的区域品牌形象，形成各尽所能、各有特色、互相弥补促进的真正的“组合港”、“配套港”，有力的促进区域经济的健康、良性发展。

港口管理模式与管理理念的执行者——港口管理机构作为文化规划的决策者与实施者，其作用毋庸置疑。比如新加坡港之所以能够比较成功地解决了港口与城市之间的空间与功能冲突协调问题，新加坡政府及港口管理机关的作用是不容忽视的。

在港口文化建设过程中，港口管理机构所采用的管理理念与管理模式作为港口文化的一个重要组成部分，往往对于港口的未来发展起到关键的作用，港口文化尽管是外向型的，给人粗放、豪迈的感觉，但现代港口在保持海洋般博大的胸襟与果敢的办事作风的同时，也应关注无所不在的细节问题。由于人类经济活动领域的不断扩大，资源开发的不断深入与完善，加之经济活动需求的日益多样化趋势，港口的管理问题将更加人性化、细化，细节决定成败的格言将在未来的港口管理理念方面发挥近乎决定性的作用。

当然，一个港口采用何种管理模式完全应当取决于港口本身的实际情况，比如釜山港的一元化管理模式并不一定适合于其他港口，但此种解决问题的思路是值得我们思考与借鉴的。只要秉承圆融变通地处理问题，不拘泥于已有的程式化的思维与管理模式的观念，就能找到一条最为适合自身的解决问题的途径。应该看到，釜山港所遇到的问题在我国部分港口也明显存在，如何去准确为自身定位，如何去寻求变通的解决问题的路径，在竞争激烈的航运市场中取得自己应有的地位，在夹缝中求得生存，将是我国许多港口将要面临的重要课题。

（五）注重绿色可持续发展

纽约—新泽西港当局坚定不移地维护当地港口区域的土地资源、水资源、自然资源以及植物、动物和人类之间的相互关系和整个生态系统的平衡，走出了一条可持续发展的道路。当今世界，环境与可持续发展的重要性已经日渐成为各国港口建设、发展的关注重点，人类在环境保护与资源的协调利用方面所犯下的错误已经使得继承者付出了沉重的代价，如何在发展经济、扩大港口规模、配合工业布局进行港口区域的重新规划等问题上成功地贯彻环境观念，真正实现港口的可持续发展，需要各国港口规划者与建设者进行深入、细致的考虑。贯彻环境战略、打造绿色港口，实现港口发展与所在区域环境之间的和谐相处已经成为世界多数港口所追求的重要目标。应当看到，国外港口在环境保护与资源的合理配置、构建和谐的自然环境方面已经走在了前列，尽管此种观念的形成是在人类已经付出的巨大环境代价的基础上才逐渐形成的，但环境意识显然已经成为目前港口建设与生产经营活动的首要考量因素。除本章所介绍的有关港口之外，目前世界港口规划与建设实践中已经累积的成功经验是不胜枚举的，目前的环境友好型港口已经大大超越了通常人们所理解的花园式港口、蓝天、碧水、清新的空气等环境评价指标，如何实现港口与周围自然环境、城市居住环境之间的和谐发展、可持续发展等更加丰富的长远评价目标给人们绘制了一幅更加美好的港口发展蓝图。外国港口已经形成的港口发展模式以及在环境保护、和谐发展等方面所累积的诸多成功经验很值得我国港口借鉴，在起到了保护环境、实现资源的合理配置目的的同时，也大大提高了港口对区域经济所能作出的贡献。

曾经，我国部分港口还未充分认识到港口发展中的环境问题，在港口建设时更多地考虑技术因素和经济因素，较少把环境等可持续发展因素纳入评价体系。这种做法可能会给区域的可持续发展带来隐患，必然影响到港口的可持续发展目标的实现，由于不重视环境问题所产生的负面影响很快即开始显现。显然，此种仅重视港口建设过程中的经济因素的功利性的设计与建设理念是与目前已经深入人心的环境意识严重相背离的，建设绿色港口、环境友好型港口、实现港口的可持续发展，不仅是今后新港口建设论证的方向，在对已有港口进行建设改造之时，绿色因素也应纳入评价范围，作为港口建设与经营的一项重要测评指标，实现港口与自然、港口与城市、港口与市民等方面的和谐相处。

绿色可持续发展的纽约—新泽西港

而港口管理部门应把绿色环保理念始终贯穿在港口管理的每一环节——从港口规划、建设评估直至建成后的日常营运过程，并把绿色环保内容作为港口发展状况的一个重要衡量指标。我们已经欣喜地看到，经过长时期的环境建设，我国目前的大多数港口环境面貌均已发生了重要的变化，结合港口的实际情况，我国目前的港口建设、改造也已经累积了丰富的经验，环境因素在港口经营过程中所产生的经济、社会效益均在不断加强，我们的港口正在实现可持续发展。

关于我国港口文化建设对于国外港口文化建设经验的借鉴，除了以上所归纳的5个主要方面之外，其他值得我们予以关注、借鉴的内容也是不容忽视的，文化建设是一个系统工程，文化建设中的每一个细节都不容错过，全面的了解外国港口文化建设与我国目前港口建设之间存在的差异，将外国港口文化建设中形成的成功经验与我国目前港口文化建设状况进行比较、分析，无疑是一件具有重要意义的工作。

应当看到，相对我国港口而言，外国港口文化历史都比较悠久且有连贯性，诸如伦敦、鹿特丹、釜山、大阪等这些港口，而我国港口在近现代遭受了毁灭性的打击后，传统的有中国特色的港口文化几乎荡然无存，因此中国古代港口文化和当代港口文化有着很大的区别，所以，我们的港口文化建设必然需要在如何将外来文化与我国传统文化有机结合，充分发挥各自优势方面着重给予考虑。比如，针对港口的管理组织机构与管理体系，国外港口的管理组织结构和管理水平与我国相比是存在着比较明显的优势的，我国港口在经过建国后60年的恢复性建设后，港口的硬件设施和生产能力虽然得到了很大的提高，但是相应的管理组织能力还未能匹配，尚需改进。就港口建设的环保意识方面，国外港口经过一定的发展阶段，环保意识很强，特别注重港口的可持续发展，注重协调港口建设与环境保护之间的关系，已经以法律法规的形式确定了环保目标，环境保护不仅是作为一项政策得以贯彻，更是一项必须履行的法律义务。而我国大部分港口虽然已经比较充分地认识到了这个问题，但在将环境保护目标纳入法律、法规体系方面显然还存在着一定的差距。国外港口相应配套的法律制度都比较完善，比如伦敦、新加坡的港口法律制度不但足以保障自身港口日常生产任务的有序开展，还对世界上其他国家的港口立法产生深远影响，而我国港口不但缺乏保障自己正常生产的法规制度，甚至还没有能够为业界所普遍接受的规则，我们港口自身制定的规则与软环境建设尚不能满足当地经济发展的要求，也不能取得港航业界的广泛认同。另外，国外港口企业对自身的安全要求很高，科技运用水平高，信息联网一体化发展程度高，而我国港口由于受到众多因素的影响，我们的高科技应用、安全性、信息化程度跟国外港口相比还有很大的差距，影响了港口作业效率与服务水平。最后，国外港口早已形成了良好的价值理念，诸如：责任、合作、创新。在创造社会财富的同时注重承担社会责任，以客户为导向，同时运用较成熟的商业宣传和营销手段，注重自身港口形象的建设，而我国港口大多是从21世纪初才开始意识到成熟的商业宣传和营销手段对提高自身港口形象的重要性，由于此种文化理念形成的滞后，必然需要我们为之付出更多的努力，弥补由于文化建设的延迟所产生的差距。

目前，我国的港口文化尚处于起步阶段，还没有得到充分的发展，要建设一个理想的港口文化，不是短期内能够完成的，有一个形成、发展和提高的渐进过程，是一个需要全员参与的系统工程。为适应市场经济发展的要求，加快我国现代化建设的步伐，必须采取多种途径，建设具有中国特色的港口企业文化，而不断研究借鉴国外港口文化建设的优秀经验，无疑将对我国港口文化建设产生积极的影响。

尾　声

对于航行的人而言，港，是一种人生的归依，又是一个生活梦想的实现。港口是国与国、城与城、人与人在经济、文化、商贸往来最大的交流平台。港口的精神，意味着“包容、丰富、多元、活力与缤纷”，这种精神牵引着人们去寻找那一方空间，寻找富有缤纷色彩的港口生活。

回顾中国港口的发展历程，中国正以无法逾越的数量，不可漠视的成果向全世界展示了她“世界港口大国”的风采。对于中国港口的发展，对于中国港口取得的成果，我们无论用什么样的词语来评价都不过分。

当前中国正在向港口强国迈进，2010年，中国港口吞吐量将达75亿吨，其中集装箱吞吐量1.5亿TEU。中国港口的发展，不仅需要一个由资金、技术、组织结构和人员组成的经济系统，更需要一个由价值观、信念、原则、港口企业哲学和港口企业精神要素组成的文化系统——港口文化。通过发挥港口文化的作用，不断开创中国港口发展的新局面。

港口文化是一种资源，是在世界经济全球化和一体化、市场竞争日益激烈的趋势下增强中国港口综合的创造力和竞争力的资源。对于港口来说，港口产业的辐射面大，管理链条长，很多问题不能用单纯的机制或者刚性的管理制度来解决，而一个健康的适宜的港口文化就可以提供一个可行的解决办法。

港口文化具有包容性，它所能融合的不仅仅是港口本身的各个要素，它还能整合其他作用于港口的资源，这是港口文化所独有的特点。港口文化不仅能够作用于市场，还能够把员工观念、企业决策者的管理意志和消费者的市场选择、产品偏好等方面结合起来。

港口文化具有亲和性，它有利于对外来的经验兼收并蓄，从而不断提高自己。另外，港口文化还具有充分调动员工的积极性，提高对企业的忠诚度，达到意识层面的统一，提高港口企业的凝聚力和亲和力，使港口企业更加充满活力的作用。

港口文化的作用和内涵最主要、最根本的方面就是使之成为凝聚人心、激励斗志、催人奋进的原动力。港口人正以共同的价值观念、共同的目标把每一个工作人员的力量凝聚起来爆发出强烈的热情和巨大的创造力，成为港口部门取之不尽、用之不竭的精神源泉，成为推动港口事业更快更好发展的“助推器”。

加强港口文化建设与党中央关于构建和谐社会的要求是一致的。港口人更应该借此东风，抓好港口文化建设，培育和形成港口行业共同的价值理念和行为规范，把中国建设成为“世界港口强国”，让中国港口在世界港航中发挥更大的作用。

人类游走于海与陆之间，“港”真实记录着一段段隽永的传奇，“港口”成就了自己的世界，也丰富了人类世界的今天与未来。

后 记

港口文化是交通部组织的“交通文化建设研究”课题中22个子课题之一，接到任务后，上海海事大学按照总课题组的要求，成立了课题研究领导小组和课题工作小组。

本书写作之前，首先由肖宝家、朱耀斌、杨大刚在认真学习领会交通文化建设研究总的指导精神和“港口文化建设研究大纲”的基础上，共同起草完成了本书研究框架和编写大纲。2009年3～7月，课题组成员先后奔赴大连港、营口港、天津港、连云港、日照港、上海港、宁波港、厦门港、泉州港、深圳港和广州港等地进行了学习调研与实地考察，并分别召开了各个层面的座谈会。2009年8月起进行初稿写作，参与本书初稿撰写的人员有：朱耀斌、杨大刚、戴玉鑫、殷明、曾令伟、高健、刘建、陈莉、唐晓婷、曹姗和吴志毅。初稿完成后，根据评审专家的意见和建议，由朱耀斌、戴玉鑫、曾令伟、朱玉华、陈莉、吴志毅对本书进行了多次研讨和修改，并请范晓云和郝海光对文字进行了通读修改。

本书在研究和撰写过程中，得到了交通部政策法规司的何建中、柯林春、李占山、王艳等同志和交通科学研究院的王先进研究员的关心和指导，在安排各地考察调研的工作中，得到了上海海事大学肖宝家、顾丽亚等同志的关心和帮助，在实地考察过程中还得到了广州远洋公司总经理徐惠兴、厦门港务股份公司总经理方耀、招商局集团的李亚东、卞亦眉、泉州市人大的王伟明等同志的大力支持。

本书在编写过程中，通过查询网络、参阅相关专著和论文，引用了相关领域的专家学者的研究成果、观点及图片资料，对提升本书质量等起到了重要的作用，在此表达真挚的感谢；但由于本书篇幅有限，未能详尽罗列引用资料的出处，仅在本书参考文献中略有提及，希望能得到专家学者们的谅解。

本书在审核及定稿过程中，国务院发展研究中心李春苗教授给予了充分的肯定，并提出了宝贵的建议，经最终修改形成了本书稿件。

作为“交通文化建设研究”的重要子课题，本书以古代港口文化为起点，较为系统地研究了中国港口行业在近现代、尤其是改革开放至今的港口人精神、港口企业文化、港口行业文化等；但是，港口文化的研究尚处起步阶段，而且由于课题组人员在能力、时间、可查阅资料等方面的局限性，本书难免有很多疏漏和不妥之处，敬请广大读者批评指正。

《港口文化》编写组

二〇一〇年六月

参 考 文献

[1] 房仲甫,姚瀬.哥伦布之前的中国航海. 北京：海洋出版社,2008.

[2] 王杰,李宝民,王莉. 中华文明史话 · 航海史话. 北京：中国大百科全书出版社,2000.

[3] 孙光圻. 中国航海史纲. 大连：大连海运学院出版社，1991.

[4] 中国航海史研究会. 中国水运史丛书. 北京：人民交通出版社.1990.

[5] 齐易,中国航海学会. 中国航海史 · 古代航海史. 北京：人民交通出版社,1988.

[6] 彭德清,中国航海学会. 中国航海史 · 现代航海史. 北京：人民交通出版社，1989.

[7] 张静芬. 中国古代的造船与航海. 商务印书馆出版，1997.

[8] 吴松弟. 中国百年经济拼图:港口城市及其腹地与中国现代化. 济南：山东画报出版社,2006.

[9] 傅国民. 中国近代港口图录. 北京：人民交通出版社，1998.

[10] 章巽. 古航海图考释. 北京：海洋出版社,1980.

[11] 马肇彭. 探险　开拓　交流——航海史话. 北京：经济科学出版社,1991.

[12] 傅国民. 中国近代港口图录. 北京：人民交通出版社,1998.

[13] 张丽君，王玉芬. 改革开放30年中国港口经济发展. 北京: 国经济出版社，2008.

[14] 张佑林. 区域文化与区域经济发展. 北京: 社会科学文献出版社, 2007.

[15] 徐萍. 改革开放30 年来我国港口建设发展回顾. 综合运输, 2008.

[16] 杨代利. 论加强中国港口文化建设的时代意义. 中国港口, 2006.

[17] 张凤江. 试论港口建设可持续发展的战略文化. 中国港湾建设, 2007.

[18] 庄为玑. 丝绸之路的著名港口泉州. 北京：海洋出版社, 1989.

有关网站资料

中华人民共和国交通运输部：http://www.moc.gov.cn/

交通运输部水运科学研究院：http://www.wti.ac.cn/

国际港口协会：http://www.iaphworldports.org/

中国港口协会：http://www.port.org.cn/

中国港口网：http://www.chineseport.cn/

上海国际海事信息与文献网：http://www.simic.net.cn